U0534430

浙江音乐学院出版资助项目
（编号：2019KL002）

冯国璋督直及督苏研究

熊群荣 著

中国社会科学出版社

图书在版编目(CIP)数据

冯国璋督直及督苏研究／熊群荣著 .—北京：中国社会科学出版社，2020.12
ISBN 978-7-5203-3808-0

Ⅰ.①冯…　Ⅱ.①熊…　Ⅲ.①冯国璋(1859-1919)—人物评论　Ⅳ.①K827=6

中国版本图书馆 CIP 数据核字（2020）第 197712 号

出 版 人	赵剑英
责任编辑	耿晓明
责任校对	冯英爽
责任印制	李寡寡

出　　版	中国社会科学出版社
社　　址	北京鼓楼西大街甲 158 号
邮　　编	100720
网　　址	http://www.csspw.cn
发 行 部	010-84083685
门 市 部	010-84029450
经　　销	新华书店及其他书店
印　　刷	北京明恒达印务有限公司
装　　订	廊坊市广阳区广增装订厂
版　　次	2020 年 12 月第 1 版
印　　次	2020 年 12 月第 1 次印刷
开　　本	710×1000　1/16
印　　张	25.25
字　　数	398 千字
定　　价	138.00 元

凡购买中国社会科学出版社图书，如有质量问题请与本社营销中心联系调换
电话：010-84083683
版权所有　侵权必究

序

欣闻熊群荣副教授的博士论文《冯国璋督直及督苏研究》即将由中国社会科学出版社出版,作为他的导师我非常高兴,其研究是他多年努力的结果,其成果是北洋史研究中的奇葩,具有较高的学术价值。

长期以来,学术界在北洋史、北洋社会,北洋人物尤其是北洋军阀史的研究中,几乎是一边倒的倾向,没有任何肯定之处,什么北洋社会是黑暗的社会,北洋人物尤其是北洋军人——北洋军阀反动透顶,对内反对民主共和,镇压人民民主运动,为争权夺利诉诸战争,军阀混战不已,人民痛苦流离;对外懦弱,分别依靠不同的列强,出卖国家民族利益,国家积贫积弱,任列强欺侮等。这些研究自有其价值之所在,在特殊年代对动员和组织人民群众起来反对北洋军阀的统治,反对列强的侵略,争取民族独立和社会进步方面曾经起了重要的作用。但这些不是北洋史的全部,北洋军阀统治时期,北洋人物、北洋军阀为了民族独立和社会进步曾经付出不少的努力,不然的话,如何解读北洋时期思想文化方面曾经出现的百花齐放百家争鸣局面,如何解读经济方面曾经出现的资本主义发展的黄金时期,如何解读外交方面国家利权的逐步回收,不平等条约的部分废除或修改,如何解读北洋时期现代教育的确立和发展,如何解读现代工业的初步发展。北洋社会、北洋时期虽然非常混乱,政治纷争不已,政局混乱,但乱中有发展有进步,为国家后来的发展和进步奠定了一定的基础。

长期以来我们的研究有一种误判:辛亥革命推翻了腐朽反动落后的清王朝,打倒了封建专制制度,建立了中华民国,移植了西方社会的现代民主制度,中国就发展进步了,中国就强大了,乃至"驾泰西而上之"。而没有考虑到的是，西方现代民主制度在西方经过了数百年的发展，是在现代教育、现代经济发展的基础上的结果，以这种制度完全移植到几千年封建专制的传统中国，会出现什么样的结果呢？中华民国初立时期，几乎是西方现代民主制度的翻版，宪法、国会、内阁、政党，行政、立法、司法三权分立的政治架构，民主、自由政治氛围的营造，选举、监督、弹劾等机制的确立，不亚于欧美社会。践行结果如何？理想的民主宪法累年讨论却一直产生不出，临时宪法《中华民国临时约法》数次被抛弃，国会屡被解散，内阁如同走马灯似的更换，长者一年半载，短者几个月乃至几天，北洋社会持续仅仅17年，内阁竟然有四十几届之多。人民所期望的国家、社会竟然如此混乱，原因何在？长期以来我们的解读就是北洋军阀的破坏、北洋军阀的无知和北洋军阀的反动。翻阅史籍，的确如此。无论是北洋社会前期袁世凯的统治，还是北洋社会后期皖直奉系军阀的纷争，他们的所作所为确实是现代民主社会的罪魁祸首，长期以来我们对北洋军阀的声讨和抨击是正当的，正义的，合乎历史的逻辑。

现代民主社会——西方政制在中国没有确立的原因归罪于北洋军阀没有过错，除了这个原因之外还有没有更深刻的原因，我们的回答是存在的。北洋军阀当政如此，其他政治势力与政治派系当政亦然，革命党人出身的阎锡山、唐继尧等不也演变为军阀割据一方吗？孙中山先生依靠的革命党重要人物陈炯明不是也要割据一方称雄广东吗？进步党人出身的蔡锷将军因去世过早，不然也一定成为军阀。这到底是为什么？是因为清末民初社会不是一个平凡的社会，是一个动荡的社会。清末民初社会——即晚清、北洋时期，是中国社会的大变革时代，是中国社会由传统的农业社会向现代工业社会转型的时期，在中国社会大变革、中国社会转型时期，就是一个比较混乱的时期，各种社会矛盾纵横交错，相互斗争，诸如向西方学习与反对帝国主义侵略的矛盾，西学与中学的矛盾，现代与传统的矛盾，新与旧、中与西、革命与改良等同时存在，既矛盾又相互影响，社会变局成就了乱局。但在变局、乱局中社会发展了，进步了，这就是历史的辩证法。而在清末民初社会变革中崛起并执政的北洋集团政治势力如何面对社会变革，在大变革中所起什么作用，应该是中国近代史研究的新视角新方向。尤其是辛亥革命以后，中华民国北京政府初期，传统的、延续中华两千多年的封建专制制度威权政治被废除，西方民主政治制度治国理政零效益，国家最高领导人的权力受多层限制而不能行使，而国家面临的困境急需解决，诸如维护国家主权的沙俄策动的外蒙古独立问题，英国支持的西藏分离问题，中国内部的南北统一问题，社会稳定与经济发展问题等都需要强人、强政府的智慧和能力，西方民主政治体制显然不太符合民初国情。以袁世凯为代表的北洋集团政治势力对西方民主政治体制的抵触具有一定的合理性和务实性，符合中国国情的自然选择。如果进一步上升到理论层面，即中国传统政治文化对西方政治文化的抵触和反击。从现代化理论层面分析，现代化的各个领域，政治现代化、经济现代化、法制现代化、教育现代化、社会现代化的一致发展的原则。辛亥革命之后，中国政治现代化一支独秀，在其他领域现代化还不怎么发展的情况下，政治现代化急促发展，必然引发更多的矛盾和危机。北洋社会的发展经历说明，西方政治发展模式的直接移植是不成功的，实际上也不可能成功。100多年前不可能，100多年后的今天更不可能。在中国不可能，在世界其他国家也不可能。美国在伊拉克铲除了萨达姆的统治之后，推行其美国民主模式，造成伊拉克社会动荡与混乱，则是更好的说明。

以袁世凯为代表的北洋集团政治势力形成于清末新政时期，是清末新政时期主导社会发展的政治力量，北洋集团的主体——北洋军人，北洋将领群体的形成，是清末军事改革成就的象征，他们中的绝大多数，有过现代军校学习的经历，系统地接受了西方自然科学知识和现代军事知识和军事技能，是中国军事现代化的主要推动力量。在辛亥革命鼎革之际，他们的视野和严格的纪律，成为社会整合与变革的主要力量，南北新军合作，顺应了革命党人开辟的民主共和道路，共同推翻清政府。北洋集团的领袖人物袁世凯出任中华民国临时大总统，北洋集团、北洋军人从而成为中华民国北京政府的统治力量。北洋集团与革命党人有合作，有斗争，他们的合作创造了推翻清政府帝制，创立中华民国新时代的业绩。他们的分歧和斗争，成为中华民国北京政府时期最为主要的政敌。作为中华民国北京政府的统治力量，与革命党人的斗争不仅是客观存在的，而且是长期和激烈的。长期以来我们注重的是研究他们的斗争，忽略他们的另一面，即在与革命党人斗争的同时，如何应对国家和民族危机，如何对国家进行治理。

现有的研究北洋史、北洋集团的成果中，鲜有研究北洋集团对国家治理的成果，熊群荣博士的《冯国璋督直及督苏研究》弥补了这一研究的缺憾，是非常可喜的。我认为其研究的学术价值与特色主要体现在这样几点：

第一，资料丰富，史料基础扎实，是研究冯国璋的其他成果不能比拟的。

冯国璋是清末中国军事现代化中成长起来的著名军事将领，对清末军事现代化做出了不少的努力，民国当立，先后出任直隶都督和江苏都督，再任副总统和代理大总统，登上中国权力的最高峰。北洋集团分裂，冯国璋为直系军阀的领袖，与皖系军阀领袖段祺瑞分庭抗礼。冯国璋可谓民初著名具有军政实力的人物之一，然而学术界对冯国璋的研究，主要集中在辛亥革命爆发，他出任新军第一军军统，镇压武昌起义，与湖北革命党新军力战，先后攻陷汉口、汉阳，为清政府立下赫赫战功并被清政府授予男爵。代理大总统期间，与总理段祺瑞同室操戈，掀起新一轮的府院之争等。对冯国璋的总体研究，体现在冯国璋的传记之中。然而目前所看到的十几部冯国璋传记，陈陈相因，没有多少新内容。总而言之，学术界对冯国璋的研究，研究方法单一，研究内容重复，研究缺乏深入和力度。之所以出现如此情况，关键在于冯国璋史料的不足，挖掘不够，利用不够。熊群荣是一个极为勤奋的学者，为收集挖掘冯国璋的资料几下北京、天津、保定，还利用自己家居南京的优越条件，利用点滴时间，到南京第二历史档案馆、南京大学图书馆、南京师范大学图书馆收集资料。熊群荣还是一个勤俭持家、艰苦朴素的学者，出外查找资料，大部分乘一般火车，购买硬座车票，在当今的学者家庭非常少见。为什么，为了节约成本，为了家庭的生活。熊群荣的努力取得不菲的成效，挖掘了不少未刊档案资料，如在中国社会科学院近代史研究所图书馆挖掘了《冯国璋督直时函电稿》，在天津档案馆挖掘了《为请援案整顿市政合同核议事给天津商会的指令》、《直隶都督府为改定商团制服事致天津总商会指令》、《直隶都督府为商团请领枪支事致天津商务总会批》、《直隶都督冯国璋为水患灾民倡捐的函》、《直隶都督兼署民政长指令》等指令、批示和信函，督直部分主要依据这一部分资料撰写。不仅如此，还充分利用了近年刊出的档案资料和其他资料，如中国第二历史档案馆编辑2010年出版的《北洋政府档案·江苏都督府及督军公署》以及几部大部头的档案资料，如天津历史档案馆编辑的《北洋军阀史料》《袁世凯卷》《徐世昌卷》《吴景濂卷》，中国第二历史档案馆编辑的《中华民国档案资料汇编》、来新夏主编《北洋军阀》等，还充分利用了《北洋政府公报》、《江苏政府公报》以及《申报》、《大公报》、《益世报》等资料以及文史资料等，其资料比较丰富，是研究冯国璋的其他成果所无法比拟的。

第二，有比较明确的理论为指导，研究视角新颖独特。

作为历史学尤其是中国近现代史的博士论文，除了丰富扎实的史料外，还要求有一定的理论指导。除了必须的马克思唯物主义史观指导外，熊群荣论文还以现代化理论、现代国家治理理论为指导，研究冯国璋在治理直隶、江苏六七年间所体现出来的能力及其成效，对冯国璋的能力给予一定程度的肯定，这些也是目前冯国璋研究所不具备的，完全可以称之为创新之处。不仅仅具有创新意义，而且还隐喻现实意义。国家目前处于现代化建设成效显著时期，特别注意对国家的治理能力。清末民初社会变革时期是国家的特殊历史时期，极其困难时期，要求执政者必须具备一定的能力，北洋集团、冯国璋治理国家、治理地方不仅不是成功的，而且多有糟糕之处，对他们的治理能力进行考察，为当今治理者所借鉴，历史镜子的作用就在这里。

第三，其选题是恰当的，其论述和观点是独特的。

熊群荣研究冯国璋没有选择全面研究，而是选择冯国璋研究最为薄弱的地方——督直、督苏时期。其实冯国璋督直、督苏不管对冯国璋个人，还是对袁世凯的北洋集团整体都是非常重要的。对袁世凯来说，辛亥革命之后，中华民国北京政府初立，虽然为中华民国的大总统，但能够直接控制的仅有北方的直隶、山东、河南少数省区，二次革命击败国民党，其势力才扩张到长江中下游地区。而直隶、江苏地方，是北洋集团统治国家最为重要的地区。直隶为北洋集团的发迹之地，清政府设直隶总督兼北洋大臣进行治理。中华民国北京政府首都设在北京，直隶为京畿之区，不仅治理直隶，而且还有拱卫首都的重任。江苏位居长江中下游，地理位置及战略地位重要，在经济上是国家最为富庶的地方，政治上是晚清政府两江总督兼南洋大臣的驻地。辛亥革命及以后又是革命党势力雄踞的地方，江苏地方对于中华民国北京政府，对于北洋集团整体利益，对于袁世凯对全国的控制来说都是非常重要的。袁世凯选择冯国璋先后督直、督苏，是袁世凯的明智之举，是对冯国璋的极大信任，是对冯国璋能力的充分肯定。熊群荣的研究证实了袁世凯的部署是得体的，冯国璋没有辜负袁世凯的期望，先后确保了直隶、江苏区域的社会稳定并进一步发展，为袁世凯在全国集权体制的确立立下汗马功劳，同时也为冯国璋自己经营地方，逐步演化为军阀奠定了基础。这样的研究，这样的结论是属实的，非常有见地的观点。督直及督苏研究是对冯国璋研究中最为薄弱的地方，熊群荣的研究，弥补了冯国璋研究的这一缺憾。

尽管熊群荣的《冯国璋督直及督苏研究》拓展了冯国璋的研究，有许多创新之处，为北洋史研究、为北洋人物研究开辟了新领域，大大丰富了北洋史研究、冯国璋研究，但还存在一些缺陷和不足。比如资料挖掘还不够，冯国璋不是一介武夫，而是一名儒将，秀才将领，其应该重视自己的文字资料，其与家人、朋友、上司、部下的通信、函稿，应该是他真实思想的表露。还有，清末民初社会是一个比较开放的社会，冯国璋与外国军人、新闻记者、传教士、驻华使馆人员应该有来往和交流，而外国军人、新闻记者、传教士、驻华使馆人员不管出于什么目的，对冯国璋这样一位军政人物，肯定要对冯国璋的资料进行收集和保存。而在熊群荣的研究中，很少利用这方面的资料，说明冯国璋资料的收集和挖掘还有一定的空间，希望熊群荣博士在以后的研究中继续努力，以冯国璋的研究推动北洋史研究的深入和发展。

是为序。

张华腾

2020 年 1 月 30 日于沪上书室

目　　录

绪　论 ………………………………………………………………（1）
　第一节　选题缘由及意义 …………………………………………（1）
　第二节　研究综述 …………………………………………………（4）
　第三节　研究理论与主要资料 ……………………………………（22）
　第四节　创新与不足 ………………………………………………（31）

第一章　清末崛起的冯国璋 ………………………………………（33）
　第一节　冯国璋与北洋集团 ………………………………………（33）
　　一　冯国璋军事素质出众，奋发有为 …………………………（34）
　　二　冯国璋在北洋集团崛起中的作用 …………………………（41）
　第二节　由忠君转向共和：辛亥政局中的冯国璋 ………………（62）
　　一　冯国璋参与武汉前线战局决策 ……………………………（63）
　　二　冯国璋督率清军镇压革命军 ………………………………（70）
　　三　冯国璋对南北议和的态度：由反对到支持 ………………（81）
　　四　冯国璋襄助袁世凯鼎定北方政局 …………………………（94）
　本章小结 ……………………………………………………………（102）

第二章　冯国璋督直：巩固北洋派在直隶的统治 ………………（104）
　第一节　冯国璋督直原委 …………………………………………（104）
　　一　王芝祥"督直改委"事件 …………………………………（105）
　　二　冯国璋督直：北洋派与国民党政争的结果 ………………（108）

三　冯国璋督直的社会反响 …………………………………… (111)
第二节　冯国璋与民初直隶军政治理 ……………………………… (115)
　　一　民初直隶行政区划及军政机构 …………………………… (115)
　　二　颁发行政规章制度 ………………………………………… (121)
　　三　整顿吏治 …………………………………………………… (126)
　　四　改革军警 …………………………………………………… (128)
第三节　冯国璋与民初直隶社会治理 ……………………………… (136)
　　一　冯国璋与天津兵变 ………………………………………… (136)
　　二　冯国璋与直隶荒政 ………………………………………… (144)
　　三　冯国璋与直隶禁烟 ………………………………………… (154)
　　四　冯国璋安定直隶社会秩序 ………………………………… (160)
第四节　冯国璋治下的直隶行政与立法及司法关系 ……………… (166)
　　一　行政权与立法权冲突 ……………………………………… (166)
　　二　行政权侵越司法权 ………………………………………… (178)
本章小结 ……………………………………………………………… (182)

第三章　冯国璋督苏：维护北洋派在江南的统治利益 …………… (183)

第一节　冯国璋督苏背景 …………………………………………… (183)
　　一　"宋案"与二次革命 ……………………………………… (184)
　　二　冯国璋出任江苏都督 ……………………………………… (194)
　　三　冯国璋督苏面临的挑战 …………………………………… (209)
第二节　冯国璋与民初江苏军政治理 ……………………………… (214)
　　一　民初江苏行政区划及军政机构 …………………………… (214)
　　二　冯国璋与江苏都督府（督军公署） ……………………… (224)
　　三　冯国璋与民初江苏军队治理 ……………………………… (234)
　　四　民初江苏军政统一与分割 ………………………………… (266)
　　五　民初江苏军政与民政关系 ………………………………… (287)
第三节　冯国璋与民初江苏社会治理 ……………………………… (295)
　　一　严厉剿匪 …………………………………………………… (296)
　　二　通缉党人 …………………………………………………… (314)

三　厉行禁烟 …………………………………………………（331）
　　四　赈济灾民 …………………………………………………（334）
　　五　维护经济秩序 ……………………………………………（343）
　本章小结 …………………………………………………………（349）

第四章　冯国璋督直及督苏的历史评价 ………………………（350）
　第一节　袁世凯加强中央集权 …………………………………（350）
　　一　袁世凯政府面临的困境 …………………………………（351）
　　二　袁世凯加强中央集权的必然性 …………………………（354）
　　三　袁世凯加强中央集权的措施 ……………………………（356）
　第二节　冯国璋督直及督苏成效和评价 ………………………（362）
　　一　袁世凯与冯国璋督直及督苏 ……………………………（362）
　　二　冯国璋督直及督苏成效 …………………………………（366）
　　三　冯国璋督直及督苏的历史影响和评价 …………………（370）

参考文献 …………………………………………………………（375）

后　记 ……………………………………………………………（388）

绪　　论

第一节　选题缘由及意义

　　清末民初是一个激烈变革的时代，是中国由传统社会向近代社会转型的重要历史阶段。在这样一个大变革时期，各种矛盾相互交织，各种势力竞相角逐。其中，北洋集团是影响时局演变的一支关键力量。学界对北洋集团崛起及北洋军阀的统治均有充分的研究，但是对于民初北洋派系在地方执政的历史研究还需要进一步深化。北洋集团作为曾经在中国历史舞台上叱咤风云的政治军事力量，学界除了要研究它在民初军阀统治的一面，还要认真梳理它在民初国家治理中的实践活动，汲取其中的经验教训，为今天推进国家治理现代化提供历史借鉴。

　　近年来，学界对北洋人物的研究，无论是在研究方法、视角还是研究结论上都有新的发展，其中以袁世凯的研究成果最为突出。2004年4月23—26日，"全国首届袁世凯与北洋人物研究学术讨论会"在安阳召开。会议对袁世凯与中国近代社会诸问题研究、袁世凯与各社会群体研究、袁世凯与其外国顾问、袁世凯在清末法制改革中的作用、袁世凯称帝，及外交史料考订与搜集整理等十一个方面的问题进行了研究，并结集出版了《袁世凯与北洋军阀》一书。该书汇聚了对袁世凯研究的最新成果，代表了国内史学界研究袁世凯及北洋军阀政府历史的最新水平。[①] 2011年，在辛亥革命一百周年纪念之际，学界关于北洋人物的研究又有了新进展，既

---

① 张华腾：《全国首届袁世凯与北洋人物研究学术讨论会综述》，苏智良、张华腾、邵雍主编：《袁世凯与北洋军阀》，上海人民出版社2006年版，第1—10页。

有对袁世凯的深入研究，又有北洋集团重要人物的专题研讨会。2011年12月10—11日，在安阳召开的"纪念辛亥革命一百周年——辛亥革命与袁世凯"学术研讨会，"不仅推动了袁世凯研究的纵深发展，也在很大程度上拓展了我们对辛亥革命的认识"①。在袁世凯专题研究之外，学界还举办了北洋集团重要人物专题研究学术活动。2011年11月18—21日，在安徽阜阳召开的"倪嗣冲与北洋军阀"学术研讨会主要围绕"倪嗣冲与民初安徽"及"倪嗣冲的再认识与评价"，对倪嗣冲进行了多方面的研究，在研究视角、方法及材料的挖掘和使用上都有新进步。②"倪嗣冲与北洋军阀"学术研讨会的召开表明，学界越来越重视对袁世凯之外的北洋重要人物的研究。

然而，"长期以来，学术界在北洋人物的研究中存在着一面倒的现象，即对北洋人物全面否定，没有任何肯定之处"。以袁世凯、段祺瑞、冯国璋、徐世昌等为代表的北洋人物，是推动清末民初社会变革的重要力量。他们中的一些人物，要么在中央控制政权，要么在地方执掌权柄，是推动民初历史演变的关键角色。我们要深化对民初历史的认识，就必须实事求是地审视民初北洋人物的历史活动。学界要进一步深入研究清末民初历史变革进程，就应该对北洋人物研究引起足够的重视。在北洋人物研究中，学界对袁世凯的研究已经全面展开，也取得非常丰富的成果。但是，学界除了袁世凯研究之外，还要拓展北洋人物研究领域，以深化对北洋社会的认识。北洋人物在民初的历史活动，除了参与政治及军事斗争之外，其实还有很大空间可以开拓。由于民初北洋集团掌控了中央政府及部分地方政权，他们在总统、总理或都督（将军）及督军的位子上，在政治、经济、军事及外交等方面多多少少做了一些事情，有的在军政及民政治理中做出了一些成绩。因此，学界应该引起重视，全面梳理这些北洋人物在执政期间的所作所为，看看他们到底做了哪些事情，取得了什么成效，在此基础上来获得对他们的全面认知，或许对我们深入开展对民初历史研究有一定的帮助。张华腾教授认为："对北洋人物的评价，不能太宏观、太主观、

---

① 张华腾主编：《辛亥革命与袁世凯——清末民初社会转型时期人物研究》，河南大学出版社2014年版，第7页。
② 李良玉、吴修申编：《倪嗣冲与北洋军阀》，黄山书社2012年版，第378页。

太简单的轻易下结论，而应该多方面的下结论，了解其一生的作为，分段进行评述，对其一生进行客观公正地评价。"① 这种关于北洋人物研究的理念为本书写作提供了基本思路。

目前，学界对北洋人物研究的领域已经有了较大的拓展，在袁世凯研究之外，对北洋集团中重要人物研究以倪嗣冲研究成果较为突出。以《倪嗣冲年谱》和《倪嗣冲函电集》为基础，学人对倪嗣冲在政治、军事、经济、剿匪、赈灾等多方面进行研究并取得了一定成果，为本书写作提供了重要启示。

冯国璋作为北洋集团的重要人物，在清末民初社会转型过程中产生了一定的历史影响。学界对冯国璋的研究主要集中在清末军事现代化及冯国璋在洪宪帝制前后的政治态度演变等方面，而对其在直隶、江苏两地的地方执政鲜有详细的研究。总体而言，在北洋人物研究中，冯国璋作为民初的五位大总统之一，对他的研究与其在历史上的表现并不相称。因此，本书选择冯国璋督直及督苏研究，是借鉴袁世凯研究及倪嗣冲研究的成果，以拓展冯国璋研究的领域，在深化北洋人物研究方面不仅具有学术意义，而且为中华民族的伟大复兴提供有益的历史启示，具有一定的现实意义。

第一，本书并不是按照以往冯国璋研究的传统，只关注于冯国璋与民初政争，而是以冯国璋在民初督直及督苏期间在两省所采取的治理措施为主要研究对象，通过对这些措施进行历史的分析，来拓展冯国璋研究领域，从而有利于深化北洋人物研究。本书对冯国璋督直及督苏研究并不是要进行所谓的翻案或否定现有的历史结论，而是以民初历史演进为背景，从民初地方治理的角度出发，通过考察冯国璋在民初直隶及江苏两地任职期间所采取的推进军政和民政治理措施及其对社会发展造成的影响，为我们深化对冯国璋的认识多提供一个视角，以帮助我们理解历史人物的复杂性和多样性，并有助于我们认识民初历史演变的复杂进程。

第二，本书对冯国璋督直及督苏研究采用了现代化理论及国家治理理论两种方法。本书在对冯国璋与北洋集团的研究中，主要是运用现代化理论来研究冯国璋在北洋集团崛起中的作用。而在民初冯国璋督直及督苏的

---

① 张华腾：《北洋人物研究的几个问题》，李良玉、吴修申编：《倪嗣冲与北洋军阀》，黄山书社2012年版，第26、31页。

实践中，本书则主要是以国家治理理论为视角，全面审视冯国璋在地方治理中所采取的措施及其成效。本书以国家治理理论来研究冯国璋在民初地方执政的实践活动，对于深化冯国璋研究，乃至拓展北洋人物研究或许有一定的创新意义。

第三，本书突破了目前常见的北洋史料限制，经过多方搜寻，发现和利用了多种有关冯国璋的未刊资料。如《冯国璋督直时公文稿》及天津档案馆编直隶都督府对社会治理的档案资料，它们对冯国璋督直研究具有很高的史料价值。另外，本书在对冯国璋督苏进行研究时，除了充分利用已经出版，但是学界并未引起重视的档案资料，如《北洋政府档案·江苏都督府及督军公署》资料，还运用《江苏省公报》等资料。从资料的运用上来看，本书对相关资料的挖掘与利用为以后拓展冯国璋研究在资料准备上有一定帮助。

当前，提升国家治理能力现代化水平具有极为重要的意义。国家治理能力现代化，除了要实现中央政府治理能力现代化外，还要求各级地方政府对社会治理应从管理型向服务型转变。在此过程中，各级地方政府应该充分借鉴历史上地方治理的经验和教训。因此，本书全面审视冯国璋督直及督苏的地方治理实践，有助于为当今各地方政府在推进社会治理，实现科学发展时提供历史的参照。

综上所述，本书在拓展冯国璋研究的领域、方法及开展有关冯国璋资料整理等方面具有一定学术意义，同时又总结民初地方政府在地方治理中的经验和教训，以进一步丰富北洋史研究内涵。

第二节　研究综述

冯国璋作为北洋集团的核心成员，在清末民初的社会转型中曾有过重要影响。冯国璋在清末军事现代化中取得了显著成就，亦是影响民初政争的一个重要人物。1912—1913 年，冯国璋先后出任直隶都督及江苏都督，成为民初地方实力派的重要代表人物。在此后的多次政争中，如参与镇压二次革命，反对袁世凯称帝，调停黎、段之间"府院之争"，讨伐张勋复辟及冯段新"府院之争"等民初重大政治事件，冯国璋均有举足轻重的影响。正如恽宝惠所言："冯国璋是北洋军阀当中重要人物之一。他一生中最关重要的时期，是从宣统三年（1911）开始，直到他代理大总统的这一时期，他在这一时期的各个阶段里所表现出的态度和他的具体行动，对于当时所发生的历史性的重大事件，是或多或少地起着较为深远的影响的。"[①] 对于冯国璋这样具有复杂历史活动的人物，我们不仅要研究其参与民初政争的历史活动，还应该对其出任直隶及江苏军政长官期间的统治进行客观研究，分段评述，或许有助于对冯国璋进行全面、准确的评价，亦有利于深化北洋人物研究。

（一）对冯国璋的历史评价

冯国璋在民初从都督到将军、督军，后由副总统到代理大总统，经历了从地方到中央的变动，参与了民初诸多重大事件，其中多有是非曲直，以至于人们对其历史评价褒贬不一。在历史上，王士珍、段祺瑞、冯国璋曾有"北洋三杰"之誉，分别获得"龙""虎""狗"的诨名。有论者谓王士珍在政治舞台上是个时隐时现的人物，故喻之为龙。段祺瑞常发虎威，故比之为虎。而冯国璋则生得狗头狗脑，故喻之为犬；又说此人貌似憨厚，内心却十分狡诈，最善八面玲珑，左右逢源，虽胸无主宰，却也便中取利，又无毅力、无定见，因之称其为"冯狗"[②]。"北洋之狗"即意味着冯国璋的不良政治声誉，亦在很大程度上贬低了他的历史地位。实际上，从民初至今的近百年中，人们对冯国璋的评价错综复杂，既有全盘否定的，亦有多方肯定的。概而言之，对于冯国璋的评价可以分为三个历史时期。

1. 第一个时期：1911—1928 年

这一时期，人们对冯国璋的评价既有否定性的亦有肯定性的。首先是当时一些人对冯国璋的否定性评价。冯国璋在督苏期间一度效忠袁世凯，在江苏实行军事高压政策，严厉镇压吴江、江阴的反袁斗争。对此，1916 年 7 月 18 日，毛泽东曾在致萧子升的书信中进行评述："彼江宁冯氏之杀

---

① 恽宝惠：《我所知道的冯国璋》，全国政协文史资料委员会编：《文史资料存稿选编》（一），中国文史资料出版社 2002 年版，第 860 页。
② 吴十洲：《民国人物绰号杂谈》，河南人民出版社 2007 年版，第 145 页。

人,比此谁多少?其击吴江、荡江阴,如刈草芥耳。谓其制造民意,逢迎袁恶污浼善类似矣。"① 在历史上,冯国璋是作为袁世凯北洋政府统治阶层的重要成员,直系军阀的首领,加之善于敛财,常常背负骂名。冯国璋在位时,人们就曾对他进行讽刺和抨击。如《群治日报》主笔汤用彬曾写道:"袁老贼的遗孽——北洋军阀头目冯国璋倚仗手中握有重兵,便因袭老贼故技,挥舞刺刀,破坏宪法,强奸民意,爬上了大总统的宝座。"② 1917年8月1日,冯国璋正式代理大总统发布第一道命令,汤用彬写了一篇短小精悍而又富有讽刺意味的评论:

窃国璋

查中华民国宪法,大总统可以颁布命令,国璋不可以颁布命令。如国璋可以命令者也,则吾颇公亦能命令。语云:"大盗窃国,小盗窃钩。窃国者王,窃钩者诛。"

无以名之,名之曰"窃国璋"!③

该评论对冯国璋代理大总统的合法性不予以承认,并极尽讽刺之能事。冯国璋去世后,时人及后来者对冯国璋的历史评价大多以否定为主。在冯国璋去世不久,《申报》即有"哀冯国璋"的时评:"冯国璋以庸众之才,得时会之宜,被举副总统之职。又得时会之宜,由副总统而代理大总统,岂非今世幸运之人哉?然当有为之时,又可为之机,而卒至优游无闻以殁,岂不甚可惜者耶!"④ 李大钊在《哭冯国璋》一文中亦有负面评价:

冯国璋死了!我对于他的死,十分哀痛!冯氏一生的成绩,遗留在世界上的,除去汉阳的焦土,新华宫的残梦,和些累赘子孙的金

---

① 中央文献研究室编:《毛泽东早期文稿》,湖南出版社1990年版,第44页。
② 黄鹤年:《汤颇公痛斥冯国璋》,中国人民政治协商会议湖北省黄梅县委员会文史资料研究委员会编:《黄梅文史资料》第2辑,1987年,第47页。
③ 汤用彬:《窃国璋》,中国人民政治协商会议湖北省黄梅县委员会文史资料研究委员会编:《黄梅文史资料》第2辑,1987年,第48页。
④ 冷:《哀冯国璋》,《申报》1919年12月30日。

钱，还有甚么！冯氏的人生，也是一幅很洁白的画幅，怎么糟蹋到这样！而且就是这样结局了！回头看来，我们总觉得他是空空的掷掉了一生，我们总觉得他的身后，只剩了空虚和寂寞。什么丧礼咧，国葬咧，大人先生的哀吊咧，全国公私机关的下旗咧，哪里和冯国璋的真人生有丝毫的关系！我真不禁为冯国璋痛哭！更为别的冯国璋痛哭！①

而沃丘仲子对冯国璋更是全盘否定，对后世者如何看待冯国璋具有很大影响：

> 人不患无才，患无才而欲逞其才。有之，冯国璋其人也。国璋有黎之懦而无其守；有袁之狠而无其智；有段之愎而无其刚。以专阃之尊，追锥刀之利，居元首之位为妇人之行，天下古今第一庸人，亦天下古今第一佞人也。②

沃丘仲子还对冯国璋聚财有术多有不满："国璋首鼠依违，唯好货财，非复赳赳本色，故同侪恒非笑之。"③ 对于冯国璋集聚巨额财富，张一麐抱以同情之理解："公性质，厚于故旧，周之无吝色。世言公善自封殖，公尝语曰：'项城雄主，吾学萧何田宅自肥之计，多为商业，以塞忌者之口耳。'"④

其次，在冯国璋生前及身后的有关传记对冯国璋有较高评价。作为民国初年重要的政治人物，冯国璋广泛参与政争，特别是在参选副总统后，在全国的影响力大增，成为媒体关注的焦点人物之一。民国时期关于冯国璋的传记在其生前及去世后均有出现。如冯国璋的传记最早可见于在1916年10月30日参众两院合开副总统选举会后，时任江苏都督冯国璋以520票当选为中华民国副总统。仿照欧美各国总统或副总统选出后，报张必详载其历史的惯例，《妇女杂志》全文转载《德华日报》率先在国内刊发冯

---

① 朱文通等编：《李大钊全集》第三卷，河北教育出版社1999年版，第166页。
② 沃丘仲子：《徐世昌》，崇文书局1918年版，第133页。
③ 沃丘仲子：《当代名人小传》，文海出版社1986年版，第20页。
④ 张一麐：《故代理大总统冯公事状》，卞孝萱、唐文权编：《辛亥人物碑传集》卷7，团结出版社1991年版，第267页。

国璋的历史，称冯国璋"被举为副总统诚民国之福"①，鲜明地表达了拥护冯国璋出任副总统的政治态度。1919年12月28日冯国璋去世。亚洲文明协会出版《时事旬刊》及时刊载有关冯国璋之略历。冯国璋作为华安公司重要董事，《华安杂志》随即刊登"本公司董事前代总统略历"以资纪念，文内对冯国璋推崇有加。② 1920年1月，张一麐撰写《故代理大总统冯公事状》，对冯国璋史事记载详略有当，并有较高的历史评价。张一麐曾经出任大总统机要局局长、大总统府秘书长、教育总长等北洋政府要职，与冯国璋多有交集，因而其撰写的冯氏传记成为研究冯国璋的必备资料。1920年1月17日和24日，《中华英文周报》连续两期刊载《冯国璋小传》文章，对冯氏生平作了介绍，突出其清末现代化的贡献，"冯将军另外的突出军事成就在于，拳匪乱事以后，他在袁世凯的指挥下，在小站依照新法教练出中国新军"③。该刊还对冯国璋在民初经历的主要历史事件进行了概述，并指出在1918年徐世昌当选为总统后，冯国璋虽然退出政坛，但是"仍于北京政局中操有一部分之势力"④。同时，王树枏撰写《宣武大将军代理大总统河间冯公神道碑》，对冯国璋一生的主要事迹亦有精到评述。⑤

再次，北洋政府对冯国璋的正面评价。冯国璋去世后，如何盖棺定论不仅关涉冯国璋的政治声誉，而且关乎直系军事集团人物的切身利害。因此，冯国璋的部属极力推动北洋政府对冯氏予以崇高的政治定论。"闻师景云、陆锦等以冯氏有功民国，为手创共和之一人，国家宜对之为一种崇德之表示，特谒总统请予国葬。"⑥ 随即，国务总理靳云鹏向众议院咨文，提出对冯国璋举行国葬，"冯前代大总统有殊勋于国家，……举行国葬典礼，以昭崇报"⑦。冯国璋逝世后，北京政府通令全国下半旗三天志哀。同

---

① 佚名：《副总统冯国璋》，《妇女杂志》1916年第2卷第12号。
② 佚名：《名人言行》，《华安杂志》1920年第1期。
③ "Feng Kuo-chang", *Chung Hwa English Weekly*, Vol. Ⅱ, No. 42, Jan. 17, 1920.
④ "Feng Kuo-chang", *Chung Hwa English Weekly*, Vol. Ⅱ, No. 43, Jan. 24, 1920.
⑤ 王树枏：《宣武大将军代理大总统河间冯公神道碑》，《教育周报》1923年第1期。
⑥ 佚名：《前代理总统冯国璋逝世》，《时事旬刊》1920年第35期。
⑦ 佚名：《冯国璋国葬案原案》，《大公报》1920年1月12日。

时,"政府即致电驻美公使,访查美国前总统丧礼,切拟为之国葬"①。1919年12月29日,时任大总统徐世昌哀悼冯氏逝世之命令出,文曰:"前代理大总统冯国璋久掌戎韬,勋隆望重。辛亥之役,赞助共和。疆寄迭膺,又安大局。追以副总统代理大总统职务,适值南北纠纷之际,苦心规划,听夕贤劳。退任以来,仍资匡赞。"② 徐世昌并于12月31日亲赴冯宅祭奠,并撰挽联:"久从袍泽同甘苦,互有精诚盼太平。"段祺瑞则两次赴冯宅登门吊唁,并送挽联表达相知相惜之情:"兵学砥砺最相知,忆当拔剑狂歌,每兴誓澄清揽辔;国事纠纷犹未已,方冀同舟共济,何遽伤分道扬镳。"③ 1920年1月1日,蔡元培作《挽冯国璋联》肯定冯氏调和南北、倡导统一的努力,并对其有关教育方面的捐赠行为予以肯定。"自代理总统时力弭战衅,遂为南北调和派中坚,临殁宣言,尤感同泽。于私立大学中月任常捐,更有学术研究所计画,达孝继志,是在后昆。"④ 北洋政府为做周密准备,由各机关奉派襄办丧礼人员组成治丧事务处,并于1920年1月26日议决办法十九条,对这位前代理大总统的丧礼可谓备极哀荣。⑤ 2月2日,冯国璋归葬河间,"是日,本埠(天津)警察厅通令各署队暨各机关均悬半旗以表哀悼"⑥。此后,北洋政府对冯国璋的祭祀亦礼遇有加。1922年,内务部向大总统呈文,"核议前代理大总统冯公林墓所占河间县诗经村地亩,恳请准予照数豁除钱粮"⑦。在北洋政府统治时期,无论是皖系、直系抑或奉系军阀执掌中央政府,对冯国璋的尊崇并未有大的变化。

2. 第二个时期:1928—1978年

1924年国民党"一大"实现第一次国共合作,国民党建立党军并以党统政强化社会动员和组织能力,以北伐逐步改变民初中国政治格局,北

---

① 佚名:《冯国璋之死》,《民心周报》1920年第1卷第6期。
② 佚名:《前代理总统冯国璋逝世》,《时事旬刊》1920年第35期。
③ 国家图书馆藏:《河间冯公荣哀录》,中华民国九年二月治丧处刊,第44页。
④ 中国蔡元培研究会编:《蔡元培全集》第四卷,浙江教育出版社1997年版,第5页。
⑤ 佚名:《阔哉冯河间之丧礼》,《天津益世报》1920年1月29日。
⑥ 佚名:《下旗哀悼冯河间》,《天津益世报》1920年2月3日。
⑦ 《呈大总统核议冯公林墓所占河间县诗经村地亩请照数豁除粮银文》,《财政月刊》1922年第10卷第120号。

洋军阀便成为革命的对象。1928年"宁汉合流"后，南京国民政府继续北伐并取代北洋政府。北洋政府及北洋军阀既然作为北伐的革命对象，自然其政治上的作为也就不为国共两党所肯定。南京国民政府成立后，即对冯国璋作了否定性政治判决，没收其财产。1929年1月24日，南京国民政府行政院通令"冯国璋所有财产应按照逆产条例处置"①。于是，天津市政府即将冯国璋个人所属财产定性为逆产。② 1929年1月31日，天津妇女救济院因附设妇女职业学校之校舍十分狭窄，呈文天津市政府要求将冯国璋逆产充作院址，呈文在1929年2月14日即得到天津特别市社会局批准。③ 3月20日，天津市平民妇女工商补习学校办公处向天津市教育局呈文，"请将现租用之办公处及接邻之一号楼房，皆系冯国璋逆产，请一并没收，以充公用"。补习学校呈请天津市教育局转呈市政府，"准予拨给该一二号楼房，用充职局办公之所"④。国民党以革命史观来评价北洋人物，在一定程度上影响了人们对冯国璋的认知。1937年，《人文月刊》载有冯国璋简略历史，称"冯国璋为河北武力派之栋梁，回顾袁世凯统帅北洋军阀，称霸天下时，幕下所需四大天王，冯其一也"。对于冯国璋在民初政争中的地位，该文指出："冯在任虽为时不过一载，然于对德参战问题与段祺瑞争抗，造成日后直隶、安徽两派之斗争。退位以后，以政界元老故，尤肆其伟大之势力。"⑤ 不仅如此，影响其历史声誉的还有对冯国璋多方敛财的讥讽。如吴宓在《空轩诗话》中曾言"吾中国人素乏宗教、美术，而重利禄，好货财"，并特以冯国璋为例说明，"昔中华民国副总统冯国璋开府南京，与民争利，一时南京之旅馆妓寮，皆其直接间接所营。及民国七年冯国璋为代理大总统，入居北京新华门内之公府，乃以三海之鱼出售获利。美国公使购得，特为送还，报纸宣传，中外滕笑话"⑥。

1949年以来，人们对北洋人物多以泛道德评价，将以袁世凯为首的北

---

① 佚名：《冯国璋财产亦按逆产处置》，《天津益世报》1929年1月26日。
② 郭凤岐、陆行素主编：《〈益世报〉天津资料点校汇编》（二），天津社会科学院出版社1999年版，第1454页。
③ 鲁荡平：《天津特别市社会局指令》，《天津特别社会局政务汇刊》1929年第2期。
④ 佚名：《没收冯国璋财产之呈请》，《天津益世报》1929年3月21日。
⑤ 佚名：《人文志》（三），《人文月刊》1937年第8卷第4期。
⑥ 吴宓：《空轩词话》，商务印书馆2005年版，第238页。

洋派置于历史的审判台上加以全面批判。如陈伯达在《窃国大盗袁世凯》一书中即将冯国璋、段祺瑞、王士珍等人定性为帮助袁世凯"窃国的爪牙"①。总体而言,在1928—1978年间,无论是国民党还是共产党都从革命史观出发,在政治上对冯国璋进行否定性评价。

3. 第三个时期：1978年至今

自改革开放后,特别是20世纪90年代以来,相关论著开始对冯国璋有了多重评价,其中既有肯定冯氏在清末军事现代化中的作用,又有正面评述其在民初政争中的表现。如韩中义认为："冯国璋是北洋三杰之一,直系军阀首领。他狡猾圆通,先是投靠清室,后又投入袁世凯怀抱,靠镇压革命屠杀人民登上总统宝座。"②潘荣等认为："冯国璋出身贫寒,青年时习武从军,在军事理论上颇有造诣,最终以军功成为进身之阶登上民国大总统的宝座。"③张立真认为："冯国璋是北洋军阀中比较稳健的一位中坚人物。对他的一生,既要深刻揭露其对抗革命、攘夺权利的军阀面目,也要适当肯定其推进军事现代化、压邪扶正的积极一面,不隐恶、不抑善,实事求是地给予公正评价。"④潘荣认为："冯国璋在北洋众将领中应数佼佼者,对中国军事的近代化有过一定的贡献。而且,在袁世凯称帝时,作为袁手下最有力的将领,他坚决予以抵制,对促袁垮台起了相当大的作用；他多年直接掌握部分北洋军的精锐,在北洋军界很有实力,仅此段祺瑞也难与其比。"因而,作者认为："无论以'狗'或以'豹'来评说冯国璋,均未免过于片面和刻薄。"⑤杨雯认为冯国璋是镇压义和团运动的帮凶；在辛亥革命时期,他攻占汉口、汉阳；二次革命时期,在袁世凯的指使下,他攻下南京。作者总的评价是冯国璋虽然做了许多对国家、地方有益的事,但还是过大于功。⑥文斐指出,王士珍、段祺瑞和冯国璋被德国驻胶州总督盛赞为"北洋三杰",俗称这所谓的"三杰"为袁世凯的"龙、虎、豹"。这三人早年跟随袁世凯,可谓"下则出生入死,上则纵横

---

① 陈伯达：《窃国大盗袁世凯》,华东新华书店1949年版,第4页。
② 韩中义：《冯国璋》,北方文艺出版社1995年版。
③ 潘荣等：《冯国璋家族》,金城出版社2000年版。
④ 张立真：《冯国璋真传》,辽宁古籍出版社1997年版。
⑤ 潘荣：《教头总统冯国璋》,吉林文史出版社1995年版。
⑥ 杨雯：《冯国璋研究》,四川大学出版社2011年版。

捭阖",后来均成为名倾朝野的国之干城。在共和、称帝、护法等风云变幻的时代大潮中,或想当忠节老臣,以谢"浩荡皇恩";或想首鼠两端,落得个左右逢源;或想独揽大权,不惜穷兵黩武。"历史的局限使他们成了只能盛极一时,却不能长久的匆匆过客。"①徐青、刘红等认为"号称'北洋三杰'的王士珍、段祺瑞和冯国璋早年跟随袁世凯练兵,是袁手下的得力干将,可称为北洋军阀集团的'缔造者',袁世凯死后,他们又成了统驭这个集团的'龙头'人物。他们的发迹、沉浮与北洋军阀集团的兴盛、衰亡紧密相连。北洋军阀17年的黑暗统治则直接印在他们身上"。②曹小玲认为,"在王、冯、段三人中,就算冯国璋胸无主宰,他既不似王士珍神秘,又不如段祺瑞威厉。但他善于见风使舵,便中取利,所以北洋三杰中唯有冯国璋坐上了国家元首的宝座,虽然不幸有代理二字,但这正是时势使然"。③骆秉章认为:"冯国璋是北洋军阀中的重要人物之一,他被称为'北洋之狗',是直系的'第一代'领袖,还曾一度代理民国大总统,在北洋政府影响巨大。"④元坤指出,"有直系教头之称的北洋总统冯国璋,是充满争议的一生。在很多人眼中,他既是杰出的军事教官,也是狡诈的政客;他既是踏实谨慎的实干家,也是胆小如鼠的投机者。不过,这些都不过是笼罩在他身上的各种虚名。他倡言民主革命,但是却依旧维护着封建统治者的利益和名誉。他一生追求和平统一,却又拥兵自重,独霸东南,成为举世闻名的江宁霸主。他一生经历两咨府院之争,却总是摆脱不了居间调解人的尴尬境地",而正是由此构成了"一个活生生的冯国璋,一个有血有肉的政治家、军事家"⑤。徐泰来主编的《中国近代史记》评价冯国璋,认为"在他一生中,曾长期追随袁世凯,而且深得袁的信任、赏识和重用,是袁创办北洋军最得力的助手之一"。冯国璋为"北洋集团培养和训练了一大批骨干,并安插到了全国各地和北洋各镇中,对北洋集团的形成和发展起了极其重要的作用"。总体而言,"在他的一生中,尤其是1913年被授为江苏都督、宣武大将军,坐镇南京,成为雄踞东南

---

① 文斐编:《我所知道的"北洋三杰":王士珍、段祺瑞、冯国璋》,中国文史出版社2004年版。
② 徐青、刘红等编:《北洋三杰——王士珍 段祺瑞 冯国璋合传》,光明日报出版社1993年版。
③ 曹小玲编:《北洋之"狗"冯国璋》,中国戏剧出版社2005年版。
④ 骆秉章主编:《北洋黑狗冯国璋》,喀什维吾尔文出版社2002年版。
⑤ 元坤编:《直系教头冯国璋》,中国广播电视出版社2011年版。

的大军阀，确实起到了北洋系看家狗的作用。另外，在北洋军阀分化后，他成为直系首领后，又以英、美帝国主义为后盾，与湖北督军王占元、江西督军李纯联合对抗皖系，称为'长江三都'。正是他们这帮大军阀勾结帝国主义，合纵连横、朝云暮雨，给国家和民主带来了不尽的灾难"①。

值得注意的是，改革开放以后，冯国璋作为河北省的历史名人逐渐受到家乡关注。一方面是关涉冯国璋的文史资料渐有面世，另一方面地方政府开始重新评价冯国璋的历史定位。如河北省河间市政府在2009年对冯国璋进行公祭，在国葬墓上悬挂一副挽联：

> 枵腹笃学投笔从戎功成秉玺，正直人到底非政客
> 抵御外侮推翻帝制坚反复辟，冯氏子终究是真人②

从这副对联可以看出，河间市政府对冯国璋进行了重新评价，对其参与清末民初诸多历史活动都给予了全面肯定。

（二）冯国璋研究的学术概况
1. 目前的研究成果
（1）总体评价

民国时期，已有研究者开始对冯国璋与民初政争进行深入讨论。如李剑农认为："冯国璋自帝制问题发生后，早与反帝制各派的人士互通声气，已没有拥护袁氏的意思。"袁世凯撤销帝制后，冯国璋虽联合各省，担任调停，"不过冯氏想乘机取利，对袁则挟南方以自重，对护国军则挟北方以自重，恰如辛亥年对待清廷和革命军一样，所以始终采用一种模棱的手段"③。关于冯、段"府院之争"，刘以芬指出："冯（国璋）段（祺瑞）执政时代，府、院之间，明争暗斗，至为剧烈。"段祺瑞以安福国会为推手使得冯国璋将大总统职位拱手让人，冯去职后与政治绝缘以致彻底失败，在于冯氏作为武人"思想究属简单，不能了解政治之作用"，而当时

---

① 徐泰来主编：《中国近代史记》下册，湖南人民出版社1989年版，第66页。
② 冯容：《我们所知道的祖父冯国璋的往事》下，《传记文学》2011年第2期。
③ 李剑农：《中国近百年政治史》，武汉大学出版社2006年版，第352页。

冯幕府之无人才，亦是失败因素之一。① 李剑农、刘以芬等人的相关研究表明，冯国璋作为清末民初社会转型中的一个重要人物，学界已经开始关注冯国璋的历史地位及其影响。大体而言，学术界全盘否定了北洋政府统治的合法性及合理性，因而对北洋人物的述评也是以负面为主，其中以陶菊隐的《武夫当国：北洋军阀统治时期史话》及《督军团传》为代表。

　　伴随改革开放的推进，学界对冯国璋的研究在多方面展开，对冯国璋综合性研究和评价亦开始出现。在大陆学界研究冯国璋的学者中，较为突出的是河北省社会科学院历史研究所研究员刘刚范（笔名公孙訇）。公孙訇曾对冯国璋的一生进行过研究，并编有《冯国璋年谱》②一书。公孙訇认为冯国璋的历史功绩主要有：第一，他是中国现代军事创始人之一，是现代军事理论家、教育家；第二，他是民国成立以后维护共和体制、反对帝制，包括反袁称帝和反张勋复辟的重要功臣；第三，在总统任内，他反对段祺瑞打内战以武力统一中国，是主张以和平方式统一中国的。③

　　自1978年以来，学界对冯国璋的研究是从撰写冯氏传略开始的。其中，最早是李宗一撰写的《冯国璋》，梳理了清末民初冯国璋的主要史迹，评论平实公允。④此后，有关冯国璋的传记不断问世。田胜武撰写《冯国璋传略》，比较详尽地评述冯国璋从投笔从戎，在天津、保定武备学堂任教，到出任江苏督军、副总统直至代理大总统。应该说该《冯国璋传略》是有关冯氏最为详尽的传记，但字里行间不免带有时代的痕迹。⑤王杰撰写的《北洋之"豹"冯国璋》，主要记述冯氏"在步入武行后的近30年中，平步青云，飞黄腾达，成为北洋系中带有传奇色彩的人物"⑥。冯佩兰撰写的《代理总统冯国璋》，简略评述冯国璋作为清末民初的风云人物，

---

① 刘以芬：《民国政史拾遗》，上海书店出版社1998年版，第18—20页。
② 公孙訇编：《冯国璋年谱》，河北人民出版社1987年版。
③ 冯容：《我们所知道的祖父冯国璋的往事》下，《传记文学》2011年第2期。
④ 李新、孙思白主编：《中华民国史资料丛稿·民国人物传》第2卷，中华书局1978年版。
⑤ 中国人民政治协商委员会河间县委员会编：《河间文史资料》第1辑，1986年。
⑥ 中国人民政治协商委员会河北省保定市委员会文史资料委员会编：《保定文史资料选辑》第9辑，1992年。

从小站练兵到代理大总统这一时期的历史。① 陈志新撰写的《民国总统冯国璋》亦对冯氏一生主要事迹作了简单梳理。② 张建军执笔的《冯国璋》作为杨念群主编的《中华民国史》"传记"一部分，亦是简单评述冯国璋清末民初有关史事。③ 冯容《我们所知道的祖父冯国璋的往事》是近年来关于冯国璋较为全面详细的传记。该文从家境贫寒、辍学从戎，朝鲜兵败、小马渡江、辅佐袁氏、编练新军、辛亥革命、统领禁卫军，二次革命、坐镇南京，反袁称帝、忠义难全，旗帜鲜明、反张复辟，代理总统、府院之争，任满下野、国葬河间等方面叙述冯国璋的历史。④ 从不同版本的冯国璋"传记"内容比较来看，学界对冯国璋的评论基本上是对冯国璋在清末民初的历史作用给予负面表述较多。

自20世纪90年代以来，关于冯国璋的全景式扫描的传记多有出现。如田建群以细致的历史人物传记笔法，叙说了从清末到民国初年北洋军阀从发生发展到执掌政权和最终结束这一段时间的历史。⑤ 田胜武、田艳华编著的《冯国璋全传》"记述了冯国璋对社会的贡献，如对军事理论的建树，抵制洪宪，反对段祺瑞武力统一等；但也剖析曝光了他丑恶的一面，如屠杀义军，助纣为虐，火烧汉口，聚敛民财，贪赃枉法等"⑥。全书分十章，有冯国璋的正史、轶事、年谱简编、家谱摘抄和一些与冯国璋有关的人物简介等。季宇以生动的文字描述了冯国璋从参军、加入袁世凯小站编练新建陆军到参与清末民初一系列历史事件的历史活动，可读性较强。⑦《民国江苏的督军和省长》则从"北洋三杰"之一、"坐镇东南"、"代理大总统"等三个方面对冯国璋的一生进行了梳理，指出："冯国璋精心操办，为北洋六镇及北方各省新军输送了大批人才，不仅对北洋军阀集团的形成起了重要作用，而且为他以后掌领直系奠定了基础。"同时，文内对

---

① 朱信泉主编：《民国著名人物传》，中国青年出版社1997年版。
② 河北省政协文史资料委员会编：《河北历史名人传·政治军事卷》下册，河北人民出版社1997年版。
③ 杨念群主编：《中华民国史》第六册《传》一，中国人民大学出版社2006年版。
④ 冯容：《我们所知道的祖父冯国璋的往事》下，《传记文学》2011年第2期。
⑤ 田建群：《细说北洋——冯国璋》，内蒙古人民出版社2009年版。
⑥ 田胜武、田艳华编：《冯国璋全传》，中州古籍出版社1993年版。
⑦ 季宇：《权力的十字架——冯国璋传》，百花文艺出版社1997年版。

于冯国璋在督苏期间所采取的一些治理措施给予了一定的肯定,如裁减江苏军队、整顿江苏军警,促进了社会治安的改善,命令江宁赈抚局救济受灾商民,命令筹办旗民生计处,推广牧业等,有利于民生。① 吕伟俊、王德刚所著《冯国璋与直系军阀》一书认为冯国璋是直系军阀的早期首领,其青年时代饱受社会动荡和外人欺侮之苦,所以也曾有过"兴国安邦"的爱国志向,并曾一度为此目的而努力奋斗,但是历史的机遇却最终把他推上了背离人民意愿的政治舞台,使他成了一位一度在中国近代史上举足轻重的大军阀。他处心积虑地配置直系势力体系,自己也当上了副总统、代总统,而且还"民主"地退位,在北洋军阀史上,演出了唯一的一位按照法律程序交接最高统治权力的史剧。这在当时争权夺利、争霸称雄、视权力如生命的时候,不能不说是件可称道的事。② 张宪文先生认为该书是中国近代军阀史专著中水平较高的一部,对直系军阀和直系风云人物进行了历史的、客观的分析和研究,对直系风云人物冯国璋、曹锟、吴佩孚和孙传芳等的发迹过程及其在历史舞台上的表演进行了实事求是的评价。总体而言,该书对冯国璋的研究开拓了以往的视野,打破了以阶级史观为主导的认识路线,对冯国璋的认识具有较多的新意,是研究冯国璋不可多得的一部力作。③ 近年,人们对冯国璋的认识进一步丰富起来,如彭秀良所著《冯国璋传》是对冯国璋进行全面考察的一部新作,给世人呈现了一个较为丰满的冯国璋形象。④

还有的著作对冯国璋在直隶和江苏的地方治理实践有一定的研究。如赵艳玲《清末民初的代议制:从顺直咨议局到直隶省议会的案例考察》就对冯国璋在督直期间与顺直咨议局和直隶议会之间的合作与冲突进行了论述,有利于丰富学界对冯国璋的认识。⑤ 冯国璋督直仅仅一年有余,后来

---

① 中国人民政治协商会议江苏省委员会文史资料委员会:《民国江苏的督军和省长》,《江苏文史资料》编辑部,1993年,第70—82页。
② 吕伟俊、王德刚:《冯国璋与直系军阀》,河南人民出版社1993年版。
③ 张宪文:《一部近代军阀史研究的力作——评〈冯国璋和直系军阀〉》,《民国档案》1995年第2期。
④ 彭秀良:《冯国璋传》,中华书局2015年版。
⑤ 赵艳玲:《清末民初的代议制:从顺直咨议局到直隶省议会的案例考察》,社会科学文献出版社2012年版。

又出任江苏都督。冯国璋在江苏的统治为三年零八个月，先后与韩国钧及齐耀琳合作，在地方治理上有所作为。有的论者对此给予了评述，如张立真《冯国璋真传》认为："几年间，冯国璋在江苏与行政长官协力合作，推行善政，为恢复与发展江苏经济，振兴工商业，做出许多有益的努力。"① 杨大辛主编的《北洋政府总统与总理》对冯国璋在江苏的统治亦表示肯定，"冯国璋在军事上的一系列措施，旨在加强北洋军阀的统治权力，但在客观上保障了江苏社会秩序的稳定，因此，江苏在冯国璋统治几年间，经济、文化的发展是有长进的，这同韩国钧对江苏的某些改革是分不开的"②。杨雯《冯国璋研究》对冯国璋督苏略有论述，并认为："冯国璋这几年在江苏各个方面建设所做的贡献是比较突出的，是值得肯定的。"③ 当然，对于冯国璋督苏也有不同的观点，如《江苏史纲》及《江苏通史·中华民国卷》对冯国璋督苏全面否定，认为冯国璋在江苏三年半的统治使"江苏人民饱受了苦难，处于水深火热之中"④，"给江苏人民带来了深重的灾难"⑤。

目前，学界对冯国璋研究的层面趋于多样化，既有对冯国璋一生做整体的论述，也有对冯国璋分阶段的评述，总体上来说对冯国璋的评价还是褒贬不一。冯国璋作为清末民初的军政要人，特别是作为袁世凯北洋集团的骨干，其政治声誉自然与北洋集团及北洋军阀的评价联系在一起。

（2）专题研究

自改革开放以来，对冯国璋的研究在视野和理论上均有突破，主要集中在清末军事现代化和民初政争等方面。

第一，冯国璋与清末军事现代化。论者大多肯定了辛亥革命前冯国璋在清末现代化特别是军事教育方面的贡献，如张永刚认为冯国璋督办北洋陆军速成武备学堂既充分体现了冯国璋的军事教育思想，又对中国军事教

---

① 张立真：《冯国璋真传》，辽宁古籍出版社1997年版，第197页。
② 杨大辛主编：《北洋政府总统与总理》，南开大学出版社1989年版，第71页。
③ 杨雯：《冯国璋研究》，四川大学出版社2011年版，第114页。
④ 江苏社会科学院《江苏史纲》课题组：《江苏史纲》，江苏古籍出版社1993年版，第293页。
⑤ 孙宅巍、王卫星、崔巍主编：《江苏通史·中华民国卷》，凤凰出版社2012年版，第30页。

育和军队建设的近代化起到一定的促进作用。① 张立真认为冯国璋是中国军队走向现代化的开拓者之一,肯定了他早年致力于军队的全面改革,推动了中国早期的军事现代化。② 公孙訇认为冯国璋早年投笔从戎,后来依附袁世凯不断发迹,在辛亥革命中充当清廷功臣,是为"北洋三杰"之豹,对于晚清军事的改革与发展做出了积极贡献。③ 公孙訇还认为冯国璋是一位既有实践经验又有理论著述的近代杰出的军事教育家。冯国璋以军事教育事业为己任,在介绍西方近代军事、编著中国近代军事教材及参与军队改革事宜、管理军校和改革中国军队的落后面貌等方面做出了贡献,在中国近代军事史上占有重要地位。④

第二,冯国璋与民初政争。首先,冯国璋与洪宪帝制。冯国璋作为北洋集团的元老派对袁世凯称帝的态度在北洋派系中具有重大影响,而且对袁世凯的帝制进程产生很大制约。清末以来,冯国璋与袁世凯关系一直较为融洽,冯国璋效忠于袁世凯,袁世凯也非常器重冯国璋,两者之间合作密切。辛亥革命后,冯国璋对袁世凯是言听计从,忠实地履行对袁世凯的效忠,为袁世凯实行中央集权,建立独裁统治在政治和军事上极力支持,成为袁世凯建立集权政府的重要帮手。但是,在洪宪帝制风闻传开后,冯国璋对袁世凯称帝态度隐然间发生变化。在"洪宪改制"之初,冯国璋对袁世凯的不满尚处于隐忍不发的阶段,双方既有矛盾,也有相互利用。1915年8月23日,筹安会宣布成立,使冯国璋对袁世凯的政治态度发生巨大变化。冯国璋虽对帝制采取推脱态度,但"筹安会的突然出现,使他感到寒心",同时,"他对筹安会不予理睬,暂作壁上观,同时派人入京打探消息",表现出对帝制运动非常谨慎的姿态。后来,冯国璋反对袁世凯称帝的态度日趋明朗,并与反袁力量联合。基于政治利益的算计,冯国璋与袁世凯的矛盾全面激化,双方之间的关系恶化直至决裂。冯国璋反对洪宪帝制是基于个人利益的考虑,也希望自身能够借此在政治上有更大作为,取得更高的政治地位,"随着地位的提高和实力的增强,他已不满足

---

① 张永刚:《冯国璋与北洋陆军速成武备学堂》,《河北大学成人教育学院学报》2007年第3期。
② 张立真:《冯国璋与中国早期的军事现代化》,《辽宁大学学报》(哲学社会科学版)1997年第4期。
③ 公孙訇:《北洋三杰之豹——冯国璋》,《渤海学刊》1987年第1期。
④ 公孙訇:《冯国璋与中国早期的军事现代化》,《军事历史研究》1989年第2期。

于做一省之主，而野心勃勃地想要接袁世凯的班，过一过总统瘾了"①。冯国璋的反对重击了袁世凯的称帝野心，有学者认为冯国璋在南京拥兵自重，先是试图阻止帝制丑剧的上演，接着在袁世凯和护国军之间保持中立，最后利用袁内外交困，企图取而代之。冯国璋的所作所为对于袁世凯的败亡有举足轻重的影响，因而受到当时中外各方面人士的密切关注。②冯国璋的倒戈，显然是对袁世凯的一个最大的打击。③ 由于冯国璋夹带着个人的政治野心，不顾北洋集团的政治利益，加快了北洋集团走向分裂的步伐。1916年5月，冯国璋在南京组织各省代表会议，本想寻找解决时局的办法。但是，与会各省代表意见不一，而冯国璋踌躇不前，又无法操纵会议进程，以至于南京会议无果而终，冯国璋的政治计划破产，也加剧了北洋集团的政治分歧。对于冯国璋反对袁世凯称帝的评价，有研究者提出了不同的看法，认为在清末民初新旧思想斗争激流的波及下，在资产阶级民主思想浪潮的推动下，冯国璋的思想也在逐渐地由维护帝制转变为拥护共和，其表现则为促使清帝退位、反对袁世凯称帝，平定张勋复辟叛乱，其言行对我国近代史产生了积极的影响。④

其次，冯国璋与张勋复辟。冯国璋为什么反对张勋复辟？冯国璋与张勋从小站练兵开始就在一起共事，后来都拥戴袁世凯为北洋共主，虽说有同事之谊，但是二人之间并不融洽，特别是关于江苏都督的更易，冯与张的矛盾加深，两者均有较强的军事实力为后援，各自抱有巨大的政治野心，在江苏形成了相互制衡的局面。冯国璋反对张勋复辟，既有个人的因素，也有外在的推动力。有学者指出："然就冯国璋的历史看来，实为一个不折不扣的复辟分子。惟此次复辟，冯因与张勋不睦，且默查内外情势，知不能有成，故不肯赞同。"冯国璋鉴于自己的部属都一致主张反对张勋复辟，而在黎元洪特任段祺瑞为国务总理，并电请冯氏暂代大总统一职后，冯国璋的政治利益有了增进，因而"反对复辟的态度益形坚决"⑤。

---

① 李新、李宗一主编：《中华民国史 第2编 第1卷》，中华书局1987年版，第583—584、772页。
② 胡毅华：《试论洪宪帝制前后冯国璋同袁世凯的关系》，《近代中国》1995年第5期。
③ 郭剑林主编：《北洋政府简史》，天津古籍出版社2000年版，第385页。
④ 公孙訇：《论冯国璋反对帝制维护共和的贡献》，《河北学刊》1989年第2期。
⑤ 胡平生：《民国初期的复辟派》，学生书局1985年版，第267—268页。

再次，参与府院之争。1916年6月7日，黎元洪继任大总统，恢复《临时约法》和国会，"议会既开，南北统一，群情向往，嗯嗯望治"。不意北京政潮汹涌，黎段"府院之争"兴起，导致政局恶败。"自黎元洪免段祺瑞之职，而浙皖宣布独立。自张勋入京胁黎氏解散国会而两广宣告自主，皆与段有直接关系，而南北之分裂实肇于此。"[1] 黎段"府院之争"除了内政上相互钳制外，在如何对待德国的外交问题上也形成尖锐对立。第一次世界大战期间，采取何种对德的外交政策是关涉国家利益的重大外交政策，但是黎元洪和段祺瑞两派势力进行了多重博弈。作为国务总理的段祺瑞基本上掌握了对德外交的主动权，推动中国对德国的外交从中立、绝交到宣战的转变。此时，冯国璋尚在江苏主政，参与调解黎段"府院之争"，除了自身政治利益的算计之外，也有关于国家利益的考量，在对德问题上逐步出现了由起初反对绝交到赞同绝交进而力主参战的转变。

张勋复辟失败之后，段祺瑞以"三造共和"的姿态再度出任国务总理，执掌中央政柄，而冯国璋也以副总统身份代理大总统。但段氏独断专行与冯氏逐渐形同水火，相互暗斗，形成冯段"府院之争"。总统府与国务院围绕着如何对待广东的护法军政府，结束南北对峙的局面，出现了冯国璋的"和平统一"和段祺瑞的"武力统一"两种严重对立的政策。有论者认为冯国璋在各种因素的影响下，极力倡言和平统一，虽壮志未酬，但"和平统一"的政策还是值得肯定。在对外政策上，冯国璋与段祺瑞也互不相容。有学者认为冯国璋在与段祺瑞争斗的过程中，打击段祺瑞的一系列内外政策，在很大程度上针对的是日本的侵华政策，也反映了其身上存在的民族主义思想。[2] 冯国璋作为直系军阀的首领，在"参战问题"、中日军事协定问题及中日山东问题等所表现出的反日态度，不仅是因为直系在利益上与日本支持的皖系和奉系严重对立，而且还有爱国思想和民族思想的成分存在。[3] 冯国璋在与段祺瑞的"府院之争"中处于下风，有研究者指出下野之后的冯国璋仍徘徊于政争旋涡当中，不甘心退出政治舞台，

---

[1] 沃邱仲子：《段祺瑞》，广文书局1922年版，第58、67页。
[2] 左世元：《冯国璋之日本观初探》，《山西师大学报》（社会科学版）2008年第5期。
[3] 左世元：《近代中国政派、政要之对日态度及策略研究（1915—1937）》，博士学位论文，华中师范大学，2009年。

"他与各方函电往来，商讨如何促使南北双方停战议和，并大力支持民众团体的求和活动"。冯国璋与外界的联系一直非常紧密，其门生旧部不断鼓动冯氏东山再起，而他自己也"在积极活动，准备建立政党，以便与皖系政客抗衡"①。

最后，冯国璋与直系军阀。关于形成直系军阀的原因，已有研究指出："冯国璋在袁世凯督直时期，主持北洋军事教育，培养了大批直隶籍军官，这对于直系军阀的形成至关重要。"特别是"冯国璋自当上江苏都督以后，即开始经营直系势力，经过精心策划逐步形成了以冯国璋为首的长江三都势力"②。有学者对冯国璋作为直系军阀的首领所产生的影响进行了评述，认为："身为直系军阀的缔造者，冯国璋虽当上副总统、代总统，但其生前却始终未能将直系推上顶峰。直系体系的缔造者为冯国璋，这一点上与皖段、奉张没什么不同，但冯当政（代理大总统）时却不是直系的鼎盛时期，他尚受制于皖段。直系之黄金时代则是在冯死以后。直系军阀活跃于北洋军阀统治时期的始终，它同皖、奉两系互相角逐，纵横捭阖，分组离合，同地方小军阀也时而兵戎相见，时而握手言欢，形成了一个'魔怪舞蹁跹'的乱局。"③

（3）研究不足之处

目前，学界有关冯国璋的论著有十余本，相关的研究论文亦有近20篇，在研究的广度和深度上不断地拓展。但是，从目前的研究成果来看，对冯国璋研究大多表现为一般性、零散性、传记性的论著，局限于对个别事件和人物的论述，对冯国璋进行深入研究的专著尚不多见，硕博论文也仅有为数甚少的相关研究。④ 对于冯国璋与时局变化的关系及冯国璋在任代理大总统时期所采取的治理措施的相关研究还不充分。特别是学界对冯国璋在1912年9月—1917年7月督直及督苏的地方治理实践缺乏详细的考察。即使有的著作对冯国璋的地方治理有所涉及，但因缺乏翔实的资料支撑，相关研究还有待进一步深入。而且，学界对冯国璋研究在拓展资料

---

① 傅德华等：《民国军政要人归宿》，上海书店出版社1995年版，第10—12页。
② 郑志廷、张秋山：《直系军阀史略》，人民出版社2007年版，第116页。
③ 吕伟俊、王德刚：《冯国璋和直系军阀》，河南人民出版社1993年版。
④ 左世元：《近代中国政派、政要之对日态度及策略研究（1915—1937）》，博士学位论文，华中师范大学，2009年；李春楠：《冯国璋军事活动述论》，硕士学位论文，河北大学，2009年。

方面受到诸多限制，不仅对冯国璋在督直及督苏时期所采取的治理措施缺乏多角度的深入研究，而且缺乏对档案资料及报刊资料的挖掘利用，这些都是目前冯国璋研究中的不足之处。

长期以来，我们对冯国璋督直及督苏研究没有引起足够的重视。众所周知，直隶乃畿辅重地，有拱卫京师之重任，其政治地位与其他各省判然有别，另外它还是北洋集团崛起和发展壮大的地方。对于这样一个具有重要政治意义的要地，袁世凯怎么会拱手让予国民党人呢？无论是从袁世凯政府的发展而言，还是从北洋集团的情感出发，袁世凯必然要将直隶纳入自己的势力范围，防范其他政治势力染指。袁世凯派冯国璋接替张锡銮出任直隶都督，对于时局有何影响？在二次革命后，袁世凯为什么要将冯国璋调任江苏都督？冯国璋在督苏期间对江苏治理取得了哪些成效？上述问题是目前冯国璋研究中较为薄弱又有待深入的部分，这些正是本书要回答的问题。

第三节　研究理论与主要资料

（一）研究思路、主要理论与方法

1. 研究思路

首先，界定概念。"民初"：本书所研究的对象主要是冯国璋在直隶都督、江苏都督（将军）及江苏督军任内的地方统治。冯国璋在 1912 年 9 月被任命为直隶都督，在直隶统治时间为一年有余，在 1913 年 12 月被改任为江苏都督。1914 年 7 月，冯国璋以宣武上将军督理江苏军务，在袁世凯去世后，又以江苏督军的名义继续执掌江苏军政大权，直至 1917 年 8 月 1 日北上代理大总统。因此，本书所述的民初主要是指 1912 年—1917 年这一段历史时期。"直隶"："明代把两京（北京和南京）所在地设为直隶，称北直隶和南直隶。北直隶的范围包括今天的北京、天津、河北及山东、河南的一部分，南直隶相当于今天的安徽、江苏二省。清代，南直隶改为江南省，北直隶改为直隶省。"[1] 民国初建，地方行政区划沿袭清朝旧制。直隶省以天津为省会，下辖 12 府、7 直隶州、3 直隶厅，共 158 个州

---

[1]　刁田丁：《中国地方国家机构概要》，法律出版社 1989 年版，第 518 页。

县,其地理范围包括今天的河北省,北京市周边区县,辽宁省的建昌、阜新、建平三县,内蒙古自治区的绥东县、多伦县及赤峰市等地。1913年,直隶省会由天津迁至保定。1914年,北洋政府对直隶行政区划有所调整,辖津海、保定、大名及口北四道,共119县。① 由于冯国璋督直的时间是在1912—1913年,因此,本书所述之"直隶"是指1912—1913年的直隶行政区域。"江苏":1667年,江南省分置安徽和江苏两省,其中江苏省的地理范围包括今天的江苏全省及上海市。民元,江苏行政区划亦沿袭清朝旧制。1927年,南京国民政府成立后,对江苏省行政区划进行调整,在6、7月先后设置南京特别市和上海特别市,均直隶于国民政府行政院。② 因本书以民初冯国璋督苏为主要研究对象,故而本书所论之"江苏"是指1912—1917年的江苏行政区域。

其次,本书从军政及民政治理的角度来审视冯国璋在直隶的统治。主要从以下几个方面来进行考察:第一,冯国璋如何处理与顺直临时议会的关系;第二,冯国璋在督直期间采取了哪些措施来推行军政治理;第三,冯国璋作为直隶都督兼民政长在社会治理中面临哪些挑战,又是如何应对的?

再次,本书全面考察冯国璋在督苏期间对军政及民政治理的措施,主要是从三个层面进行了详细的探讨。第一,冯国璋在直隶都督任内衷心拥护袁世凯,反对国民党对抗中央的行为,并受命领兵南下平定二次革命。通过考察冯国璋在二次革命前后的表现,来探讨冯国璋出任江苏都督的原因。第二,冯国璋督苏面临哪些挑战,为了维护北洋派在江苏的统治采取了哪些措施来加强军政治理,改变军队混乱的局面。第三,冯国璋与江苏民政长官合作,采取多项措施推进社会治理,对诸如剿匪、禁烟及赈灾等措施进行了具体分析。

2. 主要理论

本书除了采用现代化理论外,主要是运用现代国家治理理论来对冯国璋督直及督苏进行全面研究。目前,国内关于国家治理能力现代化的学术

---

① 严兰绅主编:《河北通史·民国上卷》,河北人民出版社2000年版,第24页。
② 《江苏政区通典》编纂委员会编:《江苏政区通典》,中国大百科全书出版社2007年版,第974页。

研究逐步展开。张长东的《国家治理能力现代化研究——基于国家能力理论视角》一文对国家能力的概念和内涵、分类、决定因素及其演变进行了整理。何谓国家能力，西达·斯考切波认为，"国家能力是国家（通过）实行政策实行其目标的能力"；而米格代尔则认为"国家能力是指国家决定社会生活按何种秩序组织起来的能力，或者说国家领导人通过国家的计划、政策和行动来实现其改造社会的目标的能力"。对于国家能力的分类，按照米格代尔的观点，"国家能力分为提取、渗透、规制（调配社会关系）和分配（以特定方式配置或运营资源）四大能力"。虽然，决定不同类型的国家能力的因素不完全相同，但是"国家能力的基础是一个统一的主权、通过官僚机构和军队对领土进行控制、忠诚而训练有素的官员以及充分的财政资源"[①]。王绍光认为，国家能力是指国家将自身意志转化为现实的能力。[②] 综合目前的相关研究成果而言，国家治理体系实质上是一个国家的经济社会管理制度体系，而治理能力则为执政者运用这些制度和机制来服务大众、推动社会发展的能力。张长东认为：现代化的国家能力具有两个维度：一是程度或者能力大小的维度，另一个维度则是国家专制性权力。同时，现代化的治理能力至少包含四个特征：（1）能力强大；（2）国家、市场、社会共治且相互赋权；（3）能力的多元化及各种能力间的协调；（4）基于制度化和法治化。

当前，我国正致力于推进国家治理能力和治理体系现代化，这就不仅需要进行相关的学术研究以提供理论指导，而且要对近代以来我国的国家治理能力的历史进程给予关注，以便提供在历史经验和教训上的参照。近些年来，已有学者对民初国家治理能力进行了探讨。如张华腾教授认为1912—1915年的北京政府是一个资产阶级政府，采取了许多维护国家统一的政策和措施，推行了一系列具有现代化导向的经济政策、法令、法规，大大促进了民初中国经济的发展和社会进步。[③] 邓亦武认为1912—1916年

[①] 张长东：《国家治理能力现代化研究——基于国家能力理论视角》，《法学评论》2014年第3期。

[②] 王绍光：《安邦之道——国家转型的目标与途径》，生活·读书·新知三联书店2007年版，第5页。

[③] 张华腾：《多角视野下的北京政府：1912—1915年北京政府述评》，《史学月刊》2008年第2期。

的北京政府是一个具有现代性导向又有专制特点的过渡性政府。袁世凯在建立专制统治的过程中,具有一套治国理念,即在政治上主张集权;在经济上发展资本主义;既从治国安邦的角度来重视现代文化教育的发展,又借助传统伦理道德来整合社会。总体上而言,袁世凯的统治既有专制集权的特色,又有在政治、经济、文化教育领域推行具有现代化导向的政策。①另外,学界对于民初地方政府的运作亦有相关研究。丁旭光主要从政治运作的角度考察了1912—1925年的广东省政府体制和统治方式的演化过程,梳理了民初广东省政府的制度建设、内部运作(统治方式)和不同统治集团操纵省政权的演变过程。②自元代设立行省制度以来,省级政权介于中央政府与基层地方政府的中枢点,承上启下,在政治运作中具有极为重要的作用。中国自古以来就是一个大一统的多民族国家,中央政府的执政能力强大与否,关键取决于省级政府能否有效执行中央的政策。民国初年,在实行西方民主共和政治的制度环境中,省级政府的治理能力如何,关乎北京政府能否顺利推进具有现代化导向的政策。因此,我们在对民初国家治理能力进行考察时,除了对中央政府要全面研究外,还有必要对省级政权甚至是县级基层政权的运作方式及其治理能力进行系统的分析。

何为"治理"?"英语中的'治理'(governance)一词源于拉丁文和古希腊语,原意是控制、引导和操纵。其在英语国家出现的词源意义上的基本含义是确定的,即在特定范围内行使权威。它与统治(government)一词的用法交叉,并且主要用于与国家的公共事务相关的管理活动和政治活动中。"③ 20世纪90年代以来,有诸多的学者和国际组织先后给"治理"进行过多种界定。任进认为全球治理委员会对"治理"下的定义最具有代表性和权威性,"治理是各种公共的或私人的机构管理其共同事物的诸多方式的总和。它是使相互冲突的或不同的利益得以调和并且采取联合行动的持续的过程"④。自古以来,中国历代政权的统治都是从上而下的管

---

① 邓亦武:《1912—1916年北京政府统治研究》,湖北人民出版社2006年版,第245—246页。
② 丁旭光:《变革与激荡——民国初期广东省政府(1912—1925)研究》,世界图书出版公司2010年版。
③ 宁骚、胡启生:《"治理"理论及其运用》,王贻志、周锦尉主编:《国外社会科学前沿》,上海社会科学院出版社2001年版,第91—92页。
④ 任进:《比较地方政府与制度》,北京大学出版社2008年版,第23页。

理方式，借国家暴力机器为基础的威权政治来推行各项政策。而与之不同的是，在广大的乡村却有以士绅为主导的基层治理模式，即表现为"国权不下县，县下惟宗族，宗族皆自治，自治靠伦理，伦理造乡绅"①。中国传统的治理模式在清末新政中逐步受到挑战，并向具有真正意义的"治理"方式转变。而这种转变在地方政府的运作尤其是省级政权及县级政权的管治方式上表现得比较明显。在清末新政中，地方有产阶层特别是一些著名的绅商积极参与政府的建言献策活动，以及积极加入咨议局参与各项活动，表现出积极的参政、议政态度。民国初期，在省级议会及县级议会中都有各地绅士的身影，他们成为推动民初地方政府治理转变的积极力量。民初政局动荡，社会矛盾尖锐，各级官员要想维护统治必须要"咨询民隐"，积极发动城乡士绅参与对社会的治理，以应对已经失范的社会秩序。应该说，民初地方政府的治理模式是中国由传统治理方式向具有现代性的国家治理能力转变的过渡性初始阶段。其中，它既保留了大量的传统治理方式的特点和手段，又蕴含有一些具有现代性治理能力的行为方式。本书尝试以冯国璋在直隶都督任内及督苏期间的历史活动为例，探讨民初省级地方政府在国家治理能力方面表现出来的传统性因素及现代性因素，以期深化对民初省级地方政权运作的认识。

3. 研究方法

长期以来，学术界运用"革命史观"研究范式来开展北洋人物及北洋社会研究，全盘否定了北洋政府的统治。对此，我们应该思考北洋政府统治真的一无是处么？在1912—1916年的袁世凯统治时期抑或在1916年之后的北洋军阀统治时期，从中央到地方的统治是否有合理之处，当政者采取了哪些措施来维护北洋政府的统治，其中有无值得肯定的地方？回答这些问题，就需要我们既要在研究理论和方法上有所创新，又需要挖掘更多的新史料来做实证研究。随着时代进步和思想解放，越来越多的学者运用新理论和方法来开展北洋人物研究，从而在北洋人物研究中取得了新进展。在此情况下，如何把握北洋人物研究的分寸，避免翻案的嫌疑。对此，张华腾教授提出了研究北洋人物需要遵循的四大

---

① 秦晖：《传统十论——本土社会的制度、文化与其变革》，复旦大学出版社2003年版，第3页。

原则：第一，历史唯物主义和辩证唯物主义的指导原则；第二，民族独立和现代化的原则；第三，国家至上和民族利益的原则；第四，历史原则。[1] 本书研究冯国璋督直及督苏的实践活动，将遵循以上四大原则，并运用历史学及政治学的研究方法，将宏观研究与微观研究相结合，以现代化理论及国家治理理论为指导，以搜寻和整理的未刊资料及已经出版的文献资料为基础，对民初冯国璋督直及督苏的实践进行研究，以拓展冯国璋研究的领域，并认识到北洋历史人物的复杂性，从而深化北洋史研究。

4. 研究重点及难点

本书主要对冯国璋在督直及督苏期间的治理措施展开研究。冯国璋在民初能有较大的历史影响，与他在督直及督苏期间推进地方治理，并取得一定成效密切相关。1912年9月8日，冯国璋被任命为直隶都督，年后又出任江苏都督，成为北洋集团的著名地方实力派人物。从1912年9月至1917年8月，冯国璋先后在直隶、江苏两地任职，执掌地方军政大权，成为北洋势力的中坚力量。在1916年10月底，冯国璋当选为中华民国副总统兼任江苏都督，在民初政局中具有举足轻重的地位。在1917年8月，冯国璋离开南京北上出任代理大总统，并成为直系军阀的首领，是当时影响时局的关键性人物之一。目前相关研究主要是对冯国璋在清末军事现代化及民初政争中的表现进行探讨的较多，而对冯国璋督直及督苏的历史活动研究甚少。有鉴于此，本书对冯国璋的研究主要集中于他在民初直隶都督任内及出任江苏都督（将军）、督军职务时的军政和民政治理举措。

本书将围绕以下几个问题展开讨论。

第一，冯国璋在清末北洋集团崛起过程中扮演了什么角色？这既要考察冯国璋在北洋崛起过程中冯国璋的能力和素质，还要分析冯国璋在清末军事现代化中的贡献。

第二，冯国璋是如何对民初直隶进行治理的？冯国璋作为直隶都督兼民政长在军政和民政治理方面，采取了哪些措施，取得了什么成效？

---

[1] 张华腾：《北洋人物研究的几个问题》，李良玉、吴修申编：《倪嗣冲与北洋军阀》，黄山书社2012年版，第26—35页。

第三，冯国璋督苏时面临什么样的挑战，采取了哪些措施来控制江苏局势？另外，冯国璋又是如何与江苏民政长官合作，采取哪些社会治理的措施，取得了何种成效？

（二）资料收集与整理
1. 目前有关冯国璋史料的现状

历史研究的首要前提是历史资料。当前，北洋人物研究的首要障碍是资料缺乏，"除了袁世凯、徐世昌、陈璧、周学熙等人的资料外，其他人物如段祺瑞、冯国璋等军人的资料非常少，这是制约北洋集团兴起研究的重要因素"①。冯国璋的资料在清末固然如此，民初亦然。长期以来，学界开展对冯国璋研究重复性的论述较多，最大的困难就在于有关冯国璋的资料零散，一直缺乏相关资料的整理。目前有关冯国璋史料的现状表现为以下几点。

首先是已出版的文史资料较少。由于有关冯国璋的史料汇编长期欠缺，其较为集中的一点资料仅见为一些近代史资料及文史资料的记录。比较集中的是由近代史资料编辑部吉迪辑录的有关冯国璋史料，最早可见于1962年第1期《近代史资料》出版《冯国璋收电簿》，主要是冯国璋在二次革命期间进攻江宁所收电报，其中有袁世凯布置作战的命令，有第二军进军情况，有对讨袁军作战的报告，都是关于赣宁讨袁之役的原始文件。1979年第3期（总40号）中的《冯国璋往来函电》，主要涉及冯国璋在任副总统、大总统期间的部分函电。1983年2月（总第45号）出版的《大树堂来鸿集》为冯国璋所藏信札，时间为1911—1919年，内容涉及较广：既有冯国璋在洪宪帝制前后与袁世凯的矛盾及冯国璋的政治野心，还有冯国璋关于对德绝交和讨伐张勋复辟的情况，亦有直皖两系之间的矛盾。此外，还有些零散的史料如由吉迪所注《袁克定致冯国璋函》，内容关涉辛亥革命时朱芾煌由袁克定派赴武汉活动，却为冯国璋所拘留。袁克定遂致函冯国璋，要求释放朱芾煌。② 冯国璋作为近代重要的历史人物之

---

① 张华腾：《北洋集团崛起研究》，中华书局2009年版，第16页。
② 中国社会科学院近代史研究所近代史资料编辑部：《近代史资料 总第45号》，中国社会科学出版社1981年版，第89页。

一,在文史资料中多有记述。其中具有较高史料价值的主要是一些当事人的回忆录,如恽宝惠:《辛亥冯国璋接统禁卫军后的活动》(《文史资料选辑》第3卷,第9辑);恽宝惠:《我所知道的冯国璋》;冯家迈:《回忆我的父亲冯国璋》(《文史资料存稿选编》1);冯耿光:《谈冯国璋二三事》(《辛亥革命回忆录》第6集)等。

其次是大型史料丛书缺失。目前,北洋军阀史料主要有来新夏主编的《北洋军阀》、章伯锋、李宗一主编的《北洋军阀》、中国第二历史档案馆主编的《中华民国史档案资料汇编》以及《北洋政府档案》等大型史料丛书。天津档案馆编辑出版的《北洋军阀史料》已经出版有袁世凯卷、徐世昌卷、黎元洪卷及吴景濂卷等。曾经作为民初五位总统之一的冯国璋一直没有集中的史料问世,在很大程度上制约了相关研究。对冯国璋的研究只能在已经出版的大型史料丛书中搜寻相关史料。冯国璋广泛参与民初诸多重大的政争,在各种史料中都有一定的记录,这就需要研究者深入而广泛地梳理,条分缕析,才能打破资料制约的瓶颈。

再次是报刊资料零碎。冯国璋的历史活动丰富多彩,既有军事活动,亦有政治争斗。冯国璋的履历亦相当丰富,从禁卫军总统官到出任直隶都督再到督理江苏军政,成为名重一时的"长江三都"之首领,并以江苏为基地参与全国政争,既反袁称帝,讨伐张勋复辟,又先后参与"府院之争",从副总统到出任代理大总统,冯国璋的往来函电及重要申明及其活动记录均可在同时期的报刊上窥见。如在《申报》《民国日报》《时报》《中华新报》《天津益世报》等报刊上都有冯国璋的各种报道,但是较多的关涉冯国璋与民初政局的内容,特别是袁世凯洪宪帝制发生后至冯国璋代理大总统下台的数年间,由于冯国璋一直处于政争的旋涡当中,媒体对冯国璋的相关报道较为常见。然而,对于冯国璋在清末及民初督直及督苏的报道则并不多见。

2. 本书对相关史料的运用

笔者撰写《冯国璋督直及督苏研究》遇到的首要问题是现有研究资料严重不足。为了搜寻冯国璋的相关资料,笔者先后多次前往国家图书馆、中国社会科学院近代史研究所图书馆及天津图书馆挖掘未刊资料。同时,笔者还经常前往南京图书馆及南京大学图书馆寻找资料,此外还借助上海图书馆的资源来获得更多的研究资料。总体而言，本书主要收集、使用了以下几种资料。

(1) 未刊资料。中国社会科学院近代史所图书馆藏《冯国璋督直时公文稿》，是目前冯国璋研究中尚未被学界引起充分重视的重要档案文献资料。该《公文稿》分为《冯国璋存札》一册，《冯国璋督直时函电稿》一函六册及《冯国璋存公文函稿》一函四册。其中《冯国璋督直时函电稿》收集了冯国璋在直隶都督兼民政长任内，与中央政府、直隶各地方政府之间的函电，有冯国璋对直隶军政及民政等多方面的批示，还有冯国璋参与政治争斗并发表政见的函稿。因而，《冯国璋督直时函电稿》是本书对冯国璋督直时在军政及民政治理等方面进行研究的必备资料，对于本书的写作至关重要。同时，天津档案馆藏有冯国璋任直隶都督时就天津经济发展、社会治安等方面的问题与天津商会之间的函件，尚未公开出版，亦是本书对冯国璋督直研究的重要资料。此外，国家图书馆藏有冯国璋主编的《初级指挥官勤务教科书》（缩微胶卷）及古籍《河间冯公荣哀录》等资料是对冯国璋研究的重要补充史料。

(2) 政府公报类资料。《冯国璋督直及督苏研究》还尽量采用《临时政府公报》、《政府公报》及《江苏省公报》等第一手资料。冯国璋在地方治理中，基本上是根据中央法令要求，在地方推行中央政策和命令，而这些材料常出现在《政府公报》中。冯国璋督苏时期的大政方针在《江苏省公报》上都有刊载，只是留存于今的北洋政府时期的《江苏省公报》不全。更为可惜的是1912—1916年间的《直隶公报》在国家图书馆及天津图书馆等多家图书馆均未有留存。

(3) 档案类资料及文献汇编。如由中国第二历史档案馆编辑出版的《中华民国史档案资料汇编》军事、政治等册中有关冯国璋开展地方治理的历史背景及其措施的记载。而冯国璋在督苏期间的军政治理措施在《北洋政府档案·江苏都督府及督军公署》资料中较为集中。天津档案馆出版的《北洋军阀天津档案史料选编》、《天津商会档案汇编》及《袁世凯天津档案资料选编》，天津古籍出版社出版的《北洋军阀史料》、杜春和编辑的《北洋军阀史料选辑》、章伯锋和李宗一编辑的《北洋军阀（1912—1928)》（六卷本），及来新夏编辑的《北洋军阀》（四卷本）等资料都是本书重要的征引文献。此外，张侠等人编辑的《北洋陆军史料》及沈云龙编辑的"近代中国史料丛刊"等资料汇编为本书写作提供了重要资料支撑。

（4）《近代史资料》及文史资料杂志。除了前述有关冯国璋的近代史资料及文史资料外，本书还将天津、河北及江苏地方文史资料及地方志作为写作的资料补充，如《河北省志》、《江苏省志》、《北京文史资料》第64辑、《河间文史资料》（第3辑）、《天津历史资料》（第9期）、《民国阜宁县新志》、《江苏省志·国民党志》、《南通县志》等等。

（5）报纸及期刊。本书写作大量引用《申报》的相关报道，同时辅以其他报刊，如《天津益世报》《大公报》《盛京时报》《民国汇报》《法权杂志》《时事汇报》《国会丛报》《警务丛报》《东方杂志》等等。

第四节　创新与不足

（一）创新之处

1. 搜集和利用了新史料

本书通过整理中国社会科学院近代史研究所图书馆藏未刊档案资料《冯国璋督直时函电稿》及天津图书馆未刊的直隶都督档案史料，并结合已经公开出版的北洋政府档案资料和《政府公报》《江苏省公报》《中华民国史档案资料汇编》《申报》《东方杂志》等资料，主要围绕冯国璋督直及督苏期间的治理实践开展历史研究。

2. 拓展了冯国璋的研究内涵

（1）本书分析了冯国璋在清末军事现代化历程中获得成功的原因，着重探讨了冯国璋在北洋崛起中的历史作用，这是以往关于清末冯国璋研究涉及较少的方面。

（2）本书对冯国璋督直及督苏展开全面研究，既从宏观环境考察其在地方执政的历史背景，又翔实地分析其在直隶及江苏两省所采取的军政和民政治理实践，从而填补了冯国璋研究中的学术空白。

（3）本书运用国家治理理论来考察冯国璋在督直及督苏期间的实践活动，以冯国璋为视角来审视民初省级政权机关的运作方式及其成效，有助于拓展北洋史的研究。

（二）不足之处

1. 部分史料欠缺

本书研究碰到的最大困难是相关档案资料的不足，其中1912—1916年的《直隶公报》因历史原因难以查找。另外，1912—1917年的《江苏省公报》在国内图书馆都没有完整版本，残缺不全，至为遗憾。因此，只能有待以后能够在海外图书馆搜寻，以弥补研究的不足。

2. 部分资料受到制约

冯国璋督苏期间在政权建设、维护社会治安及社会治理等方面的资料目前不开放。关于北洋时期的资料，中国第二历史档案馆只是开放已经出版的《北洋政府档案》《中华民国史档案资料汇编》等多种资料，而其他未刊资料则基本上处于封存状态，一般研究者很难查阅。因而，本书的相关研究只能等到有关资料开放后再做进一步充实。

3. 部分内容没有全面展开

冯国璋在督苏期间，在政治、经济、文化、教育等多方面均有一定的治理，本书因限于资料及篇幅，主要是对冯国璋在直隶都督及江苏都督期间的军政治理及民政治理进行研究，重点围绕军队建设、剿匪、赈灾、禁烟等方面进行探讨，而对冯国璋在经济、文化及教育等方面的内容着笔不多，缺乏深入研究。其原因在于冯国璋在督苏期间主要是以都督（将军）或督军的身份治理江苏，而经济、文化及教育等方面的事务在《江苏省公报》中又主要是以民政长（巡按使）或省长的名义发布，鉴于苏省军民分治的基本态势，冯国璋在这些事务中虽有襄赞作用，但不是主政者，因而对于相关内容略有所涉及而未充分展开研究。以后，随着中国第二历史档案馆相关资料的开放，以及更进一步地在海内外广泛地发掘和利用新的资料，本书没有充分研究的地方必将得到进一步的充实。

第一章　清末崛起的冯国璋

清末作为一个激烈变革的时代，是中国由传统社会向近代社会转型的重要阶段。在这样一个历史大变革时期，诸多的政治力量及历史人物先后涌现，因风云际会而走向历史的前台，对时局演变产生了重要影响。其中，冯国璋就是伴随着北洋集团崛起而由一介平民跃升为著名军事将领的。在清末新政中崛起的北洋集团，是推动清末民初社会转型的一种重要政治力量。[①] 冯国璋为北洋集团崛起做出了贡献，在袁世凯不断地提携和重用下，逐步成为对清末民初时局具有一定影响力的军政要员。

第一节　冯国璋与北洋集团

从19世纪60年代至20世纪初，对晚清政局产生重大影响的湘系集团—淮系集团—北洋集团承接而起，成为领导晚清早期现代化的主要力量。"湘军自咸丰二年办团练始，迄光绪六年左宗棠大定回疆，为时盖三十年。自是以还，湘军之事业无闻焉。淮军自同治四年曾国藩陈湘军暮气不可用，荐李鸿章自代，遂以李节制各军，迄于光绪二十年甲午之败，为时亦三十年，自是以还，淮军之事业无闻焉。小站练兵始于光绪二十一年，五年而小成，十年而大成，今功名之盛，较湘淮军有过之无不及也。明乎递嬗之迹，以其时考之则可矣。"[②] 1895—1911年，以袁世凯为核心的北洋集团在北洋新政中迅速崛起，成为左右清末政局的一支关键力量。

[①] 张华腾：《北洋集团崛起研究》，中华书局2009年版，第300页。
[②] 来新夏主编：《北洋军阀》（一），上海人民出版社1988年版，第1041页。

北洋集团崛起"是鸦片战争以来国内各派政治力量的消长变化、中央与地方关系中的各种矛盾积累发展的必然结果"①。北洋集团对晚清政局的影响已经超过了曾国藩及李鸿章的湘淮两大军事政治集团,它"不仅在军事、外交、路矿、财政、教育各方面拥有巨大的权势,而且控制了直隶、山东、河南、苏北等一大片地盘,连京师也在他的势力笼罩之下。袁世凯北洋集团成为清末统治阶层中实力最为雄厚的一个军事政治集团"②。关于北洋集团对晚清政局的影响,张一麐曾言:"光绪三十年间,朝有大政,每由军机处问诸北洋,事权日重,往往有言官弹劾,赖中朝信任,未为动摇。"③ 在北洋集团崛起过程中,号称"北洋三杰"的王士珍、段祺瑞和冯国璋,为袁世凯编练新军、拓展北洋军事势力做出了重要贡献。从小站练兵开始,"北洋三杰"与袁世凯之间逐渐形成了紧密关系,对清末民初政局影响甚大。对此,徐世昌曾言:"就军人方面言,项城成功,所倚为干城者为段祺瑞、冯国璋、王士珍三人,时称'北洋三杰'也。帝制失败,其原因固甚复杂,而关系此三人者为多。"④ 冯国璋能为"北洋三杰"之一,与他本身过硬的军事素质及在清末军事现代化方面取得的成就密切相关。

一 冯国璋军事素质出众,奋发有为

(一) 冯国璋早期履历:从穷书生到将军的蜕变

冯国璋(1859—1919),作为一个农家子弟,凭借时代赋予的机遇及自己的努力,伴随北洋集团崛起而步步高升,并成为清末民初重要政治人物。关于冯国璋的出身,张一麐曾言:

> 公姓冯氏,讳国璋,字华符。直隶河间人,为明开国勋臣冯胜之后,永乐北徙,冯氏由应天著籍河间。清之初叶,有任将军者。其后,家世耕读。所居为河间城外之诗经村,即汉毛公讲学处。田园之乐,诗书之泽,迨公祖若父时,尤丰亨豫。大父春棠,有子四人,公

---

① 楚双志:《变革中的危机:袁世凯集团与清末新政》,九州出版社2008年版,第2页。
② 李新主编:《中华民国史》第一卷,中华书局2011年版,第213页。
③ 张一麐:《古红梅阁日记》,上海书店出版社1998年版,第43页。
④ 张国淦:《北洋述闻》,上海书店出版社1998年版,第75页。

其季也。昆季性均豪放，不事家人生产，读书余暇，恒走马击剑为乐。又比岁荒歉，则益困，赠公折卖房屋，以供子束脩。至公就傅时，乃无一椽之庇。①

冯国璋的青少年时代正处于晚清社会大变革时期。以耕读传家的直隶河间冯氏家族，在冯国璋出生时已经落败。因此，冯国璋在青少年时便要经历普通农家孩子一样艰难谋生的考验。既无祖上荫庇，冯国璋只能靠自身的努力谋取晋身之阶。从其早期履历来看，冯国璋"少有大志，抱揽辔澄清之怀"②，是一个积极向上的有为青年。在张一麐看来，"公幼而岐嶷。氤楮临时局。慨然有澘洁天下之志。论事不作凡沂语"。③ 1895年8月，冯国璋曾在赴日途次赋诗一首，展现出兴国安邦的豪情壮志。

> 东赴日本过马关，
> 低首伤心恨难言。
> 暗立兴国安邦志，
> 青云直上九重天。④

冯国璋的壮年时期正值清末军事变革时代，他积极努力、奋发有为，并因袁世凯赏识而得到不断升迁的机会。在光绪三十三年（1907）二月，当时正署理正黄旗蒙古副都统的冯国璋向清廷造呈履历清册，详见表1—1。

表1—1　　　　　　　　　　冯国璋早期履历

时间	事迹	升迁	备注
光绪十一年	投效大沽直字营		
光绪十二年八月	由直字营咨送天津武备学堂肄业		

---

① 张一麐：《故代理大总统冯公事状》，卞孝萱、唐文权编：《辛亥人物碑传集》卷7，团结出版社1991年版，第267页。
② 《本公司董事冯前代总统略历》，《华安杂志》1920年第1期。
③ 张一麐：《故代理大总统冯公事状》，第267页。
④ 吕伟俊、王德刚：《冯国璋和直系军阀》，河南人民出版社1993年版，第7页。

续表

时间	事迹	升迁	备注
光绪十四年正月	应河间岁试，人府学		
光绪十六年正月	在天津武备学堂屡考优等	以县主簿尽先选用	朱批：著照所请
光绪十八年	在天津武备学堂考列头等第一名	以县丞尽先选用	朱批：著照所请
光绪二十年	由总兵聂士成调赴朝鲜，办理粮饷军械等差		
光绪二十年十月	攻克连山关分水岭等要隘案内出力	以知县候补，加五品顶戴	朱批：著照所请
光绪二十一年八月	充当出使日本大臣裕庚军事随员	三年后，以直隶州知州候补加四品衔	朱批：著照所请
光绪二十四年	在小站由袁世凯派充会办督操营务处		
光绪二十六年	由袁世凯调山东派充武卫右军先锋队督操营务处，剿办山东义和团	次年，以知府候补，并加盐运使	朱批：著照所请
光绪二十七年十月	调归直隶由袁世凯派充武卫右军督操营务处	次年，以办理随营学堂出力，以道员候补	朱批：著照所请
光绪二十八年六月	由袁世凯派充北洋陆军教练处总办，兼办北洋武备学堂	是年，因剿匪出力，由袁奏保，加二品衔	朱批：仍照原保给奖
光绪二十九年十一月	由袁世凯调充督理北洋陆军各学堂兼充军令司副使		
光绪三十年十一月	兼办北洋陆军师范学堂		
光绪三十一年四月	徐世昌等考验北洋陆军情形，于各学堂学务具有成效		上谕：传旨嘉奖
光绪三十一年五月	调署军学司正使		
光绪三十一年十二月	派充贵胄学堂总办	赏副都统衔	朱批：冯国璋著交军机处存记
光绪三十二年二月	由袁世凯派令兼办北洋陆军翻译局事务		
光绪三十二年四月	于河南巡抚册报案内报捐花翎	四月二十日，奉部核准，发给执照	
光绪三十二年九月	上谕：蒙古正黄旗副都统著冯国璋署理		

资料来源：中国第一历史档案馆：《冯国璋早期履历》，《历史档案》1995年第1期。

（二）冯国璋发迹之原因：人生当自强

冯国璋早年在家乡接受传统的私塾教育，本有志于走科举道路，博取功名以光宗耀祖。但是，冯国璋因家庭经济困顿，无力继续学业，为维持家计，被迫投笔从戎，在1885年"投效大沽直字营"。从冯国璋早期的人生轨迹可以看出，他一度想返回传统的科举道路，无奈应试之路难以维系。正值冯国璋处于困顿之际，时李鸿章"惩于淮军之暮气，创设武备学堂于天津，征取各营颖异之士，祺即以公应"①。冯国璋在北洋武备学堂接受正规的西式军事教育，在多次考试选拔中成绩优等，锻造了较高的军事素质，从而为后来的人生境遇的改变奠定了基础。冯国璋本一介书生，迫于形势接受了近代军事教育，后来却因缘际会得到袁世凯的重用，为辅助袁氏编练新军发挥了重要作用，从而成为北洋集团的骨干班底。冯国璋在民初先后出任直隶、江苏都督（将军），执掌一方权柄，进而由副总统到代理大总统，从而成为民初权重一时的历史人物。

在清末二十余年间，冯国璋从一个农民子弟逐渐跃升为清廷赖以倚重的军事大员，究其原因是多方面的，既有大时代变革所赋予的历史机遇，也有获得贵人的提点和器重，但更为关键的是自己拼搏努力而改变命运的奋斗。

1. 时代机遇

晚清军事早期现代化的发展为冯国璋施展所学提供了难得的历史机遇。在清末军制改革以前，淮军将领主要是武举选拔军官以及以军功授职，在很大程度上限制了军校毕业生的发展。"庚寅，（冯国璋）学成毕业，留校为教员，诸生帖然钦服。当是时，淮军诸将领，多以行陈起家，谓功名自马上得之，于军学多谩语姗笑。文忠虽知之，固亦无以易诸将也。毕业诸生，多淹滞侘傺，久之始任用，即用亦不称其才。"② 这种旧军官任职制度严重制约了淮军现代化全面发展。

在甲午战争中，湘淮军制的窳败全面暴露，由此导致战争失败又引发了严重的统治危机。随着危机日益加深，统治者越发认识到"现在时局多

---

① 张一麐：《故代理大总统冯公事状》，卞孝萱、唐文权编：《辛亥人物碑传集》卷7，团结出版社1991年版，第267页。

② 同上。

艰，国势积弱，各直省伏莽未靖，蠢动堪虞，非练兵无以卫国，亦非练兵无以保民"①。于是，在甲午战后清廷上下"一时内外交章，争献练兵之策"②。为应对危机，地方督抚大员主张对原有军制全面更张，练兵"必须扫除故套，参用西法，参用各国洋弁教习，讲求枪炮理法，兼习营垒测绘"，主张在军事装备、军事技术、战术及军制饷章等各方面"皆效西法"③。清廷要编练适应现代化需要的国防军，就必须要有大量的懂得西方军事技术的新式军官，并依靠这些军官来编练具备现代化军事素质的士兵。

为应对时势所需，清廷在军制上进行改革，实行由军校毕业生取代传统武官来出任军官的任职制度。1901年9月，清廷发布停止武科的上谕，"承认了受过技术训练的军官的价值"④。清廷确立的这种新军官任职制度为在新式军事学堂接受军事教育的学兵提供了有利的晋升机遇。而晚清军事早期现代化在甲午战后的迅猛发展，对于在北洋武备学堂接受过正规军事教育的冯国璋而言，无疑是不可多得的历史机遇。

2. 过硬的军事能力

冯国璋具有较好的军事素质和实战水平，为其赢得施展才能的机会奠定了坚实基础。

（1）军事素质较高。冯国璋在北洋武备学堂接受的是正规的西式军事教育，具有良好的军事素质。李鸿章在创办北洋武备学堂之初，非常重视选拔优秀的青年士兵入学。1886年北洋武备学堂推行入学选拔考试制度，李鸿章规定"今拟请通饬各营将领，于弁目子弟中，择其文义粗通、年龄尚轻、质地灵敏、气体强壮、相貌魁伟者为式，由各营挑选二名，考验如式，再行咨送。一月以后，由本堂察看，如有不堪造就者，仍咨遣回营，挑留学习，拟以百人为额"⑤。冯国璋是在1886年八月由大沽直字营选拔

---

① 来新夏主编：《北洋军阀》（一），上海人民出版社1988年版，第365页。
② 刘锦藻编：《清朝续文献通考》，浙江古籍出版社1988年版，第5909页。
③ 苑书义主编：《张之洞全集》第2册，河北人民出版社1998年版，第1272页。
④ ［美］拉尔夫·尔·鲍威尔：《中国军事力量的兴起（1895—1912）》，陈泽宪、陈霞飞译，中国社会科学出版社1979年版，第120页。
⑤ 中国第一历史档案馆：《北洋武备学堂学规》附件《续订章程五条》，《历史档案》1990年第5期。

咨送入学的，应该说自身的条件是不错的。在入学后，冯国璋学习亦非常努力，"公潜心力学，每试辄冠其曹"①。北洋武备学堂的军事教学仿自德国，军事教习亦主要来自德国，因而在当时中国陆军军事教育中独树一帜。李鸿章曾向清廷奏报北洋武备学堂的教学成果，并给予了充分肯定："迭经派员月试季考，并臣亲自考验，该弁兵、学生于测绘算化诸学，并马队、炮队操演阵式技艺及炮台、营垒工程做法，一律娴熟，洞悉窍要，实属成效昭然，有俾武备。"② 因此，冯国璋经过在北洋武备学堂几年系统地军事学习，已经具备了较高军事素质。

（2）实战能力较强。冯国璋拥有基层部队的历练经历，又参加过甲午战争的战斗，并发挥了较好的实战水平。虽然，冯国璋在军事学堂接受了较好的军事教育，但是武备学生在北洋各营"各老将视之不重"③。冯国璋为实现抱负，"公辗转兵间，依功军统领聂忠节公士成麾下"。1893 年 10 月—1894 年 5 月，冯国璋奉命跟随聂士成赴东三省进行军事视察，详细记载边地地形风貌并制作地图。此次考察日记在《东游纪程》中有详细记录。聂士成一行于光绪十九年（1893）九月从天津芦台出发，路经东三省、朝鲜、清俄边界 63 个城市，光绪二十年（1894）四月返回芦台，行程三万三千里。冯国璋以亲身经历协助聂士成撰写了《东游纪程》。该书记载了聂士成带领武备学堂学生巡视东三省沿途道里、山川地理、人情习俗，朝鲜的政治、军事、经济，中俄边界的驻军情况。对此段经历，张一麐曾言："公以东三省与俄接壤，穷冬蒙犯霜雪，乘杷犁周行边界，调其屯垒鄂博以及山川厄塞，过目而诵于心，如烛照数计。自冬徂春，乃返芦台报命。"1894 年甲午中日战争爆发后，冯国璋跟随聂士成参加了对日战斗，在朝鲜及东北与日军多次较量，表现出较高的军事素质。在甲午战争中，冯国璋奉命办理粮饷军械等差，对此聂士成《东征日记》中有记载："乙未年（1895），新正初四日，回下马塘，留队驻守。初八日，派冯国璋

---

① 张一麐：《故代理大总统冯公事状》，卞孝萱、唐文权编：《辛亥人物碑传集》卷7，团结出版社1991年版，第267、268页。
② 李鸿章：《武备学堂请奖折》（光绪十六年三月二十一日），吴汝纶编：《李文忠公全集·奏稿》卷67，文海出版社1966年版，第28页。
③ 周馥：《秋浦周尚书（玉山）全集·年谱》卷上，文海出版社1966年版，第568页。

赴津领军械，禀请傅相速调功字营来。"① 在实战中，冯国璋屡抗顽敌，协助聂士成坚守阵地。"忠节悉公能，会甲午军前，凡战术军储，多资以擘画。是役惟功军独全，且屡与敌抗有战绩。论者多忠节之知人，是为公用兵发轫之始。"因为有冯国璋等新式军官的大力襄助，"辽东一役，提臣聂士成参用西法，迭有克捷，日本甚惮之"②。光绪二十年（1894）十月，冯国璋因"攻克连山关分水岭等要隘案内出力"得到清廷嘉奖，"以知县俟分省后归候补班补用，并加五品顶戴"③。因冯国璋在战争中后勤保障较为出色，故而"东事既藏，忠节驻屯芦防，委办军械局"④。

（3）军事视野较宽。自1895年8月—1898年7月间，冯国璋以中国驻日公使裕庚的军事随员的身份出使日本，潜心学习日本的军事典章制度。⑤ 对此，张一麐曾记载："会裕京卿庚出使日本，欲得南北洋具军事知识者与俱，以沟通中外武学。忠节以公名荐充武随员。日本军学方孟晋，公以夙所诵习，参伍考证，日与其将校游，如故陆军大将福岛安正、中将青木宣纯等，皆时时过从。研览其图籍章制，日积月累，成书数大册，归而上之忠节。"⑥ 这表明冯国璋能够跟随裕庚赴日是聂士成推荐的结果，但这也是以冯国璋具有良好的军事素质为前提。冯国璋在日本三年广泛交游日本军界，并虚心学习日本军事，拓展了自身的军事视野，提升了自己的军事素质。裕庚在光绪二十四年（1898）农历六月回国，并于七月初五日开单奏保冯国璋，"请免补本班，俟分省后以直隶州知州归候补班补用，

---

① 中国史学会编：《中日战争》（六），上海人民出版社1957年版，第17页。
② 袁世凯：《时局艰危亟宜讲求练兵折》，廖一中、罗真容整理：《袁世凯奏议》（上），天津古籍出版社1987年版，第27页。
③ 中国第一历史档案馆：《冯国璋早期履历》，《历史档案》1995年第1期。
④ 张一麐：《故代理大总统冯公事状》，卞孝萱、唐文权编：《辛亥人物碑传集》卷7，团结出版社1991年版，第268页。
⑤ 在《马关条约》得到中日双方批准互换之后，日本便于1895年四月派出前外务次官林董为驻华公使，于闰五月一日抵京。日本既已遣使来华，清廷亦于闰五月十八日旨派裕庚为驻日公使。裕庚在六月二十二日陛辞，七月初四日自津登轮，七日抵上海，二十日登法国邮轮东渡，二十五日抵东京。详见王芸生编《六十年来中国与日本》第三卷，生活·读书·新知三联书店1980年版，第63—65页。
⑥ 张一麐：《故代理大总统冯公事状》，卞孝萱、唐文权编：《辛亥人物碑传集》卷7，团结出版社1991年版，第268页。

并加四品衔"。① 冯国璋将自己在日本所学撰写成兵书,后该书被聂士成转呈袁世凯,从而成为冯国璋进入小站练兵的敲门砖。

3. 深得袁世凯器重

因袁世凯的提携和重用,冯国璋成为北洋集团的核心成员。甲午战后,清廷高度重视整军经武,"详察汉纳根所议,实为救时之策"②。在清末军事早期现代化历程中,袁世凯编练新军成效最为突出,升迁也尤为迅速。袁世凯在小站成功编练新建陆军,在山东又大力扩展武卫右军,在直隶总督任上编练成北洋六镇新军,将北洋集团由一个军事集团拓展为一个左右清末政局的军事政治集团。

袁世凯编练新军非常注重新式军官的作用,对有能力的军官亦委以重任。"袁世凯提拔段祺瑞、冯国璋、曹锟、王士珍等武备学堂学生作为他的左右手,从小站开始,直到北洋六镇的成立,都是以武备学堂系的学生为骨干。"③"北洋三杰"作为袁世凯大力推进清末军事早期现代化的主要骨干力量,为袁氏发迹及北洋集团崛起做出了重要贡献。而"北洋三杰"王士珍、段祺瑞、冯国璋都得到袁世凯的大力提携重用,由一名普通的下级军官在短短的几年内迅速被提拔为军政要员。

在北洋集团崛起过程中,冯国璋忠实地履行职责,在新军编练、军事学堂教育以及残酷镇压义和团等方面不遗余力,因表现突出而得到袁世凯的多次奏保。在1901—1905年的四年间,冯国璋就先后得到袁世凯的四次奏保,身份不断提升,从一名候补道员逐渐晋升为拥有二品衔的军官,并交军机处存记。④ 练兵处成立后,冯国璋又被袁世凯推荐到中央任职,派充军令司副使,从而成为一名地位显赫的军政大员。

二 冯国璋在北洋集团崛起中的作用

清末,冯国璋作为北洋集团的核心成员,其个人命运与北洋集团发展休戚相关。作为北洋武备生的杰出代表,冯国璋在清末军事早期现代化发

---

① 中国第一历史档案馆:《冯国璋早期履历》,《历史档案》1995年第1期。
② 中国史学会编:《中日战争》(三),上海人民出版社1957年版,第211页。
③ 姜克夫:《民国军事史略稿》,中华书局1987年版,第33页。
④ 中国第一历史档案馆:《冯国璋早期履历》,《历史档案》1995年第1期。

展中曾经发挥了重要作用,为推动北洋集团崛起做出了突出贡献。

(一) 冯国璋是袁世凯小站练兵的重要助手

甲午战后,"清廷以袁继李,意在集李之'淮军'旧人,练兵图强"。因而,"袁世凯练兵,动机起于对外"①。袁世凯在小站督练陆军倾注大量心血,有针对性地按照西方军队的制度和做法进行操练,并整顿军纪,严格执行军律。"袁世凯热心任事,以此次练兵为最"②。袁世凯在短短几年中就训练出一支新式军队,成为甲午战后练兵声誉最著者。小站练兵的成功既成就了袁世凯,也为冯国璋的升迁带来机遇。冯国璋是以小站练兵为契机,受到袁世凯的重用,并成为北洋集团的核心成员,形成了双方较为紧密的关系。

袁世凯是在"光绪二十一年十一月初一日接练新军",十一月初六日奏"报成军,分步兵为左右两翼、左翼两营,右翼三营;炮队则分为右翼快炮队、左翼重炮队,接应炮队共三队;马队则分四队"③。袁世凯深知练兵须先选将,于是向清廷要求"遇有才具出众,堪资任使各人员,由臣处不拘阶途,奏请破格擢用"。袁世凯"皆选宿将及有根底之学生,使督率营伍,研究操法"④。袁世凯以练兵的方式通过筛选、吸纳一批干部队伍,形成了北洋集团的小站班底。在小站班底的武职成员中,主要是两部分组成:一部分是北洋武备生如段祺瑞、王士珍、冯国璋、杨荣泰、徐邦杰、梁华殿、雷震春等人,另一部分为淮系旧将领如姜桂题、张勋等。在袁世凯小站练兵伊始,冯国璋尚出使日本。从1895年8月冯国璋就作为随员与裕庚出使日本,期满三年。在1898年归国后,冯国璋曾经将所撰写的兵书上陈聂士成,"忠节未遑深考,乃上诸前大总统项城袁公,则以为鸿宝也,谓军界之学子无逾公者"⑤。因此,冯国璋优良的军事素养背景,特别是军事理论功底正符合袁世凯编练新建陆军所急需军事人才的要求。

---

① 吴虬:《北洋派之起源及其崩溃》,中华书局2007年版,第6页。
② [日]佐藤铁治郎:《一个日本记者笔下的袁世凯》,孔祥吉译,天津古籍出版社2005年版,第282页。
③ 中国社会科学院近代史研究所编:《清末新军编练沿革》,中华书局1978年版,第18、19页。
④ 来新夏主编:《北洋军阀》(五),上海人民出版社1988年版,第36页。
⑤ 张一麐:《故代理大总统冯公事状》,卞孝萱、唐文权编:《辛亥人物碑传集》卷7,团结出版社1991年版,第268页。

"是年（1898——编者注）蒙前督练新建陆军袁由日本调回直隶，派充会办督操营务处。"①

袁世凯征调冯国璋到小站，并将其委任为督操营务处帮办兼步兵学堂监督，后又升为督操营务处总办。冯国璋在小站认真履行职责，为袁世凯成功编练新建陆军做出了贡献。

（1）"训练操法，整饬规矩"。作为督操营务处总办，冯国璋全身投入督练教育军队。此外，还经常考试检察各队。根据分工，冯国璋负责会同洋员巴森斯考阅炮队各哨。对此，在徐世昌日记中亦有记载："戊戌，二月初二日，监考炮队学堂兵官。夜拟题目。""二月初五日，华甫来此拟题。""二月初六日，晨起偕冯华甫到炮队考试兵官学堂学生，日西散场试竣。"②

新建陆军的训练效果如何，不仅关涉到各营统带的直接利益，而且与督操营务处亦有很大的关联。"照得各营督操官原有整顿操规之责，所有操场规法，均应认真讲求。乃近闻兵丁在操场任意自便，凡遇告便等事，离队归队，均不禀明。每有病兵，并不令护勇扶持，辄任多人前往看视，殊属不成事体。合行传饬督操官认真稽查，嗣后倘再有上项情弊，除将该管官长究办外，仍以该督操官是问。"袁世凯全力编练新军，在小站练兵各项规定非常严格，而且经常亲自查验训练效果。袁世凯在小站练兵中有功必奖，有过必罚，严格执行相关规章制度。"昨经亲校，并再三申戒，至今日复阅，仍多参差，未能合式。且闻阵内时有人声，殊不成事体。"而"照得训练操法，整饬规矩，乃各统将营务处之专责也"③。于是，督操营务处景启、冯国璋、马龙标等与各营统带龚元友、段祺瑞等均受到严厉处罚，有功者销去记功一次，无功者则先记过一次。正是袁世凯通过执行严格的规章制度，督促各级军官倾力编练新军，于是新建陆军"三月而军气大振，三年而军誉冠全球焉"④。

（2）参与建章立制。冯国璋根据自己对日本军制和军事教育的观察所得，按照实际需要修订了一整套营制军规、训练章程、考核奖惩条例和教育

---

① 中国第一历史档案馆：《冯国璋早期履历》，《历史档案》1995年第1期。
② 徐定茂：《徐世昌日记之小站练兵》，《北京文史资料》第64辑，北京出版社2001年版，第247页。
③ 来新夏主编：《北洋军阀》（一），上海人民出版社1988年版，第134、138页。
④ 沈祖宪、吴闿生：《容庵弟子记》卷2，文海出版社1966年版，第76页。

原则等。在小站练兵期间,"公为之集兵学专家讨论折中,而兵法操典营制饷章,以及各项图说,次第成书"①。冯国璋编写的规章制度注重贯彻新兵法的精神,既规范具体,又便于操作。如《操场暂行规则》从操练时间、洋号传操次数,出队前应行事项、入场规程、操演阵式、操毕收队、出操日记、武器擦拭损锈罚则、新补兵丁加操等项官兵注意细节,共20条②。

更值得一提的是,冯国璋与段祺瑞、王士珍等人主持编纂了新军训练和教育用书。1899年8月23日,袁世凯向清廷汇报将新建陆军平日训练详细记载,"并督选兵学素优之同知段祺瑞、直隶州知州冯国璋、守备王士珍将各项操法绘图立说,计共造成清册十二本、阵图一本、图说清单一件,一并恭呈御览"③。言敦源在《题记》中特别指出:"以下各页,皆光绪己亥夏秋之交,督办新建陆军时幕僚给事之作。商榷文字,以徐公为首,而合肥段公、正定王公、河间冯公皆在给事之列。"④《新建陆军操法详晰图说》是近代中国最早的自编陆军军事教材,既有理论的宏阔论述,又有详细的操作程序及训练要领,为有效提升新建陆军的编练水平提供了保障。后来,该书成为清末新军训练的最基本教材,并为各省军事学堂所必备。此外,冯国璋还与段祺瑞、王士珍等编辑《新建陆军编练录存》。尚秉和曾言:"公(王士珍)乃与段公祺瑞、冯公国璋编纂《新建陆军操法详晰图说》及《兵略录存》奏上,政府嘉奖。"⑤

(3)步兵学堂总教头。清末练兵因旧式将领难以适应军事早期现代化的需要,故而对新式军官需求巨大。袁世凯就认为:"中国旧有将弁,……不但于各国兵学毫无领略,即中土古今名将治军之道,亦属茫然。以之悍御外侮,恐心无制胜之道。"袁世凯在获得练兵权后,"到营察看情形,尤觉设立学堂为练兵第一要义"⑥,决心自己培养新式军事人才以满足编练新军的需要。

---

① 张一麐:《故代理大总统冯公事状》,卞孝萱、唐文权编:《辛亥人物碑传集》卷7,团结出版社1991年版,第268页。
② 刘凤翰:《新建陆军》附录《营规与章程》,"中研院"近史所1967年。
③ 廖一中、罗真容整理:《袁世凯奏议》上,天津古籍出版社1987年版,第35页。
④ 骆宝善:《骆宝善评点袁世凯函牍》,岳麓书社2005年版,第131页。
⑤ 尚秉和:《德威上将军正定王公行状》,《国史馆馆刊》1948年第2期。
⑥ 来新夏主编:《北洋军阀》(一),上海人民出版社1988年版,第38页。

于是，袁世凯在小站建立随营学堂，以魏贝尔为德文学堂总教习，任命景启为监督，选派部分北洋武备生为内堂外场帮教习。以段祺瑞充当炮兵学堂监督兼代理总教习，选录部分武备优等生教授测算、舆图、垒台、炮法等学。以梁华殿充当步兵学堂监督兼代理总教习。聘任马队教习曼德充当骑兵学堂教习。其中，梁华殿对军事学很有研究，为小站的特殊人才，但因一次夜间演习野战渡河时失足坠河而亡。①

此后，袁世凯委任冯国璋为步兵学堂监督，负责梁氏所办各项事宜，"自是将军既得重用而名亦益著"②。冯国璋在接任后对步兵学堂切实讲习武备各学，培养了一批新式军事人才。而袁世凯不断将这些军事人才派充新建陆军的下级军官，其中不少人成为此后编练北洋新军的重要力量。因而，小站随营学堂毕业的学生，后来成为北洋军的各级将领，亦被视为小站班底成员。在袁世凯北洋练兵时期，小站随营毕业生发挥了重要作用，成为北洋集团的新生代力量。③

（二）冯国璋是袁世凯稳定山东局势的主要助手

1899年，山东的义和团运动发展迅速，并向直隶蔓延。义和团运动得到清廷保守势力的大力支持，"诸近支王、贝勒，皆以逞一时之快，大庭广众，大声疾呼"④，由直鲁迅速拓展至京畿地区，从而对政局产生了重要影响。义和团既有保家卫国的合理性，又有盲目排外的落后性。因"洋势日张，教堂肆虐"⑤，特别是德国强占胶澳后，横暴不已，导致民教冲突不断，群众反洋情绪高涨。山东巡抚李秉衡、张汝梅、毓贤等人对义和团采取抚绥政策，先后迭遭撤换。袁世凯继任山东巡抚后，在荣禄的支持下，采用了王士珍、冯国璋等人的意见，采取军事手段果断有效地处置了山东义和团，为其以后的升迁奠定了基础。总之，袁世凯在山东的两年，是北洋集团崛起的契机。期间，冯国璋既积极编练武卫右军先锋队，扩充袁世凯的军事力量，又执行严厉镇压义和团的政策，为袁世凯获得隆隆而上的政治声誉发挥了不可或缺的作用。

---

① 吴长翼编：《八十三天皇帝梦》，文史资料出版社1983年版，第185页。
② 佚名：《副总统冯国璋》，《妇女杂志》1916年第2卷第12号。
③ 张华腾：《北洋集团崛起研究》，中华书局2009年版，第82、98页。
④ 杜春和等编：《荣禄存札》，齐鲁书社1986年版，第411页。
⑤ 国家档案局明清档案馆编：《义和团档案史料》上册，中华书局1959年版，第53页。

1. 编练武卫右军先锋队

在袁世凯到达山东之前，当地的形势就极为复杂，外有强敌凌伺，内有各地团民风起云涌，教民冲突不断。为应付德国的挑衅，清廷调派出新建陆军一部赴山东加以防范。"二十四年，德既租胶澳，其传教士屡与居民龃龉，德兵遂借口侵我青州。诏新建陆军为先锋移驻德州，聂公士成移驻沧州备战。"① 鉴于山东非常严峻的形势，清廷再次命令武卫右军进驻山东。光绪二十五年（1899）十月上谕："著袁世凯所部各营选派得力将官统带操演行军队先赴德州，迤逦而前，绕往沂州一带地方，相机屯扎，随时操练。"② 1899 年底，袁世凯署理山东巡抚。

袁世凯到任后的山东形势越发严峻，"山东形势地居要冲，为海运河运所必经，实南北洋之枢纽。自德踞胶澳、英租威海，密迩强敌肘腋滋虞。而德人修造铁路，极意经营……而民教案件尤为倍极烦琐。以今日之东省较诸数年以前情势悬殊，迥非昔比"③。为应对如此繁杂的局面，荣禄奏请清廷要求将"小站各营队，悉数调赴山东，择要布置"，然而"武卫右军仅七千人，只可专备一路，实属不敷分布"。袁世凯认为"强敌构衅侵权，亟宜妥为防范"，遂向清廷提出"慎选守令""讲求约章""分驻巡兵""遴员驻胶"等四种防范之策。④ 为此，袁世凯向清廷提出将山东旧军进行根本改造，用西式方法来编练成一支新军，是为武卫右军先锋队。

"光绪二十五年，袁任山东巡抚而调武卫右军同往，派将军兼管山东全省督操营务处。"⑤ 1900 年 3 月，冯国璋被派任督操营务处总办，负责将山东 34 个勇营改编训练为新式步、骑、炮兵 20 营，组成"武卫右军先锋队"，有效地扩充了袁世凯的军事力量。山东旧军在改练之前，营哨官弁"弊窦丛生，几与绿营标兵习气相等"，"且营制纷杂，号令不齐"。按

---

① 尚秉和：《正定王公行状》，《国史馆馆刊》1948 年第 2 期。
② 廖一中、罗真容整理：《袁世凯奏议》（上册），天津古籍出版社 1987 年版，第 37 页。
③ 袁世凯：《奏为东省交涉繁难请调员佐理》，台北"国立"故宫博物院：《袁世凯奏折专辑》，广文书局 1970 年版，第 30 页。
④ 廖一中、罗真容整理：《袁世凯奏议》（上册），天津古籍出版社 1987 年版，第 31—33、85、115 页。
⑤ 佚名：《副总统冯国璋》，《妇女杂志》1916 年第 2 卷第 12 号。

照袁世凯的部署,冯国璋等人仿照武卫右军营制,"痛除积习,认真训练"①,逐步将一支旧军改造成为一支新式队伍。

1900年秋,袁世凯在济南举行新军操演,并邀请德国驻胶济总督观操。冯国璋任操演总指挥,中国新军"一举足则万足齐发,一举枪则万枪同声,行若奔涛,立如直木"②。德国驻胶州总督看到冯国璋、段祺瑞、王士珍指挥的新军操练精准娴熟,誉"此三人者,北洋三杰也"③。此后,"北洋三杰"一直为袁世凯所重用,他们的升迁速度及在北洋集团中的地位,是其他武备学堂毕业生不可比拟的。"'北洋三杰'成为袁世凯编练新军的三根支柱"④,亦是北洋集团武备派势力的核心,一度成为清末民初政局演变中的重要人物。正如张国淦所言,"其中号称北洋三杰者,如王士珍、段祺瑞、冯国璋,到民国后且进而继袁世凯以主持北洋"⑤。

2. 冯国璋以武力驱逐义和团

袁世凯到达山东之后,一改前面几任山东巡抚对义和团的抚绥政策,采取军事高压的手段严厉剿灭。冯国璋按照袁世凯的要求率部驻守德州,此处"为山东门户,近接京畿,东南孔道,水陆通衢"⑥。在驻守德州期间,冯国璋执行安内攘外任务,既肃清山东境内的义和团又阻止北上义和团回归鲁境,有效地控制了形势。袁世凯依靠新式军队,对山东义和团采取高压态势,严阵以待,"故山东秩序安宁,得为东南之保障"⑦。

对于冯国璋在山东的作为,张一麐评价道:"袁公命公驻德州扼其冲。先是,直隶教民受拳匪之害颇剧,或引联军深入,冀复仇。保定、河间、沧州、深、冀一带,遍地烽火,至德州,则敛兵不进,如画鸿沟。北方避难者,狼狈至山东,公言于袁公,为东道主,且收其材武力已用。袁公因以收众望,举足系天下重轻,公实左右之。"⑧冯国璋因防范义和团有功,

---

① 廖一中、罗真容整理:《袁世凯奏议》中册,天津古籍出版社1987年版,第87、90页。
② 汤志钧编:《康有为政论集上册》,中华书局1981年版,第371页。
③ 中国史学会主编:《戊戌变法》第2册,上海人民出版社1957年版,第338页。
④ 丁中江:《北洋军阀史话》,中国友谊出版社1992年版,第51页。
⑤ 杜春和等编:《北洋军阀史料选辑》,中国社会科学出版社1981年版,第3页。
⑥ 杜春和等编:《荣禄存札》,齐鲁书社1986年版,第135页。
⑦ 沈祖宪、吴闿生:《容庵弟子记》,文海出版社1966年版,第295页。
⑧ 张一麐:《故代理大总统冯公事状》,卞孝萱、唐文权编:《辛亥人物碑传集》卷7,团结出版社1991年版,第268页。

获得袁世凯的更多青睐，职务不断升迁。"（光绪）二十七年十月初三日，蒙前山东抚提部院袁开单奏保，请免本班，以知府仍分省任用，并加盐运使。"①

3. 办理武卫右军随营学堂

光绪二十五年（1899）二月十二日，荣禄奏请设立武卫军，袁世凯的新建陆军编为武卫右军。随即，小站随营学堂更名为武卫右军随营学堂。

袁世凯的武卫右军约七千人，武卫右军先锋队约一万人，队伍迅速扩充，对新式军官的需求量越来越大。从小站到山东，随营学堂已开办多年，为袁世凯培养了不少军事干部。袁世凯在向清廷的褒奖案中指出："臣维讲武为今日要务，选将为讲武要图，而学堂又为将才自出，泰西各国，莫不于此加意讲求。臣因时才难，是以分设随营学堂，冀可广储干城之选。……教习员司朝夕督课，成就甚广，……各学生南北随营，循序程功，寒暑不辍，……其毕业诸生材艺有成者，或拔任营员，或经湖北、山西、陕西各省纷纷咨调，派充教习营弁……近时直隶募练新军，所派将弁官弁，亦多取材于此。"②武卫右军随营学堂的军事教育既提高了武卫右军的军事素质，又为各地督抚编练新军培养了一大批合格的军事人才。

武卫右军随营学堂的军事教育取得了很大成绩，为北洋集团的发展提供了重要的军事干部来源。袁世凯对武卫右军随营学堂出力人员给予了赞誉，向清廷并案请奖。光绪二十八年（1902）五月，正值武卫右军随营学堂两届期满，冯国璋因在事尤为出力，"蒙钦差北洋大臣直隶总督部堂袁汇案奏保，请免补本班，以道员仍分省补用"③。

（三）冯国璋为袁世凯北洋集团培养军事骨干力量

袁世凯在山东的所作所为最终获得清廷及西方列强的赞誉，又因为袁氏所统摄的新军没有与八国联军直接对峙而得以保存，从此被清廷倚为干城。经历庚子之变，惩于辛丑之痛，清廷更为重视"整军经武"，愈加认识到建立现代化的军队对于维护王朝统治具有极大意义。

---

① 中国第一历史档案馆：《冯国璋早期履历》，《历史档案》1995 年第 1 期。
② 廖一中、罗真容整理：《袁世凯奏议》中册，天津古籍出版社 1987 年版，第 552 页。
③ 中国第一历史档案馆：《冯国璋早期履历》，《历史档案》1995 年第 1 期。

1. 为袁世凯编练北洋六镇

1901年12月，袁世凯接任直隶总督，开启北洋新政。"一时北洋新政，如旭日之升，为全国所具瞻。"① 1902—1905年，袁世凯编练成北洋六镇新军，"而北洋陆军之声誉，遂布满全国"②，成为清末军事早期现代化最突出成果。袁世凯大办北洋新政，极力扩充自己的势力，从而构建起一个以其为核心的北洋集团。北洋新政"从政治、经济到军事、教育，从司法改革到城市治理，取得了非常显著的成绩"。同时，"袁世凯在推行北洋新政的过程中广泛招揽各方面的人才，大大扩展了小站班底，北洋集团正式形成"③。在此期间，冯国璋奋发有为，协助袁世凯编练北洋新军，躬身于北洋军事教育，为北洋集团正式形成做出了重要贡献。

袁世凯督直之后，立即编练北洋常备军，不断扩大自己的势力范围。1901年12月，袁世凯向清廷奏称："直隶幅员辽阔，又值兵燹以后，伏莽未靖，门户洞开，拟先募精壮，赶速操练，分布填扎。"④ 1902年6月，袁世凯在保定设立北洋军政司，"以立其体而握其枢"。军政司下设兵备、参谋、教练三处，总办分别为刘永庆、段祺瑞和冯国璋。"查有分省补用知府冯国璋才具明通，谙练武备，堪以委令总办。"⑤ 教练处"秉承督办施行教育，凡训练士卒，请求战备各事皆隶之。其所属分为三股：一曰教育、二曰校兵、三曰海防。总办一员、帮办二员"⑥，以李纯和南元超为提调，主要负责对新军的教育与训练。袁世凯编练北洋常备军乃至北洋六镇，以"北洋三杰"的贡献最大。王士珍后来取代刘永庆出任兵备处总办，同时兼任带队训练工作，"以公充步队第一协统领兼督理全军操防营务处，专司训练，俾划一整齐"⑦。王士珍出任北洋常备军左镇翼长，后任北洋第一镇统制官。段祺瑞既带队训练工作，又兼任北洋部分军事学堂教

---

① 周小娟编：《周学熙传记汇编》，甘肃文化出版社1997年版，第278页。
② 《民国丛书》编委会编：《最近三十年中国军事史》第2编，上海书店出版社1989年版，第2页。
③ 张华腾：《北洋集团崛起研究》，中华书局2009年版，第117页。
④ 中国社会科学院近代史研究所编：《清末新军编练沿革》，中华书局1978年版，第46页。
⑤ 廖一中、罗真容整理：《袁世凯奏议》中册，天津古籍出版社1987年版，第537页。
⑥ 甘厚慈辑：《北洋公牍类纂》，文海出版社1967年版，第940页。
⑦ 尚秉和：《正定王公行状》，《国史馆馆刊》1948年第2期。

务工作，后来先后出任北洋第三、四、六镇统制官。与王、段两人相比较，冯国璋在编练北洋六镇过程中，尤为突出的是主持北洋军事教育，为北洋六镇成军培养了大批军事干部，成为袁世凯成功创办北洋军事学堂的最为得力的助手。①

张一麐全面总结了冯国璋在办理北洋军事学堂方面的贡献：

> 公则为教练处总办，先设练官营，以张君士钰为帮办，遴派教员，修明操法。于是北洋旧有之军与新成之军，教练渐归一律。袁公建议设陆军学堂，由小学而中学，而大学，计十二年毕业，而先设陆军速成学校，以应缓急之用，一委公经营缔造。公于保定建陆军学堂斋舍、操场，以及仪器、自修各室，皆取各国新制。复延聘外国军学家以广教材，而师范学堂、经理学堂、军械学堂亦附设于其中。又于直隶各属，分设陆军小学堂，以备中学之选。其时淮军宿将，多若积薪，弃之则无以恤前劳，任之则与新者又格不相入。袁公又建议设将弁学堂，仍一委之公。淮军宿将于于而来，年之高者且逾六十，武职则至提镇，文职则至道员，且有侍卫一班，以宫禁之虎臣，厕于诸生之列，资望既峻，约束良难。公独刚柔得中，四方才俊，一听公部勒。举北洋各学堂造就之众，至数千人。今之上而统帅，下而校尉，内而部曹，外而幕职，凡北洋军学出身者，非同学，即其门下士也。自其任教练时，淬厉人才，讲求韬略，设陆军编译局，而以武学官书局分布各省。各省言军事者，于是靡然从风矣。②

2. 冯国璋推进清末军事教育现代化

（1）为北洋集团培养军事人才。自 1903 年以来，冯国璋先后参与、

---

① 关于冯国璋在清末军事教育早期现代化方面的贡献，已有相关研究，如张立真认为冯国璋在创建新型军事体制、培养近代教育人才方面的贡献尤为突出（《冯国璋与中国早期的军事现代化》，《辽宁大学学报》1997 年第 4 期）；公孙訇认为在从汲取外国近代军事力量知识到付诸实现的一系列过程中，"北洋三杰"付出较大贡献，尤其是冯国璋的贡献最为突出（《冯国璋与近代中国军事教育》，《军事历史研究》1989 年第 2 期）。

② 张一麐：《故代理大总统冯公事状》，卞孝萱、唐文权编：《辛亥人物碑传集》卷 7，团结出版社 1991 年版，第 268—269 页。

督理、主持一批军事学堂,如北洋行营将弁学堂、直隶练官营学堂、保定北洋陆军速成武备学堂、北洋陆军讲武堂等。①"经冯国璋之手,培养了大批既懂得近代军事技术,又有浓厚的北洋派系观念的军官,对北洋军阀集团的形成起了相当重要的作用。"②

(2)推进清末军事教育早期现代化发展。"光绪二十七年冬,袁氏升任直督,改练新军、开办学堂、创设督练处。其章程多出于三杰之手。而军事教育尤以将军之力居多焉。将军随袁回北洋后,先任教练处总办,继任北洋陆军各学堂督办。终则任北京练兵处军学使正使,几无一日不在军学界也。"③冯国璋与段祺瑞先后主持各类军事学堂,为北洋及各省编练新军训练军官。正如时人所论:"二公创兴军学,先后襄办北洋陆军学校近十稔,成就学生者数千百人,而独居深念,其愤时忧世慷慨激昂之志,未尝一日稍息。"④冯国璋主持的北洋军事学堂成效显著,成为清末军事教育的模范。光绪三十一年(1905)四月,徐世昌、长庚奏报考验北洋陆军情形,清廷发布上谕:"督办陆军学堂之分省补用道冯国璋,于学堂学务,具有成效,并著传旨嘉奖。"⑤

(3)冯国璋与王士珍、段祺瑞等编订北洋常备军制。北洋军制借鉴西方现代军制,采用常备、续备和后备军制,"伏查各国兵制,不由招募,计丁抽练,入伍当差,是为常备兵。在营三年,遣回作为续备兵,又四年作为后备兵,又五年出伍为平民,不预征调"⑥。北洋常备军悉仿德国军制,"于是北洋新政,声威甲于全国"⑦。1902年6月,袁世凯向清廷奏报北洋常备军厘定营制饷章,得到清廷嘉许。1902年十一月十三日,清廷上谕:"饬各省督抚整顿兵制,期归一律"⑧,向各省推广常备军制,由此北

---

① 张立真:《冯国璋与中国早期的军事现代化》,《辽宁大学学报》1997年第4期。
② 潘荣:《冯国璋家族》,金城出版社2000年版,第30页。
③ 佚名:《副总统冯国璋》,《妇女杂志》1916年第2卷第12号。
④ 中国社会科学院近代史研究所编:《辛亥革命资料类编》,中国社会科学出版社1981年版,第348页。
⑤ 《德宗实录》第8册,中华书局影印本1987年版,第216页。
⑥ 廖一中、罗真容整理:《袁世凯奏议》中册,天津古籍出版社1987年版,第509—510页。
⑦ 尚秉和:《正定王公行状》,《国史馆馆刊》1948年第2期。
⑧ 上海商务印书馆编译所编:《大清新法令1901—1911》第1卷,商务印书馆2010年版,第18页。

洋常备军制成为清末练兵的统一营制。

（4）编译军事教材。在"北洋三杰"中，以冯国璋的军事理论素养为佳。在主持北洋军事教育以及任职练兵处期间，冯国璋注重借鉴外国军事理论，一方面翻译西方兵书，另一方面在各地设立武学书局推广西式军事理论。清末军事教育以西学为蓝本，并与中国军队的实际相结合。在这一方面，冯国璋的成绩比较突出。冯国璋在躬身于军事教练的同时，在撰写军事著作上付出了不少心血。已有研究者认为，冯国璋曾经用极大的精力主编了大量的军事教材，如保定图书馆收藏的数十种教材多是经其审阅的，并且他还为其中一些教材写了序言。[①] 现藏中国国家图书馆的一本《初级指挥官勤务教科书》，便是由冯国璋审定，成为全国通用的军事教材。冯国璋在该书序言中写道："兹选各国军队教科书之最善者以为蓝本，间参以愚见，嘱金君永炎编译成书，分为八篇，适当初级指挥官之程度，而于教育目的之所达，方针之所在，言之綦详，尤取重精神教育，其他一切统御兵丁之方法，对上待下之机宜，为军人所必知者，亦莫不逐条悉述。"[②] 该书分为八部分：第一篇：总论；第二篇：军人之本分；第三篇：军人之德仪；第四篇：战术学之大要；第五篇：教育；第六篇：内务；第七篇：统御术；第八篇：初级指挥官之心得。冯国璋的军事见解贯穿于全书始终，是清末难得的一本军事编译教科书。

综上所述，冯国璋在清末军事教育早期现代化方面取得了不错的成绩。在"北洋三杰"中，冯国璋主要致力于军事学堂教育，为袁世凯成功编练北洋六镇准备了军事干部。冯国璋为北洋集团形成做出了重要贡献，他不仅成为北洋集团的核心成员，亦是新式军人的一个代表，而且还为北洋集团培育了大批新式军人。此外，冯国璋参与建章立制，为各省编练新军培养了一批新式军官，从而扩大了其在晚清军事早期现代化方面的重要影响。鉴于冯国璋在北洋练兵期间的突出贡献，袁世凯对冯氏不断褒奖、提携和重用，从而使其成为北洋集团核心成员，亦成为清末具有重要影响力的军政大员。

---

① 公孙訇：《冯国璋与近代中国军事教育》，《军事历史研究》1989 年第 2 期。
② 金永炎编译：《初级指挥官勤务教科书》，北洋陆军编译局 1909 年印行，国家图书馆藏缩微文献（MGTS/054266）。

3. 冯国璋屡获袁世凯提携

1902—1907年，袁世凯多次向清廷奏保冯国璋。"是年（1902）因剿平直隶拳土各匪案内出力，蒙钦差北洋大臣直隶总督部堂袁汇案奏保，请加二品衔，经部议驳，复蒙奏保，于十二月三十日奉朱批，着仍照原保给奖。"①

1903年十一月，袁世凯推荐冯国璋兼任练兵处军令司副使，"（冯）自可驻保经理学堂事务，唯仍须随时来京，兼顾本司差务"②。光绪三十一年（1905）五月，冯国璋出任练兵处军学司正使。

1906年1月10日，因冯国璋办理北洋将弁学堂成效显著，袁世凯向清廷奏保称："二品衔署练兵处军学司正使分省补用道冯国璋，学术明通，精娴武备。……上年复委督办武备各学堂事宜，创始经营，不遗余力。……此次将弁学堂全班毕业，该员始终其事，成效昭然。在事各员，既经臣择优请奖，似该员独着勤劳，自应优予奖励，以资鼓舞。"最终，冯国璋获得"交军机处存记"的奖励。

1907年4月3日，因冯国璋办理武备学堂有功，袁世凯再次为其向清廷请功奖励："经臣行令署副都统冯国璋督理北洋武备各学堂。受事之始，大乱初平，旧时学堂，鞠为茂草，几至无以着手，该署副都统，统筹全局，躬任其难，督饬员司，同心协力，课程亲加厘定，教术务戒纷歧，规则维严，陶熔甚广。计自开办以来，迄于该署副都统调京之日，时逾四载，功效彰明。其前已告竣者，如练官营、将弁学堂，成就不下千员，此次速成各学堂，成就又七百人。而由堂遣赴东西各国留学人数，尚不在内。成材之众，近所罕见。在事人员，已先后择尤（优）请奖，该署副都统实为功首，自未便独令向隅。"③于是，清廷发布谕令："以办理北洋武备学堂成绩昭著赏署正黄旗蒙古副都统冯国璋三代正一品封典。"④

（四）冯国璋在清末全国新军编练中成绩斐然

冯国璋从小站练兵开始就成为袁世凯练兵的重要助手，在袁氏不断提

---

① 中国第一历史档案馆：《冯国璋早期履历》，《历史档案》1995年第1期。
② 中国社会科学院近代史研究所编：《清末新军编练沿革》，中华书局1978年版，第52页。
③ 廖一中、罗真容整理：《袁世凯奏议》下册，天津古籍出版社1987年版，第1223、1464页。
④ 《德宗实录》第8册，中华书局影印本1987年版，第658页。

携下进入中央军政部门,从而在清末军事现代化中大显身手。

1. 冯国璋与练兵处

自光绪二十八年(1902)迄宣统三年(1911),"是期可谓军事狂热时代。在朝则曰练兵,在野则曰军国,而官民并进,新旧杂糅"①。1903年12月,清廷为统一全国军制并加强中央集权,"于京师特设总汇之处,随时考查督练,以期整齐,而重戎政"②。练兵处下设军政、军令和军学三司。袁世凯推荐"北洋三杰"在练兵处任职,实际上主持了练兵处的日常工作。"时练兵处训练大臣皆王公及宰相兼领,其编定营制,厘定饷章,及军屯要扼,皆公及冯段诸公主之,王大臣画诺而已。"③ 事实上,领练兵处大臣奕劻等人处理全国军务必须依靠王、段、冯三人,由此练兵处的决策权无形中便转移到袁世凯手中。

练兵处工作大多是业务性很强的事务,只有知兵大员才能胜任。练兵处在从1903年12月设立至1906年11月合并到陆军部的三年中,是新军编练成效最显著、发展最快的时期。

这表现在:第一,统一了全国新军的营制饷章;第二,统一了各类陆军学堂章制,拟定了派遣陆军留学办法;第三,制定了新军军官制度和军衔制度;第四,规划了新军发展的长远目标,练就了清末新军的主体;第五,组织了规模巨大的新军河间、彰德会操。④ 冯国璋领军令司副使,有一年多的时间往来北京、保定之间,既要主持保定的北洋军事各学堂事务,还要兼顾练兵处军令司相关业务。练兵处既是清末练兵的最高指挥机构,又是最为重要的办理练兵事宜部门。"凡营制饷章,军规军礼,及冠服之区别,与图之测绘,旗章之制造,服装之筹备,并各项学堂之设立,各国学生之派遣,与夫军人任职补官等各种章程规则,以次拟定,陆续奏准施行。"因此,练兵处对清末编练新军具有极为重要的影响,正如时人所论:"综计练兵处之设,前后不足四年,然时虽不久,而当时新军制度,悉由处订定颁行,各省视之,均奉为金科玉律,即其后时有增损,故根基

---

① 来新夏主编:《北洋军阀》(一),上海人民出版社1993年版,第1049页。
② 朱寿朋编:《光绪朝东华录》,中华书局1958年版,第5108页。
③ 尚秉和:《正定王公行状》,《国史馆馆刊》1948年第2期。
④ 张华腾、苏全有:《清末练兵处述略》,《光明日报》1997年5月7日。

所树，终未能出其范围。"①

在履职练兵处后，冯国璋又在清末其他军政部门履职。光绪三十三年（1907）六月十二日，冯国璋被清廷补授军咨府正使，成为清末军政要员。

2. 冯国璋与清末军事现代化

自从进入练兵处履职至辛亥革命爆发，冯国璋先后在练兵处、军咨府及陆军部任职，为推进全国军事早期现代化做出了不少贡献。

（1）推动各省军事教育早期现代化发展。清末练兵除了袁世凯及张之洞具有较大热情外，地方督抚大多固步不前，这既有财政紧缺的因素，还有合格军事人才的缺乏等原因。清廷成立练兵处之目的就是要推动各省军事早期现代化发展步伐，为此，帮助各省培养合格新式军官便成为军学司的一项重要任务。作为军学司正使，冯国璋的职责是"统辖所属各科，负责训练各军操练，整饬武备学堂，定期呈请派员至各处校阅队伍，考查学堂"②。在任军学司正使期间，冯国璋为统一全国军事教学方面做了不少工作。"其入手大旨，则已有学堂学营之行省，统一其教条，未有学堂学营之行省，迅立其基础。一年小成，三年而大备，参合程度，制为章程，使各省殊途同归，斠若画一。"③冯国璋在军事教育上所采取的措施，对于推进清末军事教育早期现代化发展具有积极意义，在一定程度上为各地督抚或多或少地编练一部分初具现代化水平新军奠定了基础。

（2）参与清末会操。清末全国普练新军，为检验军队现代化建设的成效，清政府从地方到中央先后组织四次会操④，其中影响较大的是袁世凯组织的河间会操及彰德会操。

在1905年和1906年，清政府先后举行了河间会操和彰德会操，以袁世凯、铁良为阅兵大臣。"这两次会操展示了清末军事改革的成就，标志

---

① （清）朱彭寿撰：《安乐康平室随笔》，何双生点校，中华书局1982年版，第185、187页。
② 苏智良、张华腾、邵雍主编：《袁世凯与北洋军阀》，上海人民出版社2006年版，第486页。
③ 张一麐：《故代理大总统冯公事状》，卞孝萱、唐文权编：《辛亥人物碑传集》卷7，团结出版社1991年版，第269页。
④ 这四次会操分别是：袁世凯组织的北洋新军两次会操，即1905年10月的河间会操和1906年10月的彰德会操；湖北新军与南洋新军于1908年11月举行太湖秋操；1911年10月军咨府奉命举行永平秋操。相关研究详见张华腾《河间、彰德会操及其影响》，《近代史研究》1998年第6期；彭贺超《1908年太湖秋操考实》，《历史档案》2012年第4期；彭贺超《宣统三年的永平秋操》，《历史档案》2014年第2期。

着中国陆军正式走上了近代化道路,在中国军事史上具有划时代意义。"①1905 年的河间会操非常重要,"此次秋操实行攻战,事属创举,内为外省标准,外系列国观瞻。"②为此,袁世凯对会操进行周密安排和部署,明令"军政司正使王士珍、军令司正使冯国璋,并科监督委员,均赴河间料理秋操事宜,又北洋督练处拟派兵备处总办言敦、参谋处总办鄢玉春、教练处总办田中玉及各股委员均分往南北两军及阅兵处,充当各项差使"③,并以冯国璋为总参议官兼评判处首领,"总理阅兵处事务,遵奉阅兵大臣之谕施行方略,监视军情,评判战况并指导演习等事"④。

从 1905 年 9 月 24 日至 28 日,河间会操按照计划顺利实施。河间会操取得圆满成功,第一次向世人展示了袁世凯编练北洋新军的现代化成果,引起中外各界的高度关注。1906 年 10 月,彰德会操"军容严整,震撼山岳,万国观瞻,啧啧称赞"⑤。袁世凯以"练兵处军学司正使王士珍(为)中央审判官长,练兵处军令司副使哈汉章(为)南军审判官长,练兵处军令司副使冯国璋(为)北军审判官长"⑥。冯国璋作为练兵处重要成员,全程参与彰德会操。是年农历九月初二日,冯国璋作为评阅官向徐世昌报告检察南军情况,"于廿六日附车至彰德,廿八日乘马赴淇县兼以察看地势。三十日附车至卫辉随南军北上。自三十日至初二日,察看南军操练整齐、形式完好,所过之境内兵民相安。至其兵丁品类之何如,无从探察。然自其外观之,尚无大乖戾。枪炮并无备实弹,惟自队官以上各带手枪、子弹十粒,与操枪口径颇不相侔,似无大碍。至操演实在情形,俟校阅后再当继禀"⑦。河间、彰德会操彰显了清末新军的现代化水平,表明清军能够"组织一支近代化的专业陆军,在中国历史上是没有前例的"⑧。

1908 年的太湖秋操,亦为中外所关注。太湖秋操是南洋新军与湖北新

---

① 张华腾:《河间、彰德会操及其影响》,《近代史研究》1998 年第 6 期。
② 中国第一历史档案馆编:《光绪朝朱批奏折·军务》第 53 辑,中华书局 1995 年版,第 442 页。
③ 《拟派秋操人员》,《申报》光绪三十一年八月二十九日。
④ 来新夏主编:《北洋军阀》(一),上海人民出版社 1988 年版,第 570 页。
⑤ 高拜石:《古春风楼琐记》第 6 集,新生报社 1981 年版,第 163 页。
⑥ 《北军南军阅兵处》,《申报》光绪三十二年九月初三日。
⑦ 林开明编辑:《北洋军阀史料·徐世昌卷》(二),天津古籍出版社 1996 年版,第 246 页。
⑧ [澳]冯兆基:《军事近代化与中国革命》,郭太风译,上海人民出版社 1994 年版,第 41 页。

军在安徽境内联合举办的第一次现代化军演,对于推动南方新军现代化发展具有重要意义。于是,清廷对太湖秋操高度重视。

据《申报》报道,清廷非常重视太湖秋操的组织工作,于五月下旬在北京召开秋操会议,参会人员主要有"议长陆军部各堂,总参议冯国璋、副总参议哈汉章,参议卢静远、冯耿光、章遹骏、周家树、姚宝来"等各员。会议决定了以下重要事务:"(一)会议纲领(二)编制(甲)司令部及各署(乙)步马炮工辎各队(丙)机关炮队(丁)电信队(戊)轻气球(巳)架桥队(庚)卫生队(辛)军乐队(三)战术(四)军纪(五)大操教令之摘要(六)阅兵处办事条规摘要(七)阅兵式条规摘要(八)参谋旅行计划说略(九)检察预备说略(十)杂件。"① 在太湖秋操举行前夕,"陆军部派来陆军正使冯国璋、副使哈汉章及随员多人已于十四日抵皖"②。太湖秋操能够顺利举行,在很大程度上得益于北洋新军会操的经验及陆军部的多方指导。

(3)参与组织直隶永平秋操。辛亥年(1911)四月,清政府决定"调集禁卫军及近畿各镇陆军,在永平府地面举行大操。著派冯国璋为东军总统官,舒清阿充西军总统官。即着禁卫军训练大臣及陆军部按照钦颁训令,编成东西两军,限于本年六月内通报军咨府"③。直隶永平秋操的会操方案由军咨府编制,计划于八月二十六至二十九日举行。

根据既定计划,在东西两军会操之前,冯国璋作为东军总统官发布永平秋操东军训令,要求所属部队在指定日期到达指定地点。训令内容包括:第一,永平秋操东军定于八月二十、二十一、二十二日三天在昌黎、滦州之间举行自行演习。第二,对东军演习统筹安排,要求所属部队于八月十九日到达指定位置。在昌黎西关集合的有:混成第一镇之步队第七十九标、马队第一标第一营,混成第三协之炮队第二标第一营;在牛栏庄集合的为:马队协司令处、马队第一标及马队第二标;在安山集合的是统裁处(军司令处)及混成第三协在安山附近铁路以北之地区集合。第三,将东军分为左右两队进行演习。第七十九标统带萧广传指挥左队,包括步队

---

① 《陆军部会议秋操详情》,《申报》光绪三十四年五月二十二日。
② 《秋操纪事》,《申报》光绪三十四年十月十九日。
③ 《清实录》第60册(附宣统政纪),中华书局影印本1987年版,第946页。

第七十九标、马队第一标第一营及炮队第二标第一营；马队协统领陈文运指挥右队，包括第三镇（但马队一营）、混成第七队（但马队二队、炮队一队）、马队三协（第五标、第六标第一营）。①

在永平秋操即将开始前夕，武昌起义爆发，清廷为应对武昌前线局势已无心力实施原定会操方案，从而成为清末唯一没有如期实施的会操。冯国璋屡次参加清末会操，并担任要职，"中间彰德大操，太湖大操，以及直境会操频数，糜役不从，均为学术发踪指示也"②。清末几次会操先后对时局都有较大影响，如河间、彰德会操之后，袁世凯军事势力膨胀引起了清廷警觉，之后便有袁氏调离直隶总督为外务部尚书，及至载沣专权时又将其贬黜，袁世凯的北洋集团势力遭到削弱。太湖秋操时恰逢熊成基安庆起义，结果起义刚起便被南洋新军镇压。而永平秋操在即将举行之时正值武昌起义爆发，于是清廷将集结的新军编组成军开赴武昌前线，从而对辛亥政局产生了影响。

（4）出任贵胄学堂总办。清末新军编练过程亦是满洲贵族加紧向汉族督抚收夺兵权的过程。到1905年底，北洋及各地军事学堂培养了为数众多的新式军事人才，而尚未有面向满洲贵族的专门军事学堂。1906年6月13日，清廷在京师正式开办陆军贵胄学堂，以培养完全忠诚于自己的军事人才。

贵胄学堂试办章程规定："陆军贵胄学堂设于京师，隶于练兵处，专考收王公世爵暨四品以上宗室现任二品以上京外满汉文武大员之聪颖子弟，教以普通学术及陆军初级军事学，并入军队观览学习。统计学期以五年为毕业。"③具体而言，贵胄学堂明确要求各省将军、制台、抚台及办事大臣，将具备条件的学生咨送以备选拔。考选后的学生以"王公世爵、闲散宗室觉罗及满汉世爵，京外满汉文武大员之子弟为正班学生，蒙旗王公世爵及其勋旧之子弟为附班学生"④。其中，正班学生的年龄为16—20周

---

① 茹静整理：《清末新军秋操史料集佚》，《近代史资料 总122号》，中国社会科学出版社2010年版，第125—126页。
② 张一麟：《故代理大总统冯公事状》，卞孝萱、唐文权编：《辛亥人物碑传集》卷7，团结出版社1991年版，第269页。
③ 安树芬、彭诗琅主编：《中华教育通史 第九卷》，京华出版社2010年版，第1910页。
④ 辽宁省档案馆编：《中国近代社会生活档案·东北》卷一，广西师范大学出版社2005年版，第435页。

岁，附班学生则要求 17 岁到 25 岁之间。陆军贵胄学堂的编制为，最高负责者为管理大臣，下设总办一员，负全堂一切责任，再下设监督一员，负全堂一切事务的督促之责。以下设训练、教育、事务三部分，分负全堂一切事务的进行。① 光绪三十二年（1906）十二月，鉴于冯国璋在军事教育方面已经取得的成就，清廷"赏分省补用道冯国璋副都统，派充贵胄学堂总办"②，负责管理全校一切事务。

首先，聘请师资。"日前政府面奉谕旨饬催贵胄学堂从速开办，故现拟三月望间开学。国文教习昨经该堂总理冯国璋聘定前顺天中学堂教习钱仲先君充当，日内当可签订合同。"③

其次，严格管理学生。贵胄学堂招收的学生大多是一些特权阶层子弟，即"贵胄学堂学生，类皆王公贝勒，宗室子弟"④，因而在管理学堂事务时便常常遇到挑战。冯国璋在贵胄学堂忠实地履行职责，勇于面对困难，敢于出声教育甚至责罚违纪学生。对此，张一麐指出："又廷议设陆军贵胄学堂，而加公副都统衔，兼任总办。并附设王公讲习所，诸来学者皆世爵懿亲，管理之难，过将弁学堂倍蓰。乃王公贵胄既服公之学，又爱公之诚，久之以师礼相将，无复有贵人状态矣。"⑤ 陈赣一曾在《睇向斋秘录》记述冯国璋告诫学生一幕：

冯代总统（国璋），昔任贵胄学校总办。诸学生以系出天潢，意气骄傲，偶因烹饪未善，聚饭厅掷杯碗，狼藉满地，复殴伤庖人。公传首者至，则载泽之侄溥仁等数人。公曰："今日之学生，即他年之师表。予在学生时代，但知埋头读书，他非所问。诸生乃天潢贵胄，自应明礼让。庖人不良，可告庶务委员易之，何必滋生事端而后快耶？其理由有以语我来。"诸生噤若寒蝉。公曰："今者不咎，再犯不

---

① 中国人民政治协商会议湖北省委员会文史资料委员会：《湖北文史资料·科技文教资料专辑》第 3 辑，1990 年，第 40 页。
② 《德宗实录》第 8 册，中华书局影印本 1987 年版，第 333 页。
③ 《贵胄学堂聘定国文教习》，《申报》光绪三十二年二月二十八日。
④ 天台野叟：《大清见闻录》上卷《史料遗闻》，中州古籍出版社 2000 年版，第 212 页。
⑤ 张一麐：《故代理大总统冯公事状》，卞孝萱、唐文权编：《辛亥人物碑传集》卷 7，团结出版社 1991 年版，第 269 页。

恕也。"①

冯国璋对贵胄学堂学生管理方式到位，逐渐赢得学堂上下的尊重。

再次，亲自授课。冯国璋在贵胄学堂附设的王公讲习所亲自授课，讲授军事各科，摄政王载沣亦曾到堂听课。在冯国璋督理贵胄学堂总办期间，"来学者泰半王公贵胄，皆服其学而爱其诚。无不循循受教，无敢跬步蝓者。"② 在此期间，冯国璋"结识了不少满清贵族，并赢得了清王朝的信任"③。宣统元年（1909）七月，冯国璋离开贵胄学堂。"贵胄学堂总办冯国璋，以堂务难办会经力辞差便，政府初拟不允，旋以该堂现改法政，与陆军情形稍有不同遂准其辞差"④。1910 年 6 月，贵胄学堂第一班学生毕业，陆军部为贵胄学堂在事人员请奖，称"该二员虽据称不敢仰邀奖叙，惟办理业务悉臻妥协，究未便没其微劳。查前总办冯国璋、监督谭学衡二员官职较崇，究应如何奖励"⑤，向皇帝请旨。随即，清廷赏给冯国璋头品顶戴。⑥ 冯国璋督办贵胄学堂，整饬纪律，为清廷培养了一批禁卫军军官，获得了满洲贵胄的好感。冯国璋凭借自己在军事方面的成就，既获得袁世凯的器重，又得到清廷的赏识，并被委以重任，成为能对禁卫军具有一定影响力的重要军政人物。

（5）出任军咨正使。1907 年 6 月 7 日，清廷设立陆军部。6 月 12 日，清廷发布上谕，署正黄旗蒙古副都统冯国璋著补授军咨处正使。⑦ 军咨处职掌为秉承陆军部堂官掌理全国筹防用兵之事，还兼有原练兵处军令司职责。⑧

冯国璋在出任军咨处正使期间，为清末军事现代化发展多方努力。

首先，筹备保定陆军学堂。据《申报》报道："陆军部奏请于保定开设陆军学堂，曾志前报。兹悉已由冯国璋都统组织完备，拟定学额八百名

---

① 陈赣一：《睇向斋秘录》，中华书局 2007 年版，第 72 页。
② 王树枬：《宣武大将军代理大总统河间冯公神道碑》，《教育周报》1923 年第 1 期。
③ 来新夏：《北洋军阀史》，南开大学出版社 2000 年版，第 147 页。
④ 《贵胄学堂总办更调原因》，《申报》宣统元年七月二十六日。
⑤ 《又奏贵胄学堂总办监督冯国璋等应如何奖励请旨片》，《奏设政治官报》宣统二年六月，文海出版社影印本，第 146—147 页。
⑥ 《大清宣统政纪实录》（二），华文书局 1968 年版，第 651 页。
⑦ 《诏令》，《南洋兵事杂志》1907 年第 12 期。
⑧ 邱远猷主编：《中国近代官制词典》，书目文献出版社 1991 年版，第 63 页。

七月招考八月开学。"① 即使是在军咨处改为军咨府后，冯国璋仍然关注于军事学堂建设。如《申报》报道："以参谋学堂之建设，前陆军部即有此议。现本处既已独立，此项学堂应即由处建设，以便培植参谋人才。现已拟订一切章程，预备奏设。并闻涛朗两贝勒之意，拟即以新奏保之军咨使冯国璋经理此事。"②

其次，主持军咨处改革。"管理军咨处大臣涛朗两贝勒，现拟将核定军咨处之制度事宜责成正使冯国璋编订一切，并闻其拟议之大纲办法系仍循前所拟议，参酌日本参谋本部之办法。核照中国现在军营制。"③ 冯国璋在出任军咨处正使期间，主要担负陆军参谋总长的角色。冯国璋在中央任职，还参与不少军政要务。如宣统元年（1909）九月，清廷命"贝勒毓朗、统制官王英楷、镶黄旗汉军副都统段祺瑞、镶白旗汉军副都统冯国璋，为考试陆军游学毕业生主试大臣。"④

再次，主张设立军区制。冯国璋在出任军咨使期间曾建议设立军区制，却未能得到清廷的响应。对此，张一麐曾言：

  宣统纪元，军咨府成立，公为军咨府军咨使，其上有大臣二人，公以军咨使承宣于下，盖已揽军事之大纲，以为得行其志矣。乃先后条陈时事至数万言，大要谓：各国练兵，均有注射之的，如甲之练兵则对于某国，乙之练兵则对于某国，有所对，则地理之讲求，器械之演习，将校之指挥侦探，亦必有所豫期。一旦有事，则知己知彼，习惯自然。我国练兵，则茫无所据，既无成谋之在握，岂有胜算之可操，是宜定练兵之宗旨。又谓：中国幅员广漠，地势不同，省各几师，多寡未当。且师以省配，各有畛域。非国防所宜。是宜改置军区，择其险要，利其交通，合数省力一区，区各数师，无事则会操，有事则分哨，庶乎全国指臂相使，呼吸相通。至于定教育普及之程，筹通国皆兵之法，筑军港以复海军，辟工厂以造利器，凡其荦荦大

---

① 《陆军学堂将次成立》，《申报》光绪三十三年六月十四日。
② 《京师近事》，《申报》宣统元年六月二十一日。
③ 《京师近事》，《申报》宣统三年八月初二日。
④ 《清实录》第60册（附宣统政纪），中华书局影印本1987年版，第338页。

者，无不慷慨言之。而枢府一未采纳。公乃愤吾谋之不用，浩然思去其官。值西陵与祭，坠马受伤，方有元配吴夫人之丧，而母孙太夫人又已逝世，屡乞假，不得请。公亦钳口结舌，随声画诺，不复言天下事矣。然清廷固知公之可大任也。①

应该说，冯国璋的军区制的主张具有积极的时代意义，值得后世者借鉴。然而，冯国璋的军事才能受制于满洲亲贵专权而无从发挥，亦只能"随声画诺"而已。

清廷"自练兵处成立以迄军咨府之成立，日日与地方督抚争军权，名则挟'国家军队'四字为口头禅，而隐则挟亲贵以逐其渊膝之私"②。光绪三十四年（1908）十月二十日，载沣受命为摄政王。"载沣监国后狠抓军事，除实现原有夙愿外，还有现实需要，即内为抑制袁世凯，外为镇压革命党，以巩固清王朝统治。"③光绪三十四年（1908）十二月十一日，载沣以"袁世凯现患足疾，步履维艰，难胜职任，袁世凯著即开缺，回籍养疴"④。载沣罢黜袁世凯，给予北洋集团沉重的打击。同时，以铁良为代表的满洲亲贵则大力起用留日士官生为各级军事指挥官，以夺取北洋新军控制权，致使"北洋三杰"等统兵将领不掌兵权，均置于赋闲地位。清廷虽曾经想极力拉拢冯国璋，但是为冯氏所却。

在袁回彰德之后，冯国璋自请远离北京的军政中枢之地，担任西陵梁各庄值班兵丁大臣。直到辛亥革命爆发，冯国璋又回到时局的中心，并对辛亥政局产生了影响。

第二节　由忠君转向共和：辛亥政局中的冯国璋

辛亥革命实现了由君主制向共和制的转变，是20世纪中国历史上伟

---

① 张一麐：《故代理大总统冯公事状》，卞孝萱、唐文权编：《辛亥人物碑传集》卷7，团结出版社1991年版，第269—270页。
② 来新夏主编：《北洋军阀》（一），上海人民出版社1988年版，第1050页。
③ 启智主编：《清史通鉴》第4卷，中国华侨出版社2011年版，第1416页。
④ 刘成禺：《世载堂杂忆》，中华书局1960年版，第328页。

大的历史变革。促成这场变革成功的关键因素是南方革命党与北洋集团通过和平谈判的方式实现共和，"不劳战争，达成国民之志愿，保民族之调和，清室亦得安乐，一举数善"①。共和是各种政治力量妥协的结果，而袁世凯则成为辛亥革命的最大赢家。之所以如此，就在于以袁世凯为代表的北洋集团与立宪派及南方革命党人等政治力量进行了多次博弈，以势力和谋略左右了辛亥政局。在辛亥政局的演变中，袁世凯能够胜出，除了其自身的谋略、手段外，还获得了北洋集团及立宪派的支持。其中，冯国璋在辛亥政局演变中的态度及其作为是帮助袁世凯成功收揽政权的一个不可或缺的要素。

一 冯国璋参与武汉前线战局决策

（一）清廷对武昌起义的应对

宣统三年八月十九日（1911年10月10日）武昌起义爆发，湖广总督瑞澂连夜向清内阁等部门紧急致电，"所有鄂省兵匪构乱，请派北洋劲旅迅速来鄂剿办缘由，谨乞代奏"②。接到武昌前线战报后，庆亲王奕劻召毓朗等人开会商议应对之策，决定派荫昌前往湖北督师。武昌事发第三天，清政府拿出了一个应对的基本策略，即派荫昌南下督师，水陆两军并进镇压。但是，荫昌督师不力，延误了军事进攻的有利时机。"这次拖延贻误奇重，因为前此十天内，革命形势已大大发展到逼人的程度"，"延迟的原因可能是荫昌个人的过分慎重"③。荫昌在前线迁延贻误导致清廷丧失了以军事手段解决危机的最佳时机。湖北周边省份湖南、陕西及江西先后响应起义，宣布脱离清政府独立。形势发展对清政府越发不利，"是切肤之患，不在武汉，而在各省蔓延"④。在此形势下，冯国璋受命接统第一军，督率北洋军镇压革命军。在辛亥革命中，冯国璋对清廷、袁世凯及革命党人的态度均有变化，反映了大变局中个人选择的复杂性。

武汉前线局势日趋恶化，而满洲贵胄又缺乏强人能够应对前所未有的

---

① 中国社会科学院近代史研究所等编：《孙中山全集》第2卷，中华书局1982年版，第5页。
② 卞孝萱辑：《闵尔昌旧存有关武昌起义的函电》，《近代史资料》1954年第1号。
③ ［美］路康乐：《清政府对武昌起义的反应——最初的三周》，中华书局编辑部编：《纪念辛亥革命七十周年学术讨论会论文集》下，中华书局1983年版，第2634—2636页。
④ 中国第一历史档案馆：《清政府镇压武昌起义电文一组》，《历史档案》1981年第3期。

危机。在奕劻、那桐及徐世昌等人推动下，清廷不得不迅速起用袁世凯。①对此，载涛曾回忆："到了武昌首义革命爆发，那、徐协同推动奕劻，趁着载沣仓皇失措之时，极力主张起用袁世凯，袁在彰德包藏祸心，待日而动。冯国璋、段祺瑞是袁氏的嫡系心腹大将，亦认为非宫保再出，不能挽救危局，载沣本不愿将这个大对头请出，以威胁自己的政治生命，但是他生性懦弱，没有独做主张的能力，亦没有对抗他们的勇气，只有听任摆布，忍泪屈从。"② 于是，在八月二十三日（10月14日），清廷便发布上谕起用袁世凯为湖广总督，并赋予袁氏指挥前线军事全权，"袁世凯现简授湖广总督，所有该省军队暨各路援军均归该督节制调遣。荫昌、萨镇冰所带水路各军并著会同调遣，迅赴事机，以期早日勘定"③。袁世凯接诏即起，直到九月初九南下督师，用了将近半个月时间在调兵遣将，运筹帷幄，进行多方筹划以应对前线战局。④

（二）冯国璋对武昌起义的反应

1. 冯国璋向清廷提出军事应对方案

冯国璋是袁世凯的心腹大将，具有过硬的军事素质和较高的军事理论素养，而且具有多次实战经验。因而，袁世凯复出后，便以冯国璋取代荫昌统领第一军。冯国璋指挥清军对民军进行了猛烈的军事反攻，先后占领汉口、汉阳，并对武昌形成军事威慑，制造了清廷在武汉前线的军事优势。而这种军事优势又为袁世凯在谋取与南方革命党人停战与谈判上，占据了很大的主导权，有利于袁氏纵横捭阖，上下其手左右辛亥政局。

冯国璋在正式接统第一军前，积极主动参与对武汉前线局势的分析及采取相关应对措施。

八月十九日（10月10日）武昌起义的消息很快就传达到永平秋操指挥部。永平秋操时，冯国璋任东军总统官。据冯国璋的总参谋长冯耿光回

---

① 刘璐生：《辛亥袁世凯复出条件考》，《广东社会科学》2003年第4期；骆宝善：《袁世凯与辛亥革命》，《史学月刊》2012年第3期。
② 中国人民政治协商会议全国委员会文史资料研究委员会编：《辛亥革命回忆录》第6集，中国文史资料出版社1981年版，第325页。
③ 中国第一历史档案馆：《宣统朝上谕档》第37册，广西师范大学出版社1996年版，第245页。
④ 丁健：《武昌起义爆发后民众视野里的袁世凯》，《史学月刊》2012年第4期。

忆，"在秋操自行演习，正在闭幕休息的时候，忽然接到北京来的电报，因为武汉起义，停止秋操，召东军总统冯国璋即速回京，参与会议"①。在会上，冯国璋提出一个军事应急方案以应时局，但是不为当局所采纳。"时京都各军，值秋操之期，开赴永平。朝廷猝得乱耗，内阁庆亲王奕劻、那桐悾怯不知所为。军咨大臣载洵、载涛皆乳臭少年，浮蒲失佚，素不解兵事，青年革党布满左右，日以酒妓车马娱荡其心。至是军心动摇，肘腋之患，发在旦夕。洵、涛冥然受革党欺弄，以谓民军少数不足惧。冯国璋独力言革党蔓延偏行各省，大局将破裂，请以一军直捣武昌，以一军扼镇江，顾大江南北，疏报不入。"② 从军事学角度而言，冯国璋所提军事应对方案应该是可行的，并有利于清廷获得主动权。后续事实亦证明，当革命党人无法守住武昌的时候，而南京为民军所下，对辛亥政局产生了极为重要的影响，即革命党人决定以南京为中心组建临时政府，从而加速了清廷的灭亡。倘若冯国璋的军事应对方案能够实行，以北洋一军扼住镇江，那么江浙联军就难以攻下南京，这必然会对后续政局发展产生极大影响。

2. 冯国璋积极组编第二军

八月二十三日（10月14日），清廷决定组编三军并以冯国璋为第二军军统，"督率准备，听候调遣"③。该军包括北洋陆军之第五镇（统制张永成）、第三镇之第五混成协（统领卢永祥）及东北新军第二十镇之第三十九混成协（统领伍祥桢）。清廷上谕发布后，冯国璋迅即开始组编第二军。10月14日，冯国璋即致电张绍曾：

倾接部电，今日奉旨派璋为总统官，贵混成镇及第二协并第三、第五镇均编列其内。璋明日回京，二十六日来开平，特派张参谋到滦州接洽一切事宜。再，部司电开：二十镇张统制鉴：贵镇出发，现由天津银行先拨银二万两运用，祈派员赴领。又，堂宪面谕：随行官长现给两月薪水。目兵现加给出发津贴每月一两，由镇署发。鄂变日

---

① 全国政协文史和学习委员会编：《亲历辛亥革命·见证者的讲述》，中国文史出版社2010年版，第684页。
② 中国史学会主编：《辛亥革命》（五），上海人民出版社2000年版，第230页。
③ 张国淦编：《辛亥革命史料》，大东图书公司1980年版，第105页。

亟，望火速开拔，以资援救。速电复等因。

冯国璋电告张绍曾，已派人到滦州接洽军队调动事宜，而且已经备妥第二十镇官兵开拔费，解决了官兵的后顾之忧，希望可以先行快速南下增援。是日，军咨府又催促第二十镇南下，接电后冯国璋立即又向张绍曾发电急催：

倾接部电开：二十镇张统制，鄂垣紧急，亟应派救援。倾接军咨府命令，派尊处与参与秋操之混成协编为第四十协，并派张统制绍曾带领，由秦皇岛乘兵轮开往长江一带，定二十九出发，粮饷、子弹均由本部设法预备。除电达东督外，仰即遵照电复等因。①

军咨府向冯国璋致电，接连催促第二十镇南下，以应对前线危局。冯国璋向张绍曾所发第二电既是转发军咨府之命令，又是作为第二军总统向第二十镇所发的催促起行的上级明令。电文中明确提到了第二十镇的出发日期、路线，以及承诺解决所部的粮饷和子弹。可见，冯国璋已经为第二十镇的出发做好了全面准备，只待张绍曾领军出发。但是，张绍曾没有回电冯国璋，亦没有按时领兵出发，而是按兵不动，直至10月27日发动滦州兵变。冯国璋作为第二军军统，只是第二十镇的临时指挥官，此前并没有直接统属关系。因此，冯国璋对张绍曾所发电报的效果并不大。虽然，冯国璋曾努力编组第二军，但是受制多种因素，第二军终未成军。"就清政府来说，第二军没有组编成军是致命的军事失误，直接影响了前方的战事。"②

3. 协助袁世凯制订军事应对方略

袁世凯自八月二十三日（10月14日）被清廷起用为湖广总督后，即开始调兵遣将，运筹帷幄，积极采取相关措施应对武汉前线战局。袁世凯复出后即起用王士珍，选调冯国璋作为自己的左右手。八月二十八日（10

---

① 杜春和编选：《辛亥滦州兵谏函电选》，《近代史资料 总91号》，中国社会科学出版社1997年版，第49页。
② 张华腾：《武昌起义后清廷组编新军三军考略》，《南开学报》2014年第1期。

月19日），袁世凯致电清内阁要求冯国璋到彰德面商军事事宜。"拟请饬令迅速来彰，筹商一切，并同世凯南下，筹商布置。"① 对于袁世凯的各项要求，清廷全部予以满足。八月三十日（10月21日），清廷谕令"军咨府正使副都统冯国璋著迅赴彰德筹商一切"②。此时，袁世凯正在采取办法努力应对时局变化，亟须冯国璋的鼎力相助。九月初一日（10月22日），袁世凯致电荫昌称："前锋不竞，似宜择地集合，固守布局，以待筹备完善再图进取，祈卓裁。凯仍难支，且料理尚无头绪，急切未能起程。日内华甫来彰，尚有应商事件，希谅之。"冯国璋于九月初二日抵达彰德，与袁世凯筹商前线战事部署。冯国璋与袁世凯对前方战局进行了研判，决定以优势兵力反攻武汉，以改变不利于清廷的局势。此番部署在袁世凯及冯国璋的电文中都有记述。九月初三日（10月24日），袁世凯致电清内阁：

> 内阁王爷、中堂钧鉴：辰。顷与冯国璋详细筹商，前敌各营，筹备多未完全，士气亦未大振，亟须速派统将，驰赴阵地，妥为布置，并安抚军心，激励士志……拟请先派冯国璋充第一军总统，即由此迅赴前敌，商承荫昌，先布守局，候筹备完善，足以制匪，再图进攻。现宜昌、黄州、长沙先后不保，军情愈紧，亟宜后集兵力，速攻武汉……如克武汉，诸匪夺气，自将瓦解，不难依次荡平。拟请饬下府部即调第二军立即开拔，在信阳州一带，择地集合。俟段祺瑞北来，即派充是军总统，会合第一军，早图规复。③

袁世凯与冯国璋筹商后，决定采取以下办法以应对时局：以冯国璋充第一军总统，迅速赶赴武汉前线，妥善筹备，先稳定局势；要求清廷饬令第二军立即增援，并以段祺瑞为该军总统官，在与第一军会合后形成优势兵力反攻武汉，以扭转战局。

九月初四日（10月25日），冯国璋在致寿勋函中亦阐明相关情况：

---

① 卞孝萱辑：《闽尔昌旧存有关武昌起义的函电》，《近代史资料》1954年第1号。
② 张国淦编：《辛亥革命史料》，大东图书公司1980年版，第107页。
③ 中国第一历史档案馆：《清政府镇压武昌起义电文一组》，《历史档案》1981年第3期。

弟别后，初二日抵彰，奉宫保奏派改统第一军，材轻任重，深惧弗胜。载赋即须，何以教我。此次战事全局，在宫保意见。以为乱党颇有知识，与寻常土匪为乱，情势颇有不同。且占据武汉，是负隅之势已成。又兼厂工未停，火器日常不穷，势力如此之大，诚有不可轻视者。而在我军饷械未到，人员未齐。脱令出师太骤，万一偶有失利之处，则关系大局，实非浅鲜。是非筹备周妥，计出万全，断难督师进攻。观于第一军兵士在滠口、刘家庙等处遇匪接仗情形，可以想见。在荫大臣智勇兼优，确有治军谋略。弟以大臣而统数军则可，若兼统一军，躬莅戎行，则非其责矣。所以宫保奏派弟改统第一军，盖亦揆情度势，万不得已之举也。至弟管窥之见，以为匪党叛兵居多，我师进剿，则是以兵攻兵，未必遂肯用命。弟拟即赴战地先行查看情形，择一合宜地点，暂作守势，使将士精锐之气，蓄而待发。一面设法安慰，多方劝励，以固兵心，而作士气。俟弟赴前敌查明一切情势，应如何布置之处，当再驰函奉闻。肃此。祗请荩安。不尽百一。

再，第二军前领饷银十万两，现在用去若干，正在筹备中，一时势难结算。顷已电饬全处人员，搭四十协兵车前来应候。芝泉接统晤面商酌办法，届时再为奉达。①

冯国璋在自彰德发给寿勋函件中指出以下几点：袁世凯改派自己为第一军总统的原因；自己到前线后采取的基本措施，即以守势为主；有关饷银问题。从上述两函可以看出，无论是袁世凯还是冯国璋对民军的研判都比较契合实际，比清廷对前线形势的认识更为客观。因而，袁、冯商量的基本方针是以稳妥为主，力争做到战则必胜。前线军事形势瞬间变幻，为扭转不利局势，此时袁世凯主张灵活运用海军兵力对民军进行袭扰，而要求冯国璋一面筹备妥当，一面安抚军心，以备反攻。九月初四日，袁世凯致电清内阁指出：

---

① 第二历史档案馆编：《中华民国史档案资料汇编·辛亥革命》第1辑，江苏古籍出版社1981年版，第189—190页。

> 前曾电嘱萨提督轮派兵船，相机游攻，糜其子弹，疲其兵力。如有长炮，可猛毁其炮垒。又嘱冯军统布定守局，后出奇兵，攻占江岸，先通海陆交通之路。如兵力不足大举，即沿江岸先复黄州。并非株守，似与旨意尚多符合。但大举进攻武汉，必须筹备完备，一鼓歼除，未可孟浪从事。最可虑者，前敌稍挫，军气不振，兵心亦不多固，已详细分条嘱冯军统首先安抚兵心，激劝士气，较筹备尤为紧要……①

既然清廷已经赋予袁世凯前线军事指挥权，而又对其寄予非常大的期望，因而，袁氏所提各项要求，自然要给予满足。于是，在九月初四日（10月25日）清廷发布上谕：

> 又谕，电寄袁世凯：据电奏：现在宜昌、黄州、长沙先后不保，军情益紧亟宜厚集兵力。拟请先派冯国璋充第一军总统，迅赴前敌商承荫昌，先布守局，俟筹备完善再图进攻。并饬陆军部即调第二军陆续开拔，在信阳一带择地集合，俟段祺瑞北来，即派充是军军统，会合第一军早图规复等语。着即照所拟办理，迅筹布置以图进取。②

袁世凯接到清廷上谕后即开始着手实行各项措施，一方面将上谕内容转知第一军统及第二军统，并要求遵照办理；另一方面安排南下行程。九月初五日（10月26日）袁世凯致电清内阁："冯军统在彰待车，今晚可行。凯待明后日饷到，准初七日力疾就道，先至信阳州，稍微布置，与荫大臣接洽后，即赴前敌。所有前敌各项办法，已商嘱冯军统妥筹布置。"③在与袁世凯商量战事后，冯国璋立即在彰德奔赴前线接统第一军总统，并接手荫昌继续指挥对汉口的战斗。九月初八日（10月29日），荫昌致电内阁言："冯国璋已于初七日行抵孝感，前赴战地。钦遵将第一军军队交

---

① 中国第一历史档案馆：《清政府镇压武昌起义电文一组》，《历史档案》1981年第3期。
② 《清实录第60册宣统政纪》，中华书局1987年版，第1132页。
③ 中国第一历史档案馆：《清政府镇压武昌起义电文一组》，《历史档案》1981年第3期。

其统率。俟袁世凯到后，荫昌即遵旨北上。"① 冯国璋到达前线后，执行袁世凯的既定战略，先后指挥清军猛攻汉口，夺取汉阳，对民军造成了巨大威胁，从而将阳夏战争推进到一个新阶段。

二 冯国璋督率清军镇压革命军

冯国璋奉命抵达武汉前线，并接替荫昌督促清军对革命军展开全面进攻，先后攻下汉口、汉阳，并屯兵江北以武力压制武昌之革命党人，从而对辛亥政局的演变产生了影响。

（一）收复汉口

1. 激战汉口

九月初七（10月28日），正值清军与民军在汉口交战正酣，"冯国璋接统第一军，驰抵大智门，进规汉口"。冯国璋亲临前线督率清军对民军展开持续进攻，而黄兴此时亦抵达汉口督战，两军战斗更为激烈。对于此役，王树枏《武汉战纪》多有记载，如"八日，混初三协发大智门，革军步兵千人，阵循礼门北歆生路，炮队阵循礼门铁道，截击我军。镇兵驰赴刘家花园，陷重围，三时不得出，某（第八协之十五标第一营）率劲卒，及机关枪队，奋力格援，始固"。"九日冒险博战，自辰至未，廛屋多轰毁，火遂起。""十日薄晓，再攻汉口街市，十四十五标兵战革军马队于循礼门，逐之，趋入市街。"② 清军凭借火炮及机关枪的武器优势，并借助火势，节节推进，最终占领汉口。此时，冯国璋镇压革命党人的态度非常坚决，这在《第一军总统冯示》中已经充分地体现出来。

第一军总统冯示

此次匪党肇乱，贻害闾阎不浅。
官军连日大胜，光复在指顾间。
匪心业已涣散，弃城四处逃免。
诚恐被协良民，玉石俱焚可怜。
更有逃窜匪党，到处煽惑谣言。

---

① 中国第一历史档案馆：《清政府镇压武昌起义档案》，《历史档案》2011年第3期。
② 中国史学会主编：《辛亥革命》（五），上海人民出版社2000年版，第232—233页。

> 各府州县军民，不可轻听生变。
> 武汉势已孤立，匪首闻已自窜。
> 乱党互相残杀，天心于此可见。
> 告尔商民人等，各安生业勿迁。
> 官军平定匪乱，家家重见晴天。
> 闻匪派出军队，在外孤立无援。
> 如果投顺来降，饷项设法补还。①

在告示中，冯国璋一方面将革命党人称为匪徒，告诫民众不要听信革命党人的谣言，要安分守己；另一方面告知革命党人若来归降，将有军饷补发。

2. 汉口火灾

清军与民军在汉口交战过程中，昔日繁华的汉口街市毁于战火。关于汉口街市大火，多数认为是冯国璋所属清军纵火。十一日（11月1日）"午前十时许，清军藉歆生路附近房屋掩护，与民军右翼接近，用机关枪猛射，民军受伤过重，向后退却，清军乘机前进放火，将歆生路房屋焚毁"，在清军炮火、机关枪的猛烈攻击下，"黄兴无法维持，遂下令各部退却至玉带门一带防御。清军则节节纵火烧民间房屋，烧一段则进一段，市民逃徙殆尽"，又清军在占领汉口后，"冯国璋亲往视察战区。我军散兵未及撤退者，枪声四起，冯军不敢深入，乃纵火烧毁。铁忠、易迺谦等复从而怂恿之，于是汉口硚口以下，付之一炬，自十二日起至十三日止，火尤未灭，竟将长江经济中心之繁盛市场，化为焦土"②。当时《申报》亦主冯纵火说，"冯国璋于初九日忽令官军在汉口分三路纵火焚烧市镇。一由水电公司后街，一由四官殿，一由玉带门，烧至三日，火尚未熄，情状甚形凄惨。据闻此策系湖北军事参谋官铁忠所主持，盖铁自鄂乱起后，仓皇出奔赴荫昌行营求其收留，荫返京即以铁荐之冯充行军参谋官，铁故出此计以为报复云"③。

---

① 曹亚伯：《革命真史·辛亥风云现场实录》，中国长安出版社2011年版，第107页。
② 张国淦编：《辛亥革命史料》，大东图书公司1980年版，第145—146页。
③ 《北军焚杀汉民之惨剧》，《申报》宣统三年九月二十日。

与冯国璋纵火说观点相反的是,王树枏则主张民军纵火说。十日清晨,清军在循礼门追击民军,进入汉口街市。"敌匿列肆墙屋中下击,我军多死伤者。适三协兵至,层层逼索,战移时,敌知不可守,焚所储药弹粮秣,延烧数里。协兵蹈火夺由义门,战至申,由义门东至江岸,西至铁道,悉为我有。十一日黎明,西北风暴作,火势愈烈,我军遂队入烟焰中,节节扫除。战至未,汉镇是阒然无一踪迹。"①而另一说则将汉口大火责任指向荫昌。九月十四日,吴禄贞自石家庄向清廷电奏云:"官军占领汉口,焚烧掠杀,惨无人道,禄贞桑梓所关,尤为心痛,此皆陆军大臣荫昌督师无状,司长丁士源、易迺谦逢迎助虐,应请圣裁严行治罪。"②张联棻亦认为:"由于以前荫昌率军进攻汉口,曾经用火攻的办法烧毁房屋,使民军无处隐蔽,不能巷战,因此老百姓蒙受极大损失,弄得怨声载道,社会舆论极坏。"③

在辛亥南北和谈中,北方代表廖宇春等人亦不认同冯国璋纵火说。"宇春发言曰:'吾辈宜捐除南北成见,弭兵息民,幸无悖人道主义也!'俞复诘之曰:'冯国璋焚掠汉口,何悖人道之甚!'夏清贻曰:'汉口之焚,闻兵家者言,谓:房舍密集,有碍炮火线;虽南军亦所必焚,非尽北军之咎也。且当日南军,罔不掩伏市屋,狙击北军。'廖宇春曰:'汉口之焚,论者子胥归狱冯公;然汉口克复,电奏者,荫昌也,时冯实未代将。而吴禄贞奏请严行治罪者,首荫昌,次易乃谦、丁士源,而不及冯公一辞,是其明证。'众首肯。"④

汉口大火引起中外舆论喧嚣,置清廷于被动地位。同时,张绍曾、卢永祥、蓝天蔚、潘矩楹等人更是向清廷发报,谴责汉口纵火的野蛮行径,"以此激起全国人民之公愤,实于立宪前途,大有妨碍。敬恳奏呈请旨查明罪魁,从严惩办,以谢天下而安人心。"⑤吴禄贞、张绍曾等人的电报不能不引起清廷的重视。随即,清廷发给袁世凯上谕要求约束清军。"又谕,

---

① 中国史学会主编:《辛亥革命》(五),上海人民出版社2000年版,第233页。
② 张国淦编:《辛亥革命史料》,大东图书公司1980年版,第146页。
③ 全国政协文史和学习委员会编:《亲历辛亥革命·见证者的讲述》,中国文史出版社2010年版,第685页。
④ 钱基博:《辛亥南北和议别记》,《江苏革命博物馆月刊》1930年第5期。
⑤ 卞孝萱辑:《闵尔昌旧存有关武昌起义的函电》,《近代史资料》1954年第1号。

电寄袁世凯。据电奏：汉镇起火缘由，一系土匪所纵，一系按攻占照例烧攻，一为匪用炮轰焚，不尽由官军所放。当复汉口时，已拒战多日，妇女早已逃扬未闻有奸淫之说。火烈时土匪抢掠，传闻亦有官兵掺杂其间，已再三饬查等语。著即委员驰往查办，从严惩治并饬各将领声明纪律，毋令滋扰。"① 清廷并不认为汉口大火主要是清军所纵而成，但亦谨慎应对大火可能引发的各种后果。清廷一方面要求整顿纪律，一方面要袁世凯督促前线清军继续用兵。接到上谕后，袁世凯秘密致电冯国璋要求整顿纪律，约束军队。"军统。晋。顷接政府元电开：据留比留法学界及沪商会致咨政院电称：汉口自经鄂变，库廒无损，官军大肆焚掠，商民受害，欧报痛诋等语。该兵士等奋勇苦战，颇为各国嘉许，若因数三败类，玷辱军人名誉，尽弃前攻［功］，讵不可惜。望痛饬各营，整顿纪律，谆详告诫为要。"② 而清廷亦对于吴禄贞、张绍曾等人则设法劝慰。十六日清廷上谕："电寄吴禄贞：……至于鄂事，前据袁世凯电奏，已向武昌宣布德意，劝谕解散。本日又简张绍曾为宣抚大臣，派员分投劝导。至湖北为该署抚桑梓之邦，着即函电乡人，共相劝勉，力维全局。所称军官在汉口焚杀淫掠各节，已有旨饬袁世凯查明按律治罪，并详查人民损失财产，由国家一律赔偿矣。"③

当时，大众对清军在汉口的作为多有愤语，对冯国璋亦多加谴责。因此，军咨府第一科科员崔作模致电冯国璋，希望冯氏自辩。"军统钧鉴：胜密。资政院、报界谓官军在汉口惨杀焚烧，公讧甚裂［烈］。闻咨政院已派四人密查，请速上疏辩解。模禀。"对于汉口大火，冯国璋当然不承认是自己放的。在清军占领汉口后，冯国璋即向袁世凯报告汉口作战详情：

> 初八日（10月29日）黎明，国璋督率第四镇第三混成协及十一混成协之步队二十、二十二标前进……初九日辰初，我与匪彼此炮

---

① 《清实录·大清宣统政纪》，中华书局1987年版，第1184页。
② 第二历史档案馆编：《中华民国史档案资料汇编·辛亥革命》第1辑，江苏古籍出版社1981年版，第207页。
③ 张国淦编：《辛亥革命史料》，大东图书公司1980年版，第147页。

战，匪炮火时为我击灭……汉镇连日为炮火轰击，焚烧多处，料匪难驻足。初十日黎明，见时机已至，决心冒险攻扫汉镇，遣两部队分道冒火前进……十一日黎明，西北风暴作，汉镇火愈猛。我军接续攻扫，节节巷战，每攻一段，冒火蹈险，又为匪暗击，艰苦不可言状。①

在冯国璋的军报中，汉口大火是因清军与民军在激烈的炮战中，因炮火引燃街市房屋，而并非清军故意焚毁汉口街道所致。从总体分析，汉口大火无非是或为炮火燃烧所致，或为人为纵火而成。应该说，汉口大火的起因这两者因素都有。

3. 汉口大火成因

清军纵火是汉口大火形成的主要原因。英国传教士计约翰曾在1911年10月31日的日记中记载："晚间，清军几次企图放火烧大智门地区的住宅，但未获多大成功。早晨9时后不久，烧起了一场毁灭性的大火。大火开始烧向城郊半中式的房屋，风助火势，加上灰衣军推波助澜，大火自12时至1时之间，已蔓延到大智门大街的边缘，严重危及礼和洋行的蛋白厂。"② 清军经过多日的准备，第一军主力已经到达，且做好了攻击的准备。冯国璋到汉口督师，势必要督促清军努力作战，而且袁世凯已到达信阳，此时必须要清军奋勇出击收复失地，以缓解危局。因此，汉口之战对清军而言，是一场必须取得胜利的战斗。但是，清军在攻击汉口的过程中遭到民军的顽强抵抗，前进缓慢，亦付出不小的代价。况且此时，清军连日作战，兵士疲劳，亟待援兵。但是，清廷组编第二军迟迟未到，因此，清军为减少伤亡代价，用火攻无疑是为了取胜的一种重要选项。根据11月1日之日本驻汉总领事馆报告称："汉口市区昨夜大火始终未熄，由今日正午益加炽烈，市中心满春戏院附近因此化为焦土。今晚火势仍极猛烈。盖因革命军坚守市区不退，官军迫不得已而实行火攻之故也。"③ 是时，汉口街市主要是低矮的商铺，蔓延数里，民军在退却过程中，节节抵

---

① 卞孝萱辑：《闵尔昌旧存有关武昌起义的函电》，《近代史资料》1954年第1号。
② ［英］计约翰：《辛亥武昌战守闻见录》，余绳龄、杜志圭、杨红译，李雪云校，《近代史资料总72号》，中国社会科学出版社1989年版，第145页。
③ 存萃学社编辑：《辛亥革命资料汇辑》第二册，大东图书公司1980年版，第64页。

抗，顽强阻击，对清军予以很大打击。所以，清军采用火攻以减少伤亡，加快了扫除民军的步伐。从实际情况看，清军对汉口志在必得，全力进攻，而民军处于守势，他们很多人藏匿于民居中，与清军进行巷战。从攻守之势来判断，清军为达到目的，纵火进攻成为不二之选。"清军为了达到战略上的目的，将无数亿元的财富化为乌有，未免太残酷了……"① 因此，对于汉口大火，清军应该负有主要责任。

在汉口的激战中，清军与民军双方均使用火炮相互炮击，是加剧汉口大火成灾的重要因素。汉口商铺、民房多是木制建筑。双方炮战在汉口市区进行，民众纷纷逃避，而这些木制建筑被炮火击中，蔓延燃烧，加之西北风起，风助火势，无疑是导致汉口大火成灾的又一个不可缺失的外因。蔓延的大火连烧数日，烧毁汉口大部分市区，不仅对百姓财产造成巨大破坏，而且亦危及外人的财产安全。为此，汉口领事团照会清当局，如放火导致外人财产受损，清政府必须承担赔偿责任。11 月 5 日，冯国璋复函领事团称："此项火灾系革命军炮弹引起者，本司令官曾邀当地绅商筹议善后办法，并将火扑灭。各国租界虽毗连中国市街之处皆不致有被烧之事，贵领事所主张之赔偿外商被毁财产问题，今日尚毋庸置议云云。"② 清廷以尽快收复失地、镇压革命党人为目标，而不体恤民情。在清军攻克汉口后，清廷即电谕袁世凯要求清军继续进攻。"所陈官军进攻七日，匪众炮击不绝，坚守种族革命，毫无顾忌各节，若如所奏，实属军民公敌，难以姑容。著即照所拟办法，传谕王士珍、冯国璋，乘此军心忠愤相机进攻，以期扫除军民公敌。"③ 而且，冯国璋为扩大战果，在汉口市区遍地搜索民军残余力量。为此，冯国璋还曾照会日本租界陆地防卫司令官："目下各国人时常任意出入战线，不仅妨碍前方战斗及目前正在市区开始的搜索，并且不免有被革命军枪弹误伤之虞，故希今后严加制止。"④ 清军在攻克汉口之后，冯国璋即向袁世凯表白应对革命军的策略："昔日之势，重在武昌，武昌以洪山为扼塞，洪山失则武昌不守，顺流以取汉阳汉口，如破竹

---

① ［日］内田顾一：《湖北革命战见闻日记》，周树嘉译，中华书局 1981 年版，第 174 页。
② 存萃学社编辑：《辛亥革命资料汇辑》第二册，大东图书公司 1980 年版，第 70 页。
③ 《清实录·大清宣统政纪》，中华书局 1987 年版，第 1184 页。
④ 存萃学社编辑：《辛亥革命资料汇辑》第二册，大东图书公司 1980 年版，第 64 页。

耳。今日之战，则重在汉阳，汉阳之大别诸山，俯瞰武汉，如釜底一丸，下掷则全城瓦碎，不待攻而自破矣。为今之计，惟有先取汉阳，为攻心之上策。"①

（二）攻占汉阳

清廷要求清军攻占汉口后继续进攻，但是前线部队很难推进，并与民军在汉口与汉阳形成对峙的局面。正如冯国璋报告："现匪退守汉阳，倚恃黑山、龟山坚固炮垒，盘踞窠巢。我军连日苦战过劳，必须稍事休养，方可进攻。"② 事实上，清军过度疲劳亟须修整，同时冯国璋亦亟须扑灭汉口大火，整肃地面，维持秩序。九月十五日，冯国璋向军咨府等部门致电：

> 此次克服汉口，所有十一日以前情况，业经请鄂督袁代奏。自十二日至十五日，革党仍坚守武昌、汉阳一带……我军现与对峙，时作小战，警备亦綦严密。因连日兵到过劳，不得不稍为休息，一面看其动静，再为筹画进攻……
>
> 再，汉口市面，所放所击之火，焚烧甚巨，现已扑灭，并督饬地方各商民设法安置。唯地面甫经克复，间阎骤难安谧。现已出示抚慰。所奉上谕，刻下宣布。余容再陈。③

在汉口之战中，冯国璋是取代荫昌接统第一军继续指挥的战斗，而汉阳之战则是冯国璋全面负责指挥的一场城市攻坚战。汉阳之战历时近半月，可以分为三个阶段。

1. 两军对峙时期

两军对峙时间为九月十三日到二十一日（11月3日—11日），此时的冯国璋准确分析前方形势，制订了周密的攻击计划。期间，清军与民军略有炮火互击，"两军一方面隔长江、一方面隔汉水略有炮战，一时间炮声

---

① 王树枬：《武汉战纪》，中国史学会主编：《辛亥革命》（五），上海人民出版社2000年版，第234页。
② 卞孝萱辑：《闽尔昌旧存有关武昌起义的函电》，《近代史资料》1954年第1号。
③ 中国人民政治协商会议湖北省暨武汉市委员会：《武昌起义档案资料选编》上，湖北人民出版社1981年版，第232页。

隆隆，不见其他活动"①。在两军对峙期间，冯国璋能正确分析武汉前线的局势，并做出以正面佯攻、侧面包抄的军事进攻计划，为清军最终占据汉阳奠定了基础。一方面，冯国璋分析了革命党军队分布态势：汉阳的革命军五六千人，自襄河至黑山一带分布，而在大别山、黑山上下，部署了四十余尊火炮。武昌的革命军虽不足万人，但亦有火炮三十余尊，沿江炮垒坚固。革命军的主力集中于青山，在山下停泊五十六艘船只。另外，还有千人在蔡甸左右。②另一方面，冯国璋制订了较为周密的进攻计划。李纯率混成十一协及混成十九标的炮一队，分甲乙两支队，渡襄河出击民军的左侧。王遇甲率四镇直渡襄河，进攻民军的正面。炮队在江上要地列阵，以牵制襄河沿岸民军，并约海军舰队助攻大别山、武昌城，以阻民军西援队伍。八镇统制张彪抽派奋勇队，备有船筏，作抢渡模样于沙口，以乱民军军心。混成十一协各部队严密监视民军偷渡，抄袭清军后路。③当然，冯国璋的军事计划还是要呈报袁世凯审阅。九月二十日（11月10日），冯国璋致袁世凯书，"兹复将炮协领所报炮击兵工厂无烟火药库略图一纸，附禀呈览，即乞查阅"④。

2. 两军激战时期

激战的时间集中在九月二十一日至十月七日。汉阳之战是从九月二十一日夜开始的，黄兴指挥民军从武昌、汉阳等地反攻汉口，但被清军击退。"我军进攻汉口失利后，清军谋取汉阳日亟，十月初四日，清军以强大兵力，配以新式德国管退炮数尊，由汉水（襄河）上游六十里蔡甸之新沟河，先后偷渡，前进至汉阳之西北三阳桥，展开攻势。"⑤在汉阳之战中，以黄兴为统率的民军给清军进攻汉阳制造了不少阻碍。如九月二十二日（11月12日），袁世凯致清内阁电云："顷接冯军统电称：'接间谍报

---

① 中国科学院近代史研究所编：《辛亥革命资料》，中华书局1961年版，第566页。
② 中国史学会主编：《辛亥革命》（五），上海人民出版社2000年版，第234页。
③ 全国政协文史和学习委员会编：《亲历辛亥革命·见证者的讲述》，中国文史出版社2010年版，第678—679页。
④ 卞孝萱辑：《闽尔昌旧存有关武昌起义的函电》，《近代史资料》1954年第1号。
⑤ 陈崇桥、张玉田主编：《中国近代军事后勤资料选编（1840—1927）》，金盾出版社1995年版，第877页。

告：党人带炮数尊、快枪千余枝（支），由蔡甸达新沟，绕汉川、广水，围抄后路，昨晚暗中起行。'已令孝感施统带派步两队、马一哨，赴应城驻扎警戒。汉川方面倘有警报，即责成该枝队迎剿。然匪一面停歇，一面袭进，异常狡猾，是无意就抚矣。"实际上，清军进攻汉阳并非顺利，亦面临诸多考验。如九月二十五日，冯国璋致军咨府电云："二十四日晚，敌炮声渐稀，枪声仍然不绝，兵士间有损伤。再二十三日夜，有敌三千名渡江，由日租界东北端突出，击我哨兵，幸警戒严密，将敌击退，子弹误落日租界。次日晨，日本领事来函与我交涉，当即分别情由，已交涉完毕。"①

  民军的反攻有时确实对清军制造了不少的压力。如冯国璋于九月三十日向清内阁汇报战况："二十七日，匪袭我右翼，略报已呈钧鉴。是晚，湖南巡防中路第十队管带夏占魁，率该队渡江降匪。连日夜匪由各处强渡，均被我击退……惟汉川方面，据报有匪千余人，拟截吴支队后路。如吴、马两支队能迅速相合，亦可无虞。"② 二十八日，汉口清军炮队向汉阳兵工厂、大别山、黑山射击，而民军大别山炮队亦向汉口清军射击，炮声不息。民军的炮火在一定程度上遏制清军的攻击，特别是对游弋江面的海军舰艇产生较大威慑。

  同时，海军舰艇亦有反正，并对清军炮击，一度影响前线局势。九月二十八日，冯国璋致清内阁电就称："据西文报纸并侦探人云，萨大臣有率各舰挂白旗驶赴九江之说。拟请速电九江、安庆、南京、上海各印署，查明确否。若该舰系一时权宜之计，即请嘱其迅速来汉援剿；如果事出意外，于我军大有关系。是否有当，伏乞鉴核。"③ 汉阳之战比汉口之战历时更长，双方消耗更大。十月初二日，冯国璋即向清内阁致电："第四镇吴统制呈称：该镇赴汉计目兵五千余名，留守一千一百余名，又悉数调汉。十余战阵亡六十余名，负伤二百五十余名。前线绵长，兵力单薄，计目兵空额连同阵亡空额并受伤者共缺千余名，实不敷分布，恳设法补足，以增战力等情。国璋查该镇单薄，务必补充。"与清军相比较，民军无论是在

---

① 张国淦编：《辛亥革命史料》，大东图书公司1980年版，第158页。
② 中国第一历史档案馆：《清政府镇压武昌起义电文一组》，《历史档案》1981年第3期。
③ 卞孝萱辑：《闽尔昌旧存有关武昌起义的函电》，《近代史资料》1954年第1号。

指挥上、还是在武器装备上及士兵的斗志上均处于劣势,虽有多次反攻汉口,在多地袭击清军,但面对清军凶猛的攻击,多以败退告终。对于清军在前线的苦战,清廷亦适时关注,以奖赏来激发战斗力。如清廷上谕:"电寄第一军总统冯国璋,据电报初六日军情,览悉将士连日苦战,忠勇可嘉。现已夺回黑山等处,尤属异常奋勇,着赏给银二万两,由度支部发给。所有出力将弁,着冯国璋择尤优奖,以是鼓励。"① 到十月七日,冯国璋督率甲、乙两支队在十里铺会合,"清军分三个纵队,向民军出击,一队攻大别山,两队攻汉阳"。"在大别山占领后,清军第一、二纵队,随即攻入汉阳","清军进据汉阳,枪炮、火药诸库均无损毁,攻占汉阳仅激战四小时"②。

3. 攻占黄陂

清军在占领汉阳、汉口后,为了防范民军的袭击以及继续进攻,冯国璋命令第六镇镇统李纯暂守汉阳,所属部队各领阵地,联络警戒,以备不虞。就在十月七日(11月27日)当晚,民军约2000人,携有土炮四尊入黄陂县城,以土塞门,仅留东门出进,布置工事,凭墙而守。于是,清军以混成第十九标统带施丛滨率所部往攻,将战果扩大到黄陂县。清军与民军在黄陂的战斗从十月十日持续到十月十九日,以清军大获全胜告终。汉阳、汉口及长江北岸,悉为清军占据,民军只得撤退长江南岸,坚守武昌。③

清军攻占汉口、汉阳,占据长江北岸,使得武汉前线局势发生了巨大变化。汉阳之役,冯国璋大败黄兴对于辛亥局势影响巨大,"清军因获此胜,卒取得南北议和对等资格"。④ 十月八日(11月28日),清内阁为冯国璋请功:"查此次冯国璋克服汉阳,实属异常出力,于大局极有裨益,实膺懋赏。拟请赏给二等男爵,以示鼓励。"⑤ 于是,清廷嘉奖在武汉前线的清军官兵:"得以克服重镇,深堪嘉尚。冯国璋著赏给二等男爵,其余

---

① 《清实录·大清宣统政纪》,中华书局1987年版,第1209页。
② 全国政协文史和学习委员会编:《亲历辛亥革命·见证者的讲述》,中国文史出版社2010年版,第682页。
③ 同上书,第682—684页。
④ 刘炳荣编:《新编民国史》卷1,太平洋书店1927年版,第7页。
⑤ 中国史学会主编:《辛亥革命》(五),上海人民出版社2000年版,第351页。

出力将弁,着冯国璋查明拟奖,候旨施恩。"随即,冯国璋向清廷奏保克服汉阳异常出力各员:"臣查第六镇统制李纯,忠诚朴至、才略过人,复经劲勇善战之王占元、陈光远、为之助援,故能统率甲支队长吴金彪等。乙支队长马继增、张敬尧、丁效兰、吴长植、姚建屏、朱锡泉、李长泰、劳谦光等,奋不顾身、克奏大捷。而劳谦光即以是役阵亡。吴长植、朱锡泉,即以是役受伤。又辎重营之南元超、炮队之崔需、王文熙、田友望、杨文耀、孙传芳等,均能入生出死、破锐摧坚。惟其有忠君爱国之忱,故能识敌忾同仇之义,自应优加奖保,以旌锐勇而表忠勋。得旨。允行。寻赏第二镇统制王占元、第四镇统制陈光远、头品顶戴,与第六镇统制李纯、第四镇统制吴凤岭,并赏穿黄马褂。开复已革留任湖北提督张彪处分,余赏给翎衔勇号升叙有差。"①

(三) 威慑武昌

黄陂之役,民军败北,武昌形势危急。"黄陂之役,(民军)两次挫败,势益微。武昌一城如鱼游焦釜之中,大别山一弹之火,可唾手定也。冯国璋以我军既克黄陂,前后诸路皆廓清,无复顾虑,乃克期规复武昌。"② 武昌是民军仅有的革命基地,对湖北军政府和南方革命党人具有举足轻重的影响。因此,在汉阳失守后,革命党人对于是否坚守武昌产生分歧。在黄兴于汉阳失守的当晚渡江退至武昌后,"军政府当即召集紧急会议,黄总司令到场说明汉阳失守原因,闻者多抱原谅态度。随即讨论武昌军队是否退出武昌移至安全地带之问题。稳健一派虽未明言放弃武昌,暗实赞成。但革命各代表以占领武昌匪易,惨淡经营始有今日。今清兵尚未渡江,何等轻言放弃武昌,言下激昂万分。"③ 最终,武昌革命党人决定坚守武昌。汉阳之战失败后,黄兴亦黯然离开武昌奔赴上海。于是,黎元洪先委任万成献为战时总司令,后由蒋翊武代理,守御武昌。

清军攻占龟山等有利地形后,即以大炮向武昌城内轰击,对民军造成巨大威慑。"清军占据汉阳,三日并无攻势作战。初十日,清军架重炮于大别山、龟山向武昌射击,以军政府所在地武昌蛇山都督府(前咨议局)

---

① 《清实录·大清宣统政纪》,中华书局1987年版,第1210、1274页。
② 中国史学会主编:《辛亥革命》(五),上海人民出版社2000年版,第241页。
③ 张国淦编:《辛亥革命史料》,大东图书公司1980年版,第185页。

为目标。十一日轰击最烈,黄鹤楼前自鸣钟一座首被击坏,武昌城内外商店闭市,人心惶恐,为军兴以来所未有。午后一时,军政府军装室中弹,顿时人心益形不安。黎都督因率杜锡钧、萧幕何、杨开甲、邝杰等少数职员卫队同至宝通寺办公"。① 清军炮火对武昌城造成巨大的军事威慑,严重地打击了革命党人的抵抗意志。在清军进行修整时,冯国璋正在准备以武力乘胜攻占武昌。根据张联棻回忆,"冯国璋与我商议,除一面电清廷报捷外,一面布置下一阶段的军事作战计划,准备乘胜进攻,一鼓渡江,再取武昌,收复武汉三镇的整个区域"。② 然而,冯国璋跃跃欲试的武力冲动被袁世凯制止。随之而来的是清军与民军在前线停火,并一而再,再而三地延期。冯国璋在前线对停战令颇有微词,并曾向袁世凯积极请战。此时,袁世凯正与南方革命党人举行秘密和谈,为防止冯国璋在前线的冲动给南北和谈制造障碍,于是袁世凯决定更换武汉前线指挥官。十月十八日,清廷发布上谕以第一军总统冯国璋为察哈尔都统。十月十九日清廷根据袁世凯的意志更调军统,以段祺瑞为第一军军统,冯国璋为第二军军统,并被派为禁卫军总统官。③ 段祺瑞接统第一军后便按兵不动,从此辛亥局势由战争转向和议。正所谓:"未几袁世凯果下停战令,并解冯国璋兵柄,以段祺瑞接统其军,君子是以知时局为之一变而不可复为矣。"④

三 冯国璋对南北议和的态度:由反对到支持

南北议和是决定辛亥政局和平走向的关键一步,以袁世凯为首的北洋集团与以孙中山为代表的革命党人能够放弃武力,通过南北协商的方式,实现了政权由清帝向民国的和平承替。作为北洋集团重要成员,冯国璋在南北和谈中的表现尤为复杂,其思想和行动在一定程度上影响了议和进程。然而,从北洋集团的角度而言,冯国璋作为军政大员以武力打压民军,使革命党人认识到必须与袁世凯合作才有可能实现共和,从而为袁世凯与民军开展南北和谈创造了条件。同时,冯国璋虽一心主战,但最终由

---

① 张国淦编:《辛亥革命史料》,大东图书公司1980年版,第185页。
② 全国政协文史和学习委员会编:《亲历辛亥革命·见证者的讲述》,中国文史出版社2010年版,第687页。
③ 张国淦编:《辛亥革命史料》,大东图书公司1980年版,第109页。
④ 中国史学会主编:《辛亥革命》(五),上海人民出版社2000年版,第241页。

忠君向事主转变，统摄禁卫军，维护了清帝退位前后北京社会秩序的基本安定，为袁世凯解除后顾之忧，亦为实现共和贡献了一分力量。

辛亥革命期间的南北议和是在袁世凯主导下，先后通过三条途径进行的。第一条途径是袁世凯派遣下属刘承恩渡江与黎元洪交涉。第二条途径是袁世凯支持段祺瑞第一军中的靳云鹏、廖少游等代表北洋军人与南方军界谈判并达成五项协议。第三条途径即为以英国驻华公使朱尔典出面，调停南北，公开议和，于是便有唐绍仪与伍廷芳的上海议和。① 袁世凯充分利用北洋军在武汉前线对民军制造的军事压力，同时又"不欲以兵力定乱"②，而是对民军采用"妥协辅之以武力"的策略③，占据南北和谈的主动地位。

（一）以武力压制南方革命党人力量

清政府停战议和之动机起于袁世凯。据徐世昌言："以项城才略经历，自属过人，其对于时局，言剿改而言抚，言抚进而言和，纯出于项城之主持。汉口、汉阳亦兵力威胁南方，攻占以后，决定不再进兵，只清理河淮南北一带，以巩固北方，即南京亦不派重兵往援。所有谕旨，均从宜布德意着笔，而资政院迎合民意，亦供项城之利用，经此酝酿，乃促成南北和议之局。"④ 在被清廷起用之初，袁世凯对待民军的策略是主剿，策动冯国璋统率第一军猛攻汉口。然而，"乃甫经就任，而张绍曾截留军火，吴禄贞谋断后路之警，已纷至沓来，项城几陷危地，至是始悟大势已去，端非一人所能挽回。虽表面强为支持，而其中已有转圜之意矣"⑤。于是，袁世凯利用刘承恩与黎元洪的乡谊关系开展私密谈判。九月十二日，袁世凯"令营务处刘振（承）恩及张彪等，致函黎元洪，招其归顺，使洋人送往。时接复书，称现开会议，一二日定局再告，语气尚恭顺，然匪心叵测，战

---

① 张华腾：《对立中的统一：辛亥革命前后同盟会、北洋集团关系述论》，《江海学刊》2006年第1期。
② 中国史学会主编：《辛亥革命》（八），上海人民出版社2000年版，第543页。
③ 章开沅、罗福慧、严昌洪编：《辛亥革命史资料新编》第八卷，湖北人民出版社2006年版，第102页。
④ 张国淦编：《辛亥革命史料》，大东图书公司1980年版，第269页。
⑤ 中国社会科学院近代史研究所编：《辛亥革命资料类编》，中国社会科学出版社1981年版，第350页。

备仍不敢懈。"① 袁世凯对民军是和与战两手准备，以和为取向，以战为手段，通过军事压力争取在和谈中获得更多的利益。

同时，袁世凯积极利用西方在华使节的外交影响力来推动南北双方接洽。"驻汉口之俄国领事，由袁世凯之请求，欲为汉军、清军执仲裁之劳。"② 刘承恩等人多次往返武汉，与黎元洪就停战及政体问题协商。然而，双方对于如何停战及战后各自待遇及实行何种政体有较大争议。九月十九日（11月9日），冯国璋对日本驻汉口总领事馆馆员表示："因革命党方面要求之条件与袁世凯之意见相差悬殊，以致两军和谈终归破例，数日内当对汉阳总攻击。"③ 袁世凯原本希望以和平手段解决时局，但是南北双方之间的政治见解对立，谈判一度破裂。九月二十六日（11月16日）清廷命袁世凯组阁，"世凯将入都，复遣刘承恩及海军正参领蔡廷干，渡江说黎元洪，元洪不从"。于是，冯国璋厚集兵力猛攻汉阳，以严厉的军事手段对付民军。在清军全面攻击汉阳前夕，即九月三十日（11月20日），袁世凯仍没有放弃和谈意愿，仍遣刘承恩到汉口与黎元洪代表孙绪发谈判。十月初二日（11月22日），刘承恩自萧家港致内阁电，阐述谈判详情："春昨晚到港，议和难成，余容面禀，已电达宪鉴。兹将提议大纲电陈钩鉴：当代表提议，建立民主，将我政府另置一地，保全安富尊荣。与宪命之意不合，故难就议。复据俄领事奥康夫云，主张罢兵。承恩答云，战事我等不能擅专。渠云，致函冯军统。答云，宗旨不合，冯军统亦不能自主。回与冯军统面述提议情形，复函俄领事云，罢兵一节，军统亦不能自主，请不必致函。复据俄领事来信，据云，不必与冯军统阅看，可呈宫保。谨将原函择要录呈：使我军退往滠口，谈判不成，仍回原地；黎军不得阻拦，亦不得过汉河。"然而，刘承恩与民军的谈判结果并不为北军所接受。对于俄领事调停的和谈，冯国璋认为过多偏袒民军，于北军不利，向袁世凯表达对民军以强硬手段对付之意。于是，南北间的初次谈判，因双方分歧太大，并未能实现停战。其时，冯国璋督率的第一军在武汉前线并没有占据绝对优势，民军士气尚存，于是要价颇高，自然难免战

---

① 卞孝萱辑：《闵尔昌旧存有关武昌起义的函电》，《近代史资料》1954年第1号。
② 佚名：《俄领事调停记》，《民立报》1911年12月4日。
③ 存萃学社编辑：《辛亥革命资料汇辑》第2册，大东图书公司1980年版，第73页。

争。"初刘承恩等渡江说黎元洪,鄂将士气骄甚,多侮词,世凯乃命冯国璋急攻汉阳。十月辛丑,北军夺据汉阳,武昌居炮火下,湖南大震,岳州镇守使唐蟒已弃城走矣。"① 冯国璋指挥第一军占汉阳,威慑武昌,为袁世凯重启南北和谈制造了非常有利的时机。冯国璋总统第一军在武汉前线接连取胜,对革命党人士气打击颇大。11月28日,清廷立即对前线出力将士大加封赏,就是冀图冯国璋督率第一军乘胜追击,克复武昌。冯国璋督率第一军连续作战充分地展示了北洋军的军事势力,对革命党人希望以军事手段推翻清廷的计划予以沉重打击,并使武昌处于无险可守的境地。"黎元洪等知以武力北进,不能取胜,更恐武昌难保,遂与清廷内阁袁世凯密商议和。"②

(二) 冯国璋执行袁世凯的武汉前线停战命令

冯国璋统率的第一军占据汉阳,对武昌形成了军事高压态势,为袁世凯推行南北议和占据主动权奠定了基础。而黎元洪处于劣势,亟须停战议和。十月初九日(11月29日),汉口英领事插手南北议和,向南北双方提出议和条件:停战、清帝退位、举袁世凯为总统。武汉前线停战遂由英国驻汉口总领事极力促成,并经英使朱尔典向清廷提出南北停战三日的要求。

冯国璋虽欲主战,但作为第一军总统官还是必须听命于袁世凯。武汉前线停战是自武昌起义以来清军与民军的首次停战,为实现辛亥和局奠定了基础。对于南北双方而言,要停止武装冲突,就必须妥协并拿出双方均可接受的条件方可实现。在武汉前线的清军与民军停战协商中,冯国璋作为前线统帅,按照袁世凯的要求履行职责。十月初九日(11月29日),冯国璋向清内阁致电,阐明关于停战需要商定的条件:

> 今日黄道开文面称:英领调停,息战三日。当告以英领居中调停,系属好意,殊感友谊。惟息战须定条件:一、区域。二、起止时刻。三、息战期内投匪军舰,应交何人看守。四、谁负责任。去后,

---

① 中国史学会主编:《辛亥革命》(八),上海人民出版社2000年版,第194、543页。
② 全国政协文史和学习委员会编:《亲历辛亥革命 见证者的讲述》,中国文史出版社2010年版,第684页。

旋据黄道回来面称：英领谓看守匪船及谁担责任，难以办到，好在汉阳已克服，武昌在掌握中等语。据称报：武昌革党湘匪已逃散，鄂匪所剩无多，战斗力已减少，现正整理队伍，部署一切。①

从冯氏电文可以看出，冯国璋对于停战所需三个条件，曾与英领事协商，但是不能满足冯氏自己的基本要求，于是，冯氏仍有积极主战倾向。次日，袁世凯对于冯国璋所提各条即给予详细回复。

我军既未渡江，英使领现出调停，按公理未可拒绝。兹代拟暂时停战条款：一、息战时各守现据界线，彼此不得稍有侵犯、窥探等情。二、息战之期订明由某日某时起至某日某时止，计三日，两军不得于此期内开战。三、军舰不得藉息战期内泊近武汉南北岸，以占优胜，须远驰武汉下游，至息战期满为止。四、停战期内，两军不得添军修垒及一切补助战力等事。五、息战之约，须有驻汉英总领事官画押为中证人，庶免彼此违背条件，以重公法。请转饬黄道与英领商办，有定议，速电示。黎党如派人来商事，可饬黄道、丁士源作执事代表接洽。除奏明外，望查照。②

袁电向冯国璋明确指示停战条款，并以此为基础与民军协商。此时，冯国璋遵照袁世凯的要求，一面派人与黎元洪代表往返协商，一面致电清内阁、军咨府及陆军部等部门，汇报停战协商进展情况。十二日（12月2日），冯国璋向内阁等部门汇报："文电敬悉。本日无战斗。黄陂后路，汉川方面筹备已妥。英员过江定停战日期，晚八点尚无回信。闻黎酋已出武昌，俟有确信，再为电陈。"同时，当日深夜又致电内阁军咨府："本晚十一钟黄道转英使语，已与黎酋议定，自十三日（12月3日）早八点起，至十六日八点止，停战三日。兹已照办，并请英使速补公函为据。再前谕息战五条，因于我军后路不便，且武昌革党及兵舰已乏战力，其余黄州、应

---

① 中国第二历史档案馆编：《中华民国史档案资料汇编》第2辑，江苏古籍出版社1991年版，第47页。
② 同上。

城各方面匪党，黎亦不能约束，足以停战三日定议。"武汉前线停战因英国外交介入，英领事作为中间人，提供信誉保证，方始逐步实施。十三日午后一时，冯国璋接到英使的停战公函，并签有字据，于是武汉停战各项要件均已成立。

自十三日的停战开始实施后，武汉前线战事再也没有发生，而且后续停战日期一再延展，从而为此后南北双方在上海开展和谈提供了有利条件。三日期限很短，为了能够使南北和谈继续下去，袁世凯与南方革命党人都需要武汉前线停战延续。因此，在十四日（12月4日）外务部致电冯国璋："顷与英使议续停战条款：一、停战三日期满，续停十五日；一、北军不遣兵向南，南军亦不遣兵向北；一、总理大臣派北方居留各省代表人前往与南军各代表讨论大局；一、唐绍仪充总理大臣之代表，与黎军门或其代表人讨论大局。以上所言南军，秦晋及北方土匪均不在内。除由英使致电英总领事转达黎军并奏明外。特闻。"该电表明袁世凯要继续议和，并派唐绍仪作为袁世凯的正式谈判代表南下与黎元洪等人谈判，因此冯国璋在武汉前线停战还要延续下去。于是，冯国璋还得继续与南军商量停战延期事宜。十四日，冯国璋致电清内阁："英总领事询展期停战系若干日？如何条款？各省停战条款是否一律？祈核示。又云：在汉口开议，似可办到，因此地域北京通信较便，等语。"冯国璋虽为第一军总统官，但是关于停战条款还得向袁世凯请示，并根据袁氏指示来定停战展期条件。

冯国璋在武汉前线办理停战的各项事宜都及时向袁世凯汇报，如在十五日（12月5日）冯氏即致电内阁、军咨府："本日由黄道转英使语，拟请延长停战日期，以便开议。已商黄道，按前情二条，允由十六日续停战三日。"[①] 于是，袁世凯在十六日提出停战延期五项条件，电达汉口并由英领事转达民军。[②] 黎元洪等人对袁世凯所提各条亦十分谨慎，逐条研究，并对袁氏所列两条提出异议。为此，冯国璋在十七日致清内阁电称："兹由英领事交来黎所要求两条：一、停战三日期满，续停战十五日，期内，全国清军民军均按兵不动，各守其已领之土地；二、清总理大臣派唐绍仪为代表，与黎大都督或其代表人讨论大局。查第一条内虽有全国民军字

---

① 中国史学会主编：《辛亥革命》（八），上海人民出版社2000年版，第197、198、199页。
② 张国淦编：《辛亥革命史料》，大东图书公司1980年版，第285页。

样,而黎之代表告英领,彼亦不能命令秦晋。又各守其已领之土地八字,关系国际交涉,碍难承认。第二条总理大臣上所加之字,是彼又自命为一国,尤为不妥。因万一第三国出而认为国际团体,将来交涉即更为难。请速示遵。"① 从南北往返电文可以看出,关于武汉前线停战的决策权操诸袁世凯之手,冯国璋执行袁氏命令,就停战相关问题居间转达。

虽说冯国璋不主张对民军采取和解政策,但是他在第一军总统任上基本上还是执行了袁世凯的相关政策。当然,冯国璋对待南北议和的态度并不能令袁世凯满意,于是在十月十九日(12月9日),袁世凯以段祺瑞为第一军总统官,更调冯国璋为第二军总统。② 冯国璋在离任前,仍以第一军总统的身份向内阁致电,汇报接续停战条件。

> 收汉口冯军统致内阁电。续停战条件,由黄道呈到,已两面盖印,英总领事签押。一、停战十五日,由西历十二月初九日即十月十九日早八点钟起,至二十四日即十一月初五日早八点钟止,期内除秦晋蜀三省另有专条外,两军于各省现在驻兵地方,一律按兵不动。二、袁总理大臣派唐绍怡尚书为代表,与黎大都督或其他代表人讨论大局。三、因秦晋蜀三省电报不通,恐难即日停战,是以所有以上停战条件与该三省无涉;惟停战期内,两军及该三省各不加增兵力或军火。此条询明,已有之兵力开战及剿土匪不在此例。③

(三) 冯国璋对南北和谈的态度

1. 反对南北和谈

冯国璋对于袁世凯在武汉前线停战和谈,具有相当的抵触情绪。袁世凯对于大局的判断,随着形势变化由剿而抚,再由抚进而议和,玩弄高深的政治谋略。而冯国璋对于民军的态度基本上没有太大变化,主张以军事手段来镇压革命党人。从九月初接任第一军总统到十月十九日清廷更换第一军总统,冯国璋一方面既执行了袁世凯命令,就前线停战条件与黎元洪

---

① 中国史学会主编:《辛亥革命》(八),上海人民出版社2000年版,第200页。
② 曹亚伯:《武昌革命真史》,上海书店出版社1982年版,第406页。
③ 中国第一历史档案馆:《宣统三年清皇室退位档案》,《历史档案》2011年第3期。

协商；另一方面又对和平不抱有希望，而是主张以武力解决纷争，从而对袁世凯的和谈大局制造了阻力。

首先，在武汉前线军事对峙时，反对和议，主张用军事高压手段对付民军。冯国璋统率第一军攻占汉口后，清军与民军在汉阳、武昌等地对峙。期间，袁世凯的南下谈判代表在俄领调停下与黎元洪的代表谈判，而当时南北双方意见分歧较大。十月初二日（11月22日），冯国璋即向袁内阁致电："俄领由刘道介绍，请仍和平了结。匪仍执前议论，作为无效。俄领欲先行罢兵，另开谈判。其意：一、在我退兵滠口，静候谈判，事如不成，仍回原地；一、黎元洪不得阻拦此举，队伍不得过汉河。已将此意函致冯国璋，璋不敢担任，函亦未收。闻渠即以此函转达宫保。惟事已至此，万无和理，退兵之议，更有难行。并以奉闻。"冯电对俄领意见表示不满，不愿意向民军做出退让，而是坚持用强硬手段来解决纷争。作为前线最高军事指挥官，冯国璋的意见对于袁世凯的和谈造成了很大障碍。由于南北双方意见不一，加之冯国璋不同意罢兵，此次南北和谈中断。随后，冯国璋以全力攻占汉阳，清军与民军在汉阳的战斗异常激烈。清军攻占汉阳后，冯国璋立即致电袁世凯，要求继续攻占武昌，但与袁氏谋取和谈宗旨相悖，因而未得到批准。然而，冯国璋仍在进行攻占武昌的各项军事准备。

其次，自武汉前线停战后，冯国璋多次向清廷主动请缨要求出兵剿灭革命党人。在清军攻占汉阳之后，袁世凯并未想要扩大战果，而是继续与黎元洪谈判，于是致电冯国璋要求约束前线军纪。"当官军夺据汉阳后，前敌将士急欲直攻武昌，项城连电止战，始开和局。"[①] 冯国璋对于袁世凯开辟的和局多有不满，然又不能直接反对，于是多次向清廷表达独自领兵平定民军之意。据后世者回忆：冯国璋"开始怀疑袁别有用心，就亲自入京，托人向隆裕太后启奏，要求拨给饷银四百万两，愿把平定'叛乱'的任务独自承担起来，无须依靠袁的力量"[②]。冯国璋绕过袁世凯向清廷请缨独自镇压民军的行动，表明了冯氏对袁氏和谈的反对意见及不满情绪。冯国璋作为武汉前线的清军最高指挥官，一心求战，对袁世凯主导的南北谈

---

① 中国史学会主编：《辛亥革命》（八），上海人民出版社2000年版，第194、548页。
② 申君：《清末民初云烟录》，四川人民出版社1984年版，第75页。

判进程形成了一定威胁。冯国璋极力主战在一定程度上激发起满洲贵胄以军事手段解决南北纷争的更大决心，从而对袁世凯的南北和谈投下了阴影。十月十一日（12月1日），冯国璋致电清廷，主张武力夺取武昌，"现正布置渡江一切……国璋专顾前敌，自不难一举扫平，而后患亦可永绝，刻正进图，仍候钧示"①。此时，由英驻汉口总领事居中调停，袁世凯的谈判代表正与黎元洪的代表详议停战协定条款。如果清军此时进攻武昌必然毁坏即将达成的停战协定。于是，"袁世凯于12月1日电告冯国璋将军停止清军渡江进攻武昌"②。袁世凯对冯国璋在武汉前线的擅自主张颇为忧虑，便派心腹到汉口见冯国璋说："革命党一旦反攻过来，你打算怎么办？"冯说："我只有尽忠报国，不知有他。"袁世凯第二次又派人见冯国璋说："天下纷扰，你不要固执己见，倘时机到来，你也可酌情行事。"冯国璋说："我意已执，请勿多言。"袁世凯看冯国璋与自己的宗旨不合，第三次忽然派人到汉口见冯国璋，令其班师回京。冯国璋问有无上谕，来人说是宫保口谕。冯国璋恐其言不实，于是给袁世凯发电询问。袁世凯回电，不说有无此举。冯国璋因来人甚唐突，很怀疑，可又不敢轻易处置，只得让宪兵管带王某把这人送回北京，路经彰德，为袁克定截去。③ 袁世凯看冯国璋不为所动，于是在十月十九日（12月9日）调冯国璋赴京，而以段祺瑞为第一军总统官。

再次，冯国璋在回京之后仍主张采取军事手段解决南北对峙问题。十月二十四日（12月14日），冯国璋与段祺瑞在汉口移交第一军总统关防，然后在次日乘车北上。冯国璋于十月二十七日（12月17日）"由汉返抵北京"④，到京后寓那拉胡同。当时，袁世凯与革命党人的南北和谈既有唐绍仪与伍廷芳的公开谈判，亦有廖宇春、夏清贻等人南北穿梭进行多方协商与劝说。唐绍仪与伍廷芳都认为："为今之计，惟推翻清室，变易国体，以民主总揽统治权，天下为公，与民更始。"⑤ 同时，廖宇春、夏清贻等人亦对促成北军与南军达成共识：袁世凯倾覆清廷，实行共和，并举袁氏为

---

① 中国史学会主编：《辛亥革命》（五），上海人民出版社2000年版，第357页。
② 胡滨译：《英国蓝皮书有关辛亥革命资料选译 上》，中华书局1984年版，第207页。
③ 吴长翼编：《八十三天皇帝梦》，文史资料出版社1983年版，第181页。
④ 《专电》，《申报》宣统三年十月二十七日。
⑤ 陈赣一：《甘簃随笔》，中共中央党校出版社1998年版，第228页。

大总统。袁世凯要改君主共和制为民主共和制，必须要有北洋全体军人的共同襄助。然而，当时尚有部分北洋军人不赞成共和，如冯国璋、王士珍、张怀芝等。为劝说冯国璋改变主战言论，十一月十三日，廖宇春"偕孔君见禁卫军冯军统，详述南行密议情形，并将日记呈览。彼此辩论国家存亡问题，历数时之久。冯曰：我总疑革军不能成事，现在各处秩序紊乱已达极点，一班佻达少年，意气用事，各争权利，势必自相残杀，终招外人瓜分而后已，名为共和，实较专制为烈。即如此次议和，必令官军退出百里以外，公理何在？"尽管廖宇春等人向冯国璋明确说明袁世凯的主和意愿，但是冯国璋仍坚持主战决心。廖宇春在《新中国武装解决和平记》中说："冯顾谓文泉曰：我欲战，君以为何如？……文泉曰：北军将士皆欲战乎？冯曰：诸将之意甚坚，张怀芝来电，已联合姜桂题、张勋、曹锟、李纯、王之春、陈光远等，一致主战，并向亲贵要求军饷，绝无异议。余曰：以大局利害而言，决无再战之理，战则自速其亡耳。冯曰：文天祥、史可法非人为之耶？余曰：惜乎辛亥以后之历史，断不认公为文、史一流人物，虽一死究何以谢天下。冯厉声曰：人各有志，吾志既坚，虽白刃在前，鼎镬在后，所不惧也。"[①] 冯国璋极力主战的态度对于袁世凯谋取大总统之位是一大阻碍因素。

2. 冯国璋主战的原因

作为北洋集团的军政要员，冯国璋在忠君与事主的抉择中，忠君意识以及对革命党人的错误认识是他与大局发展相左的重要因素。面对冯国璋等人的主战要求，袁世凯亦只能采取渐进政策以应对。而冯国璋的主战却对满洲贵胄寄予了一种幻想。辛亥年十二月初一日（1912年1月19日），清朝皇室为决定国体，在养心殿召开御前会议。在会议召开前载泽对溥伟说："昨晤华甫，彼谓革命党甚不足惧，但求发饷三月，能奏功。少时你先奏知，我再详奏。"早八时，御前会议正式开始。溥伟向隆裕太后奏曰："乱党实不足惧，昨日冯国璋对载泽说，求发饷三月，他情愿破贼，问载泽有这事否？"载泽对曰："是有。冯国璋已然打有胜仗，军气颇壮，求发饷派他去打仗。"谕："现在内帑已竭，前次所发之三万现金，是皇帝内库

---

① 中国社会科学院近代史研究所编：《辛亥革命资料类编》，中国社会科学出版社1981年版，第371、374页。

的，我真没有。"同时，隆裕太后又指出："就是打，也只有冯国璋一人，焉然有功？"① 因此，从辛亥和局的发展来说，虽然冯国璋的主战言论并不能改变南北和谈的大势，但是却在一定程度上对和谈带来了消极影响。袁世凯要达成南方要求推翻清廷，实行民主共和的目标，亦需要北洋集团言论及行止统一方可。然而，冯国璋的言行在北洋集团中完全是一种另类举动。十二月初四日，"闻冯国璋向内廷要求军饷六百万，并声明已派员前往河间招募精壮二十营，以备战斗。"十二月初五日（1912年1月23日），宗社党上书袁世凯，反对袁氏求和，并对袁进行恫吓，"愿与阁下同归澌灭"。"是日袁内阁特邀荫昌、王士珍、姜桂题、冯国璋诸人密议大计。冯主战，王附会之，姜似不愿战，而荫则主和。袁内阁太息良久曰，诸君既不避劳，惟有战耳。遂颁各军整备再战之通电。"② 冯国璋等人的主战对袁世凯的和谈大计产生了巨大阻力，"项城出于不意，仓皇失措……而主战派意气激昂，几难制止，仍拟具奏辞职"。③ 此时，冯国璋为什么要反对南北议和？究其原因，主要以下几个因素。

（1）袁世凯的和谈对冯国璋保密，致使冯氏无法真正了解袁氏意图。袁世凯在起初秘密进行南北和谈，其原因在于："项城之权，全由保护满廷而得，既已显膺重寄，即不能不故作声势，以掩众目。一旦而欲反其所为，万无此理。且贵族虽已引避，挟制之习未除，项城势处两难，动辄得咎……"④ 袁世凯洞察大势，对民军的策略逐渐由主剿向主抚转变。袁世凯为避免清廷及北方守旧势力的反对，减轻政策转向的压力，授权袁克定与南方革命党人秘密联络，于是袁克定遂派朱芾煌赴武汉活动。朱芾煌是袁克定选派替袁世凯与南方革命党人居中联络的极为重要人物之一。胡适曾言："在叔永处读朱芾煌日记，知南北之统一，清廷之退位，孙之逊位，袁之被选，数十万生灵之得免涂炭，其最大之

---

① 中国史学会主编：《辛亥革命》（八），上海人民出版社2000年版，第112—113页。
② 中国社会科学院近代史研究所编：《辛亥革命资料类编》，中国社会科学出版社1981年版，第383、384页。
③ 中国史学会主编：《辛亥革命》（八），上海人民出版社2000年版，第549页。
④ 中国社会科学院近代史研究所编：《辛亥革命资料类编》，中国社会科学出版社1981年版，第350页。

功臣，乃一无名之英雄朱芾皇也。"① 朱芾皇潜赴武昌活动正值武汉战局紧张之时，王毓超曾回忆：

> 当第一军攻下汉阳后，战事暂停，江面沉寂，忽有一人乘民船由武昌方面渡江北来，被哨所士兵查获，怀疑是奸细间谍，询其姓名叫朱芾皇，身上带有"钦差大臣袁"的龙票（即护照），难辨真假，冯命我同何恩溥推问，朱供称是受袁克定所派，秘密到武昌与黎元洪接洽和谈的。即将其拘禁，由冯国璋电讯袁世凯，袁只回电说："此事须问克定。"②

旋即冯国璋接到袁克定所发电报：

> 华甫大哥爵帅大人：
> 朱君芾皇系弟擅专派赴武昌。良以海军背叛，我军四面受敌；英人有意干涉，恐肇瓜分；是以不得不思权宜之计，以定大乱。今早有电，谅达记室。朱君生还，如弟之脱死也。此上。敬请勋安。弟定顿首。③

冯国璋阅电后，"才知道朱芾皇此人是如此的重要，和我研究结果，派出宪兵一连，乘火车一辆，将朱芾皇押送到彰德，交与了袁克定。"④ 当时，冯国璋一心主战，正在努力部署进攻武昌的计划，根本没有想到袁世凯会秘密进行南北和谈。朱芾皇之事对冯国璋和袁世凯都有触动，对此恽宝惠曾有回忆："冯这才了解到袁的真意是'不打'，也就不再自告奋勇了。（这是张联棻后来告诉我的），但是，袁的内心到底是怎样的，据张联棻说，冯在当时还不十分了解。也就由于这个缘由，所以袁才让他的另一个忠实助手段祺瑞接统了第一军而把冯从前线调回来，安排他接任察哈尔

---

① 胡适：《胡适文集》第2卷，北京燕山出版社2009年版，第19页。
② 王毓超：《北洋人士话沧桑》，中国文史出版社1993年版，第2—3页。
③ 近代史资料编辑组：《近代史资料 总45号》，中国社会科学出版社1981年版，第89页。
④ 全国政协文史和学习委员会编：《亲历辛亥革命 见证者的讲述》，中国文史出版社2010年版，第686页。

的都统。"① 回京后的冯国璋获悉内幕,感慨"吾为竖子所给,大势去矣!"② 对此,王树枬就曾指出:当冯国璋率师攻武昌、汉口正得手之时,"袁公假太后谕,命公停战回京统领禁卫军。公至始悟其欺,惟以保卫皇室为己任。"③ 因此,冯国璋是不满于袁世凯有意向他隐瞒和谈真相的。

(2) 强烈的功利意识使然。冯国璋立功心切,欲成就盖世之勋,在毕其功于一役之际,对袁世凯的停战和谈不满。汉口及汉阳之战的胜利为冯国璋赢得了清廷的嘉奖。汉阳之战后冯国璋志得意满,俨然胜券在握,因而对于袁世凯的政策变动缺乏深思熟虑。冯国璋作为一名军人,想以盖世军功而名满天下,显露出强烈的个人功利主义思想。十月十九日(12月9日),冯耿光作为南北和议的北方分代表到达汉口。冯耿光在汉口大智门车站前敌司令部拜会了冯国璋,并询问武昌军事情形。冯国璋派参谋人员陪同冯耿光在汉阳龟山查看武昌形势,回来后冯国璋对冯耿光说:"你都看见了吧,民军败退以后都已向上游四散,武昌民军寥寥无几,我军又将两岸大小红船全部调集北岸,长江随时可渡,武昌唾手可得。如要议和,我看最好让我先克复了武昌,三镇在握,再同他们城下议和,岂非必操胜筹!此种情况,我已屡次电告宫保,宫保却对此事始终没有答应,到底是什么意思,我真揣摩不透。老弟,你知道不知道?"④ 袁世凯断然否决了冯国璋进攻武昌的要求,自然会引发冯对袁的不满。当天,袁世凯以段祺瑞接统第一军,"而冯国璋新立功汉阳,被召归,尤梦愤思战。"冯国璋之所以一心主战,此时在于过强的功利意识,"以不得进攻武昌,成就其盖世之勋为恨,遂有意反对,鼓吹开战"⑤。

(3) 冯国璋对清王朝有一定感情,影响了其对辛亥政局走向的判断。冯国璋只是从军事角度来判断形势,显得过于乐观。岂知军事是政治的延续,军事斗争需要周全的准备。当时,清军只是在武汉前线占据一定优势,但是缺乏军饷及后续兵力补充。然而,冯国璋认为仅用一支军队就可

---

① 全国政协文史资料委员会编:《文史资料存稿选编》(一),中国文史资料出版社2002年版,第860页。
② 中国史学会主编:《辛亥革命》(五),上海人民出版社2000年版,第234页。
③ 王树枬:《宣武大将军代理大总统河间冯公神道碑》,《教育周报》1923年第1期。
④ 王芸、董援朝主编:《辛亥革命与北京》,北京出版社2011年版,第314页。
⑤ 中国史学会主编:《辛亥革命》(八),上海人民出版社2000年版,第546、549页。

以镇压革命党人起义，显然对辛亥政局的认识过于简单化。从冯国璋与清廷关系而言，冯国璋积极主战，也在一定程度上受到忠君意识影响。毕竟满洲贵胄集团对他曾经拉拢，而且清廷对于冯国璋在武汉前线的军功给予了表彰，授予其二等男爵，使冯国璋对清皇室保留有一份独特的感情。恽宝惠曾经回忆冯国璋在封赏之后的情绪反应："他在汉口的第一军司令部里奉到电旨，就情绪十分激动地和他的秘书刘宗彝等人说：'想不到我一个穷小子，现在也封了爵啦！这实在是天恩高厚，我一定要给朝廷出力报效。'他边说边激动地流出了热泪，等到话说完了，竟自感动得大哭起来。也就由于他的这种情绪支配，所以曾经三番五次地打电报给当时的内阁总理大臣袁世凯。"① 冯国璋要求乘战胜之余威，继续攻克武昌。袁世凯忧心冯国璋的极力主战言行影响到南北和谈大局，于是派多人来劝谕冯国璋，然而冯氏表现出强烈的忠君意识，"我只有尽忠报国，不知有他"②。冯国璋此时的主战言论受到感恩情绪及忠君意识影响，对于袁世凯的谋和举动多有质疑。毕竟冯国璋自小就接受私塾教育，曾经参加过科举考试，头脑中的忠君观念要比北洋其他将领浓厚，而且他还曾经担任过贵胄学堂总办，与满洲贵胄有过一段交往，再加上他总想以军功来扬名立万，因而冯氏与袁世凯在判断时局的出发点上就有较大分歧，从而对袁氏运用政治谋略来获得最大利益形成了不小的阻碍作用。

四　冯国璋襄助袁世凯鼎定北方政局

"辛亥年底清廷之宣布共和，其枢纽在袁项城，为众所周知之事实。袁氏后虽为国人所弃，但当时兵不血刃转移大局，其中亦煞费经画。"③ 袁世凯能够成为辛亥革命的最大赢家，关键在于获得了北洋集团的支持，特别是北洋武备派势力的衷心拥护。在辛亥政局的多方博弈中，袁世凯能够统筹全局，在一定程度上又得益于冯国璋在政治态度上最终实现由忠君向共和的转变。

---

① 全国政协文史资料委员会编：《文史资料存稿选编》（一），中国文史资料出版社2002年版，第861页。
② 吴长翼编：《八十三天皇帝梦》，文史资料出版社1983年版，第181页。
③ 叶遐菴：《辛亥宣布共和前北京的几段逸闻》，《越风》1936年第20期。

(一) 冯国璋放弃主战意见，转而支持共和

1. 冯国璋支持共和

冯国璋在武汉前线积极主战与袁世凯极力促成南北和谈的策略相左，遂被袁氏调回北京出任禁卫军统领。此时冯国璋的态度仍是一意主战，"当冯国璋回到北京后，因感于自己打了胜仗反被调回，段临阵脱逃反受上赏，愤怒填胸，闭门谢客。段在保定通电响应共和后，即派靳云鹏代表自己到冯宅要求见面，冯不知袁的翻天覆地手段，反而大骂靳云鹏，指斥他出主意响应共和，其实是明骂靳暗骂段"①。冯国璋的主战态度非常坚决，对袁世凯控制北方政局产生不利影响。袁世凯在得到南方提出宣布共和、清帝退位、举袁为大总统的保证后，便采取多方措施全力促成北方各界赞成共和。然而，满洲贵胄对待民主共和制的态度不一，北洋派内部冯国璋、张怀芝等人还有主战倾向。而当时"民军之意，万众一心，坚持共和，别无异议"。针对部分王公贵胄坚持主战的要求，袁世凯指出："若激励将士，勉强一战，财赋省分，全数沦陷，行政经费，茫如捕风，搜讨军实，饷源何出？⋯⋯常此迁延，必有内溃之一日。"大局糜烂至此，袁世凯认为仅以军事手段无法解决，而且极易引发外强干涉，况且"民军所争者政体，而非君位；所欲者共和，而非宗社"。袁世凯进而向隆裕太后提出，应由清皇室讨论清帝是否退位，"独至帝位去留，邦家存否，则非总理大臣职位所能擅断⋯⋯伏愿皇太后、皇上召集皇族，密开果决会议，统筹全局，速定方策，以息兵祸而顺民心"②。十二月初一日（1912年1月19日），隆裕太后召集王公大臣开御前会议以定国体，载沣、奕劻、溥伦等允行共和，但遭到溥伟、载泽及载涛等人反对。"越三日，遂有段祺瑞等通敌请退政之电，人心大震。"③ 清廷受制于民军与北洋派内外夹攻，隆裕太后在十二月十二日（1月30日）御前会议上决定逊位。"当这个消息传到我们面前的时候，我和张联棻、赵俊卿等几个人正在煤渣胡同冯的家里。当时，冯就用感叹的口吻和我们说：'唉！皇族甘愿退让，我们今儿

---

① 北京政协文史和学习委员会编：《辛亥革命与北京》，北京出版社2011年版，第180页。
② 袁世凯：《奏请速定方策以息兵祸而顺民心折》，转引自丁守和主编《中国历代治国策选粹》，高等教育出版社1994年版，第872页。
③ 中国人民政治协商会议北京市委员会文史资料委员会编：《文史资料选编》第12辑，北京出版社1982年版，第58页。

还给谁打。这样看来,大清国的江山就算完啦!'"① 清廷决定逊位使冯国璋主战言论失去了目标和意义,加速了冯氏思想上由君主向共和的转变。

2. 冯国璋支持共和的原因

冯国璋思想的转变经历了一个艰难过程。综合而言,冯国璋转向共和,是多重因素相互作用的结果。

(1) 辛亥政局演化使然。虽然,冯国璋对于清廷有一定的感情,亦愿意为清室奋力一战,但是,清廷内部对和战意见不一,而且王公贵胄大多愿意安享尊荣,主战派力量微弱。满洲贵胄主战意志尚且不坚,冯国璋主战决心遂逐渐消泯。"十二月辛丑,党人彭家珍以炸弹击军咨使良弼,创甚未几死,亲贵愈气沮。时冯国璋迫于大势,已屈于众议,弗主战,日为禁卫军讲演共和也。"②

(2) 袁世凯对冯国璋的主战论调多加防范。"据闻国璋初回北京时,犹欲向世凯力陈可战,迨见袁世凯,知其别有深心,乃不复强聒,而密谒隆裕,自告奋勇,请发内帑数百万,以作军饷,仍愿督师前敌,并谓作战确有把握,惟望隆裕独断独行,勿使内阁与闻。隆裕为之动容,国璋更再三叮咛而出。翌日世凯晤国璋,顾之微笑,国璋大惊失色,知所图失败,已固非世凯敌手也。时隆裕已入世凯彀中,其宠阉小德张为世凯收卖(买),其一举一动,世凯莫不洞悉,一闻此事,略施手段,稍费唇舌,立即打消矣。国璋无所施其技,然后勉从世凯所遣说客之劝告,赞成共和,不再言战。"③ 冯国璋回到北京后仍思主战,并曾向清廷秘密请战,但是其所作所为均在袁世凯的监视之下,冯氏主战之言行遂无法实施。

(3) 北洋集团内部对冯国璋多方劝说。十月十七日(1911 年 12 月 7 日),廖宇春致函冯国璋第一军秘书长陈紫笙,请其劝说冯国璋襄助共和,"老友与大树亦道谊交,何不乘间进以危言,能于此时上书枢府,密陈危亡大计,请皇上效法尧舜,俯顺民情,以揖让而布共和,事成则

---

① 全国政协文史资料委员会编:《文史资料存稿选编》(一),中国文史资料出版社 2002 年版,第 863 页。
② 中国史学会主编:《辛亥革命》(八),上海人民出版社 2000 年版,第 550 页。
③ 徐一士:《辛亥革命与冯段》,《越风》1936 年第 20 期。

为首功，不独前嫌尽释，即天下后世，饮水思源，有不颂德歌功，馨香祷祀者哉"。十月十八日，廖宇春、孔庆塘及夏清贻等人相聚，并达成共识："大抵吾策须求王、冯、段三公之赞成。"于是廖宇春与夏清贻往汉口游说冯国璋、段祺瑞等人。从十月二十五日至十一月十九日（1911年12月15日—1912年1月7日），廖宇春等人反复做冯国璋的思想工作。在此期间，经过多方运动，北洋将校赞成共和者已达两百余人。为了实现北洋军联为一气，靳云鹏于十一月二十二日前往冯国璋处进行劝说，"望公勿以一人生死为念，当以国家存亡为念"。此时，冯国璋的思想在君主与共和之间游移不定。据夏清贻的回忆，至十一月二十五日，"冯初不赞成，经少游、文池、翼青三人尽力解说之后，已允不反对"。①冯国璋经廖宇春等人多次劝说，对共和亦有一定的了解，但是仍在思想上有诸多顾虑。冯国璋获得满洲贵胄的青睐，尚有部分满蒙王公对冯国璋进行拉拢。随着政局的变化，冯国璋的心理亦产生了较大的矛盾，对于维护清廷的愿望逐渐消失，而在北洋同人的极力劝说中，"冯于此时，一方面感谢袁平素知遇提拔，不能毅然反对，一方面又怵于己身处境之困难。……而冯更觉到此处两面夹攻，亦深感有些进退维谷"。②冯国璋在矛盾的心态交织中，经由北洋集团内部的多方劝导，终究仍是一心向袁。十二月十九日（1912年2月6日），在段祺瑞联合北洋将领要求共和的通电发表后，反对君宪实行共和已成北洋集团的主流意见。冯国璋作为"北洋集团中反对议和的少数派逐渐服从于主流派"③，在思想上开始转向支持共和。

同时，南方亦极力争取冯国璋能够赞成共和。南京临时政府总统府秘书陈晋就曾致电冯国璋，劝其赞成共和："总之，事至今日，为大局计，为满人计，为个人计，均不能不赞成共和。"不久，冯国璋复电陈晋表示赞成共和："陈晋兄鉴：江电悉，报纸登载不足信，改革政治案所赞成，但我所持正大以保秩序为宗旨。政体解决后，当从公论，绝无

---

① 中国社会科学院近代史研究所编：《辛亥革命资料类编》，中国社会科学出版社1981年版，第357、404页。
② 中国人民政治协商会议河间县委员会编：《河间文史资料》第3辑，1988年，第4页。
③ 张华腾：《对立中的统一：辛亥革命前后同盟会、北洋集团关系述论》，《江海学刊》2006年第1期。

反对之理。"① 于是，十四日，"孙总统电告北方将士，劝其反正，一时如冯国璋、张怀芝、姜桂题等，皆有复电，赞成共和，惟要求优待皇室"②。冯国璋明确赞成共和，对于袁世凯全面实现既定的战略目标具有非常重要的影响。

（二）冯国璋为清廷争取更多权益

冯国璋虽赞成共和，但是对清廷具有较为深厚的感情不会立即消失。冯国璋作为禁卫军总统官，对于北京局势安危具有重大责任。另外，冯国璋在北洋集团中具有较为崇高的地位。因此，冯国璋对于南北和谈具有一定的影响力，特别是接连发电为清廷争取更多的优待条件，以武力为后盾对南京临时政府施加压力。十二月十四日（1912年2月1日），冯国璋领衔率北方将领六十人致电伍廷芳，要求南方承认北方提出各条优待条件。伍廷芳随即致电南京临时政府：

> 顷接北京总统官冯国璋、段祺瑞、姜桂题……洽电称：北方军界，不忍生灵涂炭，现多主张共和国体，朝廷亦无成见，无非尊重人道，以国利民福为宗旨。朝廷若以政权公诸国民，为数千年未有之盛德。凡我臣民，自应欢迎感戴，以尽报答之微忱。我军界同人，协同北方各界，商议优待各条，务请贵代表照此承认，庶可望从此戢祸息兵，得以和平解决，免至兵连祸结，横生分裂之惨，想贵代表应亦同此心理云云。③

冯国璋致电南方施加一定军事压力，目的就在于极力争取安置清帝的更多优待条件。如所周知，辛亥和议中关键之处有二：其一是对袁世凯的政治安排问题，其二为对清帝及满蒙王公的安置问题。南北双方已经决定待清帝退位后共举袁世凯为大总统，因此，解决时局的最紧要之处便在于

---

① 《总统府秘书陈晋电冯国璋赞同共和文》，《临时政府公报》第1辑第3册，江苏人民出版社1981年版，第99页。

② 中国社会科学院近代史研究所编：《辛亥革命资料类编》，中国社会科学出版社1981年版，第392页。

③ 陈夏红选编：《辛亥革命实绩史料汇编·建制卷》，中国大百科全书出版社2011年版，第112页。

南北双方协商优待条件。在此过程中，冯国璋等人坚定支持袁世凯，向南方通电施加压力，极力为清廷谋取更多优待条件。辛亥年十二月二十一日（1912年2月8日），冯国璋领衔北洋等六十将领又致电伍廷芳，支持袁世凯要求增加优待条件的要求：

> 屡闻南方宣言，如国体改定，朝廷仍不失其安富尊荣。今条件中，大清皇帝尊号相承不替为尊荣最要之大纲，靳而不予，抑独何心？应请仍照原文，万勿更易。逊位一语，军界同人极为骇异，应请修正。此两层最关重要，绝对不敢附和。其余各节，均听袁内阁与贵代表协商。如贵代表有和平解决之真心，期免生灵涂炭，决不因此争执，致败大局也。①

面对北方的强势要求，南方对清帝退位问题亦审慎研究。次日，民国代表伍廷芳将最后修正之优待清室条件电告袁世凯，"逊位"一词改为"辞位"，并申明其余无可更改。辛亥年十二月二十三日（1912年2月10日），袁世凯召集内阁各部大臣及近支王公会议，讨论并最终接受了南方关于优待清室条件的修正案。次日，隆裕太后亦认可南方修正案的清室优待条件，决定清帝退位。1912年2月12日，正式发布懿旨"将统治权公诸全国，定为共和立宪国体"，"清太后诏授袁世凯以全权组织共和政府，清室遂逊位"②。至此，"辛亥革命共和告成，开数千年未有之局"③。

（三）冯国璋帮助袁世凯收拾北方政局

1. 冯国璋接统禁卫军

袁世凯能够掌控大局从而成为辛亥革命的最大赢家，与其对冯国璋的安置及利用有很大关系。袁世凯将冯国璋调任禁卫军总统具有深意，一方面减轻武汉前线战局对南北和议的干扰，另一方面利用冯国璋与清廷的特殊关系来掌控禁卫军。在清廷对冯国璋调授察哈尔都统又予禁卫军总统之

---

① 中华民国史事纪要编辑委员会：《中华民国史事纪要》中华民国元年（1912）正月至六月，1971年，第215页。
② 中国史学会主编：《辛亥革命》（八），上海人民出版社2000年版，第183、551页。
③ 尚秉和：《辛壬春秋》，历史编辑社1924年版，"前言"，第19页。

任的当日,袁世凯即致电冯国璋:"依旧训勉驻汉前军,严加防守,俟另简接替公任者有人,听候阁电再行回京。"袁世凯还要求冯国璋"切嘱军官将士深体朝廷之倚重公总统禁卫军之深意,用固军心。"待南北和议大局已定后,袁世凯所关注的重点转为能否掌控北京局势,其重要一环便是借助冯国璋之力来控制禁卫军。袁世凯密电冯国璋:"现在禁卫军交代在即,关系更巨,一切军纪须待筹画,务望迅速来京,以重职守。"①

禁卫军是以满人为主体的一支具有一定现代化水平的新军,负责京城的安全护卫。禁卫军反对共和的立场,成为袁世凯逼迫清帝退位的巨大障碍。因此,如何有效地控制禁卫军,成为袁世凯必须要面对的重要挑战。而掌控禁卫军的首要步骤就在于找到一个既忠诚于自己,又能为清廷所接受的人物来取代载涛,能够有效统领禁卫军。无疑,冯国璋是北洋集团中符合既定要求的不二之选。"冯以汉人统禁卫军,实因曾为陆军贵胄学堂总办的关系,及汉阳之役又封二等男爵,王公满族以其效忠清室,极信赖之。"②虽然,冯国璋对清廷具有较高的忠诚度,而且一度积极主战,但是"冯是袁一手提拔起来的他的一个忠实助手,到了要紧的关头,冯是不会对他变心的"③。于是,冯国璋回京后并未出任察哈尔都统之职,而是接替载涛之缺统领禁卫军。辛亥年十月"十九日北京内阁奉旨:内阁请简员充禁卫军总统,禁卫军两协业经成立,亟应编制成军以为模范。著冯国璋充禁卫军总统官,所有原设之训练处著即改为军司令处,贝勒载涛等务须妥为交代再行离任。嗣后即责成该总统官认真训练,随时妥拟扩充办法,候旨遵行"④。冯国璋顺利接统禁卫军,为袁世凯最后促成清帝退位发挥了不可替代的作用。

2. 安定北京局势

在南北和谈的关键时刻,清帝是否能够顺利退位,还受制于禁卫军能否得到安抚。当南北双方磋商条件洽定后,议和条件迟迟不能发表,其中

---

① 佚名:《袁世凯与冯国璋之关系》,《申报》宣统三年十一月初三日。
② 中国人民政治协商会议全国委员会文史资料研究委员会编:《文史资料选辑》(合订本 第三册),中国文史资料出版社1986年版,第119页。
③ 全国政协文史资料委员会编:《文史资料存稿选编》(一),中国文史资料出版社2002年版,第861页。
④ 刘锦藻纂:《清续文献通考》,浙江古籍出版社2004年版,第3470页。

一个重大阻力是禁卫军的坚决反对。因为"禁卫军意图反抗,恐秩序扰乱,牵动外交"①,而袁世凯"固不能调前敌之兵,喋血京师,且亦无以维持北方之威信"②。因此,如何解决因禁卫军反对而带来的难题,是袁世凯必须予以解决的重大挑战。而袁世凯能够解决如此难题,得益于冯国璋在多方面的努力。清帝能够正式退位,辛亥和局能够形成以及北京局势能够得到基本稳定,均与冯国璋有力地掌控禁卫军密切相关。

(1)冯国璋组建禁卫军司令处。冯国璋以第一军司令部的原班人马组织禁卫军司令处,其中参谋长刘恩源(后为张联棻)、副官长赵俊卿、秘书长恽宝惠、军需处长铁忠(后为张调辰)、军械处长熊炳琦、军法处长王金绶、军医处长纪书元。③冯国璋通过组建自己的军事机构,取代原禁卫军训练处,有效地接统了禁卫军。

(2)冯国璋为旗民争取有利的安置条件。禁卫军反对共和主要因素之一在于旗民忧心生计因政权变更有可能无法得到保障。在南北和谈之初关于清帝优待条件中并无安置旗民的内容,经过北方与南方的多次往返协商,才有"先筹八旗生计,于未筹定之前八旗兵弁俸饷仍旧支放"之条款。④冯国璋为旗兵生计奔波,争取到相应的优待条件,获得了旗兵的感戴。

(3)冯国璋运用权术化解禁卫军风波,成功地劝说了禁卫军赞成共和。冯国璋在由力挺君主制转向赞成共和后,多次劝说禁卫军。而冯国璋对禁卫军的不断劝说亦起到了作用,莫理循在1912年2月5日的报道中就曾指出:"没有必要关注来自山东和安徽两省的小冲突。不可能再有什么大的战斗了。因为接替郡王载涛军统职务的汉人冯国璋将军,已说服满人军队接受并拥护讨论中的退位条件。"⑤ 对此,廖宇春在《新中国武装解决和平记》中曾有记述:"十五日。余致陈君子笙一函如下:……昨闻大树

---

① 中国社会科学院近代史研究所编:《辛亥革命资料类编》,中国社会科学出版社1981年版,第392页。
② 许义兰、袁家宾:《冯国璋与袁世凯》,中国人民政治协商会议河间县委员会编:《河间文史资料》第3辑,1988年,第4页。
③ 全国政协文史资料委员会编:《文史资料存稿选编》(一),中国文史资料出版社2002年版,第862页。
④ 中国史学会主编:《辛亥革命》(八),上海人民出版社2000年版,第186页。
⑤ 窦坤等译:《泰晤士报驻华首席记者莫理循直击辛亥革命》,福建教育出版社2011年版,第166页。

在海甸，召集将士，讨论赞成共和，竟得多数同意。"十六日陈子笙复函："禁卫军就范，煞费苦心。大树先之以诚，继之以术，椎心泣血，开诚布公，招其极不安静之官兵，日日与之言利害。盖大树与若辈言，以势力不及而始迫而为此。若竟上折陈请，必与若辈大生冲突，殊于大局有碍。然其隐微之中，实已赞成共和，彼自云我尽我心，他非所计者也。"① 禁卫军一部分为汉人组成，在冯国璋劝说下转向共和较快，然而其余大部的思想观念转变较慢，一定程度上制约了辛亥和局实现的步伐。

1912年2月9日，南京临时政府公布优待清室修正案，同时要求清帝按期退位，逾时则将大举北伐。2月10日，"及时期已迫，无可推延，冯乃亲赴军司令处广场，召集全军官兵，自登高桌，向众高声宣布大清皇帝辞位后之优待条件及优待满蒙条件，内有禁卫军额数俸饷仍如其旧之语，云非此不能保全皇室，并任众发言质问。冯说敢以身家性命担保，尊号仍存不废，让权不让位，两宫保全，及禁卫军待遇皆担保到底；无论个人调任何职，必仍以禁军自随；并声明自己决不与革命党往来，倘发现言行相违之处，准许本军之人随时枪杀，不许家属报复。又命公推两人跟随出入，当场推出正目福喜、德禄两人，冯立即派位副官，各给马一匹、手枪一支，随同进城，于是此一场大风波，乃得平安度过。"② 冯国璋在关键时刻能够挺身而出，发挥了一定的勇气和智慧，采取有力措施化解了禁卫军的深切顾虑，从而为稳定北京局势，最终实现共和做出了贡献。

本章小结

在清末大变局中，冯国璋通过发挥自己的才能，襄赞袁世凯练兵并取得了优异的成绩，从而成为北洋集团的核心成员，在军事及政治地位上不断得到提升，由一名普通军官跃升为对时局具有一定影响力的军政大员。冯国璋顺应了清末历史发展的潮流，在军事现代化中有较为突出的贡献。

---

① 中国社会科学院近代史研究所编：《辛亥革命资料类编》，中国社会科学出版社1981年版，第394页。
② 中国人民政治协商会议全国委员会文史资料研究委员会编：《文史资料选辑》第三册，中国文史资料出版社1986年版，第120页。

冯国璋奋发有为，在袁世凯的提携和重用下，不断得到清廷褒奖，倍享尊荣，从而导致冯国璋具有较为浓厚的忠君思想。在辛亥政局迅速演化的进程中，这种忠君思想制约了冯国璋对时局的判断。在多重因素影响下，冯国璋最终实现了由忠君向共和的转变，从效忠清室转向支持袁世凯主导的南北议和，最终为清帝安然退位，确保京城的安定发挥了作用。在辛亥时局演变中，冯国璋能够为袁世凯鼎定北方政局积极而为，重新获得袁世凯的信任。清末时期的冯国璋具有做大事的能力和手段，是袁世凯赖以依靠的重要助手，这就为冯国璋在民初先后出任直隶及江苏两个要地的都督奠定了基础。冯国璋在直隶和江苏积极维护袁世凯的统治，努力经营自己在地方的势力，并积极参与政争，从而成为对民初历史具有重要影响的北洋人物。

第二章　冯国璋督直：巩固北洋派在直隶的统治

自清末新政以来，直隶便成为北洋集团的发迹之地。以袁世凯为首的北洋集团通过大力兴办"北洋新政"，逐渐由一个地方性军事势力发展成为一个对时局具有重大影响的政治军事集团。在辛亥革命中，北洋集团与立宪派及革命党人合作，结束了清朝的封建专制统治，建立了中华民国。1912年3月10日，袁世凯宣誓就任中华民国临时大总统，开启了北洋政府统治时期。袁世凯上台后，将直隶作为自己的势力范围，杜绝其他政治势力染指直隶都督一职。然而，在民元激烈的党争中，国民党曾想通过民选方式来改变北洋派占据直隶都督的现状。袁世凯为了确保直隶都督不被国民党占有，改派北洋派重要军事将领、直隶人冯国璋为直隶都督，以巩固北洋对直隶的统治。虽然，冯国璋作为一名军事将领长期辅助袁世凯编练新军，并没有在地方任职的经历，但是，在民初复杂的政局中，冯国璋肩负袁世凯的重托，在强烈的质疑声中莅任直隶都督。袁世凯为什么要以冯国璋出任直隶都督，冯国璋在直隶都督任内是怎样对直隶进行治理的，取得了哪些成效，这是本章要研究的主要内容。

第一节　冯国璋督直原委

在辛亥革命中，南方各省先后宣布独立，自选都督，并赋予都督统辖军政及民政各属权力。因直隶具有特殊的政治地位，直隶都督便成为各方政治势力争夺的目标。在进入民国后,袁世凯将直隶都督界予北洋派系人物,与革命党人在围绕直隶都督职务的争夺上进行了多番较量。

一 王芝祥"督直改委"事件
(一) 袁世凯与国民党对直隶都督的争夺

直隶作为畿辅重地,其地位与其他各省判然有别。清朝凡二百六十余年,直隶总督一直位居地方督抚之首。特别是清季时直隶总督兼北洋大臣,参与军国大政,位高权重,煊赫一时。入民国后,直隶作为北洋集团的发迹之地,袁世凯极力将直隶地方军政大权掌握在自己人手中。于是,在民国初年直隶都督的职务均由北洋派系的军政人物先后接替,防范了其他势力染指直隶军政大权。

但是,在辛亥革命中独立各省先后自行公举都督,直隶咨议局亦要仿照成例选举直隶都督。袁世凯为了掌控直隶,打破都督由地方公举的惯例,采取直接行政任命的方式确立直隶都督人选。1912年3月15日,袁世凯任命北洋派人物张锡銮为直隶总督,引发了直隶咨议局的反对。直隶咨议局致电袁世凯要求收回对张锡銮的直督任命,改而以王芝祥为直隶都督。"阅三月十五日号令,直隶总督改为都督,委任张锡銮署理,是取与独立各省一致主义。惟各省都督尽由人民公举,直隶未便独异。刻本省舆论皆推王芝祥能胜任,应请收回前命,仍准王芝祥为直隶都督,以协舆情,而符政体。不胜迫切待命之至。"[1] 孙中山亦致电袁世凯要求任命王芝祥为都督:"公举都督,必须为一般所属望之人,始能胜任。昨接直隶咨议局来电,已公举驻宁第三军军长即广西副都督王芝祥为直隶都督,并径电袁大总统,即请电致袁大总统,照案加以委任,不胜祷盼之至等情。"[2]

作为回应,袁世凯一方面要求各省议会停止选举都督。3月18日,袁世凯命令各省在官制未公布以前,维持现状,不再自行公举都督。"从前各省自举都督,本为与中央离绝关系。现在全国已经统一,各省

---
[1] 严昌洪主编:《辛亥革命史事长编 第9册(1912.1—1912.3)》,武汉出版社2011年版,第373页。
[2] 《致袁世凯电》,《临时政府公报》第45号,1912年3月22日。

更无所谓独立,所有地方官制,按照约法应由中央公布施行。地方议会无选举长官之权,自应于官制内规定,由参议院议决。若各省于此项官制未公布以前,各自为政,在纷纷另举都督,大局必更紊乱,实与统一之旨相悖!"① 另一方面,袁世凯拒绝王芝祥出任直隶都督,而将其改委南方宣慰使。② 对于王芝祥"督直改委"一事,吴景濂指出:"袁总统为人,性好专制,受《约法》约束,常行不满,形于语言。因此国务院决议政令送总统府盖印,不满其意者,袁则不愿盖印。此时直隶都督为张锡銮,直隶党人对张久欲去之。唐总理在南京时,直隶党人张继、王法勤等当面要求去张。带领广西义军总司令王芝祥,直人也,此时率军驻宁,愿以王代张。唐许之,允回京后发表。唐回京后,曾将此事商之于袁,袁心嫉王为党人,对唐言,直督事请缓图之。此时直人急求去张,要唐履行前言。唐不得已,提出国务会议,通过王芝祥为直隶,乃送府盖印,袁将该案扣留,不与盖印。候之多日,亦然。"③ 时唐绍仪"既任国务总理,事事咸恪遵约法。袁世凯以每有设施,辄为国务总理依据约法拒绝副署,致不能为所欲为,深滋不悦"。而唐作为国务总理在许多事情上亦受到袁世凯的掣肘,于是袁与唐之间矛盾越发尖锐。"会王芝祥督直问题被阻,少川争之不得,而辞职亦为袁世凯所不许,遂于翌日断然出京,留呈辞职。"④

(二) 王芝祥"督直改委"之影响

王芝祥事件成为国务总理唐绍仪辞职的导火线,其实质上反映了袁世凯与国民党之间对地方军政大权的激烈争夺,亦是府院之争的必然结果。而王芝祥"督直改委"所导致的间接后果便是袁世凯新任命的直隶都督冯国璋迭遭顺直临时省议会的反对。这又反映了袁世凯政府与地方议会之间

---

① 沈云龙主编:《近代中国国内外大事记》,文海出版社1979年版,第2279—2280页。
② 长期以来,学界认为,袁世凯违背《临时约法》精神,未经国务员副署而将王芝祥改任南方宣慰使,详见李剑农《中国近百年政治史(1840—1926)》(复旦大学出版社2002年版);李新、李宗一主编:《中华民国史第2编第1卷上》(北京中华书局1987年版)等著作。而也有研究表明,袁世凯将王芝祥由直隶都督改任为"督办",赴南京协助江苏都督程德全整编南方军队。袁世凯将王芝祥"督直改委"并未破坏《临时约法》的规定,详见严泉《民国初年王芝祥"督直改委"事件考》,《民国档案》2013年第5期。
③ 吴景濂:《吴景濂自述年谱》,中国社会科学出版社2003年版,第50—51页。
④ 冯自由:《革命逸史》上,新星出版社2009年版,第388页。

对地方实权的争夺，其实质表现为中央集权与地方分权之间的冲突。

从 1912 年 3—9 月，袁世凯与国民党之间在争夺直督上进行了多次交锋。袁世凯任命张锡銮为直隶都督，虽然堵塞了王芝祥督直的进路，但是遭到多方反对，因而面临尖锐的政治挑战。其一是唐绍仪等人要求袁世凯履行曾经许可王芝祥督直的前言；其二是同盟会和地方立宪派对张锡銮不满，通过运动直隶咨议局于 3 月 17 日选举王芝祥为直隶都督。袁世凯虽然将王芝祥派赴南京协助裁军，但是任命张锡銮却遭到顺直临时省议会的激烈反对。直人认为张锡銮侵权违法，对其恶感有加。是时曾有直隶人士致电冯国璋，对张锡銮督直进行评述："昨谕旨下，以前督转张公署理北洋。直人闻之，颇有疾首相告之状。盖无所私憾于张公也。张公素行之不厌人意，姑勿深论。即以盐商借款事，使直隶人民无故为天津商人偿七百万之亏累，此我本省士绅所最痛心不忘者。其祸首非张公而谁，岂百口能以自解者耶！张公以簠簋不饬之故，贻害家国，犹复始终怙恶，横施报复私心。不惟合省士绅重足而立，而全省财政命脉，不知又生何种危象。值此岌岌时势，夫岂大局之福。"① 张锡銮于 3 月 18 日赴天津上任②，在直隶都督任上仅数月，被顺直临时咨议局指认为"侵权枉法"、"袒护污吏"及"政务废弛"，于是顺直临时省议会对其进行弹劾，要求国务院"从速先派贤明大员来津查办"③。其三是直隶各界绅士向袁世凯致电，"电催委任王芝祥为直隶都督"，"直隶风潮之生灭，全视大总统此举之实行与否"④。面对多方的反对，在选派直隶都督的问题上，袁世凯丝毫没有退让，而是采用换将办法坚持将直督攥在自己手中。9 月 8 日，袁世凯发布"大总统命令，任冯国璋为直隶都督，仍兼禁卫军军统"，同时，"任命张锡銮为东三省西宣抚使"⑤。

---

① 吉迪整理：《大树堂来鸿集》，《近代史资料 总50号》，中华书局1983年版，第185页。
② 《附录·电报》，《临时政府公报》第48号，1913年3月26日。
③ 佚名：《省议会纪事》，《大公报》1912年8月28日。
④ 佚名：《直人电催委任王芝祥为直隶都督》，《申报》1912年4月27日。
⑤ 天津档案馆编辑：《北洋军阀天津档案史料选编》，天津古籍出版社1990年版，第160页。对于此事，许宝蘅在当日日记中亦有记载："廿七日（9月8日）七时半总统来召，九时到府。以冯国璋督直，以张锡銮为东三省西边宣抚使。"详见许恪儒整理，许宝蘅：《巢云簃日记》选刊（三），上海市档案馆编：《上海档案史料研究》第五辑，生活·读书·新知三联书店2008年版，第269页。

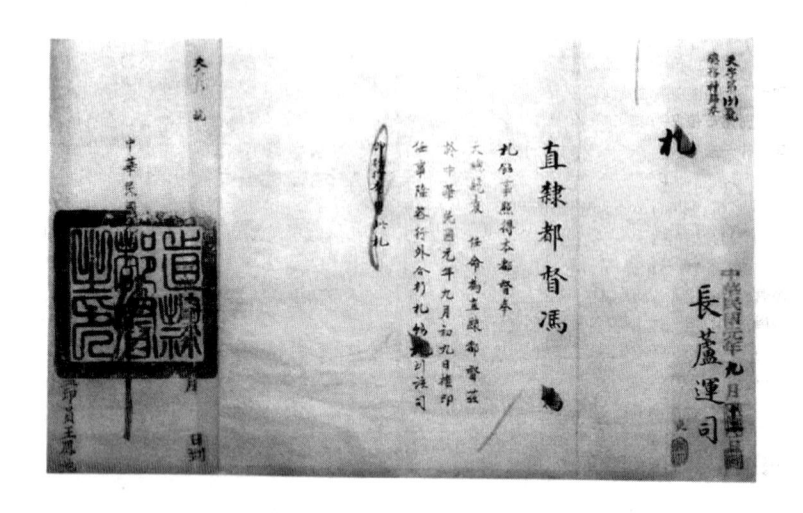

图 2-1　冯国璋任直隶都督的令

资料来源：《档案天地》2008 年第 3 期。

二　冯国璋督直：北洋派与国民党政争的结果

（一）袁世凯以冯国璋督直的原因

在民元直督的争夺中，袁世凯之所以任命冯国璋为直隶都督，是经过多重考虑的结果。

1. 直隶为北洋势力范围

直隶地位极为特殊，直督不能让予他人，必须要掌握在北洋派手中。明朝顾祖禹在《读史方舆纪要》中称直隶形势险要："前襟漕河，北枕大漠。川归毂走，开三面以来八表之梯航。奋武揆文，执长策以扼九州之吭背。"① 明清以降，直隶在地方各省中具有非常特别的地位。自明永乐十九年朱棣迁都北京后，直隶省的重要性便空前提高。直隶"作为天子脚下的畿辅重地，身处中原文化和北方文化的交汇点，文化底蕴深厚，独具特色。再加上直隶地区涵盖甚广，幅员辽阔，下辖 11 府 6 直隶州，各个地区开发早晚不同，经济、文化发展具有不平衡性。另外，从行政区划上来说，清代直隶省包括河北省大部地区及北京市、天津市，环绕在政治中心

---

① 陆岩司等编：《〈读史方舆纪要〉选译》，山西人民出版社 1978 年版，第 85 页。

的周围"①。直隶省不仅直隶于中央,更为重要的是分布在北京周围的直隶各地是维护京城安危的最后屏障,在政治、经济、军事等各方面都会对京城产生直接影响。因此,自清兵入关之后,清政府在全国设立的八大总督中,唯独直隶总督管辖一省,却为各省督抚之首。"直隶总督为朝廷所倚蔽,所以该职位若非由稳重、忠挚的大臣担当,就是由功勋卓著的大臣担当。"②

自近代天津开埠以后,直隶总督兼任北洋大臣,办理各项洋务,使得直隶省在政治、经济及军事等方面的地位更加显赫。特别是袁世凯出任直隶总督后,在天津大办各项新政事业。在兴办"北洋新政"的过程中,袁世凯逐步延揽各方人物聚集在自己的麾下,逐步形成了对时局具有重大影响的北洋集团。因此,直隶对于北洋派而言,是其从地方势力发展成为控制中央政府力量的关键之地,具有特殊的政治意义。民元,北洋政府建立后,政治中心从南京移至北京,直隶的政治、军事地位仍然非常特别。无论是从辛亥年的滦州起义对京城的重大影响,还是民元北京兵变促成天津兵变来看,直隶与北京之间的特殊关系是其他各省所不具备的。因此,对于北洋派而言,直隶是其传统的势力范围,直隶都督不容其他政治势力染指。

2. 维护北洋政治利益之需要

通过掌控直督的任命权来维护北洋派的政治利益。辛亥革命中的各省都督多为选举产生,而非由中央政府任命。南方各省都督是由各地自行选出,与中央政府之间仅存名义上的上下级关系,而权力则高度集中,有时甚至对抗中央政府。袁世凯上台后,中央政府仅能控制北方少数省份,而对南方都督则鞭长莫及,于是北洋派都督与国民党都督形成了南北对立,这也反映了北洋派与国民党之间政治纷争的态势。

然而,国民党人为了能够进一步钳制袁世凯的北洋政府,通过在直隶的国民党人以议会政治手段来排挤袁世凯之前任命的直隶都督张锡銮,改而选举国民党一派的王芝祥为都督。"袁世凯为确保北洋派对于政治中心

---

① 刘虹等:《清代直隶科举研究》,科学出版社2012年版,第160页。
② 张光成等:《燕赵近现代文化的历史进程》,国防大学出版社2006年版,第32页。

直隶的控制,排斥革命党人,激化了南北政治矛盾"①。因此,直隶咨议局以王芝祥取代张锡銮为直隶都督的做法,进一步压缩北洋派的政治空间,打破了南北之间政治力量的分布态势。对此,北洋派各方军政人物都表示坚决反对,而袁世凯作为北洋共主将直督的控制权操之于己,是维护北洋派政治利益的必然要求。

3. 袁世凯权衡利益的安排

袁世凯以冯国璋为直隶都督是平衡北洋派内部力量的结果。由于直隶都督人选必须是北洋派系的人物,而且其在资历和声望上又必须是能与国民党的王芝祥相抗衡的人物。因此,对于袁世凯而言,新任命的直隶都督必须要有相当的威望,才能在直督之争中获得一定的主动权。

在北洋派各方人选中,冯国璋无疑是最具资质的人物。一方面,冯国璋是直隶本土人士,以其为直隶都督可以在很大程度上减轻直隶人士的抵制。另一方面,冯国璋为"北洋三杰"之一,在清末军事现代化特别是军事教育方面做出了突出贡献,而且在清末曾出掌军咨府等军事要害部门,具有相当的声望。

与冯国璋具有相当声望的人还有王士珍和段祺瑞。但是,王士珍在民国建立之初即辞职归隐乡里,"及清帝退位,袁氏任总统,北洋派诸人,联翩进用。怀芝与王士珍独坚乞辞去,或谓其有故君之思"②。因此,王士珍过早地离开了政治中心,对时局的影响大为减弱。另外,段祺瑞虽然无论在资质和能力上都不亚于冯国璋,但是段已在北洋政府出任陆军总长,地位非常重要,是辅助袁世凯的重要力量。

北洋政府成立后,冯国璋出任总统府军事处总长兼任禁卫军军统,地位虽然重要,但是总不及段祺瑞。自清末以来,袁世凯一直重用段、王、冯三人。民初,段祺瑞在中央政府出任陆军总长,于是袁世凯考虑到平衡北洋派内部力量的需要,有意将冯国璋放任要职。特别是,袁世凯以冯国璋为直隶都督,可以改变冯国璋在辛亥政局变化中对自己的误解。在辛亥和局的形成过程中,袁世凯采用了多种手段逼迫冯国璋由主战向赞成共和转变。虽然冯国璋一意主战,但是"国璋无所施其技,然后勉从世凯所遣

---

① 徐勇:《近代中国军政关系与"军阀"话语研究》,中华书局2009年版,第164页。
② 张一麐:《直皖秘史》,中华书局2007年版,第141页。

说客之劝告,赞成共和,不再言战。清亡,国璋意颇怏怏,世凯所以慰藉之者甚厚,且以直隶畀之,始赓续旧谊,复为袁世凯用"①。袁世凯以冯国璋为都督的部署,不仅有利于北洋派掌控直隶要津,而且在相当大程度上改变了冯国璋对袁氏的态度。冯国璋在直隶都督任上,忠实地执行袁世凯的政策和命令,同时在民初政争中极力拥护袁世凯,排挤、打击国民党势力。

三 冯国璋督直的社会反响

1912年9月8日,袁世凯发布任命冯国璋为直隶都督职务令。② 次日,冯国璋即接印任事③,并迅速抵津,令顺直临时省议会措手不及。正如当时评论所言:冯"昨已到津接任矣,而省议会如梦初觉"④。袁世凯为了确保直隶都督不落入国民党人之手,维护自己的核心利益,以雷霆之速用冯国璋取代张锡銮,并迅速完成交接手续,从而获得了争夺直督的主动权。

(一) 顺直临时省议会对冯国璋督直的态度

1. 顺直临时省议会反对冯国璋督直

从1912年7—10月,顺直临时省议会对冯国璋督直的态度经历了由反对到接受的转变。张锡銮面临顺直临时省议会的弹劾,直督地位不稳,于是袁世凯有意以冯国璋来取而代之。然而,顺直临时省议会亦恐冯国璋出任直督,便派专人进京向袁世凯表达反对意见。"直隶省议会因闻袁总统将任命冯国璋为直隶都督,特派代表晋谒袁总统表明不愿承认之意。袁谓俟官制议案通过,则都督及其他行政官是否应由总统任命,抑由国民选举,即可决定。该案未通过以前,余决不欲更易各行政官。"⑤ 在北洋集团中由谁来出任直隶都督,无疑冯国璋是能够与王芝祥相抗衡的不二人选。既然直隶人以张锡銮非直隶人士反对其督直,那么以直隶河间人冯国璋来出任,便是上佳的选择。因此,袁世凯并未在意顺直临时省议会关于直隶

---

① 徐一士:《辛亥革命与冯段》,黄萍荪主编:《越风》下,广陵书社2010年版,第751页。
② 《任命冯国璋职务令》,骆宝善、刘路生主编:《袁世凯全集》第20卷,河南大学出版社2013年版,第382页。
③ 《直隶都督冯国璋呈大总统报明接印日期文》,《政府公报》1912年9月17日。
④ 《闲评一》,《大公报》1912年9月16日。
⑤ 《北京电》,《申报》1912年7月29日。

都督人选的态度，而是有意强力推动冯国璋出任直隶都督。"袁总统初意以北洋重地难得相当之人，故不愿将张都督更动。嗣见直议会非常忿激，大有不将张金波更动，即将直隶议会解散之势。故袁无法，始欲以相当之人代张，乃属意于禁卫军军统冯国璋。"① 对于冯国璋督直，顺直临时省议会致电袁世凯表示拒绝之态度。

> 连日报章宣传有任命禁卫军军统冯国璋为直隶都督之说，议员等开会集议佥谓：道路传闻未必即为实据，惟事关大局，心所谓危，难安缄默，敢以一得之愚，晰上陈，幸垂听焉。夫以直隶人而督直隶，大总统为地择人之苦心，直隶人民岂不深悉？惟念军兴以来，同室交哄，意见未融，北域南畛，猜嫌日甚。迩者阁员连带辞职，识者方抱隐忧。倘以该军统督直，恐益挑南北之恶感，或致酿分崩之奇祸。且该军统统率禁旅，威信素著，神京拱卫，端资镇摄，遽易生手恐难其人，根本之地岂可漠视，凡此数端，谅在大总统洞鉴之中。议员等又鳃鳃过虑者，诚以杯弓蛇影，似属无稽，而市虎成三，难免疑惧。值此民国前途千钧一发之时，举措偶一不慎，险象无难立见。伏祈大总统念四万万人付托之重，俯鉴群情，勿轻任命，大局幸甚，直隶幸甚。迫切陈言，统乞垂察。②

2. 顺直临时省议会反对冯国璋督直的原因

从根本上而言，顺直临时省议会抵制袁世凯任命的直隶都督在于为自己争权，将都督选举权操之于己。同时，顺直临时省议会有各种派别的政治势力，其中国民党的影响力较大，一直希望能将直隶纳入其势力范围，因而对于袁世凯任命的北洋都督严加抵制。此外，冯国璋虽然是直隶河间府人，但是仍遭到顺直临时省议会的反对，还有其北洋身份的原因。概略而言，顺直临时省议会反对冯国璋督直的原因主要有以下几点。

（1）冯国璋在武汉前线率清军镇压革命党人，为直隶旅南同乡会反

---

① 《冯国璋督直之连带物》，《申报》1912年9月11日。
② 《直议会拒绝冯国璋督直之原电》，《申报》1912年7月30日。

对。"当去秋南北战争时，冯与南省感情甚坏。"① 在辛亥革命中，直隶旅南同乡会曾致冯国璋公函，要求冯认清形势，勿要武力对抗革命军，劝告冯氏"若不及早投诚，则进退无路，不为黄忠浩，即为吴禄贞"。"革党已布满全国，当道诸公，咸朝不保夕。""公宜察人心以审天意，人心如此，天意可知。"同时，直隶旅南同乡会还告诫冯国璋："众怒难犯，专欲难成，奈何不惜一身以树公敌。倘能早除奴性，反戈相助，将功赎罪，人所共许。"② 但是，直隶旅南同乡会对冯国璋的规劝并未产生效果，冯氏仍在武汉前线一意督战，因而同乡会对冯的恶感有加。

（2）冯国璋领衔直隶五路军警通电反对王芝祥督直，又增加了顺直临时省议会与冯国璋的对立。为了拒绝王芝祥督直，袁世凯策动亲信公开反对，于是便有以冯国璋为代表的直隶五路军警通电抵制。冯国璋等人声称直督"非声威兼著，在直隶有年，感情甚孚及军界素所仰望者，难资镇摄"③。而袁世凯则"狃于北洋大臣之故习，以为此席不可轻易与人，而王氏尤非其旧部，至是即以军界反对为词，改派芝祥往南京遣散军队"④。

（3）顺直临时省议会对袁世凯直接任命直隶都督的行为表示不满。根据2月16日南京临时参议院通过的《接受北方统治权案》之规定，顺直咨议局要改为临时议会，并且在一月以内召开临时大会，公选直隶都督。然而，袁世凯并没有认可《接受北方统治权案》，而是以临时大总统的身份通过行政任命决定直隶都督人选，由此就形成了袁世凯与国民党之间关于行政权与立法权的对立。直隶系北洋重地，袁世凯在直督人选上绝不妥协。既然张锡銮资质不足，袁世凯便选北洋内部颇具实力的直隶本土人士冯国璋来接替都督职务。然而，冯国璋出任直隶都督亦不可避免地受到南方的反对。"政府任（冯）为直督，则南省势必将猜疑，大总统位置腹心、扩充权力，恐南北界限益深。"⑤ 于是在直督的选择上便出现南北对立的局面，"王芝祥先生督直则惹起北军反对，冯国璋先生督直又恐招南人猜疑"⑥。

---

① 《冯国璋督直之反动力》，《申报》1912年9月13日。
② 吉迪整理：《大树堂来鸿集》，《近代史资料 总50号》，中华书局1983年版，第181页。
③ 《旧军官攻王芝祥》，《太平报》1912年6月4日。
④ 杜春和等编：《北洋军阀史料选辑》上册，中国社会科学出版社1981年版，第185页。
⑤ 《冯国璋督直之反动力》，《申报》1912年9月13日。
⑥ 《直隶都督问题》，《申报》1912年9月6日。

(二) 顺直临时省议会接受冯国璋督直

1. 顺直临时省议会对冯国璋督直态度的分歧

冯国璋督直能否获得顺直临时省议会的认可？正如时论所言："直隶省议会近坚持反对张督，逼之告退。袁总统已命冯国璋继之，预料必经直隶省议会认可。"① 其实，顺直临时省议会对于本省人冯国璋出任直隶都督态度复杂，内部意见亦不一致。"省会议员得此消息，于认否两层各分一派，颇形争竞。现认可之议员吴贾王三人刻已向否认派通款关说，可望得其同意矣。"② 顺直临时省议会中的国民党人对于袁世凯的直督任命采取不接受的态度，而共和党人则主张予以承认。"直隶省议会反对冯都督一事，日来尚未平静，共和党一派已经承认并拟请冯都督速到议会宣布政见。惟旧日同盟会现在国民党一派议员仍坚持反对主义。"③ 因为共和党与国民党对冯国璋督直的意见不一，顺直临时省议会对于冯国璋督直一事争吵不断。冯国璋督直虽已半月，"然全省议会仍持反对主义，始终不改，虽日前开会为此问题稍有争议，至于议长无法维持秩序而摇散会之铃。议员又为反对摇铃问题而互斗，而多数之趋向则终归否认"。顺直临时省议会"其所以反对冯氏之里面，在反对其恐用官僚派人。假令冯氏能将全省司道改换民党人物，自然可为非官僚政治之保证，全省疑虑立时冰释，都督为谁亦可不问。且现在该省国民、共和两党渐近调和，亦不必专用一党人物，而两党内有经验、有朝气堪任司道者亦各有预拟，并非少不更事、一味嚣聒之人。其所困难者，惟在无人将此政策为冯指导，各党势既不能自媒，而凡久从冯氏今入幕府之本省人，又皆自了汉居多，不问闲事。冯氏亦一武人气魄，智力既不及此，以致冯氏日坐窘乡，愈求解决而去题愈远。非直事之难了，实冯氏之不知了法也。冯曾向人言吾为直人，诸事自应尽直人先占权利，此言虽足表示其交欢之意。"④

2. 顺直临时省议会不反对冯国璋督直

对于直督人选，共和党人与国民党人出发点不同，而对于大部分直

---

① 《北京电》，《申报》1912年9月10日。
② 《冯国璋督直之连带物》，《申报》1912年9月11日。
③ 《直省议会反对都督风潮》，《申报》1912年9月22日。
④ 《直人反对直督之里面》，《申报》1912年9月25日。

隶士绅而言则是希望选择一个人地合宜的人物，并非为某一党之人物。冯国璋到任后即承诺诸事"直人先占权利"，在一定程度上亦化解了顺直临时省议会的隐忧。9月30日，冯国璋"特召各秘书全体会议，对于直省施行之政策由秘书长钱某建议：（一）联络省议会议员使其不持反对主义；（二）收回补助京奉铁路巡警费为自治之用；（三）淘汰北洋旧有防军，分十年裁尽；（四）设立实业公司，振兴全省农田水利；（五）磋商实行短期公债三百万为行政经费之基本金；（六）提倡直隶劝业银行；（七）以直隶津海关船钞税之半拨归直隶向财政部要求。冯都督甚为赞成，并允次第实行，以慰众望。现经直绅陈君树楷、张君铭勋等诸人出为调停，双方认可和平了结。惟以后都督府须聘用本省四人为顾问，以调和党见。至于用人一节，亦须先尽本省委任，以其熟悉乡土情形，冯都督皆已承认，以故省议会现已照常开议，不再反对矣"。[1] 上述七条政策反映了冯国璋想与顺直临时省议会合作的诚意，亦有利于直隶地方社会的发展，再加之"有官绅出为调停"[2]，于是顺直临时省议会对冯国璋并不再持反对意见，而是承认了其督直之事实。

第二节　冯国璋与民初直隶军政治理

冯国璋在莅任直隶都督后，即与顺直临时省议会在一定程度上实现合作，针对直隶行政沿袭前清旧制的问题，着手建章立制以确立直隶全省新的行政体制。同时，冯国璋采取一些措施推进了直隶的军警改革，为加强直隶军政治理奠定了基础。

一　民初直隶行政区划及军政机构

（一）民初直隶行政区划的演变

民初直隶行政区划沿袭清朝旧制，实行省、府、县三级，全省辖12府、7直隶州、3直隶厅，共158个州县。[3] 按照清朝旧制，直隶所属州

---

[1]　《直人不复反对冯督矣》，《申报》1912年10月1日。
[2]　《调停省会》，《大公报》1912年9月20日。
[3]　兰严坤主编：《河北通史·民国》上卷，河北人民出版社2000年版，第23页。

县众多。同时，直隶境内又涉及顺天府、热河及察哈尔等区属，行政上尚未统一。为此，1912年11月，参议院做出决议将直隶行政统一："将热河地方及顺属二十四州县之行政权完全划归直隶，热河都统专管蒙旗事务。顺天府尹改为北京府，直隶于内务部，其官制即由政府从速提交参议院议决。又察哈尔都统向不管辖该地方民政，惟自庚子乱后，对于张家口地方警察，往往有越权干涉之事，应请政府饬令嗣后不得干涉，以昭统一，如此实于行政上大有裨益。"① 1913年1月，袁世凯公布《划一现行各省地方行政官厅组织令》，实行省、县两级行政设置，废除府一级行政建制，并将直隶州、直隶厅及散州、散厅等均改为县。2月，直隶开始按章调整区划，正式裁撤府一级建制，除北京一地设顺天府直隶属于中央政府外，其他府州均改为县，又将全省分为四个观察使（道）。渤海观察使辖天津、河间、永平、承德、朝阳五府及遵化、赤峰二州。范阳观察使辖保定、正定二府及易州、定州、深州三州。冀南观察使辖大名、广平、顺德三府及冀州、赵州二州。口北观察使辖宣化府及张家口、独石口、多伦诺尔三厅。② 因顺天府改属中央管辖，以及热河为关防重镇，两者在直隶省地位特殊。对于顺天及热河与直隶权限关系，冯国璋在给袁世凯的《组织直隶行政官厅入手办法呈文》中亦曾言明："前经国务院咨覆顺直临时省议会统一行政权案内称：热河州县本归直隶管辖，举核均有全权。……嗣复准顺直省议会咨请，此后凡关于顺热两属州县，得由都督直接任免。"③ 由此，直隶对顺天及热河仍具有事实上的行政管辖权。1914年6月，直隶行政区划再度调整，北洋政府将张北、独石、多伦3县划属察哈尔特别区域，将承德、滦平等10县划属热河特别区域。10月，顺天府改为京兆特别区域，辖20县。直隶全省将渤海道、范阳道、冀南道分别更名为津海道、保定道、大名道，另加口北道，直隶全省所辖4道，共119县。④

---

① 《参议院审查直隶行政统一问题》，《申报》1912年11月9日。
② 李国平：《河北省行政区划沿革概况》，《海河志通讯》1984年第2期。
③ 陈瑞芳编辑：《北洋军阀史料·袁世凯卷》（一），天津古籍出版社1996年版，第747—748页。
④ 兰严坤主编：《河北通史·民国》上卷，河北人民出版社2000年版，第23—24页。

（二）民初直隶军政机关的演变

1. 民初军民分治

辛亥革命期间，宣布独立的各省纷纷建立起以都督为权力核心的军政府，而北方未独立各省则仍由各总督（巡抚）掌握军政大权。迨民国初建，各省官制自定，地方政制十分紊乱。"统一政府成立未久，中央官制随即公布。而地方官厅则仍各为风气，往往同一职司而名称各互异，同一首长而彼此职权各殊。"[①] 1912年3月，袁世凯就任临时大总统后，即着手解决分歧混乱的地方政制，而要加强中央集权，就必须统一全国军政，为此确立统一的地方官制势在必行。

1912年3月17日，袁世凯下令各省总督（巡抚）改称都督[②]。随之，直隶总督府更名为直隶都督府。张锡銮被袁世凯任命为直隶都督，驻天津，成为直省最高军政长官，其职权仍同其旧。为了打破在辛亥革命中形成的各省都督总揽全省军政大权的现状，1912年4月23日，袁世凯通令各省都督，"不得自为风气，各顾其私"[③]。同时，袁世凯又极力推行"军民分治"，于1913年1月8日公布《划一现行各省地方行政官厅组织令》，规定："已设民政长省份以民政长为该省行政长官；未设行政长官省份以都督兼任民政长为该省行政长官。"[④] 袁世凯陆续任命文人充任各省民政长，意图改变地方势力兼揽军民两政。依照该命令，各省行政长官改称为民政长，省行政机关称为行政公署。省设民政长一人，为行政公署长官，总理全省政务，由中央任命。1月10日，袁世凯命令未设置民政长官各省，一律暂由都督兼任。

2. 民初直隶军政与民政分合

根据中央政府的命令，直隶省增设民政长，暂由冯国璋兼任，总揽军

[①] 台湾"教育部"主编：《中华民国建国史》，"国立"编译馆1987年版，第440页。

[②] 1912年3月17日，袁世凯发布"临时大总统令"："东南各省均称都督，现在全国统一职官尚未确定，自应先行该归一律，以一观听。所有东三省总督改为东三省都督，直隶总督改为直隶都督，陕甘总督改为甘肃都督，其河南、山东、吉林、黑龙江、新疆等巡抚亦均改称都督。惟官名虽更，职权仍旧，各省文武属官照旧供职，官制、营制概不变动，其应行之政务、应司之职掌，仍当继续进行，一俟官制厘定，再布遵照，此令。"中国第二历史档案馆编：《中华民国档案史资料汇编 第3辑 政治1》，江苏古籍出版社1991年版，第78页。

[③] 《廿三日临时大总统令》，《民立报》1912年4月27日。

[④] 陈瑞芳编辑：《北洋军阀史料·袁世凯卷》（一），天津古籍出版社1996年版，第461页。

民两政,并设直隶行政公署,驻天津。省行政公署为全省最高行政机关,民政长则为全省最高行政长官,总揽全省政务。1913年7月17日,袁世凯免去冯国璋直隶民政长职务,命刘若曾任直隶民政长。1913年7月23日,冯国璋兼任江淮宣抚使,随即督师南下,直隶都督一职暂由督署参谋长陆锦代理。12月16日,袁世凯将冯国璋调任江苏都督,同时任命前国务总理赵秉钧为直隶都督。

1914年1月3日,赵秉钧到天津正式走马上任。2月19日,袁世凯又任命赵秉钧兼任直隶民政长。2月27日,赵秉钧在直隶都督署内暴亡。当日,袁世凯迅即任命朱家宝为直隶民政长兼署理直隶都督,而朱氏于是日晚抵达天津,并于28日正式履职。1914年5月23日,袁世凯公布《省官制》,规定各省设立巡按使,"管辖全省民政各官及巡防警备各队,并受政府之特别委任,监督财政及司法行政暨其他特别官署之行政事务"①。根据《省官制》要求,直隶行政公署改称直隶巡按使公署。7月8日,各省民政长改称巡按使。1914年6月,袁世凯颁布《将军行署编制令》,命令废除都督制,改行将军制。将都督改称将军,都督府则改称为将军行署。

袁世凯洪宪帝制败亡后,省级行政机构亦有变动。1916年7月6日,黎元洪下令将各省督理军务长官改称督军,巡按使改称省长。直隶巡按使公署改为直隶省长公署,朱家宝为直隶省长兼署直隶督军。1916年9月16日,曹锟任直隶督军,并于1917年7月8日兼任直隶省长。1917年,北洋政府力推军民分治,将直隶督军和省长分地设府,曹锟于保定设立督军府,而直隶省政府驻天津。其后,虽然军民两治分合不一,督军府常有迁移,而省府较为固定,一直以天津为直隶省会。

表2—1　　　　　　　　1912—1918年直隶军政长官简表

姓名	职务	起止时间
张锡銮	都督	1912.3.15—9.8
冯国璋	都督	1912.9.9—1913.12.16
	民政长	1913.1.10—7.17

---

① 台湾"教育部"主编:《中华民国建国史 第2篇 民初时期》,"国立"编译馆1987年版,第442页。

续表

姓名	职务	起止时间
刘若曾	民政长	1913.7.19—1914.2.19
赵秉钧	都督	1913.12.16—1914.2.27
	民政长	1914.2.19—2.27
朱家宝	直隶都督	1914.2.28—6.30
	民政长	1914.2.27（1914.5.23 改署巡按使）
	将军	1914.6.30—1916.7.6
	直隶督军兼省长	1916.7.6—9.16
曹锟	直隶督军	1916.9.16—1918.7.3
	直隶省长	1917.7.8—1918.6.20

资料来源：钱实甫编著，黄清根整理：《北洋政府职官年表》，华东师范大学出版社1991年版，第67—84页。

（三）民初直隶都督、行政公署及镇守使

1. 民初直隶都督府

1913年1月8日，临时大总统袁世凯公布《现行都督组织令》，共16条。该令规定：都督统辖全省军队，直属于大总统。都督在关于军令事宜上受参谋本部指挥，而军政事宜则受陆军部管辖，并协助处理省内治安。《现行都督组织令》规定各省都督府，设置参谋长1人（少将），辅佐都督参赞一切事宜，参谋5—6人；副官长1人（上、中校），承都督之命或参谋长指导，执行事务，副官4—6人，书记2人，设军务，军需、军医、军法四课，课长1人，承都督之命或参谋长指导总理课务，每课课员2—4人。[1] 直隶都督府为直隶全省最高军政机关组织，并按《现行都督府组织令》设置机构。1913年3月29日，袁世凯批准了陆军总长段祺瑞呈请对直隶都督府组织各要员的任命：张鸿绪为直隶都督府副官长，杨文恺为直隶都督府军务课课长，高曾介为直隶都督府军需课课长，张仁侃为直隶都督府军法课课长，纪书元为直隶都督府军医课课长。[2] 直隶都督冯国璋统辖直隶省陆军，并统帅直隶警备、巡防各队。

1913年1月以前，直隶民政司隶属于直隶都督府。1913年1月8日，

---

[1] 《教令第九号：现行都督府组织令》，《政府公报》1913年1月9日。
[2] 《临时大总统令》，《政府公报》1913年3月30日。

袁世凯公布《划一现行各省地方行政官厅组织令》，命令各省行政公署设总务处，并设内务司、财政、教育、实业4司。总务处行政官设有秘书、科长、科员；各司设司长、科长、科员。并得酌设技正、技士；为缮写文件，办理庶务，得酌用雇员。① 1913年1月10日，直隶设置民政长，为全省最高行政机关。1913年1月中旬，根据袁世凯的命令，直隶行政公署成立，冯国璋兼任直隶民政长，下设内务、财政、教育、实业4司。1月28日，袁世凯任命刘若曾为直隶内务司长兼署财政司长，史履晋为实业司长，蔡儒楷为教育司长。2月16日，直隶行政公署在河北公园直隶提学司旧址举行成立仪式。3月21日，国务院拟定《各省行政公署办事章程》，规定整个行政公署员额除司长、秘书、技正、技士外，"全署不得超过六十人"②。3月22日，北洋政府批准了冯国璋呈请对直隶省行政公署相关人员的任命，"胡嗣瑗、汪士元、王遮、欧阳熙、于振宗、杨毓辉、贺硕麟为秘书；韩耀曾、杨葆钧、高毓彤、刘宗彝为总务处科长；李湛田、张毓书、罗耀奎为内务司科长；刘荫楸、陈曾荫、周保琛、吴兴让为财政司科长；李金藻、韩梯云为教育司科长；朱寿福、均探堰、王邦屏为实业司科长"③。直至1913年7月17日，冯国璋以直隶都督兼任民政长官，负责直隶全省军政及行政事宜。

2. 民初直隶镇守使

民初"中央于国内重要不靖地带，或因所在省份军政长官请求，或因环境需要，先后设置镇守使"④。镇守使是北洋政府时期在各省要地设置的一种临时性的军事机构，其职权与清代总兵类似，主要职责为绥靖地方，"俟事局大定之后，再行取消"⑤。1913年9月，陆军部颁布《镇守使署条例》，划一规定各地镇守使署组织。在此前后，直隶在天津、蓟榆、冀南及口北等4处重镇设有镇守使，为地区性军事机构。每署有镇守使1人，由当地驻军师长或混成旅旅长兼任，另设有参谋、副官各1—3人，军需

---

① 陈瑞芳编辑：《北洋军阀史料·袁世凯卷》（二），天津古籍出版社1996年版，第464—468页。
② 钱端升等：《民国政制史》下，上海人民出版社2011年版，第353页。
③ 沈云龙主编：《震旦月报》，文海出版社1966年版，第221页。
④ 钱端升等：《民国政制史》下，第427页。
⑤ 《陆军部呈大总统拟定镇守使署暂行条例请鉴核示遵文》，《政府公报》1913年9月7日。

官、军医官、法官各1员。民初直隶4处镇守使多有更迭，详见表2—2。

表2—2　　　　　　　　　　　民初直隶镇守使简表

镇守使	设置时间	驻地	主官	履职时间	备注
天津镇守使	1913年7月	天津	王廷桢	1913.7.17—10.7	以天津镇总兵改置
			陆锦	1913.7.17—10.7	
			商德全	1913.10.7—1914.7.31	
			赵玉珂	1914.8.5—1917.4.28	
			王维城	1917.4.28—1923.11.5	
			李荣殿	1924.2.28—1925.1.19	
			李爽垲	1925.1.19—1926.2.27	
			庞炳勋	1926.2.27—5.1	
			袁振青	1927.9.1—1928	
蓟榆镇守使	1913年6月	开平	王怀庆	1913.6.2—1913.6.28	以通永镇总兵改置
			傅良佐	1913.6.28—1913.10.7	
			范书田	1913.10.7—1917.?	
			张怀斌	?—1918.?	
			曹瑛	1918.7.2—1920.?	
			殷本浩	1920.10.30—1924.12.10	
冀南镇守使	1913年6月	大名	李长泰	1913.6.2—1914.9.15	以大名镇总兵改置
			王怀庆	1914.9.15—1919.7	
			周符麟	1919.7.31—1922.10.30	
			孙岳	1922.10.30—1924.?	
			李凤楼	1925.4.20—1926.2.27	
			梁寿恺	1926.2.27—1927.9.1	
			孙魁元	1927.9.1——1928	
口北镇守使	1918年1月	宣化	汪学谦	1918.1—1920.9.21	
			谭庆林	1920.9.21—1925.?	
			陈毓耀	1926.3.10—19126.10	
			王瑞华	1926.10—1928	

资料来源：刘寿林编：《辛亥以后十七年职官年表》，中华书局1966年版，第241—251页。

二　颁发行政规章制度

民元，"军民分治"尚未实行，直隶军政与民政权力均集中于直隶都督手中。冯国璋莅任直隶都督初期，以军政统括民政事宜，通过强力方式推进对直隶的各项治理。

冯国璋于 1912 年 9 月 13 日抵津接任直隶都督，统帅直隶各司百官。冯国璋上任伊始，直隶社会仍是"直民凋敝，大局未平"①。冯国璋认识到要改善对直隶社会的治理，其首要之举在于改良地方行政。为此，冯国璋首先是积极建章立制，促进各项政务开展能够有章可循，使直隶行政开始走上正轨。

（一）颁发《直隶都督府全省政务公署章程》

鉴于地方官制缺乏，为刷新地方行政，冯国璋在就任直隶都督伊始，即颁布《直隶都督府全省政务公署章程》，俾促进全省行政统一。该章程内容主要包括以下四个方面。

1. 颁发《直隶都督府全省政务公署章程》之缘由

冯国璋初到直隶出任都督，缘何颁发《直隶都督府全省政务公署章程》？冯国璋指出："查直隶行政官厅沿袭前清旧制，各设公署独立办事，权限不相侵越，职务各有范围。然而积久弊生，政纲紊乱，遇事则互相推诿，从公则日见因循。"民国成立后，直隶行政体制亟待革新。民国肇建，百废待兴，行政官厅组织及制度急需厘定，以便有章可循。但是，中央政府成立后，中央官制虽已公布，而地方官厅则仍然各自为政。实际上，民元地方官制严重缺失，各省都督治理地方社会沿袭清末旧制，已经难以适应民初社会治理的需要。对此，面对大量的政务需要处理，该何去何从？冯国璋认为省官制既然尚未发表，"则都督当然为独立制，各司道当然处于辅助地位"，于是要求各司同署办公，"自宜为都督之职权，所定之章程纯为统一行政之规定"。冯国璋认为该章程"既非官制又非官规，与约法固毫无抵触"，只要取得大总统的许可就可以实行。其实，冯国璋主张各司同署办公并非首创，"江苏、奉天等省已有先例（可援），可见同署办公之法已为法律所许"②。

2. 实行《直隶都督府全省政务公署章程》之原则

该章程总纲明确指出："都督总揽本省政务，除军政、外交、司法应集其权于中央者外，除交涉、提法、盐运各司应隶属中央外，其余行政各

---

① 《公电》，《申报》1912 年 9 月 14 日。
② 中国社会科学院近代史研究所图书馆藏未刊资料：《冯国璋督直时函电稿》（一），编号：甲 204—1，第 55—56 页。

司道皆须每日到本公署办公，以促事务之进行而谋行政之统一。"

3. 设置直隶都督府全省政务公署

直隶都督府全省政务公署设有二厅：秘书厅、军政顾问厅；四司：布政司、巡警司、提学司、劝业司；三处：庶务处、收发处、译电处等机构，详见表2—3。

表2—3　　　　直隶都督府全省政务公署组织机构表

二厅	秘书厅	秘书长（1人）		秘书（8人）	书记生（若干）
	军政顾问厅	军事参议员自行组织			
四司	布政（内务）司	司长（1人）佥事（1人）	三科	民政科	科长（1人）科员若干书记员若干
				财政科	
				警政科	
	巡警司	司长（1人）佥事（1人）	四科	警法科	
				保安科	
				户籍科	
				专门科	
	提学司	司长（1人）佥事（1人）	三科	普通科	
				编辑科（图书科）	
				农工商科	
	劝业司	司长（1人）佥事（1人）	二科	矿务科	
				渔业科	
三处	庶务处	庶务员（4人）		司务若干	
	收发处	收发员（4人）		书记生若干	
	译电处	译电员（4人）		书记生若干	

资料来源：中国社会科学院近代史研究所图书馆藏未刊资料：《冯国璋督直时函电稿》（一），编号：甲204—1，第37—40页。

4. 确立都督领导体制

首先，"秘书长秉承都督命令得复核本厅及各司公牍，并有指挥三处之权"。其次，"各司长秉承都督命令复核本司及各科公牍，并有指挥三处之权"。再次，"秘书长及各司长均对于都督负责任"。

《直隶都督府全省政务公署章程》进一步确立了冯国璋在直隶全省的最高领导地位，集军政大权于一身。该章程有利于直隶全省的政务统一，但是它仅是一个临时性的过渡章程，因为"本章程俟中央颁布统一章程后即行取消"。

（二）公布《考试州县官暂行之章程》

直隶全省辖158县，地方各项事务能否顺利进行，端赖于县官之素质。因此，如何选拔地方州县长官，便成为各省都督必须要面对的重要问题。冯国璋认为"整顿吏治，责在得人，选择宰司，端资考绩"。"民国肇始，百度更新……（选吏）命官尤关治体……特规定（考试府厅州县官）暂行考试办法，以为任用府厅州县官之凭藉，而讲求吏治之始基。"1912年12月，冯国璋颁布《考试州县官暂行之章程》①。该章程的主要内容为：

第1条：本省候补人员及本省人之名隶仕籍者，皆得与考。

第2条：任用州县各官按照考试及第者名次之先后而为补缺之次序。

第3条：考试时由藩司监视一切，去取悉由本都督主政。

第4条：考试分第一次试验，第二次试验两场。

第5条：第一次试验科目：暂行新刑律；中华民国临时约法；关于直隶警察、教育、河工、实业等事项。

第6条：第二次试验科目：国史、公牍。

第7条：合计两场分数之多少，分为最优等、优等、中等及不列等四项。

第8条：其在法政学校毕业及能通外国语言文学者得于禀声明，另场考试。

第9条：凡具禀报名者达五十人以上之时，即可开行试验。

第10条：考试日期由都督规定公布。

第11条：中央任命官吏之办法发表后，此章程即行取消。

第12条：本章程自公布之日施行。

《考试州县官暂行之章程》在很大程度上契合了冯国璋选拔直隶基层

---

① 中国社会科学院近代史研究所图书馆藏未刊资料：《冯国璋督直时函电稿》（一），编号：甲204—1，第36、41、43、61页。

官员的用人标准：其一是将选官范围集中在直隶本省，亦实际上回应了顺直临时省议会在选官上"诸事自应尽直人先占权利"的诉求；其二是通过考试方式选拔乡土官员，打破任人唯亲的做法；其三是选官考试内容为国史、公牍、《临时约法》、新刑律及警察、教育和实业等实际事务，有助于选拔有实际行政能力，能干实务的官员；其四是对于具有政治学知识及懂外国语言者亦通过考试选拔，有利于选拔具有新知识背景的官员。《考试州县官暂行之章程》定出选拔州县官的条件及考试录用程序，以此提高地方官员的素质。对此，张一麐曾言："时民权初张，各省登进官吏，多取材于土著。公独延揽贤俊，畀以职司。凡曹掾僚属，但问其称职与否，初不限于籍属。其知大体，多类此。"①

值得注意的是，冯国璋颁布的直隶考试州县官办法与袁世凯的整顿吏治精神相吻合。1912年11月30日，袁世凯在总统府开会讨论地方官制。此时，袁世凯提出要整顿吏治，要求各省都督、民政长选贤任能。"特此通令各省都督、民政长，嗣后任用府厅州县各知事，务当慎择贤能，分别保荐，其资格标准悉以夙有政治经验及政治学识者为限。至现任各官，政府业已另定甄别办法，应由该管都督、民政长，先自现任各府、厅、州县知事起一律严加考核。如果现任人员毫无学识经验，而服官后又一无成绩者，即行撤任。无论何人不得率以有功民国为词稍瞻徇，其才能胜任之员亦不得以本籍外籍定其去留。但有政绩可指者，准由各该都督、民政长列其事实，随时呈报，本大总统必量加优奖，以励贤劳。"②

（三）颁布其他行政规章

考虑到直隶行政实际开展的需要，冯国璋先后又颁布多项与行政相关的规则及办法：第一是《总务处办事通则》；第二是《各道行政公署员薪经费暂行办法》；第三是《各县公署员额薪费办法》。此外，冯国璋还制定了《直隶财政划一暂行办法》《直隶各县公署组织划一办法》等规章，这些与行政相关的多项规则及行政规定为基层行政开展公务提供了基本的保障。

---

① 张一麐：《故代理大总统冯公事状》，卞孝萱、唐文权编：《辛亥人物碑传集》卷7，团结出版社1991年版，第271页。

② 《大总统整顿吏治手续》，《申报》1912年12月2日。

三 整顿吏治

省政之基在县政,而县政又在于吏治之是否良善。冯国璋就任直隶都督后,开始整顿吏治,加强对州县官的考核。冯国璋认为:"民国肇兴,自以改革内政,整顿吏治为当务之急。"① 为加强对吏治的考核,冯国璋首重对县官的考选。

(一)宣布选官用人政见

冯国璋公开表明自己在选拔官员上的政见,"查府县知事为亲民之官,非使之久于其任,不能悉地方之利害,徐图政务之进行"。冯国璋宣告此后对于直隶地方行政"即拟取法于此,为任官观政之权衡,为之划政务之权限。厚养廉之公费,定办事之赏罚"。在地方政治的运作中,"用人使之久于其任"具有利弊两端,要取得积极的成效,需要选拔出贤良的官员方有积极意义。因此,如果能任用正直及有能力的官员,使之久于其任,对于改善地方政治具有推动作用。在基层选官用人方面,冯国璋从三个方面进行考量。第一,"其不肖者,自宜严为罚戒,不使其贻害地方"。第二,"其贤者则委任,务专维护,力使之久于其任",从而达到"官与民相习,民与官相安"的治理状态。第三,"果有政声卓著、治绩优良者,则重其俸给、隆其爵位、彰其令闻,而卒不迁其知事之官,以期循吏得尽其才而观久道化"②。

(二)考核知事

民国成立后,县的行政长官改称为县知事。"县知事掌理一县行政,关系较大"。县知事的任务繁重,职权也相当广泛。第一,行政方面的职权有发布命令、任命权及监督权。第二,立法方面的职权有提议权、编制预算、决算权及请求复议权,同时还包括议案撤销权和紧急处分权。第三,司法方面的职权,1913—1914 年,在未设法院的县,由县执行检察事务。③ 民初,国家政权只延伸到县一级,县以下为乡村自治。由此,国家

---

① 中国社会科学院近代史研究所图书馆藏未刊资料:《冯国璋督直时函电稿》(一),编号:甲 204—1,第 19 页。
② 同上书,第 5、23、11、25、57、58 页。
③ 钱实甫:《北洋政府时期的政治制度》下,中华书局 1984 年版,第 302、305—307 页。

第二章　冯国璋督直：巩固北洋派在直隶的统治　｜　127

能力的强弱与县政息息相关，而一省治理的绩效亦以各个县知事的施政能力及效果为基础。冯国璋作为直隶本乡人士，要想有效治理直隶，必然要加强对县知事的考核，遴选贤良人士出任县知事。从冯国璋在直隶任用县知事的批文来看，其选官用人的政见在一定程度上得到实施。这些体现在以下几个方面。

1. 对不合格的县知事进行更换

如针对有人请将蔡知事留任一事，冯国璋的批文为："蔡知事四任届期，得该县新委任高知事□□□，实本都督为地择人之意，无如其人果难胜任，断无怪于委任致贻误地方之理。所请蔡知事留任一节，碍难照准，此批。"① 另外，冯国璋还对不作为的地方官给予惩罚。冯国璋在上任后，即开始清查直隶各地解交各款，对于欠解的地方官进行严厉追责。1912年11月，冯国璋向袁世凯申请要求将已经离职的一些直隶地方官员予以严惩。这些官员有的已经离职，如已革深州直隶州知州续锦、前唐山县知县钟灵、前景州知州单晋鈢等8人，还有的仍在任职，如交河县知县葆勋，因"欠解巨款，任催罔闻"，于是袁世凯敕令奉天、直隶、山东、安徽、浙江、云南各都督，"将该员等原籍家产查抄备抵"②。

2. 对长期请假，久未处理公务的县知事进行处理

县知事肩负重任，冯国璋曾通告各县知事不得轻离职守。而对于请假的县知事，冯国璋予以更换。如冯国璋的一则批文为："呈悉，该县李知事既经请假，民社重寄，岂容久旷，自应遴委委员署理，以重官守而促进行。所请留任一节，碍难照准，此批。"③

3. 对未完成任务的县知事进行惩戒

民初，国家赋税钱粮各项要务，都是通过县一级来完成的。每年要按时完成钱粮各款，对于许多县知事来说都是一项沉重的负担。县知事能不能完成赋税等项任务，受制于多种因素的影响。但是，若不能按时完成，县知事面对的惩罚必不可少。1912年10月，冯国璋向袁世凯呈报，将前

---

① 中国社会科学院近代史研究所图书馆藏未刊资料：《冯国璋督直时函电稿》（一），编号：甲204—1，第8页。
② 《临时大总统令》，《政府公报》1912年11月24日。
③ 中国社会科学院近代史研究所图书馆藏未刊资料：《冯国璋督直时函电稿》（一），编号：甲204—1，第8页。

署完县知事王光鸾、已革前平江县知事程遐师及前署宣化县知事袁树麒，因欠解正杂各款，应分别监追及查抄原籍家产，"该三员所欠之款，为数尤巨。若不从严惩办，实不足以重国帑而儆将来"①。

4. 对政绩可嘉的县知事向中央呈报，加以优奖

袁世凯曾"训令府、厅、州、县各知事，有政绩可指者，准由各该都督、民政长列其事实，随时呈报，必量加优奖，以励贤劳"。据此，1913年4月，冯国璋向袁世凯呈报宁津县知事胡长年优良事迹，"查署宁津县知事胡长年，前在深泽县任内，以京津保各处兵变，深邑适当其冲，势甚危急。该知事商准各团体办理保卫社，招练卫队，相机因应，阖邑赖以安全，洵属措施有方。……实为直省知事中不可多得之员，拟请将该知事胡长年按等酌给嘉禾章，以奉有位而资鼓励"②。

5. 对获得民意的县知事予以留任

冯国璋对平山县知事的突出政绩给予奖励并准予其留任。"案据平山县议会，会学警工商各界暨三十六庄公民等呈称：以余知事勤政爱民，不辞劳怨，而于促行新政，保护治安尤为致意，公请恳府舆情，暂缓调省，准予留任等情。据此合行指司，该司酌核办理，奖覆备案。此令。"③

四 改革军警

（一）民初直隶驻军

1912—1914年，直隶境内的驻军主要有：

1. 北洋政府中央陆军

1912年8月，北洋六镇分别改为六师。其一是陆军第1师，师长何宗莲，参谋长董式梃，辖步兵第1、第2旅和炮兵、骑兵各1团，驻防张家口、多伦、归化等地。其二是陆军第2师，师长王占元，参谋长何佩容，辖步兵第2、第4旅和炮兵、骑兵各1团，分别驻防北京、保定、

---

① 《直隶都督冯国璋呈大总统知县王光鸾等欠解正杂各款分别监追及查抄原籍家产请鉴核文》，《政府公报》1912年10月2日。
② 《国务总理赵秉钧呈大总统据直隶都督冯国璋呈拟宁津县知事胡长年酌给嘉禾章以资鼓励等语请核夺施行文》，《政府公报》1913年4月21日。
③ 中国社会科学院近代史研究所图书馆藏未刊资料：《冯国璋督直时函电稿》（一），编号：甲204—1，第8—9页。

抚宁、迁安、卢龙等地。其三是陆军第3师，师长曹锟，参谋长肖耀南，驻扎北京南苑、保定等地。其四是陆军第4师，分驻北京及天津两地，师长为陈光远，参谋长为唐国谟。该师辖步兵第7旅（旅长为李厚基）、第8旅（旅长为何丰林）及骑兵、炮兵各1团。1913年7月，该师编入北洋第2路军，跟随冯国璋南下镇压二次革命，后分驻淞沪及福建等地。其五是陆军第6师，师长李纯，参谋长丁效兰，辖步兵第11、12两个旅及炮兵、骑兵各1个团，驻石家庄。其六是陆军第8师，1913年8月，以拱卫军前路扩编组成，师长王汝贤，参谋长庄振复。该师辖步兵第15旅（旅长陶云鹤）、第16旅（旅长何锋钰），分驻北京、天津、保定、宣化及清苑等地。①

2. 直隶省属军队

其一是新军即直隶陆军第1混成旅。1912年6月，以清末直隶陆军第1标及炮兵、骑兵各半营扩编为直隶陆军混成协，8月改编为直隶第1混成旅，驻天津西北韩家墅。旅长刘洵，辖2个步兵团。其二是直隶旧军即各路巡防队。清末，各省旧有各军除改编新军外，绿营、团练，经过汰弱留强，一律改编为巡防营（队）。直隶巡防队主要是由驻扎直隶境内的淮军改编而来。1910年，咨政院议将各省绿防各营分别酌量裁汰。在武昌起义爆发后，直督陈夔龙为加强直隶布防，向清廷奏称直隶巡防队择要布防，保护地方，弹压地面，请暂缓裁汰。②至1913年3月，直隶全境驻有防旗营1483人，绿营11480人。③

3. 热河及察哈尔巡防队

热河有中路、东路及北路巡防，分别驻防丰宁、平原及开鲁等处，每路千余人，统共三千余人。察哈尔有巡防队第5、6路及淮军马队第3、4等路共八百余人，驻屯张家口。

（二）对直隶军警进行改革

冯国璋自出任直隶都督后，即对直隶境内省属军队大刀阔斧地改革，

---

① 河北省地方志编纂委员会编：《河北省志 第75卷 军事志》，军事科学出版社2000年版，第36—38页。
② 罗尔纲：《晚清兵志 第1卷 淮军志》，中华书局1997年版，第97页。
③ 《直隶改编新军军费之意见》，《申报》1913年3月4日。

以推进军警适应社会发展需要。

1. 改编巡防队

"各省巡防营,自改革以来,大都陆续改编,或成陆军,或编警队。"[①] 1912年10月,冯国璋将清末巡防队改编为左右两翼及8路巡防队,每翼（路）辖5营,共50营,兵额约2.14万人,详见表2—4。

表2—4　　　　　　　　　民初直隶巡防营简表

名称	主官	人数（人）	驻地
左翼统领	黄炳荣	2600	德州
右翼统领	张怀斌	2600	朝阳
第1路巡防队	王怀庆	2200	大名
第2路巡防队	范书田	1400	榆关
第3路巡防队	黄懋澄	3000	多伦
第4路巡防队	张怀斌	2200	朝阳
第5路巡防队	何立朝	1600	宣化
第6路巡防队	梁葆森	1200	正定
第7路巡防队	邱开浩	2600	朝阳、赤峰
第8路巡防队	刘洪顺	2000	彰德

资料来源：河北省地方志编纂委员会编：《河北省志 第75卷 军事志》,军事科学出版社2000年版,第36页。

2. 裁撤绿营

直隶为拱卫京畿重要屏障,历来都是军队密集驻扎之区。进入民国后,直隶面临财政窘境,但仍然要向中央解款。1912年7月,"直督电云:前奉财政部电,以中央需费浩繁,嘱令妥筹接济等因,查直隶素为缺额之区,自上年九月后,协源断绝,力谋自顾,尚虞不给。惟中央为国家根本,不得不先其所急,藉维危局。现经与各司道统筹,尽由本省田房契税并地丁项下,每月凑足银十二万两,作为接济切实的款"[②]。1913年1月

[①] 章伯锋、李宗一主编：《北洋军阀：1912—1928》第1卷,武汉出版社1990年版,第115页。

[②] 《直隶每月接济中央十二万》,《申报》1912年7月30日。

21日，财政部要求直隶省解交中央庚子赔款即达一百八十四万一千两。①"直隶财政自民国成立以后即异常困难"，为了应付全省各项开支，冯国璋在1913年"悉借五百万元之外债"，然至次年2月已经所剩无多。从当时的调查来看，"直隶省各项经费，每年须一千一百余万。自盐政、海关两项划归中央后，所可恃为收入者仅地丁银钱粮一项，每年合计不过四百余万"②。因此，总的来看，直隶的财政相当窘迫，然而直隶境内还要大量的旧军驻扎，需要不断地供给数额巨大的军饷。"据最近之调查，直省内驻防旗营、绿营、河防营等一月军饷，除绿营之泰宁、马兰两镇外，须要二万二千五百六十余两。又单就绿营观之，天津、通永、正定、大名、宣化五镇所辖之营步守兵及天津通永、永定、大名各道所管战守河防营兵等，一月间军饷共计有一万三千三百二十余两。"冯国璋作为清末编练新军的重要将领，深知新军与旧军判然有别。尤其是"当弱肉强食优胜劣败之今日，以讲求国防之策为第一要义"，为此，"务须扩张新军，且以充实军需为要"。针对直隶省情，在财政不可能有大的增长情况下，只有"将本省旧军酌量裁撤，以其剩余军费充为编成新军，充实军需之经费"。于是，冯国璋决定裁撤旧军，移其军饷改编新军。"即现假定将旧式军队全部裁撤，一年可以得二十七万八千七百二十余两，又假定将泰宁马兰两镇之绿营全行遣散，一年可得十五万七千四百四十余两。今若以此等经费扩张新军，购入军器，筑造炮台，一则可省维持旧军之冗费，一则可补充军费。"③在权衡轻重后，冯国璋决定裁撤绿营兵丁。

1913年4月，冯国璋向袁世凯呈报裁撤绿营兵丁办法。④由直隶都督府参谋处拟定的暂行裁撤绿营办法，非常翔实，主要包括五个方面。

第一，裁撤之原因：一方面是直隶绿营官兵"营制日弛，士卒疲脆，积习既重，耗饷不赀"；另一方面是"现值财政困难已达极点，此项有名无实之官军，断不然日事因循，虚糜国帑"。

第二，裁撤之依据：直隶绿营官兵"历经先后裁汰在案，上年经省会

---

① 《财政部电催各省速解赔款》，《申报》1913年1月21日。
② 《直隶省财政近况》，《申报》1914年2月19日。
③ 《直隶改编新军军费之意见》，《申报》1913年3月4日。
④ 《直隶都督冯国璋呈大总统拟将绿营兵丁裁撤各办法请查核公布施行文》，《政府公报》1913年4月17日。

公同决议,以此项裁余之兵力,即应全数裁撤,咨行前来。当以绿营一项,经前督议裁在先,自应照办"。

第三,以往未能裁撤之原因:"惟至今尚未实行者,一由于议决之后尚未规定裁撤日期及遣散官兵之办法,一由于蒙事方棘,时局未定,遽行遣散,不惟营伍空虚,且恐游散卒众转滋事端。其间缓急先后,自应统筹全局,次第进行。"

第四,裁撤之范围:"惟有关于守护陵寝者,应照优待条件,分别从缓。其余应即概行裁撤,以节饷源,咨覆省议会亦在案。拟请自本年阳历四月一日起,除守护东西两陵绿营并各河营暂行照旧外,其余绿营官兵一律裁撤。"

第五,裁撤之办法:"至裁撤之法,属在兵丁,不分老弱同时遣散,统给恩饷三个月,以示体恤。属在官员,自参游都守以下,必有年力强富能任事,或著有成绩者,准由各镇考验合格人员,留为各镇效力。遇有准练各军相当缺出,呈明一并请补,仍酌给俸薪三个月,听候录用。其余不及格各员,亦给俸薪三个月,听其自谋生计。此外,各镇副将资格较深,升转不易,攒按原俸薪给予一半,另候简用。其提镇各员,除提督马金叙应候大总统另行简用,所有现统准练各军之总兵官,仍照旧统领各军。"

民初直隶财政紧张,而绿营又属于旧式军队,难以满足形势发展的要求,冯国璋裁撤绿营"既可省出无名之饷额,亦能拔取有用之真材,于财政、军政两有裨益"。因此,冯国璋呈报裁撤绿营办法,有理有据,方法恰当,很快就得到袁世凯"应即照准"的批复。①

3. 整理警务

1902年8月,直隶总督袁世凯为收回天津的管治权,将在保定训练的北洋新军3000人改编为警察,"授予巡警管理各法"②。其中"一千五百名留津驻扎,就津设立总局,考察勤惰饬巡查以专责成而收实效",此即为天津南段巡警总局;另外"其余一千五百名分布西沽、塘沽、山海关、秦皇岛、北塘等处,即归大沽山水两协副将暨北塘游击等管带",此又为

---

① 《直隶都督冯国璋呈大总统拟将绿营兵丁裁撤各办法请查核公布施行文》,《政府公报》1913年4月17日。

② 沈祖宪辑:《养寿园奏议辑要》卷35,文海出版社1966年版,第6页。

天津北段巡警总局。① 清末，直隶警察机构主要是以天津巡警总局和保定工巡总局为代表。天津巡警总局有总办、会办、提调，指挥巡官、巡办等，掌管所管之事务。其中，天津南段巡警总局分为五局，每局有巡官一人，巡办二人，巡长二十五人，巡警二百五十人。此外，还有骑马巡警局、水上巡警局及消防队为之补充。天津北段巡警总局亦分作五局，其组织与南段相同。保定工巡总局有总办、会办、提调各一人，分为五局，每局巡警八十人。巡官、巡办等之配备与天津相同。②

民初警政沿袭清末旧制，警察兼具地方司法、治安及市政管理等职能。直隶警察在全国开办较早，警政自成体系。直隶警政开办经年，其中既累积有较为成熟的经验，亦存在诸多不能适应形势发展需要之处，其中之一即为警员在执法中存在违法现象。冯国璋在直隶都督任上不久，即有天津民众向政府控告警察违法之举。1912年9月23日，国务院对天津警政的相关批令："天津城北二十一乡代表夏宗虞等吁称：警道违反法律，陷害良善，请查办。呈据已悉，应即听候咨行直隶都督查核办理可也，此批。"③ 针对直隶警政中存在的警政混乱、警察乱纪等方面的突出问题，冯国璋立即着手整理全省警务。

第一，成立直隶巡警司，负责全省警政事务。民初，北洋政府内务部设置警政司，管理全国警务。但在1912年10月以前，各地警察机构并未统一名称。冯国璋在任直隶都督后不久，即组织直隶都督府全省政务公署，其中设有巡警一司，有司长、佥事各一人，辖有四科：警政、警法、保安及户籍四科。巡警司隶属于直隶都督府，并作为直隶省警察的最高机构，总揽全省各项警政事宜。1913年1月8日，袁世凯公布《划一现行地方警察官厅组织令》，命令全国各省在省会及重要商埠设置警察厅或警察局。警察厅隶属省行政公署，下设总务、行政、司法、卫生四科。随后，冯国璋将天津巡警总局改组为天津警察厅，并"呈请任命杨以德为天津警察厅长"④。1913年6月，天津警察厅的主要成员是：厅长为杨以德，勤

---

① 赵志飞主编：《中国晚清警事大辑第1辑》，武汉出版社2014年版，第36页。
② 张宗平、吕永和编：《清末北京志资料》，北京燕山出版社1994年版，第222—223页。
③ 《国务院批天津城二十一乡代表夏宗虞等吁称警道违反法律陷害良善请查办呈》，《政府公报》1912年9月27日。
④ 《二月一日临时大总统命令》，《申报》1913年2月9日。

务督察长为李钰林，王宗佑为科长并兼任秘书。同时，保定工巡总局亦改组为保定警察厅，其组织成员是：厅长为张锡光，祁晋昌为秘书，陶善璐、王绳高、步以韶、贺宗儒为科长，王缙为勤务督察长。①

第二，统一直隶全省警政。民初警察担负多项社会职能，在社会治理中的地位较为特殊。直隶警政开办虽早，然未能全省统一。"自设巡警道后，津保及各府厅州县所有警务局所，均归管理。惟大沽、北塘、秦皇岛、山海关、唐山镇数处尚未实行统一。"② 于是，冯国璋自莅任后即着手"整理内政，首重警察"。冯国璋认为："直隶警务历经考核，规模粗备者固多，而内容腐败者实亦不少。其故皆由未能统一，以致政令纷歧，难臻进步。"为此，冯国璋要求将唐山镇、大沽、北塘、秦皇岛、山海关、祁口、张家口、热河等处一律统归巡警道节制，以期逐渐整理。在冯国璋的极力推动下，"从前顺天府二十四州县警察已归并巡警道管理"，也提出"唐山等处自应一律仿行，冀收整齐划一之效"。对于尚未做到警政统一的地方，冯国璋一方面要求巡警道迅速派员到该地接办，另一方面也向察哈尔都统行文"请烦查照办理"③。至1912年12月底，因察哈尔都统何宗莲的极力反对，张家口警察未能按时接替，其他如唐山镇、大沽、北塘、秦皇岛、山海关、祁口、热河等处警政均由直隶巡警司管辖，基本上统一了全省警政。

第三，整顿警察贪腐行为。长期以来，兼管唐山镇警务杨善庆把持当地警政，胡作非为，引发当地民众不满。在1913年1月8日，冯国璋向袁世凯呈报杨善庆贪腐情况，"当此多事之秋，又值冬防吃紧，唐山镇商务殷繁，华洋辐辏，治安何等重要。而该道所办巡警腐败已极，迭经该镇议事会等，以该道纵警为恶，贻害地方，欠发警饷数月，所收捐款不知归于何用等情在案"。冯国璋一方面将唐山镇警政收归巡警司管辖，另一方面要求将杨善庆彻查。"若再听其任意狡展延不交替，不惟无以整饬纲纪，深恐遂其奸谋，藉以侵吞款项，必至酿成祸端。"于是，冯国璋要求对涉

---

① 《命令》，《申报》1913年6月26日。
② 《直隶都督冯国璋呈大总统拟将办理腐败之兼管唐山镇警务杨善庆褫革职权勒令交替并彻查经手各款项请鉴核示遵文》，《政府公报》1913年1月24日。
③ 《署察哈尔都统何宗莲呈大总统拟将察防警察暂缓派人接办请批饬直隶都督照办文》，《政府公报》1912年12月1日。

嫌贪腐的杨善庆褫职革权，同时派人将杨善庆历年款项有无亏空进行彻底清查。1913年1月12日，袁世凯就批准了冯国璋对涉嫌腐败警察的处置。"直隶都督冯国璋呈兼管唐山镇警务杨善庆办理腐败，迭经攻讦，饬令交卸，任意狡展，请予褫革职权，并勒令即日交替，所有该员历年经手款项，另行彻底查办等语，应即照准，此令。"①

第四，在基层办理警察以维护社会治安。一方面，冯国璋要求既有警察提高维护社会治安的能力。保定作为直隶省的重镇，其地位亦十分重要。冯国璋要求保定警察厅提高维护治安防范能力，为此他在给保定警察厅的批示中，明确要求保定警察厅要以维持社会秩序为首务，"惟保定密迩京津，难保无不逞之徒藉端煽乱，应即设法查察，严加取缔，以弥隐患而靖人心，兹发去军密码一网，仰即收执应用，此批。"② 天津、保定等地的警察自清季以来，编练有素，组织严密，成为当地维护社会治安不可缺少的力量。另一方面，冯国璋还对边远地区的基层防护力量进行重组，提升地方维护社会治安的能力。在直隶边远地带，因缺少警察组织而往往盗匪滋长。1913年7月，冯国璋向国务院咨文，要求将热河等地的各县州判、县丞、巡检等官一律取消，设立警察事务分所以维持治安。"热河各属，疆域寥阔，户口零星"，而原设之州判、县丞、巡检等官，"乃行之既久，原意全失，或逾越权限，擅受民词，或尸位素餐，一事不理，循名责实，早在应裁撤之中；新制实行，更居天然淘汰之列。但口外地方散漫，盗贼潜滋，城乡警察尚未完全，仍应另定办法，以保治安。兹仿警察组织令，凡从前设有分防佐治之处，一律改为警察事务分所，编定章程，选用警察合格人员，充当所长，其从前之分防州判、县丞、巡检等官，一律取消，改组警察分所，即于八月初一日各属一律成立。"③ 冯国璋的咨文实际上是根据直隶维护治安的需要，提出取前清所设之州判、县丞、巡检等官，改而设立警察分所的办法，对于改善地方治理具有积极意义。

---

① 《一月十二日临时大总统命令》，《申报》1913年1月14日。
② 中国社会科学院近代史研究所图书馆藏未刊资料：《冯国璋督直时函电稿》（三），编号：甲204—1，第37页。
③ 熊希龄：《明志阁遗著》，上海远东出版社1995年版，第656页。

第三节 冯国璋与民初直隶社会治理

民初,直隶因政局的变动而出现大量的社会失序现象,如何治理便成为当政者必须要妥善处理的重要问题。因为直隶为畿辅重地,其社会治理成效如何将直接对北京产生影响。从维护北洋统治的目的出发,冯国璋在1912—1913年间采取了一系列的措施来应对直隶社会出现的挑战,为安定社会秩序,促进直隶社会发展做了一些实事。

一 冯国璋与天津兵变

天津兵变是因受北京兵变影响而发生的,对直隶社会秩序及经济造成了严重的破坏。在天津兵变发生后,时任直隶都督张锡銮应对不力。冯国璋接任直隶都督后,高度重视直隶商会相关诉求,采取政府救济及扶持商团组织自救相结合的办法,抚恤灾民,迅速地安定了社会秩序。

(一) 北京兵变[1]

直隶为畿辅重地,在政治、军事、经济等各方面与北京命脉相连。北京城各种变动造成的影响首先亦最容易波及直隶地区,如1912年的北京兵变就引发了天津兵变。关于北京兵变,多有文字记述。时人胡鄂公曾言:"二月二十九日,予返天津,是夜即有北京兵变之事。"城内变兵四处横冲直撞,"是即所谓一夫夜呼,乱者四应"[2]。北京兵变首先由曹锟第三镇所部之炮队开始,继而其他各队跟风而起,并演变为兵匪杂处,疯狂抢劫掠夺。"二十九日夜,北京忽然兵变,焚烧东安门外及前门外一带,火光烛天,抢掠达旦。蔡(元培)等所居之室,变兵亦持枪而入,蔡等皆越

---

[1] 学术界对"北京兵变"的研究,形成两种不同的观点。焦静宜认为:"京津保兵变是袁世凯亲手导演和操纵的,它以政治斗争为目的,并对所涉地区造成了惨重的经济损失。"(焦静宜:《迁都之争与京津保兵变》,《福建论坛·人文社会科学版》2005年第2期)而尚小明认为袁世凯没有策划民元"北京兵变",但不可否认他是这次兵变的真正受益者。同时,尚小明认为"北京兵变"由"'政治性'兵变演变为'真性'兵变,导致袁在国人及外交团心目中的威望受到重创,从而对南北合一后新政府的建立和运行造成一定影响"(尚小明:《论袁世凯策划民元"北京兵变"之说不能成立》,《史学集刊》2012年第1期)。

[2] 中国史学会主编:《辛亥革命》(六),上海人民出版社2000年版,第328页。

墙而免。是日，天津、保定军队亦相继变乱。其残破之情状，几等于南方曾经战事之都会。"① 关于北京兵变的情形，申祖荫曾作《壬子正月北京兵变竹枝词》记述："火树银花紫禁城，无端号令遍街行。有人传说东安市，反了三营几百兵。东华门外火连天，巡警无声哨不传。无数乱兵齐抢劫，家家抄毁索洋钱。辘辘车声出正阳，人人在说大兵抢。惊翻一片提灯会，挡在京师大学堂。荆棘丛中响未休。长枪短戟黯然收。可怜格格来听戏，亦往前门广德楼。车声轧轧势如雷，骇得文生不掸灰。"② 北京兵变事出有因，"某公子者素选事，召各镇中下级军官开会密议，议决以兵入东华门夺清帝位，效黄袍加身故事。是时，禁军为冯国璋所统，不与谋。故火焚东华门，禁卫军抵御不能入。兵无所泄，遂大掠东西二城以及于天津"③。此次兵变对京城地区商业的冲击极大，"内城被劫者四千余家，外城六百余家"④。不仅如此，北京城的兵变还蔓延至天津、保定等地区，引发了当地的兵变，对直隶社会带来了极大的危害。"直隶境内几于无地非匪，行路者皆有戒心，除张家口、清河、采育、沙河、杨村、良乡、涿州已被蹂躏外，琉璃河、宝坻、武清、北口、保定、十六里堡亦被抢一空，现在各处火车邮政均不通行，交通之梗塞可想而知。"⑤

（二）天津兵变

二月二十九日夜，北京兵变中溃散的变兵沿途袭扰至保定、天津等地，导致直隶多地发生兵变，直隶省安全形势急转直下。首先是通州和保定均发生兵变。保定兵变主要是由驻保定东门外的第2镇和第6镇发动的。变兵闯进城内与淮军里应外合，分途抢掠。变兵抢劫藩库，焚毁司道衙署，城内外商铺、民宅亦被抢掠一空。其次是天津发生兵变。"出乎意料的是天津兵变的首先是张锡銮的卫队，随后加上的是地方警察，先抢造币厂，后抢官银号、估衣街。"⑥ 变兵入城，四处烧杀抢掠，各主要街道商

---

① 半粟编：《中山出世后·中国六十年大事记》，太平洋书店1917年版，第118—119页。
② 陆保璇编：《满清稗史·后函》，新中国图书局1913年版，第28页。
③ 张一麐：《心太平室》卷一，上海书店出版社1991年版，第69页。
④ 国事新闻社编：《北京兵变始末记》，国事新闻社1912年版，第27页。
⑤ 《北京兵变之前因后果》，《申报》1912年3月14日。
⑥ 陈之骥：《北地见闻散记》，北京政协文史和学习委员会编：《辛亥革命与北京》，北京出版社2011年版，第181页。

铺均遭抢劫，民宅亦不可避免。"天津兵变，警卒多与匪结合，恣意行掠"①，极为严重地破坏了天津社会秩序。再次是天津兵变引发直隶其他地区的兵变。"受天津兵变的影响，是日小站兵变。次日，津北蔡村、津西杨柳青、沧州津东大直沽等地均遭变兵抢劫。"②此外，高碑店、长辛店、黄村、三家店等地亦先后发生兵变，严重地破坏了当地商业及社会秩序。

关于京津兵变的原因，袁克文认为："北京之兵变，多酿于段芝贵等之疏玩慢纵；保定之兵变，则由于曹锟之骄贪淫虐；天津之兵变，则成于张镇芳之昏悖怯懦。"③京津兵变表明京畿地区社会秩序极不稳定，变兵四处抢掠极大地威胁到了各地民众生活安全，对商业的冲击尤烈。天津兵变发生后的第三日即3月5日，天津商务总会致电袁世凯："十四（3月2日）夜军匪变乱，津埠商业惨遭焚掠，已成一片瓦砾，各民户亦受殃及，彻夜枪声不绝，商民损失莫兹为烈，亟谋补救以扶危局。"天津作为通商大埠遭此浩劫，"商民之损失约数千万，城市为虚，精华殆尽"。在此次兵变中"津市各商被焚300余号，苦不忍视，惨不忍闻"，天津商业元气大伤。天津兵变对天津商业造成的实际损失有多少？天津商务总会"会同同城董事会、北洋商学公会将各商民报告损失册档汇齐，逐一核对，共计2200余户，约共银12123662.48两"。这些损失主要包括："各商户损失共计银7471127.36两，民户损失共计银1203635.03两，房屋损失750107.03两，粮行损失共洋30万元，合银216000两，当行损失共计银2482792.44两"。④天津兵变对于部分受害的商家打击颇大，如元隆绸缎庄，"直接间接损失甚大，其订货各行洋货到期未起者，统就众洋货行而论，约有银一千万两之巨，即就一号商而论，亦约有银三四十万两之多"⑤。

---

① 袁克文：《辛丙秘苑·寒云日记》，山西古籍出版社1999年版，第8页。
② 韩信夫、姜克夫主编：《中华民国史·大事记：1905—1915》第1卷，中华书局2011年版，第333—334页。
③ 徐汝芳主编：《百年家族：项城袁氏家族资料汇辑》，河南大学出版社2012年版，第196页。
④ 天津档案馆编：《北洋军阀天津档案史料选编》，天津古籍出版社1990年版，第140、141、149、179页。
⑤ 天津档案馆编：《天津商会档案汇编：1912—1928》第1分册，天津人民出版社1992年版，第2168页。

（三）北洋政府对天津兵变的治理措施

京津兵变对直隶社会造成的冲击无疑是极为严重的。面对如此艰难局面，北洋政府及直隶都督府与天津商会之间就赔偿抚恤等事宜进行博弈，同时，两者之间相向而行共同努力共克时艰。对于直隶都督而言，要在兵变之后稳定直隶社会秩序，还需要与天津商务总会合作，借助民间力量来实行社会治理。

1. 天津商会的诉求

3月5日天津商务总会致电袁世凯，要求政府赔偿抚恤以渡过难关。3月6日，袁世凯即回电天津商务总会："津埠遽遭祸变，殃及同胞，闻耗莫深焦盼。贵会查明灾情，即转致直督设法维持。"[1] 3月11日，袁世凯"饬直隶总督竭力设法筹款妥为抚恤维持，以靖人心而复生业"。直隶都督张锡銮接到袁世凯的命令后便立即表示要遵照执行，努力筹款。京津兵变致使商民损失巨大，天津商务总会向政府申诉，同时亦有绅商主张要靠自己来逐步恢复商业。如3月19日天津绅商姚鸿逵等倡议成立京津保善后协会，"以统筹此次商民之损失，力谋补救为宗旨"。天津商务总会虽有自救之意，但其自身的经济能力确实有限。在此次兵变中受灾之商户，损失实数高达上千万两白银，仅仅靠政府的一点抚恤简直就是杯水车薪。于是，众多受灾商民集聚于天津商会商学公会，"要求（政府）赔偿，请刻日拨款救济"[2]。但是，对于京津兵变中的受灾商民而言，政府的抚恤金不仅数量有限，而且迁延时日，根本不可能满足灾后恢复商业的需求。在此情况下，天津商务总会于3月20日自拟了津埠善后五条：第一，赔偿被烧被抢各商户以保市面；第二，索偿保险费以保商业；第三，接济当商以安民心；第四，接济粮商以顾民食；第五，查放急赈以救失业商民。实际上，在天津兵变后赈灾的过程中，往往是天津商会主动提出措施甚至是据理力争，推动直隶都督张锡銮解决一些问题。

2. 直隶都督张锡銮的应对措施

天津商会的诉求合理，提出的善后措施亦是可行。但是作为直隶都督，张锡銮在处理兵变善后上并没有多大作为。3月23日，袁世凯要求张

---

[1] 天津档案馆编：《袁世凯天津档案史料选编》，天津古籍出版社1990年版，第308页。
[2] 天津档案馆编：《北洋军阀天津档案史料选编》，天津古籍出版社1990年版，第141页。

锡銮："设法筹款，妥为抚恤维持"。随即，张锡銮"委任洪道恩广办理抚恤事宜"，要求"该道迅即筹议核办"①。同时，张锡銮还要求天津商务总会查明核实被灾各商户实际损失情况，并详细具报。针对天津商务总会提出的善后五条，张锡銮给出批示处理意见。

> 批：据禀已悉。所拟善后五条，具见恫瘝在抱，查赔偿各商户一节，所有被灾商民损失甚巨，本都督极为轸念。惟此次商民遭受损失者不止津埠一处，且为数太多无法可设，即使立予赔偿，无非借债分给，将来必以吾民之所得，仍归吾民担负，嗟此灾黎岂能胜此。应俟奉有画一办法，再行酌核办理。索偿保险费一节，事关华洋交涉，应仍由该商会函邀洋商到会议，俟议有办法，必为竭力维持。接济当商一节，应属要著，惟库储奇绌，无从腾挪，即目前尚有现款，然全省军需及各项开支皆给于此，倘有迟误，哗溃停滞，实在意中，已饬处竭力腾挪，先拨万金，现正接续办理公债票，应俟款项有著，即行首先续拨，接济当商。至筹济粮商一节，现据天津县参事会呈请，已札饬办理抚恤事宜洪道迅速酌核筹议详复核夺，应俟复到另行饬遵。查放赈一节，迭经札饬妥速办理在案。其籼米、小米、玉米三项，何项应归平粜，何项应归赈抚，应由该会与洪道及天津府县妥善办理具报，仰即知照，抄由批发商务总会。②

从此份批示中，我们可以看出张锡銮对于天津商会提出的赔偿意见实际上否定掉了，对于向洋商索要保险给予支持，对于接济当商因资金有限需要等待办理公债票汇集款项后才能办理，而对于接济粮商则还需要继续讨论，其实际上能做到的就只有放赈。至于开设公典等以济民需，虽有努力但并未实行。5月2日，张锡銮要求直隶财政总汇处及天津道巡警道会同商会，妥速核议公典章程。5月6日，直隶公典简章拟定。然而，在6月4日，张锡銮则批示直隶兵备道"会同巡警道暨财政总汇处详复公同劝令未被抢各典赶速复开，毋庸另设公典"。张锡銮撤销公典，意味着受灾

---

① 天津档案馆编：《北洋军阀天津档案史料选编》，天津古籍出版社1990年版，第144页。
② 同上书，第145—146页。

商民难以获得公共补助，在一定程度上制约了灾后赈济工作的全面开展。

3. 冯国璋应对天津兵变的善后措施

第一是顺应灾商所请，积极回应商会诉求。1912年9月，冯国璋莅任直隶都督，此时距京津兵变已逾半年，然而天津被灾商民的境况并未有大的起色。虽然，天津商会在5月间即将各灾商民损失陆续呈报，并吁请袁世凯及张锡銮"俯加赔偿抚恤"，但是"此后由公会等或渎呈词或派代表再四申请，祗候年余，未奉恤典，谅在政府别有苦衷，不能即应灾商之请愿，而灾商民之有待于政府者，为日弥长，所望弥切，此必然之理也"。冯国璋出任直隶都督，"开府乡邦"，自然增加了天津商会对政府赈济的新期望。1912年11月20日，天津北营门外一带灾商振兴益、春和斋等向冯国璋禀称：

> 窃商等在北营门内外一带开设生意，专依门市为生活。自正月被灾后，度日维艰，虽蒙赈恤而杯水车薪，何济于事。至于同人衣服铺盖抢掠一空，至今无力购买。转瞬严冬，何以御寒？兼之今年雨水为灾，北乡一带被灾较重，而北路一带之买卖益绝生机，而且被灾以前各欠外屡被催追。……商等势不得已，应请都督垂怜灾商，竭力维扶，先为设法筹借一款，商等情愿连环作保，订期归还。如蒙恩准，则商等起死回生均出之都督之赐也。[①]

对于天津商会的恤商请求，冯国璋做出批示："候指令天津府会同天津商务总会妥议，速复再行饬遵此批外，查津郡自遭兵燹，商业艰难，所陈均系实情。惟借款是否可行，应由该会会同妥议，速复候夺。"[②] 要拯救天津商业，除了政府应该大力抚恤受灾商民外，还需要有利民之举措，逐渐恢复市场活动，增强受灾商民的自救能力。11月21日，天津被烧民众代表张荫棠等秉请冯国璋援案整顿市政。次日，冯国璋即做出批示，"禀单均悉。候指令巡警道、劝业道、天津商会、天津府会同核议呈夺"[③]。冯

[①] 天津档案馆编：《北洋军阀天津档案史料选编》，天津古籍出版社1990年版，第145—146、157、179、241页。

[②] 同上书，第241页。

[③] 天津档案馆编未刊资料：《为请援案整顿市政合同核议事给天津商会的指令》，档案号：J0128-2-000804-048。

国璋要求相关部门拿出合适的办法以便采用，显示他对灾商的合理意见还是积极采纳的态度。

第二是设法进行补救，在一定程度上抚恤受灾商民。冯国璋督直之后，天津被灾商民更希望他能促使政府设法赔偿，以期恢复生业。天津各行灾商代表张芷庵禀称："困苦情形已达极点。灾商等再四筹思，忧心如焚。除一面由灾商等呈请天津商务总会等处，迅将地方借款，并官商欠款分年筹还，以及房主镠辖，各办法赶速规定禀准实行外，谨合词泣陈都督钧前，俯赐设法补救。并据情转恳大总统将赔偿办法迅速宣布，可否于本省先行筹拨巨款，以救燃眉之急。"对此，冯国璋在1912年11月30日的批复是："该商等自遭兵燹，困苦异常，殊堪悯恻，亟应筹画补救之方，以济眉急。候据情咨复顺直临时省议会妥议办法，见复饬遵。"冯国璋在上任后，曾经多方筹措资金对受灾商民进行一定的抚恤。"迄本年1月31日蒙我督颁发银5万两，2月5日续发银421.6两，银元13599.69元，饬交天津商会赈济灾商。"然如此杯水车薪只是抚恤"保险会内之少数灾商"，无法满足"索偿保险会之外大多数被灾商民"之需要。1913年3月，北洋商学会等组织再向冯国璋呈"恳为未入索偿保险会之灾商民急发抚恤款"[①]。3月29日，冯国璋对此事有详细批文，体现了他对于抚恤灾民的基本态度。

> 灾商困苦，本民政长固所深知，时思设法维持，藉以稍苏商困，卷查前次借拨银两，分给灾商为数无多，已属竭蹶从事，当此财政困难达于极点，虽有抚恤商民之意，而再四筹谋多方挪借，皆以困于现象，不克达此目的。现时拮据益甚，仰屋兴嗟，实更无此能力，另筹巨款博济众商，区区苦衷，当为该会等所共谅。据称前项赈款，均由索偿保险会向天津商会领去摊分，而未入该会之灾商，未受分毫抚恤等语。不知此中自有原委，并非不一视同仁，仰候指令天津商务总会核议具复，以凭察夺，此批等因印发外，合行指令该商会查照办理。[②]

[①] 天津档案馆编：《北洋军阀天津档案史选编》，天津古籍出版社1990年版，第242—243、179页。

[②] 同上书，第178—179页。

从此批文中，我们可以看到冯国璋对于天津受灾商民有所抚恤，但是限于财政极为困难，无法满足所有被灾商民之需要。同时，冯国璋对于未入"索偿保险会"之商人未得抚恤之情并不清楚。而冯国璋对有大半"曾保火险而未入该会者"在进行相关诉讼的费用上亦曾给予过支持。"其雇用律师及英德署起诉费用，共支行化银778.4两，又银元8631.41元，知由我督饬令财政总汇处藉拨代偿，已属万幸，更得前后领去两款，合计6万余两。"

第三是大力支持天津商团组织。天津作为通商大埠，又是北京之门户，孕育了组织健全、功能齐备的商会组织。为了维护商业利益，天津商会在清季时先后成立了水团、体育社等组织。京津"壬子兵变"促使天津商会决定成立商团组织，"窃自津市浩劫之余，商界各有戒心举办商团，以图自保商业"[①]。于是，天津商会在1912年3月成立天津商团，"以防御乱匪，保卫治安，自保身家财产并不干预军事为宗旨"，并选举会长卞荫昌为商团团长，又聘请直隶都督冯国璋为商团总团长。天津商团的成员"由本街各商号选身体强健、品行端谨者为合格，每号定一人或二人，但不得雇佣及冒名顶替"[②]。作为天津商会下属的一个准军事组织，天津商团所发的枪支、子弹以及训练等都由直隶督练公所负责。

1912年10月5日，天津商会向直隶都督呈送商团服制、徽章等事，"现经公同拟定团长以及团员操衣颜色，并帽章、肩章、徽章各形式，自应呈请、移请立案，以昭郑重"。10月19日，冯国璋对此事作批示，"批：据呈并折图均悉。查商团之设，原以保卫市廛，有事则守望相助，无事则注重操练。其操衣一项，自应准其制备。惟不便与陆军服色混同，以致骤难辨别。津埠密迩租界，与他处情形不同。尤不可不格外郑重，庶免外人误会。所拟商团服制形式有无窒碍，候行巡警，送军事参议官查核，妥议具复，再行饬遵，抄由批发"[③]。根据冯国璋的指示，直隶都督府军事参议官对天津商会呈文详加研究，"以期服制合宜、形式得当，而与

---

① 天津档案馆编：《北洋军阀天津档案史料选编》，天津古籍出版社1990年版，第180、30页。

② 天津档案馆编：《天津商会档案汇编：1903—1911》下，天津人民出版社1989年版，第2447页。

③ 天津档案馆编：《北洋军阀天津档案史料选编》，天津古籍出版社1990年版，第30页。

军警两方面略示区别,以免外人误会之意"。就服饰而言,军事参议官认为:"商团所呈服制形式全图,其颜色、肩章各项等级与陆军服制规模无异。"为此,军事参议官商团服制提出具体改进意见,如"其正团董及教习肩章等级拟缀白金线一道,安三星。副团董拟缀白金线一道,安二星"①。

1912 年 12 月,天津商团向直隶都督府呈请自购所需枪支、子弹。据此,冯国璋命令治理都督府军事参议官核议,并获得陆军部的核准,转咨税务处知天津海关放行。而对于天津商团所购枪支不够时,冯国璋亦是尽力想方设法给予支持。"查该会因续招团员,需械孔殷,自应设法筹给以资保卫。保定军械局既无旧存枪弹可以筹拨,而前向荣华洋行所购订枪弹,又经各州县领购已尽,于无可设法筹给之中,仍应变通办理共保治安。此次该商会所需八十杆,每杆子弹三百粒,拟请由藩库存储收回陆军枪弹项下照数拨给,以应急需。"② 从 1912 年 11 月至 1913 年 9 月,天津商团及天津分会各商团曾多次扩充,大多得到冯国璋的支持,其所需枪支、子弹不足之数亦多由直隶都督府命令军械局遵照给予补充。③

二 冯国璋与直隶荒政

历史上的直隶灾荒主要表现为水灾、旱灾及蝗虫灾害等。竺可桢认为自 17 世纪以来直隶灾荒中以水灾为主,其原因在于受气候、地形及地质三个地理环境要素的影响,以及与"直隶的人口和农业有关"④。进入近代后,河北灾荒可谓"甲天下"。已有研究指出:"近代河北灾荒频仍,与自然因素的影响密不可分,其中气候异常为主因。""除此之外,地形、河流以及土质等,也有一定的影响。"⑤ 近代直隶水灾为祸尤烈,如 1871 年、

---

① 天津档案馆编未刊资料:《直隶都督府为改定商团制服事致天津总商会指令》,档案号:J0128-2-001025-032。
② 天津档案馆编未刊资料:《为拨给商团枪弹事致天津商务总会指令》,档案号:J0128-2-001025-033。
③ 天津档案馆编未刊资料:《直隶都督府为商团请领枪支事致天津商务总会批》,档案号:J0128-2-001025-082。
④ 竺可桢:《竺可桢文集》,科学出版社 1979 年版,第 109—115 页。
⑤ 池子华等:《近代河北灾荒研究》,合肥工业大学出版社 2011 年版,第 24 页。

第二章　冯国璋督直：巩固北洋派在直隶的统治 ▎145

1912 年及 1917 年的三次大水对直隶社会带来的破坏非常严重。① 对于 1871 年直隶水灾，近代湘人王之春曾有记述："辛未夏秋，直隶大水，顺天、保定、天津、河间境内有成为泽国者，自保定至京师须用舟楫，乃数百年来罕见之灾，李伯相截留南漕二万石以赈。然黄河渐归故道，北方水患恐难免欤。"② 1912 年直隶遭受严重水灾，永定河、大清河、滹沱河、子牙河等河相继泛决，"灾区有三十六州县之广，灾民达一百四十余万之多。非随流漂泊，即露宿风栖"。1917 年直隶水灾祸害更大，"直隶连降大雨，永定河、南北运河、潮白河等河堤相继冲溃，洪水泛滥；京汉、京奉、津浦铁路中断。被灾地区达百余县，灾民五百余万人"③。民初直隶灾荒对社会的破坏性较大，往往导致饥民流而为匪，成为地方政府治理社会的巨大隐患。因此，如何有效地应对灾荒带来的消极影响，积极赈济灾民，就成为统治者维护社会稳定必须要加以解决的难题。

（一）1912 年和 1913 年直隶水灾

在冯国璋督直期间，即 1912 年和 1913 年发生的直隶灾荒主要是水灾。1912 年直隶全省被灾县数达 36 个，据《申报》8 月 9 日报道："天津河水现在日益增涨，所有河北关上下，以及北营门、竹林村、陈家台、北开、小药王庙、赵家场等处，均已被水淹没，河口之水已平漫大堤。当由该处人民齐赴都督署具禀，请即设法维持矣。至巡警道杨敬林君亦于前日督率马队等及西区区长蒋君鹤林、侦探左保元等，赴北仓一带察看水势。至下午三钟始回，当赴都督府禀报水势情形。闻辛庄之浮桥，已被大水冲断。武清县各村男女，约有七八千人，现正在昼夜防护堤岸，而杨村电杆现亦被水冲折，是以京津电话颇有不能通达者。查此次四河陡涨，为庚子后十余年来所未有。该省西北、东北各州县均成泽国，而以天津、武清、宝坻

---

① 学界对近代以来直隶水灾的研究主要集中于 1917 年京直水灾，详见池子华《中国红十字会救济 1917 年京直水灾述略——〈申报〉为中心的考察》，《淮阴师范学院学报》2005 年第 2 期；王秋华《1917 年京直水灾与赈济情况述略》，《北京社会科学》2005 年第 3 期；徐建平《北洋政府时期京直地区水灾与环境》，《历史教学 下》2012 年第 6 期；王林《官义合作，委托救灾——1917 年京直水灾救济方式探析》，《山东师范大学学报》2013 年第 3 期；刘宏《天灾与人祸：1917 年京直大水灾及其原因探析》，《河北学刊》2014 年第 2 期。

② （清）王之春著，俞岳衡点校：《椒生随笔》，岳麓书社 1983 年版，第 109 页。

③ 李文海等：《近代中国灾荒纪年》，湖南教育出版社 1990 年版，第 806、864 页。

各县为尤甚。前日北河沿岸西沽、北仓、南仓、王庄各村河堤,东西两岸溃决,冲房伤人等事,迭有所闻。然今年水灾之所以较先年为苦者,田禾尚未成熟,指日夏尽秋来,小民并柴薪亦无捡拾之处,盖以本年水灾太早故也。前日夜河北窑洼闸口及北营门东一带大水涨溢,人民鸣锣喊救彻夜不止。而救护者仅本地绅董及该管警区各水会而已。今日水势仍涨,险象环生。人民生命财产所关甚巨,未知有人过问否?"①

1913年在直隶水灾中受灾的县数有15个,"大雨连绵,河水暴涨,永定河南五漫口成灾,附近居民,多被淹没"。1913年直隶水灾的成因仍是气候异常所致。8月上旬,"顺天、天津、保定各处,阴雨兼旬,山洪暴涨。大清河、运河各堤,先后决溢。雄县、安县、霸州、通州、东光、东安、固安等处,田舍村庄,多遭淹没。通州车站,亦被冲坏,淹人口约二三千人"②。民元、民二两次水灾都是洪水肆虐,淹没房屋,冲毁作物,不仅严重地破坏了生产,而且引发流民四处逃难,造成严重的社会危机,亟须国家和社会进行有效治理。

(二) 冯国璋与直隶水灾治理

1912年直隶水灾发生后,时任直隶都督张锡銮虽曾向北洋政府要求赈济,但是全面有效的应对措施还是在冯国璋出任直隶都督之后才开始的。民国初建,百业待举。袁世凯中央政府财政经济能力尚未恢复,中央财政还需各省解款支持,无法对直隶水灾提供有力的财政支持。因此,在各项资源有限的前提下,赈灾还是要靠直隶省自身的努力。广大灾民在饥寒交迫中惶惶不可终日,此时政府的救济措施若不能有效地缓解危机,将会对直隶社会带来难以估算的社会动荡。当时,红十字会派出的直隶水灾调查员就指出直隶灾区社会已经严重不稳定,"壮者从事抢劫一途","转瞬冬寒,危险实甚"③。在社会危机四伏的情况下,虽没有中央的财力资助,直隶地方政府在赈灾上采取了一些有力的措施,在一定程度上缓解了危机。民初,直隶水灾治理的模式可以概论为"官督商办",即由政府出政策,民间救济组织出力,合力募赈,共渡难关。简言之,冯国璋对直隶水灾的

---

① 《天津大水纪》,《申报》1912年8月9日。
② 李文海等:《近代中国灾荒纪年》,湖南教育出版社1990年版,第815页。
③ 《赈抚顺直水灾之大会》,《申报》1912年10月26日。

救济主要是采用政府倡导并在相关政策上提供支持，而倚赖民间组织力量全力救灾。

1. 多管齐下，积极赈灾

首先，委任沈敦和专理赈灾事务。在直隶水灾发生后，直隶都督张锡銮向袁世凯的北洋政府报告灾情。因张锡銮于9月8日更调东北西宣抚使，于是冯国璋作为直隶都督负责治理水灾。袁世凯按照冯国璋等人的请求，以临时大总统令委任红十字会副长沈敦和办理直隶赈务。"据张锡銮、冯国璋电称：此次顺直灾重地广，亟须赈抚，拟派上海红十字会总理沈敦和设立筹办顺直赈抚专部，广为劝募等语。应即照准，此令。"① 其次，努力向中央请求拨款救济。在冯国璋接任直隶都督时，直隶水灾已经非常严重，赈灾面临巨大困难。"计灾之处共四十四州县，七千四百八十余村，每村平均得一百户，每户平均约三口半，即每口谨按发给铜元九十六枚计算，尚需银洋一百七十四万二千二百余元。当此国库空虚，筹赈已难为力，而加以京津保三月二日之变，巨贾富绅均遭损害。以如此巨款由地方自行筹措，更属力不从心。"② 直省财力薄弱，巨款难筹，无法应对赈灾需要。为了能够早日实行赈灾，冯国璋即向袁世凯呈文称："顺直水灾甚重，鉴恳赐拨巨款以拯民命，并请饬顺天府将去冬平粜价款酌拨数万交局散放。"③ 然而，北洋政府并没有剩余的财力能够对直隶水灾进行大规模的赈济。在冯国璋向中央提出拨款后不久，财政部便向直隶都督府致函，将爪哇中华会馆华侨的捐款银一百八十元如数寄往直隶，"请汇入赈款发放"④。如此杯水车薪，对于直隶水灾赈济而言，简直是微不足道。为此，冯国璋向社会各界求援。再次，冯国璋发布公函向社会各界紧急求援，以募集救灾资金。1912年夏季的水灾淹没数十县，流民四徙，嗷嗷待哺，亟待政府及社会各界的赈济。然而，政府的救济资金奇绌，"库空如洗，京外皆同杯水车薪，无裨实际"。在寒冬即至时，冯国璋只好印刷公启向直隶籍的

---

① 《命令》，《申报》1912年9月24日。
② 《顺直乞赈函》，《申报》1912年11月11日。
③ 《大总统批顺直助赈局直隶士绅冯国璋等称顺直水灾甚重鉴恳赐拨巨款以拯民命并请饬顺天府将去冬平粜价款酌拨数万交局散放呈》，《政府公报》1912年9月14日。
④ 《财政部致直隶都督将爪洼中华会馆华侨汇到款如数寄请汇入赈款发放祈查收见覆函》，《政府公报》1912年9月15日。

各界人士募集救灾善款。冯国璋在公启中称："国璋奉令督直，谊关桑梓，……国璋倡银千两，诸君子饥溺为怀，或曾历崇阶，或现居要职，或宣勤于局所，或著绩于戎行，募义无穷，好施不倦，惟乞援之鼎力，分以廉泉，遍喻寅僚，代为集腋，庶比户均占实惠。"①

2. 积极动员和支持民间组织力量救灾

直隶水灾远远超越了直隶省的应对能力，"直省官绅议双方赈济治标办法，先散棉衣，根本之图自不外以工代赈。"但是，"以工代赈"缺乏资金，直隶水灾的救济还必须依赖红十字会的支援。冯国璋于10月25日向中国红十字会发出乞赈电：

> 今夏阴雨连绵，河流陡涨，直境永定、滹沱诸处河堤同时决口数十，州县田庐财产悉遭淹没，间阎荡析，惨不忍闻，既须赶筹急赈，又应堵筑堤防，灾重工繁，实非巨款不办，直省帑源枯竭，虽经张前都督通电，京外疾呼，请各省都督协助银米稍资接济，但需款尚多，终不免捧土塞河之虑。严寒即届，当念无衣。积凉一开，更须春抚。灾情浩大，来日方长。施赈既急治标，防河尤切于固本。统筹兼顾，未可刻延。愿以重遭积累之区，为拯溺噓枯之计。空拳徒奋，焦灼莫名。素仰贵会轸怀创夷，不分畛域，慈心宏愿，遐迩咸知，敬代我直数万灾黎呼吁请命，务乞广为劝募各岛华侨，欧美善士，量力钦助，俾得集成巨款，工赈并行，涸鲋尚苏，铸盎以报沥诚。②

冯国璋的电文向社会各界告知直隶水灾严峻的状况，亟须社会救援，意在请求红十字会的全力救助，以渡难关。冯国璋为了能够筹集更多的资金广为赈济，便派代表赴上海广泛募捐。直隶水灾引发的社会灾难，亦引起了上海各界的高度关注。1912年10月24日下午三时，顺直水灾上海义赈会在张园召开进行大会。王箴三作为直隶派赴劝赈代表，在大会上为直隶灾黎请命，恳请上海各界，尤其是顺直旅沪同乡会全力帮助家乡救灾。

---

① 天津档案馆编未刊资料：《直隶都督冯国璋为水患灾民倡捐的函》，档案号：J0128-2-002795-016。

② 《直隶都督乞赈电文》，《申报》1912年10月27日。

中国红十字会副会长沈敦和在会上"演说进行办法，略谓本人奉大总统及张冯两督委托办理贵省水灾赈务，义不容辞。但从前两次办赈均有成效，而与此次情形稍有不同"。"然鄙人既受兹重任，总当惟力是图。不过办法当先以灾情为准。前由鄙会派赴直隶调查江趋丹君，昨已回申。据其报告，灾区达数十县之多。尤以顺天之三河、武清、霸州、文安、永清、香河、宝坻，天津之天津（县）、沧州、静海、青县等州县为甚。人民死亡转徙状况亦与王箴三君报告相同。概论治标、治本办法，自不外施衣、施食，以工代赈两途。"沈敦和对直隶灾情进行了分析，认为直隶水灾赈济当以恰当的方法进行。沈敦和指出赈济直隶水灾的难点有三："今灾地田庐漂没无遗，灾民已不知散至何处，其难一。即招之归来，已无安置之所。若席屋而居，冬日有种火之虑，来春有酿疫之虞，其难二。受赈者是否灾民，尤须加以辨别，其难三。鄙见贵省之灾，不难于赈款，而难于赈法。若不先将办法筹妥，虽有银米无裨实益。"①

冯国璋委任杨宝恒、卞荫昌、刘家桢、刘孟扬作为顺直水灾义赈局及中国红十字会天津分会代表，"来与红十字会统一大会兼协商筹赈事宜，并承顺直水灾义赈局之推举，与旅沪顺直同乡会及奉直鲁协会诸公接洽，以便广募捐资拯救灾民之生命。务求广大善士大发宏愿，速解慈囊。北风渐寒，急不可待"②。冯国璋派出代表负责与红十字会开展各项联络工作，推动了直隶省与红十字会的合作，亦有利于红十字会在赈灾中发挥更大的作用。

红十字会在掌握直隶水灾的详情后，制定有效应对策略，积极投入救灾。由于直隶灾情刻不容缓，亟待救援，沈敦和在《申报》发布启事，号召有识之士积极参与顺直救灾。沈敦和筹赈都是亲力亲为，"自筹办顺直赈务以来，亲往顺直灾区，调查月余，岁除返沪，尚有未到之处，请代表朱静波、姚廷薰亲历调查"③。沈敦和"自岁除由京津调查赈务回沪后，分电各省团体、英荷各属华侨、万国红十字会等处告急募捐。而常议员、赞助团亦分头劝募，不遗余力"。在沈敦和等人的努力下，红十字会先后募

---

① 《赈抚顺直水灾之大会》，《申报》1912年10月26日。
② 《顺直乞赈函》，《申报》1912年11月11日。
③ 《报告灾区惨状》，《申报》1913年1月16日。

集"棉衣六万套、粮食数万石"运往直隶,在一定程度上缓解了灾情。红十字会在直隶水灾救护中,"筹办就疫、放赈、掩埋,连合教士、官绅,各赈择优散放"①。在1912年直隶水灾救治中,"红十字会组织演剧集资,并派员监督雇用船只装运粮食运到灾区散放,救助灾黎无数。与此同时,对受灾地区进行消毒处理,并会同施材社施放棺木"②。红十字会在直隶赈灾中发挥了专业组织救济职能,对于加快赈济进程及灾后疫病的防护具有重要作用。

3. 努力借助直隶商会组织粮商贩粮济津

天津作为华北的经济贸易中心,是连接北方广大内陆地区与外界交流的通商巨埠。清末新政时期,中外间的经济交流进一步扩大,天津的商业活动更为繁盛。在商部的直接推动下,1904年11月天津商务总会正式成立。此后,天津商会逐步形成了较为完善的组织系统。天津商会"从1906年至1911年间,在直隶全境中有五十个州县、乡镇建立了商务分会或商务分所"③。在近代天津荒政的赈济中,天津商会发挥了举足轻重的作用。

天津商会以其较为完备的组织体系,以及高效的动员能力,为1912年天津水灾的赈济做出了贡献。其突出的表现是应政府之请,天津商会积极将外省粮食运入直隶,以接济难民而平粮荒,从而有利于稳定社会秩序。直隶水灾发生后,哀鸿遍野,饥民四处流荡,又因直隶本地的粮食作物在青黄不接之时被灾,京津一带面临米粮缺乏的危局,因而赈灾的首要之举便是要亟须从外地购粮平粜直隶灾区。然而,直隶购粮却面临两大困境:"一、贫民困苦,二、官界款项支绌",但是"逢此荒年,赈抚不可一日短少"。而直隶各级政府完全没有能力购买大量粮食赈济灾民,唯有借助天津商会的力量,才可能避免出现赈抚停办的现象。为此,从北洋政府到直隶都督府都鼓励直隶粮商积极贩运粮食入直,以济灾民。此时,在赈灾上,作为政府所能做的便是在政策上给予优惠以催动粮商积极而为,即"招商出省购运,以济民食"。于是,北洋政府决定"自5月1号起至8月1号止,所有商人购运粮食前赴京、津、保三处者,概照商价九折核收"。

---

① 《红十字筹之赈忙》,《申报》1913年1月12日。
② 任云兰:《民国时期天津慈善组织变迁论略》,《民国研究》2009年春季期。
③ 胡光明:《论早期天津商会的性质与作用》,《近代史研究》1986年第4期。

同时，北洋政府在税收上给予较大优惠："津浦、京汉、京奉三路运至京、津、保三处粮食暂免厘捐办法。"① 1912 年 9 月，财政部鉴于"各处粮价尚未大减"，决定"运粮减价仍照前案办理，请将暂免厘捐办法展限半个月，自九月初一日起至十五日止"。天津粮商既有政府的优惠政策，又有灾区巨大粮食市场利益的驱动，毅然外出采购粮食，近则入山东、山西等周边省份，远则赴安徽、江苏和东北三省等地。

然而，天津粮商赴外省购运粮食入津却面临两方面的限制：一为江苏粮食禁运的束缚，二为政府优惠政策实施的时间较为短促的掣肘。1912 年 10 月，天津有庆兴号、成发号、成通号、成益号等 17 家粮商，"请赴芜湖、上海一带购运大米四十万石，已由鄙处给发照，并电招商局核准减收船价暨咨苏督特行沪关查照"②。江苏虽为产粮大省，但是苏北亦遭受水灾之害，急需粮食赈灾。因此，"苏督铣电暂准购办十万石，并须照完厘税及特别捐"，在经过冯国璋电请财政部协调后，苏省"准该商免纳五万石之税厘及特别捐，逾数仍应照缴"③。

1913 年 6 月，天津商会仍在努力购运粮食供应直隶灾区。天津商会向冯国璋禀告情况，要求向苏督争取更多粮食的优惠。"仍恳都督援去岁免征之成例，电求苏督念北洋之窘，视异省以同仁，能准运三十万石。""天津米粮短绌，价格陡涨，系属实情。应请照案电致苏督，开弛米禁，减轻捐税，以裕民食。理合呈请民政长查核，转请江苏都督查照办理。"④ 此外，天津商会提出将购粮车费优惠政策延期的要求，并请直隶都督大力促成。1912 年 11 月 17 日天津商会向冯国璋禀告："现在各粮商皆因在奉省囤粮过多，有关血本，纷纷到会恳求，仍照七五减收车价，照免沿途税厘，再行展限 2 个月，庶购粮众商免赔折之忧，各地灾黎得轻之惠，双方均有裨益。理合恳请都督俯念灾民，速赐电请交通部准予展限，以顾民食，实为便公。"11 月 23 日，冯国璋对此作批示："业经咨请交通部核复，应俟复到，再行饬遵。"⑤ 作为直隶都督，冯国璋既上传下达，又积极

---

① 天津档案馆编：《北洋军阀天津档案史料选编》，天津古籍出版社 1990 年版，第 231—234 页。
② 天津档案馆编未刊资料：《直隶都督兼署民政长指令》，档案号：J0128 - 2 - 000783 - 015。
③ 天津档案馆编未刊资料：《照抄财政部来电》，档案号：J0128 - 2 - 000783 - 016。
④ 天津档案馆编未刊资料：《直隶都督兼署民政长指令》，档案号：J0128 - 2 - 000783 - 037。
⑤ 天津档案馆编：《北洋军阀天津档案史料选编》，天津古籍出版社 1990 年版，第 236 页。

回应天津商会的诉求，在政策上做功夫，以满足粮商购运粮食的需求。在此背景下，天津商会又充分发挥了自身组织优势，超越其他民间组织，从而在粮食平粜中扮演了重要角色。1912年1—12月，天津商会组织津埠粮商远赴河南、江苏、锦州、德州、山西等地购粮，运至天津的粮食约有620880石①，为稳定灾区粮食价格，平复灾民情绪及恢复社会秩序，发挥了不可替代的作用。

4. 修治河道，以杜河患

直隶水灾频发，除了气候异常等自然因素影响外，还有人为因素，即河道长久未修，遇有大水不能顺畅泄洪，从而导致洪水泛滥冲毁民居，损坏农田。因此，实施赈灾的重要一环便是整修河道，以工代赈，增强民力，以便恢复生产。针对直隶水灾泛滥之主要导因，冯国璋主张修治河道，并曾积极推动直隶各界治理河患。1912年11月10日，冯国璋向直隶商会致函，研讨根治直隶水患办法。

> 吾直河道久废弗治，频年漫决，居民重罹沈灾，虽工赈兼施，而补苴已晚。考其积弊，实因河身淤垫日高，下游宣泄不畅，岁例修防之款，仅敷培筑堤工，财政支绌，无为久远之计者。是每遇霖雨倾注，则漫溢为患，沿河地方尽成泽国。国璋上月由保旋津，亲历河干，目睹横流泛滥，民田积水未消，憝焉心伤，神明内。窃以为河患已久，亟宜从根本规划，断难仅顾目前。曾与海防河工局工程司暨红十字会顾问美人福开森商及疏浚全省河道一事，业经拟有办法。福君顷已来津，急待解决，果使河流从此通畅，不惟岁修大省，昏垫无虞，舟楫往来，商贾利便，并可光兴水利，久浸之田顿成膏腴。现虽糜费较多，将来获益极巨。事关桑梓大计，研究不厌求详，兹定于十一月十五号奉邀福君及同乡诸君来署筹商，薄具杯酌，借通情愫。②

---

① 天津档案馆编：《天津商会档案汇编：1912—1928》第2分册，天津人民出版社1992年版，第1665—1667页。

② 天津档案馆编：《天津商会档案汇编：1912—1928》第1分册，天津人民出版社1992年版，第3206页。

冯国璋在治理水灾上已经认识到必须修治河道，为此聘请水利专家欲进行全面整治。1912年秋的直隶水灾为患巨大，主要原因之一即在于永定河决口，洪水四溢。12月11日，冯国璋亲临现场视察，决定全力修复河堤。但是，根据筹拟办法，"估需工银二十九万七千六百余两"，而财政部"刻下库空如洗，毫无收入，仍令自行筹划"。冯国璋"以该工为数州县民生利害所关，势难延缓，只得督同藩司设法腾挪筹措，俾济要需"。冯国璋一面根据有限的资金要求核减兴工项目，一面督促地方官集结人力填土合拢决口。事后，冯国璋向袁世凯呈文，"拟将堵筑永定河北五工漫口大工合拢在事异常出力人员，遵照勋章条例，分别给予嘉禾章"①。此外，冯国璋在治理水灾上还重视疏浚河道以利民生。如《申报》曾报道，"直督冯国璋议筹巨款将天津至保定之北河开浚，俾商业小轮能往来开驶以便交通"②。还应该提及的是自1913年始，冯国璋积极促成直隶行政公署与海军大沽造船所，合资创办直隶全省内河航运业，定名"直隶全省内河行轮局"。"直隶行政公署与大沽造船所彼此议定，各出官款十万两，办理直隶全省内河行轮事务。其地点先从津保、塘沽、蓟运、津磁、滦迁五路举办，其余随时查看情形逐渐推广。"③ 总体而言，冯国璋作为直隶都督，又是本土人士，对于赈济灾民还是颇为用心，并在治理水灾上采取了一些积极可为的政策，这些都应予以肯定。

冯国璋除了对直隶水灾进行积极治理外，还为遭受其他灾荒的地区向北洋政府申请蠲免钱粮。1912年12月19日，冯国璋向袁世凯呈报开州等三个州县秋禾被灾，"拟请蠲缓钱粮暨毋庸赈抚各情形"。冯国璋称："直属地方秋禾被水、被雹、被旱、被虫等州县业经另文呈办。所有开州、东明、长垣等州县濒临黄河村庄，秋禾被淹、沙占情形，经本署司批饬大名府督同该州县堪明会呈到司。"根据查明的情况，开州等三县各村均已受灾，只是各村受灾程度不同而已。其中较为严重的"开州安二头村等一十二村成灾八分，孙寨等一百零六村庄成灾七分，吉庄等十六村庄成灾六

---

① 《直隶都督冯国璋呈大总统拟将堵筑永定河北五工漫口大工合拢在事异常出力人员遵照勋章条例分别给予嘉禾章以示鼓励开单请鉴核施行文》，《政府公报》1912年12月12日。
② 《专电》，《申报》1913年3月14日。
③ 天津社会科学院历史研究所编：《天津历史资料》第9期，天津社会科学院历史研究所，1980年，第28页。

分",其他的村庄成灾较轻的,如"苗庄等八村庄成灾五分,陈寨等六村成灾四分……李古河等三百六十一村庄歉收三分,均应请照例分别蠲缓带征"。据此,冯国璋提出解决办法:第一是允许"该州县被水、河占、沙压灾区"居民到附近秋禾成熟村庄"佣趁谋食"。第二是按照以往成案"蠲缓钱粮",其办法是将成灾五六分村庄应征蠲免1/10,成灾七分村庄蠲免3/10,成灾八分村庄蠲免4/10。第三是建议对受灾村庄的"节年粮银以及出借仓谷等项,一体缓至中华民国二年秋后起征,仍分别减免差徭,以纾民力"①。冯国璋申请蠲免钱粮的办法,在一定程度上减轻了灾民的负担,是地方政府对灾民救济的补充办法。

三 冯国璋与直隶禁烟

(一) 清末民初禁烟政策流变

"鸦片为祸中国,垂及百年,贵贱沉溺,流衍遍地。浸毒之深,甚于洪水猛兽。"②清道光时期的文人姚燮在《洋烟考述》中曾言:"尝以为自清嘉庆以来鸦片流入中国,每年有增无已,白银外流,物价腾贵,民生凋敝,流毒日深,慨然忧之。"③清道光十八年(1838)黄爵滋奏请严厉禁烟,道光皇帝下令禁烟,掀起清代第一个禁烟运动高潮,并颁布中国历史上的第一个禁烟法典——《严禁鸦片章程》。此次禁烟运动以林则徐虎门销烟为代表,取得了阶段性的成果,但是,曾经轰轰烈烈的禁烟运动却遭到国内外各种利益集团的联合阻挠而失败。

1842年《南京条约》签订后,鸦片堂而皇之地进入中国,对中国社会造成了极大的破坏。清季鸦片流毒已经严重地腐蚀国家政权和社会肌体,若不能有效遏制其蔓延之势,势必进一步加剧整个国家和民族的危亡。1906年9月20日,光绪皇帝以上谕发布禁烟令:"自鸦片烟弛禁以来,流毒几遍中国,吸食之人废时失业,病身败家,数十年来,日形贫弱,实由于此,言之可为痛恨。今朝廷锐意图强,亟应申儆国人,咸知振

---

① 《直隶都督冯国璋呈大总统转报开州等州县秋禾被灾拟请蠲缓钱粮暨毋庸赈抚各情形请鉴核文》,《政府公报》1912年12月24日,第237号。
② 江苏省民政厅编:《江苏省禁烟概况》,1936年,第1页。
③ 谢国桢:《瓜蒂庵小品》,北京出版社1998年版,第276页。

第二章　冯国璋督直：巩固北洋派在直隶的统治

拔，俾祛沉痼，而蹈康和。著定限十年以内，将洋土药之害，一律革除净尽。"① 9月21日，清政府又颁布"禁烟十条章程"，采取多种措施厉行禁烟，以图根绝烟毒，开启了清末民初为期十年的禁烟运动。

清末禁烟曾取得较大成果，然"自革命军兴以后，各省因逊清政府之政令不行，而革命军政府则无暇顾及烟禁，故各省愚民因贪图小利，多偷种烟苗，致鸦片毒卉，几有复萌之势。即已报禁绝之省份亦复种植。至于吸食与贩，更随处皆是。凡满清政府所订之禁烟法令，亦均无法执行。故民国政府成立之后，既代人民除暴兴利，对于贻害国家人民之大患，不能不设法清除。不然，使前清专制政府所行之禁烟政策不能行于今日，实为民国之奇耻大辱。此民国政府之所以积极颁布禁烟法令也"②。

1912年民国成立后，南京临时政府厉行禁烟政策。3月2日，孙中山颁发禁烟令，明确规定："凡是不戒烟者，不可为共和之民，剥夺其选举、被选举一切公权。"③ 3月6日，孙中山要求内务部迅速清查前清禁烟令，对于其可行着立即转咨各省都督通令施行，而"其应加改良及未尽事宜，并著该部悉心筹画，拟一暂行条例，颁饬遵行"④。3月23日，孙中山再颁禁烟令："鸦片为害，历岁久远，年来定限禁绝，稍免荼毒。乃军兴之后，禁令渐弛，复有滋蔓之患。亟宜重申严禁，责成各长官，将从前禁种、禁运、禁吸各办法，继续进行，毋得稍有疏懈。并当剀切晓谕，俾知禁烟为除害救民之要图，凡我国民，尤宜视为鸩毒，互相劝惩，不得图一时之利，而忘无穷之害。"⑤

袁世凯接任临时大总统后，亦重申民国政府禁烟之决心。3月14日，袁世凯就严令各省继续实行各项禁烟政策。1912年6月1日，颁发《通饬禁种鸦片文》表明严厉禁烟之决心：

> 禁烟为除害救民之要政，前经特令内外各长官，将从前办法继续

---

① （清）朱寿朋编：《光绪朝东华录》（五），中华书局1958年版，第5570页。
② 于恩德：《中国禁烟法令变迁史》，中华书局1934年版，第149页。
③ 《大总统令禁烟文》，《临时政府公报》第27号，1912年3月2日。
④ 《大总统令内务部通饬禁烟文》，《临时政府公报》第30号，1912年3月6日。
⑤ 中国社会科学院近代史研究所近代史资料编辑部编：《近代史资料总25号》，知识产权出版社2006年版，第344页。

进行。乃闻各省自上年军兴以来，禁令废弛，无知愚民，往往贪图近利，偷种烟苗，若不痛予铲除，则毒卉复萌，何以导新机而除旧染。应责成各省都督，无论已报禁绝及未报禁绝省份，一律剀切晓谕。如再有私种鸦片情事，即严饬分别犁拔。凡我国民，尤宜互相惩戒，毋得干犯禁纲，致贻后悔。

1912年10月28日，袁世凯又颁布《严禁种植贩卖吸食鸦片文》，再次彰显厉行禁烟之意志：

吸者立即解除，贩者分别停歇。尤其要者，现在时令正当从前烟苗下种之期，切宜劝令相地所宜，种植他项农产，万务轻弃工本，植兹毒卉。如有违抗者，一经发觉，照律治罪，绝不宽待；官员故纵者，一并分别重轻，按律惩治。①

袁世凯一再重申禁烟训令，通令各级地方长官，遵守已有之禁烟条例、法案，厉行禁烟。同时，袁世凯政府还制定《新刑律》，有专章对涉及鸦片的种植、制造、贩运、吸食等诸种情形在法律上确定罪行，对于违法者进行法律制裁。在民初中央政府严厉禁烟政策及相关法令的推动下，各省地方长官亦不同程度地参与了禁烟活动，成为民初禁烟运动重要的组成部分。

（二）清末民初直隶禁烟概略

直隶禁烟由来已久。在清代道光时期，直隶一些地方官员即在严厉禁烟，"对直隶鸦片走私起到一定的抑制作用"②。如直隶总督绮善在任上就曾积极禁烟，戴逸先生曾指出："绮善不是弛禁派的代表，相反，他在直隶禁烟是很有成绩的。"③ 清末新政时期，袁世凯亦在北洋厉行禁烟，"不遗余力，特设禁烟总局，专司禁烟之事"④。北洋集团在直隶禁烟，措施得

---

① 章伯锋、李宗一编：《北洋军阀：1912—1928》第2卷，武汉出版社1990年版，第1356、1363页。
② 严兰坤主编，方尔庄：《河北通史·清朝》下，河北人民出版社2000年版，第11页。
③ 戴逸：《履霜集》，中国人民大学出版社1987年版，第539页。
④ 张华腾：《北洋集团崛起研究：1895—1911》，中华书局2009年版，第294页。

力，并能严厉推行，因而"直隶省之禁烟，先于他省，故收效较速"①。

进入民国后，直隶地方政府继续禁烟。张锡銮出任直隶都督后，延续前清的禁烟政策。第一是督促各地官员深入乡村，实地查禁鸦片。第二是查办禁烟总局的贪腐行为。1912年5月，顺直禁烟会揭露前禁烟局总办在禁烟中存在徇私舞弊的行为，"具呈中国国民顺直禁烟会会长张寿春、宋寿恒等为禁烟舞弊，恳请彻查法办以除障害而资整顿事"。接到呈文后，张锡銮迅即派人前往查核，"当由前督院张派委汪道士前往确查。旋据禀复，查明局存烟土实有短少斤两、掺和尘沙等情"。于是，张锡銮"批饬禁烟局，按照现查情形秉公核议详复，再候酌夺在案"②。第三是由禁烟局派人到各县严禁民间的罂粟私种行为。1912年6月，禁烟局派康景昌负责检察顺德府及鸡泽、邯郸、永年、成安、磁州等14个州县的禁烟情况；同时派贾文龙巡查大名府、肥乡、曲周、清河、广平、威县等12个州县的烟草种植情况；以及派李岁湘赴永平府和丰润、玉田及遵化等州县察看罂粟私种情况。③张锡銮在直隶都督任上时间不长，因而实施禁烟政策的效果不能马上显现出来，但是为冯国璋继续禁烟奠定了基础。

（三）冯国璋在直隶厉行禁烟

冯国璋上任后，接续厉行禁烟，采取一系列措施防范烟毒泛滥。

1. 改组禁烟机构

民初直隶专司禁烟的机构仍是清末成立的直隶禁烟总局。该局于光绪三十三年（1907）七月八日在天津新车站附近成立，在清末直隶禁烟中发挥了重要作用。1912年5月，直隶禁烟局前总办的贪腐行为被揭发，从而对直隶禁烟的声誉及形象带来了严重的负面影响。10月，天津公民陈仲魁向冯国璋建言，要求将禁烟局撤并，以警务公所负责禁烟事宜。实际上，直隶禁烟总局作为独立的禁烟机构，却没有独立的执法权，"内埠巡查抓办烟案非协同巡警不能抓办，外属巡查所查烟案非责成地方官不能惩办"④。于是，1912年11月冯国璋裁撤禁烟总局，在警务公所内成立禁烟

---

① 茶圃：《各省禁烟成绩调查记》，《国风报》1910年8月5日。
② 《顺直禁烟会揭前禁烟局总办呈及都督批》，《大公报》1912年5月5日。
③ 《调查私种》，《大公报》1912年6月9日。
④ 《天津公民陈仲魁等禀请都督归并禁烟局并彻查私弊文》，《大公报》1912年10月5日。

处负责办理禁烟事宜，规定禁烟各项巡查事务悉由各属巡警及侦缉队专理。① 1913年4月，冯国璋对禁烟机构再次进行调整，将禁烟处更名为禁烟善后局，并改由内务司管辖。

2. 严禁私种烟苗

根据中英两国之间达成的禁烟的相关规定，只有当内地各省内罂粟私种禁绝后，方可禁止输入鸦片。为了能够早日禁绝烟毒，内务部于1912年11月5日向各省都督通令要求将所属一律查禁吸种鸦片，"查禁烟之事极关重要，现当烟苗下种之期，尤应严行申禁，以期根绝。为此咨达贵都督，希即饬属一律查禁，并希详慎办理，毋任疏忽，是为至要"。冯国璋随即札函直隶各地方官，要求遵照执行，"查前准国务院来电业经通行遵办在案，兹准前因，除咨行外，合行札饬札到该□，即便遵照办理，此札"②。

3. 严厉处决烟犯

1913年6月9日，冯国璋指令望都、清苑、博野、定县各知事严缉私种烟犯。"查本省烟禁久经届满，迭经通饬各县严密查禁，如有乡民私种，尤应按律严惩，乃该乡民张洛生等，以张家营地方毗连五县，向无专管，胆敢违禁私种，希图幸免，殊属目无法纪，亟应按律惩治。并督饬警员迅传刘喜成等到案严讯，分别治罪，以肃禁令而儆效尤。至该县奉行功令，能于所辖境外悉心查访，破获要案，合行记大功异常，以资奖励。"同时，冯国璋还"指令该县仰即毋分畛域，合力严缉，以绝根株，而重要政"③。冯国璋在直隶禁烟，严肃法纪，奖惩结合，对于禁烟有功的县知事进行奖励，对查获的烟犯则严厉打击。对于直隶严厉禁烟情况，1913年6月17日的《大公报》有专文记载：

客有自延庆、昌平、张家口等处来者云，各该处于禁烟事，近日严厉异常。昌平县之（近关）、（城上）、（东宫）、（西泰）、（九道

---

① 《直隶行政公署通令全省警察厅局文》，《大公报》1913年5月21日。
② 马模贞主编：《中国禁毒史料》，天津人民出版社1998年版，第595页。
③ 《直隶民政长指令望都、清苑、博野、定县各知事严缉私种烟犯文》，《大公报》1913年6月9日。

河)、(机市)等村,种烟极多,自闻官家有派兵铲拔烟苗之说,遂开联庄大会,聚集2000余人,举二道关之赵七皇上为首,以备与官兵抵抗,幸昌平县知事某善为调停,略以兵力弹压,遂将烟苗铲除净尽,惟赵七皇上已潜逃。

又张家口前日处决要犯11人,计扒手4人,盗贼2人,冒充侦探1人,私贩烟土者4人。近日该处车站无论搭客为谁,一入站台必须受禁烟稽查之检验。所杀私贩烟土者4人,即于站台查出,立即正法者若。[①]

正是因为直隶都督严厉督促,加之"由于各级地方官认真负责,措施果断强硬,因而罂粟种植在较短时间内被禁绝"。在经中英双方在直隶各县实地勘验确认土药已经得到禁种后,"英国遂答应自1913年6月15日起,外国鸦片不再输入直隶"[②]。

4. 查禁军人吸食鸦片

冯国璋在直隶都督任内,采取严厉措施禁烟,不仅要求平民不得吸食、贩运和私种罂粟等,而且还要求军队不得吸食鸦片。众所周知,吸食鸦片对人体危害极大,如果军人一旦沾染上毒瘾,不仅缺乏战斗力,而且还会败坏军纪,从而对社会造成更大的危害。为此,严禁军人吸食鸦片便为历来将帅治军之基本要求。1912年12月,多伦镇守使王怀庆传饬所部,严禁吸食鸦片。"照得鸦片一项,久已悬为厉禁,为军人者尤应严行戒绝。迭经出具不吸鸦片切结,并互相出结在案。我军到多以来,因本地私售鸦片者甚伙,且地方官办理不善,而吸食者愈无所顾忌。前敌受伤军人暗吸止痛者,抑或难免。近查受伤军人,均已痊愈,如再隐吸,殊属有违例禁。自此之后,无论何人等,倘查有吸食鸦片者,定当按律惩办,绝不姑宽。各级长官,层层均有关系,禁条具在,勿谓言之不预也。"[③] 直隶禁烟在实施过程中,面临的困难为数不少,如烟犯有隐匿者,或有地方各种势力庇护者,甚至在禁烟过程中遭受暴力抵抗者。直隶禁烟善后局在禁烟中

---

① 《直隶禁烟之认真》,《大公报》1913年6月17日。
② 肖红松:《近代河北烟毒与治理研究》,人民出版社2008年版,第321页。
③ 张侠等编:《北洋陆军史料:1912—1916》,天津人民出版社1987年版,第595—597页。

碰到颇为棘手的挑战便是军人公然干预查禁。

1912年12月21日，全国禁烟联合总会向直隶都督冯国璋致函称："昨准直隶禁烟善后局缄开：军事区域，烟禁无法进行。张家口一带，多系军区，私运者最多，往往与军人混杂一处，同住栈房，巡查不敢过问，稍有不慎，军人即出而干涉。"该函告知冯国璋，直隶禁烟善后局张家口分局在8月15日查缉烟犯过程中，遭到独立骑兵一排的殴打，"乃兵队多人极力抗阻，该排长亦避匿不见，将署长及警兵四人全行打伤，土犯亦乘机逃遁。"对于军人存有此等败坏典章法令的行为，冯国璋根据陆军部公函的要求，一方面"咨察哈尔都统严密查究"，另一方面"饬所属军人恪守军纪，对于前项情事，不得再有违反，以重军声而资儆惕可也"。冯国璋对军人贩卖烟土敢于动真格，并将之绳之以法。如直隶禁烟局委员齐鼎焕曾在张家口拿获贩卖私土案犯，因其首要分子奎祥既为旗员又是察哈尔骑校，为察哈尔都统何宗莲所包庇，一直未能到案受审。对此，冯国璋要求严格按照律法进行惩治。"国璋忝为一省行政长官，应负完全责任。是以对于直省禁烟，不敢稍涉宽假。""国璋前饬巡警道赴张家口将长盛公铺掌董若瓒等，连同烟土一律提津交审判厅讯办。独奎祥一人始终不到案。"冯国璋对察哈尔都统迟迟不交人受审非常不满，于是向袁世凯要求批示缉拿奎祥。"应请令饬署察哈尔都统何宗莲迅将烟犯奎祥交案讯办，以尊法权而重烟禁。"袁世凯在接到冯国璋提交的呈文后，立即做出批示："案关在官人员贩卖烟土，若不按律究处，何以巩固法权，应由察哈尔都统迅即交案讯办，勿稍瞻徇。"①

冯国璋在直隶禁烟虽有雷厉风行的一面，并且亦取得一定的成效，但是在短期内不可能将为祸中国近百年的烟毒彻底禁绝。禁烟历来都是一个系统工程，不仅要有果断可行的政策，还需要全社会的全员参与。因此，直隶的禁烟运动作为清末民初禁烟运动的重要环节，为后世者治理烟毒提供了一定的历史参照。

四　冯国璋安定直隶社会秩序

冯国璋于1912年9月9日出任直隶都督，1913年1月10日又兼署直

---

① 《直隶都督冯国璋呈》，《上海法曹杂志》1913年第13期。

隶民政长。自进入民国以后，直隶各地社会秩序尚未完全恢复，作为一省最主要负责人，除了要面对亟待解决的大政问题，如兵灾、水灾及禁烟等事务外，还需要进一步安抚地方社会秩序，对直隶的社会、政治、经济等进行治理。在民元、民二两年，冯国璋在对直隶社会秩序的整顿方面曾进行过探索，在地方治理的经验上为后来者提供了历史的借鉴。

（一）剿匪

"辛亥革命以后的十年里，报章开始不再把中国称为'民国'，而称为'匪国'。"[①] 民初，各省匪患猖獗，剿匪自然成为地方主政者的重要责任。清末以来，直隶匪患问题就已经非常严重，历来直隶总督均有剿匪活动。然而，匪患的形成有非常复杂的社会原因，要剿灭土匪非短时之功。

民元直隶土匪仍然猖獗一时，四处肆虐，严重地扰乱社会秩序，甚至有的土匪参与京津兵变，对社会造成极大的破坏。为了剿灭土匪，作为军人的冯国璋以雷厉风行之作风，要求严厉镇压土匪。他在《提交省议会地方官治土匪办法》中提出："嗣后，凡各属遇有土匪劫掠暨情节重大之犯，均拟划归军事范围，一经拿获讯明，即行从严惩治，以维地方秩序。"[②] 冯国璋是通过赋予军队以剿匪之责，冀图以军事高压态势来压制土匪横行之势。

然而，直隶境内土匪四处皆有，特别是处于交界地带的土匪善于跨境作案，防不胜防。为此，加强各地间的信息交流，联手剿匪就成为必然要求。1913年3月1日，热河都统熊希龄致电冯国璋要求相助防匪："据围场厅王知事电称：'屯垦地方自客冬匪徒潜伏，经围绅、警察报厅知会在案。知事权限不逮，患如心腹，迩闻在热滋事匪徒，逃伏其境，迭传滋事之遥，虽难尽信，但彼兵单匪众，应防未然。围街昼夜逡巡，危如累卵，事机已伏，须派胆识大员，督带劲旅前往镇理，方有转机。倘彼生事，地隔两属，谁负责任。'等语。查屯垦系属贵辖，闻旧驻有淮军，间与围厅界限分明，鲜能联合。兹据电称，付莽未清，恐引外匪。而彼处北防兵正

[①]〔英〕贝思飞：《民国时期的土匪》，徐有威等译，卜文等校，上海人民出版社2010年版，第15页。

[②] 中国社会科学院近代史研究所图书馆藏未刊资料：《冯国璋督直时函电稿》（二），编号：甲204—1，第38页。

不敷，应请由贵处电令屯垦局驻军，速与该厅会商联合办法，守望相助，以阻隐患，无任感祷，乞电复。希龄。先。印。"3月3日，冯国璋即复电熊希龄，已派出军队合作剿匪："熊都统鉴：辰密。先电悉。已飞饬驻围毅军与该厅会商联络守望矣。国璋。江。印。"① 冯国璋在直隶都督任上仅约一年零三个月，时间较短，不足以完全实施剿匪各项计划。但是，冯国璋在剿匪上的一些做法对于继任者而言，有的地方还是值得借鉴的。

（二）规范政党的活动

民国肇建，政党勃兴。仅在一年间，全国各地"集会结社，犹如疯狂，而政党之名，如春草怒生，为数几近百"②。根据张玉法先生的初步统计，自武昌起义爆发后，迄于1913年底，公开成立的党会有682个，其中政治类312个。③ 在民初激烈的政治竞争中，各党派为了扩大自己的影响，纷纷在各省设立支部，招纳新党员，扩展在基层的活动，冀图获得更多支持。

直隶作为畿辅重地，自然成为诸多政党争夺政治资源的重要地区。1912—1913年，许多政党争相在直隶设立支部。如共和公进会于1912年7月在滦州第三师范学校开成立大会。"惟天津为通商大埠，且为北方文明荟萃之区"④，故而许多政党将直隶支部设在天津。1912年12月17日，民主党直隶支部在天津河北大经路劝业场开成立大会。1913年2月2日，中国社会党在天津东马路六吉里新春秋报社召开成立支部大会。此时，作为直隶都督冯国璋对于各政党在直隶境内成立支部活动，按照内务部的要求进行了一定的管理。按照内务部的相关规定，各政党要在地方成立支部需要在内务部及各省行政公署登记在案，且其成立宗旨不能有违《临时约法》之精神。

就上述三个政党而言，它们在直隶成立支部大会的情况不一。其一是民主党直隶支部顺利成立。1912年12月6日，冯国璋向内务部咨明曹锐等组织民主党直隶支部情形。民主党在成立直隶支部大会之前，将所有党

---

① 周秋光：《熊希龄集》（三），湖南人民出版社2008年版，第53页。
② 善哉：《民国一年来之政党》，《国是》1913年第1期。
③ 张玉法：《民国初年的政党》，岳麓书社2004年版，第32页。
④ 中国第二历史档案馆编：《中国无政府主义和中国社会党》，江苏人民出版社1981年版，第189页。

章、缘起及支部细则,检齐送到直隶都督署照章立案。因其符合相关程序,于是冯国璋将民主党直隶支部向内务部咨请备案。① 其二是共和公进会被要求修改会纲,其直隶支部方可准予立案。1912 年 7 月 25 日,冯国璋向内务部咨明共和公进会在直隶成立大会情况,但内务部咨复"惟阅会纲各条有监察地方行政并监察财政用途两层",与大总统命令:"地方官厅按法应受省议会之监督,亦惟省议会乃得直接行此法定之职权"不相符合。于是,内务部要求冯国璋"转饬该会将会纲删改,再行呈请,咨部核办可也"。11 月 24 日,冯国璋再次向内务部咨明该会已经按照要求删改,"庶于法定职权不相侵越",并请予立案。其三是中国社会党天津支部被查禁。1912 年 6 月 28 日,直隶行政公署在给内务部的咨文中称:中国社会党天津支部"于四月二十日,不候内务部核准,径行开会,于地方治安,大有妨碍,……近日拿获国民书社销售《照妖镜》人犯周幼垣等三名,均与社会党有密切关系。以上种种行为,实属干犯法纪,妨害治安"。于是,天津警察厅"呈请都督咨行内务部鉴核,将社会党名义及各处分部勒令解除,并饬该管警区随时调查该党以后情形,倘查有违犯法律证据,立即拿获,按照新刑律惩办,以儆匪徒,而消隐患"。7 月 4 日,内务部咨复直隶都督:"社会党违法各节,是否系该党机关所为,应由贵都督转饬该厅调查,倘有确实证凭,即可据法办理。"②

此外,针对各政党在直隶省内活动频繁,甚至深入各级学校,发动学生入党的情况,冯国璋发布命令,禁止政党在学校活动。"近来政党繁兴而学生入党者实不乏人,殊于国家兴学建校之本意不相符。……本都督承乏梓乡,关怀治术,于政党则宜尽维持之责,于学生则大有厚爱之意。用特通告阖属各校,凡在校诸生,务宜黾勉前修,专攻学术,德业务期远大。"于是,冯国璋提出明确要求:"至学校为管理员及教员,自宜严整校规,循循善诱,其未党者则勿使兼驰旁骛,干预党务以荒学本务,以堕远图。倘此后再有学生入党情事,责无旁贷,即咎有攸归。"③

---

① 中国第二历史档案馆编:《北洋军阀统治时期的党派》,档案出版社 1994 年版,第 239 页。
② 中国第二历史档案馆编:《中华民国史档案资料汇编》(第 3 辑 政治 2),江苏古籍出版社 1991 年版,第 784、789、608—610 页。
③ 中国社会科学院近代史研究所图书馆藏未刊资料:《冯国璋督直时函电稿》(一),编号:甲 204—1,第 63 页。

（三）严防革命党人

1913年"宋案"发生，国民党与以袁世凯为核心的北洋集团在政治上走向决裂。二次革命爆发后，北洋政府要求各级地方政府严密防范党人在各地的活动。对此，冯国璋积极执行北洋政府的政策，发表"通告各属人民"的告示，要求百姓遵章守纪，冀图通过高压态势来维持直隶社会安定。

> 乃现闻□□各省党人煽乱宵小，……直隶民情夙称朴厚，现状幸可维持。然不逞之徒散布妖言，藉端煽惑，以遂其倾覆政府、扰乱大局之计。本都督兼任民政署长，服官桑梓，系念痌□，务使军旅捍卫商民，秋毫不扰。警察保持秩序，守望堪资。有显违国宪，多端煽诱、谬图酿成内乱者，则为国家所共系，法律所不容，自应处于严刑。究其逆党，执法不贷。……特通告各属人民，循分守法，务各乐业安居，须知拥护共和，国民天职。莫安黎庶，大吏仔肩。本都督兼署民政长忝握疆吏，即有保护人民之责，务各循分守法，乐业安居，勿坠奸谋，勿惑谣说，免致转相惊扰，而为奸人所乘，则大局幸甚，直隶幸甚。①

显然，该告示是严厉警告党人勿在直隶境内开展反对政府的活动，同时告诫平民勿参与各项党人组织的活动，各守其业。作为直隶都督，冯国璋有维护地方社会秩序之责任，因此采取措施维护社会稳定是其职责使然。

（四）整顿直隶经济秩序

民国初建，社会各项秩序亟待完备的制度来厘定。作为直隶都督兼民政长，冯国璋在直隶经济方面曾进行过一些探索。这些探索从直隶经济的长远发展来看，还是有一定的借鉴意义。

1. 推行使用银元

长期以来，中国通货用银，但是因各地银色、分量及形式不统一，经

---

① 中国社会科学院近代史研究所图书馆藏未刊资料：《冯国璋督直时函电稿》（三），编号：甲204—1，第29页。

济深受其困，人民亦受其害。1913年1月，财政部"拟明定章程，凡民间完纳丁课税厘，并发放俸饷官款及一切出纳事项，概以银元计算，由沿江沿海交通利便之省份先行改革，再以次推行于内地"。对于财政部统一币制的改革，直隶是采取积极支持的态度。从直隶经济现状而言，财政部的币制改革，有助于经济发展。"如果中国银行有强固不摇之魄力，划定法价不随市面为转移，或入或出毫无损耗，厚人民之信用，即为统一币制之先声。"冯国璋从大局及直隶本省的实际出发，在直隶推广使用银元，于是"拟请本省行使银币，从京、津、保定三处所辖地面先行试办，将来中国银行设立一处，即将银币推行一处，总之民间信用之力既坚，斯国币流通之机不滞"①。

2. 提倡矿政

清末新政期间，直隶矿务发展较为迅速，多地开有煤、金等矿。其中，张翼曾办理建平、永平、承平三矿，但是因其贪赃枉法，将金矿转手给外人。1912年夏，该三处金矿由直隶都督张锡銮从外人手中订约收回。于是，如何继续办理三处金矿便成为直隶都督必须面临的问题。"前经署理直隶都督张，案照开滦矿务联合条款收回，并委任总协理，设立公司经理，另招商办事宜。"但是，该三处金矿自开办以来，"二十余年中，间由外人掌管者又约近十年，内容复杂，清查匪易，且有旧商股本十余万金"。因此，如何进一步推进矿务，就成为颇为棘手的事宜。冯国璋接任直隶都督后，对建平、永平、承平三矿的处置采取以下办法：首先是维持现状，"暂照旧有矿区继续开采，并一面派员分途调查，清理矿界"。对于清理旧商矿界的时间以两年为限，"一律办清之条遵照办理"。其次是对该三处金矿"拟议招股章程，如该秦肇西等有资办矿，自可准予入股"。再次是对于该三处金矿之外的矿产，准民间开办，即"或另案集股开办，或听商民自行请办，以示提倡"。冯国璋历时近半年，将建永承金矿另组新公司招商承办。1913年4月26日，冯国璋向工商部咨称："本都督既以收回三矿之资格，为组立公司之发起人，数月以来竭力筹办，所有困难情形以及拟订招股章程，历经咨会贵部。现遵照期限，特派测绘专员清划各处矿界，

---

① 中国第二历史档案馆编：《中华民国史档案资料汇编》（第3辑 金融），江苏古籍出版社1991年版，第102—103页。

壹意进行，冀为我直省力保矿权，藉辟地利。"①

3. 保护林产

此外，冯国璋曾通饬各地方官，要用心保护林产。中国向来产权意识不彰，农村对于林木多存有滥砍滥伐现象。冯国璋对于直隶境内的林木要求各属官员要认识到，山林"既属国家之出产，自应归地方行政之范围。仰各府厅州县知事对于该属所有树务，宜竭力保护，设法栽培，禁斥夺之采樵，戒牛羊之刍牧"②。特别是对于在河堤所植的各类树木，也要多加爱护。

第四节　冯国璋治下的直隶行政与立法及司法关系

冯国璋作为直隶都督又兼任民政长官，无疑在直隶权势极大。但是，冯国璋的行政权在一定程度上受到顺直省议会的约束，双方之间围绕人事权及财政权展开了多次较量。同时，冯国璋在督直期间表现出较为强硬的军人专断作风，名义上尊重司法，却在行动上破坏司法独立。

一　行政权与立法权冲突

长期以来，冯国璋在清末军事早期现代化历程中取得了较大的成绩，成为北洋集团的核心成员，并被誉为"北洋三杰"，为袁世凯的发迹贡献良多。进入民国后，冯国璋作为禁卫军统领兼任总统府军事处总长，直至1912年9月8日被袁世凯任命为直隶都督，开始了军人从政的历程。

冯国璋出任直隶都督既是他由军事将领转任地方军政长官的开始，又是他对地方治理探索的起步阶段。从当时的情况来看，冯国璋具有较为丰富的军事经验，但是由于清末不曾出任地方军政首长，因而缺乏政治经验。9月14日，冯国璋到任天津伊始即发表通电："昨午抵津，刻已接任。谨闻直民凋敝，大局未平。国璋从事戎行，于政治殊少经验，深虞丛脞，

---

① 中国第二历史档案馆编：《中华民国史档案资料汇编》（第3辑 工矿业），江苏古籍出版社1991年版，第425—426、444页。
② 中国社会科学院近代史研究所图书馆藏未刊资料：《冯国璋督直时函电稿》（一），编号：甲204—1，第31页。

有负厚期，诸乞维持，时赐箴诚，望云翘首，叩祷无任。"① 冯国璋是以军人的身份出任直隶都督，接替张锡銮来代表北洋集团稳定在直隶的统治，从而引来顺直临时省议会的反对以及直隶士绅的不满。虽然，顺直临时省议会在9月底承认冯国璋督直之事实，但是直隶士绅对其能否治理直隶仍充满疑虑。地方绅士认为："国璋武夫不知政治，以之治民必无良果。"此种论断无疑是对冯国璋督直的一种曲折反对，亦是对冯氏本人提出了警醒，即以军人的思维方式来处理地方政务是行不通的。对于地方绅士的指责，冯国璋曾在一次军人集会上回应说："故我侪军人尤当研究政治学以补不足而免讥谤。"② 其实，这也表明冯国璋亦认识到懂政治对于军人从政具有重要意义。冯国璋作为直隶都督，后来又兼署民政长，肩负对直隶社会治理的重任。作为第一责任人，冯国璋能否有效治理直隶，首先面对的是如何处理与顺直临时省议会（顺直省议会）的关系。也就是说，民初直隶的行政机关与立法机构能否协调，群策群力致力于推进社会治理，对于冯国璋在直隶都督任上的政绩具有重大影响。

（一）从顺直咨议局到顺直省议会

在经历了"庚子之变"后，清政府开始积极推行新政以图自强。清末新政先后在军事、经济以及政治等领域展开，其中的政治改革因地方立宪派的积极参与而风潮涌动。1907年6月30日，在各省士绅要求速开国会的运动日趋高涨的形势下，两广总督岑春煊向清政府提出以各省咨议局代议院的要求。1908年7月22日，清政府颁布《各省咨议局章程》及《咨议局议员选举章程》。在此后一年内，各省咨议局先后成立。1909年10月14日，顺直咨议局正式成立。"咨议局的法定角色主要是行政官厅的辅助机关，仅有议政职责，后者并非前者的执行机关，督抚且拥有对咨议局的监督、解散权。然而，咨议局的实际发展多超出此圈定范围，而渐具一省代议机关的色彩。"③ 进入民国后，地方政权建设除了以都督府为代表的省级行政机构的建立，还有各省议会的成立。1912年在顺直咨议局被取消

---

① 《公电》，《申报》1912年9月14日。
② 《冯都督宴会军界之演说》，《申报》1913年1月12日。
③ 刘建军：《你所不识的民国面相——直隶地方议会政治（1912—1928）》，广西师范大学出版社2009年版，第22—24页。

后，经过酝酿和选举，7月8日顺直临时省议会成立。随后，顺直临时省议会起草并通过了《顺直临时省议会法》，规定了议会的权限及议员的权力、义务。根据《顺直临时省议会法》的规定，省议会具有立法权、财政监督权、顾问权、受理请愿权、外交权、行政监督权、本省官吏任免的否决权以及议案的最终决定权。① 在这些权力中，省议会规定自己拥有财政监督权及本省官吏任免的否决权，对直隶都督的权力形成了严重的威慑，从而成为导致都督府与省议会间激烈冲突的关键因素。

1913年3月10日，顺直第一届省议会正式成立。无论是顺直临时省议会还是顺直省议会，"除了具有咨议局所有的立法、财政、监督、咨询、建议等职权外，已与省行政长官处于相对独立的地位，对省行政长官有质问、弹劾等制衡作用，具有资本主义国家地方议会的特征"②。由于顺直（临时）议会在民初直隶政权架构中具有举足轻重的地位，其议决的议案对直隶都督及各级行政官厅均有制约作用。因此，冯国璋上任伊始即要调适与顺直（临时）省议会的关系，妥善处理行政与立法两大机构之间的矛盾。

（二）冯国璋与顺直省议会的合作

民初肇建，直隶社会亟待进行有效治理，这就首先需要行政机构和立法部门能够有效地沟通和协作。其实，冯国璋在许多问题上与立法机关有过交流，并在一定程度上实行过合作。

冯国璋作为直隶都督肩负对地方治理的重大职责，特别是兼署直隶民政长后，全省行政各项事务悉由其负责。直隶诸多问题的解决需要直隶行政官厅与顺直（临时）省议会的通力合作。为了能够对直隶社会进行有效的治理，冯国璋曾向顺直省议会提交各项议案，一系列问题，涉及直隶的政治、经济、社会等③，包括：1. 关于实行调查户籍问题，2. 关于修理堤防问题，3. 关于河防水利问题，4. 关于管理公产、公地问题，5. 关于整顿林业问题，6. 关于办理财政、警察问题，7. 关于整顿各县警政问题，8. 关于

---

① 赵艳玲：《清末民初的代议制：从顺直咨议局到直隶省议会的案例考察》，社会科学文献出版社2012年版，第151—152页。

② 马小泉：《国家与社会：清末地方自治与宪政改革》，河南大学出版社2001年版，第196页。

③ 中国社会科学院近代史研究所图书馆藏未刊资料：《冯国璋督直时函电稿》（二），编号：甲204—1，第25页。

改良地方自治问题，9. 关于各县知事公费问题，10. 关于画一度量衡问题，11. 关于取缔电车问题，12. 关于东陵开垦问题，13. 关于本省矿业问题，14. 关于振兴内河、外海渔业问题，15. 关于开办劝业银行问题，16. 关于津保铁路问题，17. 关于教育普及问题，18. 关于清理财政问题，19. 关于文官任用问题，20. 关于地方惩治土匪问题，21 关于文官考试问题，22. 关于地方税征收问题，23. 关于办理本省公债问题，24. 关于议参会权限问题，25. 关于卫生行政问题。

冯国璋的《提交省议会各项议案》反映了冯氏作为省级行政首长对当地社会问题的全面关注，同时亦体现了其与省议会合作的姿态。该议案的提出，实际上表明冯国璋在对直隶社会的治理中，想通过顺直省议会对相关问题的讨论及其决议而使得治理措施能在制度化和法治化上得到确认。

如在直隶地方自治中，如何规范地方行政机关与议参会之间的权责，需要直隶都督府与顺直省议会通力合作。为此，冯国璋曾经"提交省议会议各地方议参会权限"："为咨文事，照查得地方行政职司范围，治事机关权限不容逾越。国家行政事务，经纬万端，于是设议、参等会以为议事机关，设各县知事以为推行机关，使之相辅而行，分担政务。果能和衷共济，协力进行。……此后，对于议参等会拟使确守从前自治章程所载职任权限，不得有所非违。对于各地方拟使确守现行制度所定职权管辖范围，不容逾越。至官绅案件可经查之后，其咎在地方官者，应即依相当之惩戒。其咎在议参等会者，应即按照自治章程所载罚则处分。本兼署民政长为改良自治，划清权限起见，相应备具理由咨交贵会议决，见覆施行。"①冯国璋向省议会的咨文明确了各地方议参会权限，需要得到省议会的支持，使之成为规范地方行政与议参会之间权责的依据。

（三）顺直（临时）省议会与冯国璋的冲突

1. 民初直隶行政权与立法权的对峙

1913 年 1 月 8 日，袁世凯公布的《划一现行各省地方行政官厅组织令》规定："未设民政长省份，以都督兼任民政长为该省行政长官。"②

---

① 中国社会科学院近代史研究所图书馆藏未刊资料：《冯国璋督直时函电稿》（二），编号：甲 204—1，第 29 页。
② 陈瑞芳编辑：《北洋军阀史料·袁世凯卷》（二），天津古籍出版社 1996 年版，第 462 页。

1月10日，当袁世凯任命冯国璋兼署民政长后，顺直临时省议会致电袁世凯要求实行"军民分治"，"简任民政长主治本省民政，而以军事责成冯都督"，并反对冯国璋兼署民政长，"以都督一人专司军事，尚恐应接不暇……今若令冯都督兼理民政，虽有各司佐治机时考复一事，亦非无政治学识者所能胜任"①。顺直临时省议会反对冯国璋兼署民政长，其实反映了直隶省议会与都督之间权力的争夺。

由于在民初政制中，立法机关与行政机关居于平等地位，省议会对都督在权力上形成一定的制约作用。在民初直隶都督行使行政权的过程中，往往遭到来自顺直（临时）议会的牵绊，甚至是弹劾，由此就出现了两者之间的紧张对立。起初，袁世凯任命冯国璋为直隶都督遭到顺直临时省议会的反对，但是在冯国璋承诺在直省实施政策七条，并答应"聘用本省四人为顾问"，以及用人"先尽本省委任"等要求后，"省议会现已照常开议不再反对矣"②。应该说，顺直临时省议会主要是想从权力运行的角度对冯国璋进行一定的限制，这就反映了当时直隶的行政权与立法权之间存在巨大的矛盾。而当冯氏后来不愿意在权力上与省议会妥协，双方间的对立与冲突便不可避免。关于行政权与立法权之间的对峙，1912年11月7日《申报》曾有详细报道：

> 十月三十日下午一时，冯都督暨各行政官及都督府幕友等赴省议会茶话，与省会议长、议员讨论本省政治进行各事。是日，冯宣言云：值此旧法律已废，新法律尚未颁布之时，此语冯都督曾对于某村绅等因讼事求见时，亦如此说。吾行政官等办事实在万难。某议员答谓：都督此语殊属非是。当国体未更，新法律未颁布以前，旧法律当然有效。稍知法学者类能知之。况春间大总统特颁命令，在新法律未颁以前，旧法律除与民主国体相抵触者，当然有效。岂都督未能阅见耶？某议员谓都督督直，桑梓之邦，未尝无要好之心。惟被一般反对国体，不肖官幕所惑，致多拂舆情。都督军人也，能将军警维持严肃，不有他虞。一般贪官劣幕力行淘汰。岂彼辈能摇旗谋叛耶？王议

---

① 《请设民政长之原电》，《大公报》1913年1月12日。
② 《直人不复反对冯国璋矣》，《申报》1912年10月1日。

第二章 冯国璋督直：巩固北洋派在直隶的统治

员建中谓本省最要事即为财政、用人两事。凡本会议决之关于财政案，都督无不驳者。今都督又欲借债矣，都督当知民主国以民为主。譬诸商店人民即立于东家地位，而各财政机关一般贪污人员不加淘汰，亦不容人民过问监察缺款，则议借债以饱尝当局者欲壑。积亏既久，试问何人负赔偿之责任？议毕散会，决定明日仍继续开会讨论。讵冯都督回府后，当覆省议会一函。文云本日国璋同行政各机关暨本府幕友诸君到会茶话。本以通洽性情，磋商政务一切进行手续。国璋本无法律知识，发言未免粗率，以致议员三五质问，言语稍有讥刺。但国璋性情粗直，心无成见，万不能以直隶大局因小事而与至好同乡起冲突。但本日讨论无结果，继续讨论亦必无效。国璋明日不必到会，请议长与众议员共同筹划根本办法。议决条件如何实行，国璋仍当勉力进行，不宜一己之偏干众君之怒。倘因事件重大，关系全局安危，国璋亦不能附和雷同，破坏大局，误在国璋一人之手。惟有早为告退，别选良能以奠省基而安国本，不禁庆幸之至。此请大安，国璋脱帽（下注）。自笔心事（四字）。迨至次日，省会午后开会。各议员咸以行政官与立法机关继续茶话，讨论本省进行各事，行政官忽然不到，如何办法？高议员槐川谓行政官既均不来，惟有将昨日会场，本会提出磋商用人条件作为议案通过，咨请都督执行。宁议员世恩谓本会为一省人民代表，议决案件极多，都督亦不公布执行，亦不驳议，束之高阁，一事不办，致本会受全省之嬉笑怒骂，坐误光阴，延误事机，谁负其咎？某议员谓本省财政困难忽达极点。然中央由运库提款闻至九百余万之多，致运司张弧得大总统之三等嘉禾勋章。夫张之得三等勋章皆吾直民脂民膏为之换来者。全国盐务是否归中央，应请张运司到会质问一切。某议员谓藩台昨天临去时有议员捣乱，不承认省会之说，应请其到会宣布否认理由。议长答此非曹藩台正式之话。某议员又谓都督昨天带司道及幕友等到会，满腹意气，带气带骂，视议员为儿戏。某议员谓冯都督非不欲作好事于直隶，赖其无政治经验，少法律知识，加以一般贪官劣幕，遇事诸多摇惑，致落五里雾中，恐其长此不悟，必致身败名裂。某议员谓冯都督如此昏庸，尚不如张金波都督，再无醒悟之日，省会必须调查材料，预备弹劾。否则，人必谓吾省排外，彼时议论丛生。遂由议员李镜湖、顾博文提出解决办法。李镜湖谓各行政官心理必谓省会闭会在即，敷衍数日。省会休会，彼得为所欲为。吾人当讨论正式新省会不成立，万不闭会，以尽监督责任。顾博文谓：本会当即日咨请都督，限期将本省议决之统一财政案、清查财政总汇处积弊案、直隶省银行用本省人案、考试任用州县案公布执行。大众赞成，遂振铃休息。而冯都督暨各司道相继提出辞职。冯都督并晋谒大总统，面陈一切。已奉大总统慰留，并一面致电参议院力为和解矣。①

据此报道可知：冯国璋与省议会之间的冲突，集中体现为行政与立法之间孰为优先。民国初立，旧法已废而新法未立，导致行政运作无所依据。冯国璋到议会要求行政优先，遭到议员反对和讥讽，实在是颜面难承。是时，民国从中央到地方引用西方民主共和体制，议会对行政具有很大的制约。辛亥革命前，直隶地方曾有仿行预备立宪的实践。虽是民国初立，但"顺直临时省议会较之咨议局有着较大的自主性，有权议决法制法规、预算决算、税法公债等，可对行政官厅行使质问、弹劾职权，基本具有一省立法机关的性质"②。顺直临时省议会具有质问和弹劾职权，对直隶都督冯国璋形成了很大的压力。同时，顺直临时省议会在力求取得与直隶都督府相对等的地位，并在直隶地方政治运作中处处加以干预，从而与以直隶都督府为代表的行政官厅之间产生了冲突。

2. 冯国璋与顺直省议会的较量

（1）人事权。第一是顺直临时议会干预直隶都督府的行政及用人职权。1912年10月30日，冯国璋督率直隶各级行政官及都督府幕僚赴临时省议会宣布政见。然而，省议会对冯国璋的政见不满，并有议员提出要求四端："一曰都督幕府一律更换，与省议会协商改组之法。二曰任用司道须得省议会同意。三曰各州县知事自省会所定考试州县法试验任用。四曰本省财政机关由省会举人主管。"此四种要求，显然是立法权

---

① 《直议会与冯督冲突真相》，《申报》1912年11月7日。
② 刘建军：《你所不识的民国面相——直隶地方议会政治（1912—1928）》，广西师范大学出版社2009年版，第314页。

直接干预行政权之事务，属于越界行为。当时就有舆论对议会的行为进行抨击："行政立法两部权力之消长，各国不同其制。然不同者，只其强弱之程度与范围之广狭而已。未有举行政部以内之事，悉为立法部揽之而去也。"立法与行政各有专责，在各自的权责范围内形成相互间的制约，方能体现权力分立的原则。如果议会强力干涉行政事务，其后果自不待言。正如评论所言："此岂省议会应有之权限耶？其主张果见实行，则非特一省行政官之权力为之侵蚀殆尽，恐将并及于中央之权力矣，环球各国有此先例耶？"①

在直隶行政与立法两部门大起冲突后，"冯都督提出用人及学务、农林、工商等项政纲，各议员以用人一项互相质问，最后又将省会预备磋商用人条件提出：①改组都督幕府；②改组各司道衙门；③更换司道须得省会同意；④实行本会议决考试厅州县案；⑤关于农工商及财政各机关之总办或坐办须由省会公举，并先自财政总汇处、直隶省银行、筹款局三处实行"。省议会对行政权的沾染又由用人扩展到财政等方面，对冯国璋造成更大压力。"于是，冯都督赴京辞职。各司道行政官因省会有更动之议，皆相率向都督辞职。"冯国璋一面向袁世凯请辞，一面致函省议会："迳启者，现在行政官厅办事为难，国璋德薄能鲜，维持无效。今日藩司、劝业道均各请假，交涉司亦请辞职。值兹外交困难，业经再三慰留。惟直省财政窘迫，本月军饷尚属无着，国璋孑然独处，何然当此重叠。刻已电陈大总统请另简贤能接替，并电达国务院，特将原电抄送贵会查阅。国璋在位一日，职守所在，仍当惟力是视。至应如何设法筹措款项，以维大局之处，并望从速议定，是为至要。行政官改组一节，尤盼明教。"② 冯国璋采取以退为进的策略，将责任及难题直接推与省议会。冯国璋及直隶司道各机关的请辞无疑对顺直临时省议会施加了巨大压力。作为一省之立法机关，省议会主要从事立法及监督行政之事，而没有具体行政之职能。说到底，直隶全省政务若没有行政机构的运行必将瘫痪。因此，顺直临时省议会在用人上的要求就逐渐松动。而对于冯国璋的辞职，袁世凯则加以慰勉，该督"虽一切政见与议会稍有龃龉"，但"值此时艰日棘，务望力顾

---

① 《时评一：异哉直省会之要求条件》，《申报》1912年11月1日。
② 《直议会与都督冲突后之态度》，《申报》1912年11月9日。

大局，勉为其难"①。

第二是在地方基层官员的选择上，冯国璋与顺直临时议会之间有过较量。刷新地方政治的关键在于选用合格人才。在选人和用人问题上，顺直临时议会在冯国璋督直之初，即反对"其用官僚派人"，要求"都督府须聘用本省四人为顾问"，而"至于用人一节，亦须先尽本省委任"，对此"冯都督皆已承认"②。于是，顺直临时议会在基层官员的选拔上又议决通过考试州县官办法，要求冯国璋颁布施行。在省议会的要求下，冯国璋遂公布《考试州县官暂行之章程》。然而，直隶考试州县官办法报送中央后，引发了袁世凯的批评。③ 因而，冯国璋"又因考试州县与议会大起镠镙"，其详情如下：

> 议会建议：直隶州县自革命后无甚更动，及冯都督到任，屡经省议会建议，请用本省人作州县，冯颇不以为然。日前省议会又提出请用本省人建议案，冯不得已遂发生一考试州县之法。
>
> 调停办法：考试州县问题本系双方极力迁就，始有此调停办法。无论旧官僚、新学生皆不问其能力如何，惟考试合格者，则不问新旧一律委用。至考试办法试以论文一篇、公文一篇、法律策问一道，冯督首肯，议会遂即据是建议，冯乃画行并于北洋官报发表。于是报名者纷至沓来，计有数百名之多，议会原订章程人数至百人即须开考，今即数百人议会遂请照章考试，不意冯之反悔也。
>
> 冯督反悔：此项办法订定后，中央闻知甚不满意，以为任免官吏之

---

① 《关于都督辞职之函电》，《大公报》1912 年 11 月 8 日。
② 《直人不复反对冯督矣》，《申报》1912 年 10 月 1 日。
③ 冯国璋将该章程报送中央后，引起袁世凯的不满。1912 年 11 月 26 日，袁世凯发布"临时大总统令"要求各省行政长官不得逾越范围："官制官规应由本大总统制定，参议院议决，约法专条具在，无论各省行政长官及地方议会，均不得稍逾范围。昨据国务院呈，据直隶都督冯国璋呈称，现经酌拟考试府厅州县暂行办法，咨送顺直临时省议会开会公决。爰将前经议决任免简章，酌量加入，并略为修改，定为办法十七条。准咨录请核覆等语。"袁世凯要求："在各项官规未公布实施以前，所有府厅州县以上各官吏，应责成各省行政长官，依照现行法规认真考核，随时分别呈由本大总统任免，俾策进行。其现行法令之关系官制官规事件，如须改定办法，均应呈明本大总统核办。应咨参议院议决者，本大总统自当按照约法，分别交院。各该都督民政长，不得率向省议会提议，以符约法，而杜纠纷。"见徐有明编《袁大总统书牍汇编》，新中国图书局 1931 年版，第 25—26 页。

权，自应归之都督，议会不得干涉，且省官制又未订定，自应暂守旧法，不能轻为紊乱，致启纷争。冯接此电乃大后悔。首先，饬令北洋官报更正。完全取消而官报局司事者又不善于措辞，竟以"手民误排"四字了之。议会见报后大为诧异，以为双方协定之案，岂能轻于反悔，且官报既登之于前，自然发生效力，何能以"手民误排"四字取消之。于后，遂驰函质问，冯督知势不佳，进退维谷，办则无以对中央，不办无以对地方，左思右想，毫无办法，遂又潜赴北京请示办法矣。①

在考试州县官问题上，冯国璋与省议会之间的纠葛，反映了民元地方政制的混乱。因为地方官制不明，而引发了地方行政机关与立法机关之间在用人权上的争夺。因此，在民初地方治理中，明定公开透明的选官办法至为关键。1913年1月8日，袁世凯公布《划一现行各县地方行政官厅组织令》。该令第七条规定了地方行政官的产生办法："各县知事，由该省行政长官呈由国务总理、内务总长荐请任命。科长、科员、技士，由该省行政长官委任之。"根据该组织令，任命县知事是由各省行政长官向中央推荐，由国务院和内务部总长任命，从而规范了基层官员的选拔方式。同时，该组织令第九条明确规定："本令施行后，凡从前各府、厅、州、县所设之官厅，其署名官名与本令划一办法抵触者，应即裁撤或改正之。"②

第三是顺直省议会反对冯国璋设置五路观察使。清代为加强对地方管治，在省级政权之下另设有巡道多处。"巡道旧制专管地方行政，惟边省设备未完，或以巡道而兼刑法、驿传。"因"各省情形不同，所兼事项不一。但论职权系以巡道事务为主体，关务、驿务为附理"③。巡道划分主要是便于军事，"考前清分巡道旧制之标准，大率于兵事地理为范围"④。

进入民国后，旧设巡道已难以满足地方政治发展的需要。1913年1月8日，袁世凯发布《划一现行各县地方行政官厅组织令》，第一条规定：

---

① 《直督又与议会冲突》，《申报》1912年12月1日。
② 中国第二历史档案编：《中华民国史档案资料汇编》（第3辑 政治1），江苏古籍出版社1991年版，第121页。
③ 李家璘编辑：《北洋军阀史料·吴景濂卷》（八），天津古籍出版社1996年版，第7页。
④ 中国第二历史档案馆编：《国民党政府政治制度档案史料选编》，安徽教育出版社1994年版，第322页。

"现设巡道各省分,该道官名,均改为观察使,由该省行政长官呈由国务总理呈请简任。"第二条规定:"各道观察使之管辖区域,仍以该道原管之区域为准。"① 于是,冯国璋根据袁世凯颁布的地方行政官厅组织命令,对直隶行政官厅进行调整,"谨按直隶行政区域,现拟划分五道,顺属不在内,各设观察使以为各道地方官行政官厅"②。但是,冯国璋设立五路观察使的做法,却得不到顺直省议会的认可,而是要求将此项职务废除。为此,顺直省议会向袁世凯发出咨文:"略谓:直省财政支绌,在前清时代且裁汰冗官不遗余力。近来,冯都督因位置私人,仍设五路观察使,虚縻巨款。例如已设民政长与都督同城,复设巡警道,况洮临等处无此项道缺,尽可无须填设。本会为一省人民之代表,不便缄默,请转饬冯督克日取消五路观察使,以便维持现状等因。"而对于顺直省议会反对冯国璋设立五路观察使之理由,袁世凯则称:"以各省实行官制规则业经颁布,巡警道属内务权限之下。一俟行政公署成立后,自然消灭。至于洮临等属尚未划分区域。咨准有案,将来如何支配之处,该省自应与都督妥筹,商同办理。已批。所请应毋庸议。"③ 在顺直省议会看来,冯国璋设立的五路观察使均为冗官,而且"虚縻巨款",因而要求取消。事实上,这又是立法权与行政权之间关于用人的较量。作为"一省人民之代表"的顺直省议会提出取消五路观察使,虽然有因可究,但是设立相关机构亦是大总统的行政命令,于法有据。因此,顺直省议会的要求不仅没有得到冯国璋的采纳,而且亦为袁世凯所拒绝。

(2)财政权。根据《顺直临时议会法》的规定,省议会拥有对直隶全省的财政监督权。省议会有权议决本省预算、决算、本省义务之担任或增减、税法及公债,非经议会议决通过,政府不得随意征收。此项规定使得省议会在与都督府的较量中具有很大的主动权,并能限制行政权能发挥的力度。④ 因此,行政权与立法权在有关财权问题上的冲突就不可避免。冯

---

① 中国第二历史档案编:《中华民国史档案资料汇编》(第3辑 政治1),江苏古籍出版社1991年版,第118页。
② 本书编委会编:《北洋军阀·袁世凯卷》(一),天津古籍出版社1996年版,第743页。
③ 《直议会弹劾冗官之效果》,《申报》1913年4月10日。
④ 赵艳玲:《清末民初的代议制:从顺直咨议局到直隶省议会的案例考察》,社会科学文献出版社2012年版,第151—152页。

国璋虽然想推行有关政策,但是均为省议会所否决,以至于在有关问题上难有作为。

第一是在1913年1月,冯国璋提出《军事借债案》及《财政借债案》都被顺直省议会否决。

第二是1913年3月,冯国璋令保定、祁州、天津等地药材商加捐,亦被省议会否认。

第三是顺直省议会审议永定河道事务。永定河道是清雍正时期设立的治理永定河务之专职官,统管沿河各州县的专职河道官及驻河的千总、把总及下属河兵。民初,直隶仍设永定河道,道尹由中央任命。民元至民二年间,直隶水灾,永定河亟待有效治理。为此,冯国璋要求整顿永定河防,并提请顺直省议会议决。而省议会在审议有关永定河防的议案时,对永定河道的任命亦有不满之意。"省议会于昨日下午开会,首由议长会议整顿永定河防设执行监督机关案。张树桓主张由省会自定章程,谢铭勋谓永定河道既由中央任命,吾省会自定河防章程,恐于事实上无补。张仍持前议,且谓如中央任命官厅,吾省会不能干涉,即听其河工舞弊不加考察乎?谢云此事须从根本上入手。根本谓何?即呈请中央取销永定河道,然后再议河防细章。李广濂、宁世恩赞成。□□议长宣告另定一取销永定河道议案,请张牺牲前议,众赞成。"① 此番审议,顺直省议会不仅动用了财政权而且关于永定河道的任命权亦要从中央争夺,显示出在民初地方政制中,顺直省议会积极作为并要凌驾于行政机关之上的态势。而冯国璋在直隶都督任上虽曾想努力治理河道,但是最终受阻于省议会的财政监督权。对此,张一麐指出:"直隶五河为患,公欲大借外债,兴工修浚,以计百年之利,格于群议,未果行,始终以为憾事。"②

在对直隶社会的治理过程中,冯国璋与省议会之间既有合作亦有冲突。正因为有行政机构及立法机关两大部门的合作,民初直隶社会治理中的一些措施能够得到落实。但是,冯国璋与顺直(临时)省议会之间围绕人事权和财政权有许多冲突,双方之间本来是权力的相互制衡,却演变成

---

① 《顺直省议会开会纪要》,《申报》1913年5月18日。
② 张一麐:《故代理大总统冯公事状》,卞孝萱、唐文权编:《辛亥人物碑传集》卷7,团结出版社1991年版,第271页。

相互对抗，从而严重地削弱了社会治理能力。这突出地表现为行政公署与省议会在履行自己职责时，故意拖延，态度对立，"凡省会议决案件，行政公署亦不公布施行"，而"行政公署交省会之案件，省会亦不与议，双方均以消极抵制"①。

二　行政权侵越司法权

（一）民初直隶司法机构

民国元年，行政与司法分立。《中华民国临时约法》第五十一条规定："法官独立审判，不受上级官厅之干涉"②，从制度上保障司法独立。民初司法能与行政分立，有赖于清末的司法改革成果。从全国情况看，清末直隶司法改革在袁世凯的推行下成效较为显著，"直隶司法改革与同时期其他省份相比处于领先地位"③。1912年3月，袁世凯任临时大总统后公布了《暂行新刑律》，各省相继设立了地方司法机构。

对于直隶而言，审判机构承袭前清旧制，又有所变动。具体表现为：直隶高等审判厅设民、刑庭各一；天津府高等审判分厅设民、刑庭各一；承德府高等审判分厅设民、刑庭各一；保定府、天津府、承德府三个地方审判厅均设民、刑庭各一。全省实有初级审判厅五个。1912年8月19日，原高等审判厅厅丞改称高等审判厅厅长。直隶张家口地方审判厅改为张北地方审判厅，审判厅设刑事、民事庭各一。④ 至1913年4月，直隶已经初步建立了审判和检察多级体制。如直隶高等审判厅之下有直隶天津地方审判厅，以及天津第一、第二、第三初级审判厅。与之对应的在直隶高等检察厅之下有直隶天津地方检察厅，以及天津第一、第二、第三初级检察厅等。⑤

（二）冯国璋干预司法

直隶各地审判厅成立后，冯国璋向全省发布通饬："现在各项审判厅

---

① 《消极抵制》，《大公报》1913年5月20日。
② 商务印书馆编：《中华民国临时约法》，商务印书馆1916年版，第8页。
③ 徐建平：《清末直隶宪政改革研究》，中国社会科学出版社2008年版，第82页。
④ 河北省地方志编纂委员会编：《河北省志第73卷　审判志》，河北人民出版社1994年版，第14页。
⑤ 沈云龙主编：《震旦月报》，文海出版社1966年版，第234页。

业经成立,凡关诉讼案件,自应由该厅按法处理,依律审判,以保障法权之独立。"① 该通饬表明,冯国璋有意推行司法独立。冯国璋为进一步表明行政与司法分立,特地向民众发表告示:"本兼署民政长总揽全省政务,对于行政有推行之责,对于司法无干涉之权。此后,各属人民有民刑诉讼事宜,迳向相当之审判厅起诉。其未设审判厅地方,仍应由该县知事行使法权,自行裁判。判决之后即应呈由高等审判厅覆判,毋庸再行呈报本公署,以重司法,清权限。至各地方抢劫等案有关考成者,仍应由各该知事呈递本公署查核,以资考绩。为此通告各县知事,一体遵照办理。"冯国璋的通告明定了直隶行政与司法分立的基本原则,告知民众司法诉讼的两条途径:一是有关民刑诉讼可以直接向审判厅起诉;二是无审判厅之地方民众仍向县知事提告。虽然,民初直隶在一定程度上推行了行政与司法分立的原则,但是要真正实行,还需要民众具有较为成熟的法律意识以及行政官厅对司法权的尊重而不随意强加个人意志。

从民初直隶社会治理的法律角度来看,冯国璋一方面公开宣布不干涉司法,而另一方面却又在对司法独立施加行政压力,表现出一种军人专断的作风,从而对直隶司法的独立运行产生了不利影响。这在天津电车公交公司伤人一案中有突出表现。

第一,用行政命令要求检察官办案。如冯国璋曾指令天津检察厅办理电车撞毙行人一案:"案据辛庄民妇刘齐氏禀称为电车凶狠云云,大德于无涯矣等情。据此,查天津电车处撞伤毙路人,该公司竟无相当之取缔,以致各车车手等肆无忌惮,任意行车,视人命如儿戏,与地方治安大有妨害。此次撞毙刘齐氏之夫,属目无法纪,合行指令该所厅迅即照法起诉,以维法权而重人命(是为至意),此令。"

第二,干预司法审判。冯国璋致函审判、检察厅长要求依照律法对电车公交公司伤人事件做出审判:"迳启者:查天津电车屡次伤毙路人,该公司毫无相当之取缔,以致各事司机人等漫不经心。闻驶每多疏忽,草菅人命,蠹害交通,与地方治安大有妨害。凡关电车伤毙路人案例,望即照法起诉,依律审判,从严科罪,以重人命而维公治安。倘该公司假外人名

---

① 中国社会科学院近代史研究所图书馆藏未刊资料:《冯国璋督直时函电稿》(二),编号:甲 204—1,第 17 页。

义出而干涉法庭，本兼署民政长自应设法维持，力作法权保障。至审判厅与警察厅职司，虽各有范围，遇事宜互相协助，和衷共济，始能裨益地方。除令行警察厅遵照外，相应函达左右，望即查照办理可也。"① 司法独立首先是要审判独立，即法官执行其职务时，除受法律及其良知的拘束外，不受任何干涉，这是司法独立的最低标准之一。② 冯国璋作为直隶都督从维护治安的角度要求对电车公司进行法律审判，本无可厚非。但是，作为直隶的最高行政长官，发表对该案的倾向性意见就会对案件的审理带来影响。何况，冯国璋直接致函要求"从严科罪"，有越俎代庖之嫌，实际上就是行政权对司法权的侵越。

第三，大闹审判厅。天津电车公司伤人案频发，实际上与司机有关。司机因电车公司具有洋商股份而有恃无恐，往往加开快车而不顾人命，从而频频制造伤害行人案件。对此，直隶当局应该对此进行管治，对涉案司机应依法惩治。然而，在处理相关事件的过程中，直隶警察当局对受害民众的诉求没有了解，并且粗暴执法。但是，当法官拒绝对民众治罪时，直隶都督冯国璋竟公然闯入审判厅进行施压，违背了行政与司法分立的原则。对此，《申报》有详载："近旬日间，压毙人命已十余起之多。日前，有尸亲妇女多人在东南城角电车轨道上烧焚纸钱为死者招魂，卧地号哭以至电车良久不能通行。该公司洋人遂至警察厅与杨以德交涉，杨见洋商前来交涉不问情由，立率巡警多人至东南城角，将该妇女四人以绳缚其手足，抬交河北审判厅请治以扰乱治安之罪。审判厅询悉情形，知尸亲痛其家人之惨死，焚纸哭泣，不肯受理。杨复奔至公署见冯国璋，谓拿获扰乱治安人犯，审判厅不肯治罪，将来酿成交涉咎将谁归？冯但闻扰乱治安酿成交涉八字，并不问详细情形，立刻骑马奔至审判厅，见面即厉声责问拿获扰乱治安人犯如何不办？厅长答罪状并未成立，无罪名之可科。冯曰：'非就地正法不可'，厅长答以更无此办法。冯曰：'你们不办，我带了走，交营务处杀之。'厅长答以如欲带走杀之，则万不能交。冯即大跳大闹，且喊且骂谓：办又不办，交又不交，竟敢违抗命令，难道造反不成么？我

---

① 中国社会科学院近代史研究所图书馆藏未刊资料：《冯国璋督直时函电稿》（二），编号：甲 204—1，第 18、13、7 页。
② 王艳：《刑事诉讼的理论与实践》，吉林人民出版社 2008 年版，第 19 页。

只好参你们了厅长。答以司法独立,民政长何能参审判厅,未免胡闹。冯遂愤愤而出,上马时犹口中大呼反了、反了不止。"①

由此可见,在冯国璋执政时期,直隶行政权对司法侵越的情况实际是很严重的。名义上行政与司法独立,但是在当行政权能集中的情况下,特别是冯国璋将军人专断作风介入司法后,就必然对法治产生很大伤害。民初直隶行政权对司法权的侵越,在1913年的直隶法庭改组中又得到进一步的诠释。

> 此次司法部将直隶法庭改组,凡旧有法官一律取消,以至大起风潮,闻其原动力系冯国璋暗中作祟。缘去年秋季法部即欲改组,当时冯极力反对,有我在此一日,旧法官即须保全一日之语。当时法司系任毓麟,告以司法独立非行政官所能干涉。冯答以司法独立我不懂,洋人几时承认中华民国,我几时承认司法独立,其蛮横如此一时传为笑柄。自周绍昌为司法筹备处长,虽欲改组,苦于冯之阻力,无可如何。二月初,间适有定兴县任符恺滥刑毙命一案,保定高等检察厅长呈请将任符恺解职归案治罪。冯竟批驳谓州县官所以能办事者,赖有刑讯耳。若因此治罪,未免令州县官寒心等语。检察长根据法理力争不已,尚未解决,适又有天津电车压死人命。冯国璋大闹审判厅事发生,又为地方审判厅长力驳。冯怒不可遏,逢人即骂谓一般小孩子,如非老冯为之保全,饭碗早已打破,竟敢反对,我必有以报之。于是,周绍昌乘机进言谓不如改组,将来另换一班新人可以事事服从都督命令。冯大喜欲狂,遂主张改组决不反对。许世英亦正以私人无可安置,于是立刻发表,而沈其昌等遂攫得直隶高等审判厅长、高等检察长矣。②

冯国璋反对直隶法庭改组,反映了冯氏作为军人的霸道作风,及其陈旧的思想观念,完全没有近代的法律平等意识。冯国璋身为都督兼任民政长官,垄断了直隶的军政和行政大权,又将其权力延伸到司法领域,干涉

---

① 《冯国璋大闹审判厅之奇闻》,《申报》1913年3月6日。
② 《直隶法庭改组之里面》,《申报》1913年3月22日。

司法改革，致使直隶司法从属于行政权力，是军人政治对地方事务的霸道干预。冯国璋对直隶司法改革的强行干预表明，刚刚建立民主共和的民国社会，虽然有了新的制度设计，但是从旧制度下走过来的人并未实现彻底革新，旧的思维和行为习惯或明或暗地在制约新社会前进的步伐。

本章小结

1912年9月—1913年12月，冯国璋先是直隶都督，后又兼任直隶民政长，在直隶军政及民政治理方面推行了一系列措施，为直隶社会的稳定和发展做了一些工作，也取得了一定成效。总的来看，冯国璋在督直期间，积极支持中央政府，服从袁世凯的命令，为巩固北洋政府在直隶的统治发挥了重要作用。同时，冯国璋还能够从乡土观念出发，在直隶治理中为地方发展有所作为。冯国璋在民初直隶的各项治理，既有初步的制度创新，又有旧的统治行为和方式的延续，可以说是新旧并行，这表明民初地方政府提高自身治理能力还有相当漫长的道路。

第三章　冯国璋督苏：维护北洋派在江南的统治利益

民元政治鼎革，江苏社会随之出现了许多新变化。南京是中华民国临时政府成立的地方，具有举足轻重的政治地位。江苏为东南门户，又是财富汇聚之区，更是革命党人荟萃之地，因而，江苏成为各派政治力量尖锐对立的地区。1912—1913年，国民党、立宪派及北洋派围绕着江苏都督一职展开了激烈较量。其中，国民党与北洋派因政治矛盾激化而走向战争，而北洋派以军事上的胜利获得了对江苏的统治。在二次革命结束后，袁世凯为什么要将冯国璋改任江苏都督？冯国璋在督苏期间，面临哪些棘手的问题，又是如何在军政及民政方面进行治理的？上述问题就是本章主要研究的内容。

第一节　冯国璋督苏背景

江苏光复后，各种政治矛盾交织，社会失序现象突出，亟待新政府能够有效治理。江苏社会的各种变化是民初中国社会的一个缩影，也是民初政争非常激烈的地方。在民初复杂局势中，袁世凯为了进一步巩固北洋政府的统治，强化中央集权，采取措施以扩展自己在南方的统治范围。其中，袁世凯非常重视对江苏的管治，并将这一重任再度交予冯国璋。1913年12月16日，冯国璋受命出任江苏都督。此时，江苏面临非常严峻的形势，亟待北洋政府开展有效治理。

一 "宋案"与二次革命

光复后的江苏社会，新旧现象并存，并且多种政治力量并立，由此导致了尤为激烈的政治对立和争斗。自辛亥以来江苏政局就不稳定，各种政治力量在南京、苏州特别是上海进行多重较量。随着国家层面的政争加剧，特别是国民党与北洋派全面决裂后，政治斗争把江苏卷入不同政治力量对立的旋涡之中，其突出表现即为发生在上海的"宋案"及其引发的二次革命，给民初江苏政局带来了巨大变动。北洋派依靠强大的军事优势获得了战争的胜利，并将其统治范围扩展至长江流域。袁世凯为了能够有效控制对东南局势具有重大影响的江苏，用冯国璋取代张勋督苏，以更好地维护北洋派的统治。

（一）"宋案"对民初政局的影响

在临时政府北迁后，宋教仁坚持组织国民党政党内阁的主张，与袁世凯大力推行中央集权的政略严重对立。1912—1913 年，袁世凯的集权政策在一定程度上得到社会舆论的理解和支持，当时社会上"最有势力之舆论"便是"强有力政府"[1]。而袁世凯的集权行径为国民党人所反对，"袁席北洋军队实力，攫临时大总统而有之，任用多其本系，其势甚张。袁性愎专断，与民党水火。至是益欲集权于一人"[2]，于是双方之间的矛盾因国民党在选举中的获胜而尖锐化。在竞选结束后，国民党"势之所凭，敌亦伏之。教仁沿江而东，历湘鄂皖宁各处，演说其主张，且暴政府之短，遂为政府及敌党所忌"[3]。在 1912 年底至 1913 年初的国会选举中，宋教仁带领国民党取得国会第一大党的地位。正当宋教仁意气风发要北上组阁时，遽料"宋案"发生。1913 年 3 月 20 日，行将赴京的宋教仁在上海火车站被刺。21 日，黄兴、程德全向袁世凯通电报告宋教仁遇刺情况。袁世凯得到宋教仁被刺的消息，"当即电饬江苏都督程德全、民政长应德闳及上海地方官、沪宁铁路总办，立悬重赏，勒限缉凶，并派交涉使陈贻范前往慰

---

[1] 徐傅霖：《强有力政府之效果》，《正谊》1915 年第 1 卷第 8 号。
[2] 白蕉编：《袁世凯与中华民国》，中华书局 2007 年版，第 48 页。
[3] 陈功甫编：《中国最近三十年史》，商务印书馆 1928 年版，第 107 页。

问"①。袁世凯命令江苏地方当局"迅缉凶犯，穷究主名，务得确情，按法严办，以维国纪，而慰英魂"②。"宋案"发生后，局势骤变。邵飘萍指出："宋教仁此次惨案，离奇变幻不可捉摸。但以各方面关系而言，此案一日不明，大局一日不定。"③ 英国《每日电讯报》驻华记者辛博森认为："对于中国来说，没有比在上海残酷暗杀国民党领袖宋教仁，一位爱国者、学者的事，更能造成严重而深远的影响。……中国能用刺客和匕首来维持政府的时代已经过去；重新采用这类办法不可避免地要酿成内战。"④

"宋案"对民初政局影响重大，吕思勉认为"宋案"及"善后大借款"引燃了二次革命。⑤ 以孙中山为首的一部分国民党人欲借此与袁世凯的北洋政府决裂，极力主张武力讨袁。"及宋案真相暴露后，他（孙中山）由日返沪，认定新中国建设的重任决不可托诸袁，而倒袁又绝非法律口舌所能奏功，也一点不游移的主张即兴兵讨袁。"⑥ 而"继宋案而起者厥为大借款风潮"⑦，国民党对袁世凯的善后大借款又极力反对，最终国民党的地方势力，如江西都督李烈钧、安徽都督柏文蔚等人起而武力对抗袁世凯。二次革命的爆发，标志着国民党与北洋派走向彻底地决裂，打破了民初和平党争的局面。二次革命是继辛亥革命之后政治军事化的再度表现⑧，亦是民初特殊政治生态环境下非常规手段解决政治问题的必然结果。德国著名军事家克劳塞维茨就指出："战争无非是政治通过另一种手段的继续。"⑨ 二次革命是国民党与北洋派政治冲突的继续，成为通过军事手段解决政争的政治工具，从而加剧了政治军事化的发展趋势。

---

① 朱宗震、杨光辉编：《民初政争与二次革命》，上海人民出版社1983年版，第232页。
② 沈云龙主编：《震旦月报》，文海出版社1966年版，第222页。
③ 萍：《杂评三：宋案今日预审矣》，《申报》1913年3月31日。
④ ［澳］骆慧敏编：《清末民初政情内幕——〈泰晤士报〉驻北京记者袁世凯政治顾问乔·厄·莫理循书信集》下，刘桂梁译，知识出版社1986年版，第119页。
⑤ 吕思勉：《中国通史》，中国华侨出版社2011年版，第359页。
⑥ 李剑农：《中国近百年政治史：1840—1926》，武汉大学出版社2006年版，第293页。
⑦ 陈功甫编：《中国最近三十年史》，商务印书馆1928年版，第107页。
⑧ "政治军事化意味着政治竞争通过军事手段进行，政治以军事为凭借，政治竞争的成败决定于军事力量的强弱。"详见孔凡义：《近代中国军阀政治研究》，中国社会科学出版社2010年版，第36—37页。
⑨ ［德］克劳塞维茨：《战争论》第1卷，中国人民解放军军事科学院译，解放军出版社2004年版，第26页。

在二次革命中，国民党与北洋派走向全面的决裂，造成了民初两大政治力量长期的对立，加剧了民初政治斗争的复杂性，亦对此后中国社会的走向产生了不良影响。即政治力量之间的妥协与和解没有了，取而代之的是用暴力对付暴力的因循往复。"这种利用武装来解决政治冲突的倾向，造成了日益增多的人企图依靠军队和地方武装蠢蠢欲动的现象。"① 二次革命改写了民初政治版图，袁世凯通过军事上的胜利将其政治统治拓展到长江以南。蒋方震曾论及在二次革命后北洋派军事力量向南方扩展，1913年，"则有南京湖口之役而六师乃沿津浦京汉两铁路南下，扼武汉占湖口破南京，而局势于是大定。其沿京汉南下者，南至于岳州；其沿津浦南下者，南迄于上海"②。此时，袁世凯的统治范围由北方扩展到南方，北洋派系的军事力量主导中国政局，由此在没有强大反对派制衡的情况下，袁世凯由建立强大中央政府走向了个人的独裁专制，最终迈向"洪宪帝制"。

对于江苏而言，二次革命改变了原有的政治生态。在二次革命前，江苏都督程德全虽不是国民党人，但是他对国民党的态度与袁世凯不同，对于有能力的国民党人仍然给予重用，从而在一定程度上保留了国民党在江苏陆军中的地位。同时，上海亦是国民党力量汇集的重要地方。简言之，在辛亥革命后国民党的组织力量在江苏有了较好的发展。但是，在二次革命后，国民党在江苏的力量遭到重大打击，而且国民党人在江苏时常遭到北洋政府及江苏地方当局的通缉，对北洋派在江苏的统治难以形成有效的威慑。随着北洋派的军事力量进入长江流域，江苏都督便为北洋派系的军人长期占据，而且国民党人的军队力量先后被遣散，由此形成了北洋派势力左右江苏政局的局面。

（二）二次革命中的冯国璋

"宋案"发生时，冯国璋仍署理直隶都督。冯国璋作为北洋集团的核心成员，被袁世凯倚为长城。自民国建立后，直至袁世凯称帝前，冯国璋与袁世凯的关系十分紧密，在许多重大政治问题上冯国璋都极力支持袁世凯。

---

① ［美］齐锡生：《中国的军阀政治（1916—1928）》，杨云若、萧延中译，中国人民大学出版社2011年版，第15页。

② 蒋复璁、蒋光前主编：《蒋百里先生全集》第4辑，传记文学出版社1971年版，第207页。

1. 冯国璋对"宋案"及国民党的态度

对于"宋案",冯国璋主张要用法律严肃对待,并要求严惩凶手。1913年4月2日,冯国璋发表通电,表明了对"宋案"的态度:

> 前闻宋君钝初遭变殒身,至为悲愤。顷悉罪人斯得,执法者必能彻究主名,宣布供证,俾各方面共解猜疑,洵为民国前途之福,九原有知或可少慰。慨自暗杀潮流浸淫输入,狙击之案时有所闻。今且戕害国良,几摇全局。此风一长,将见人权失其保障,元善被其芟夷,竞启杀机,互相屠杀,同舟尽属敌国,康庄尽属危途荆棘,天地更无宁日。夫人事主接,交际纷纭,自非圣贤,讵免怨怼。然忿斗仇杀,国有常刑。良以生命所关,不容任意侵犯。若图快私意,横逞密谋,使身受者灾祸剥肤中于不觉,似此举动已轶出法律之范围。暴徒之心目中既不知道德刑罚为何物,倘不执重典以绳,其后恐颓流所极,保障为难。孙都督主张特定暗杀罪犯专条为权宜救急之计,忧深识卓,国璋甚表同情。惟民国新律尚无成书,暂行刑律杀伤罪又有第三百十一条可以援引,另订既嫌抵触,且按刑名至绞决死,刑已为极端处分。以惨无人道之凶顽,犹听其苟延时日,保全肢体,罪不蔽辜,岂可谓平?拟请大总统准照孙都督电,饬下国务院详细核议。此后对于暗杀罪犯,究应如何加重惩治,妥拟特别办法,暂以命令通行各省,藉遏厝火燎原之势,庶免涉冰履尾之忧,于世道人心不无裨益。①

该通电表明:第一,冯国璋同情宋教仁的遭遇;第二,冯国璋认为暗杀对政治竞争危害极大,主张用重典惩治暗杀犯;第三,冯国璋认为应该拟制特别办法,并通令各省,从法制上对暗杀的破坏行动加以防范。

从中央与地方关系来看,袁世凯主政的北京政府,是合法的中央政府,面对来自国民党的地方都督宣布独立的行动,北洋政府的首要责任即在于维护国家的统一与稳定。自清末以来,袁世凯即依靠编练现代化的新军取得隆隆而上的声誉,是当时难得的知兵大员,而且他在政治上亦主张

---

① 《冯国璋恳请重典惩治暗杀重犯》,《申报》1913年4月2日。

顺应历史潮流进行改革。因而在辛亥革命中，袁世凯被国内各种政治力量举为临时大总统，可谓是一个政治强人。况且，袁世凯具有非常丰富的政治经验与军事资源，因而在面对国民党的挑衅时，袁氏并未做出让步，而是运用强力对待之。1913年5月3日，袁世凯发布所谓的《除暴安良令》，声称："本大总统受国民之付托之重，不欲张皇武力，涂炭生灵。遇有阴谋破坏者，亦不惜曲予优容，冀其悔悟。"然近阅外报"有人在沪运动第二次革命，谆劝商家助捐募饷，反对中央"。"而既有此等传说，岂容坐视乱萌。用特明切宣示，昭告国民。""本大总统在任一日，即有捍卫疆土、保卫人民之责，惟有除暴安良，执法不贷。"在如何对待国民党人的问题上，冯国璋是北洋派中主战较为激烈的代表之一，强调对民党不可示弱。1913年5月13日，冯国璋联合北方各省都督向国民党李烈钧等人发表非常强势的通电，指责国民党人不顾形势，趁机作乱，要以武力对待之，"自今以始，倘有不逞之徒，敢以谣言发难端，以奸谋破大局者，定当戮力同心，布告天下，愿与国民共弃之"①。

对于国民党与北洋派两种力量之间剑拔弩张的态势，芝岑在日记中曾有记述，"今日见报，袁又有通电，痛切言之，使四督置身无地。然若辈是不顾颜面者，恐闹到究竟，总不免用武，南方兵力必不能敌，不知彼等亦知之否"②。在袁世凯与国民党的较量中，冯国璋积极支持袁世凯的武力讨伐政策。1913年5月19日，冯国璋联合段芝贵、姜桂题、张勋等北洋派七十七名高级将领发表通电，欲与孙中山、黄兴等国民党人宣战：

> 乃近来临时政府将与正式政府递嬗之辰，桀骜之徒，野心勃发，直欲拼四万万同胞之头颅，偿少数人之权利思想。一借口于宋案，再借口于借款，四出诱煽，遍伏乱机。以至谣言沸腾，公理遏绝。国会开而党争啧啧无一事之可议；边衅急，而人心惶惶，无一筹之能展。官吏束手，商贾辍业。譬之于人，血脉停滞，呼吸不通，死亡之征，

---

① 朱宗震、杨光辉编：《民初政争与二次革命》上册，上海人民出版社1983年版，第325—326、406—407页。

② 芝岑：《癸丑江宁一瞥》，中国社会科学院近代史研究所近代史资料编辑组编：《近代史资料总64号》，中国社会科学出版社1987年版，第141页。

第三章 冯国璋督苏：维护北洋派在江南的统治利益

谁职其咎？要知四万万同胞为求幸福而革命，非为拥戴一二伟人而革命。我军人为保卫四万万同胞而赞成共和，非为推戴一二伟人而赞成共和。大总统累岁优容，冀其自悟，而乱谋益急。我军人暨我同胞，岂能不自为之计。自非暴徒死党，何知有元勋伟人。乱天下者，与天下共击之。我辈军人向不入党，只知有国，不知有党。只问乱不乱，不问党不党。如有倾覆政府、破坏共和之人，我军人枕戈而待，不敢言劳。即大总统亦岂能拂逆万众之心理，曲全一二人之颜面乎？乱象不可久延，民命不可恝置，国脉不可再伤，不胜激切待命之至。①

此时的冯国璋还是直隶都督兼禁卫军统领官，作为军人对袁世凯的效忠完全是以北洋派的利益为本位。客观而言，冯国璋的通电对李烈钧等国民党人多有打压恐吓之词，这既有维护袁世凯权威之处，也有维护北洋派利益的考量。而且，作为北洋集团的核心成员，冯国璋对国民党多有通电指责，表现出盛气凌人的强势一面，反映了北洋派与国民党围绕政权之争而不可调和的矛盾。

1913年5月26日，冯国璋通电北方各省都督，严厉指责李烈钧，"该督好乱乐祸，怙恶不悛。国璋愚谓宜一面联名电请中央，即将该督撤换；一面先由同志各省互辖声援，嚆矢待命。势成骑虎，誓灭此贼"②。袁世凯有北洋派的军事力量作为后盾，对国民党无丝毫退让之意，要一意剪除国民党的地方势力。1913年6月9日，袁世凯发布《临时大总统令》，宣告李烈钧的种种罪责，并免其江西都督本官。6月14日，袁世凯将胡汉民调任西藏宣抚使，以陈炯明为广东都督。6月30日，袁世凯又发布命令，任命柏文蔚为陕甘筹边使，同时以孙多森为安徽民政长。在袁世凯逐步削弱国民党的军事力量的同时，"调遣北省军队陆续南下"，并制定"对于南省之作战计划"，分遣北洋军队进攻江西、安徽。③此时，国民党对袁世凯的态度游移于和战之间，直至北洋军队大举南下才起而应对。对此，孙中山

---

① 《冯国璋等欲与孙黄宣战电》，《大同报》1913年第19卷第18期。
② 中国科学院近代史研究所近代史资料编辑组编：《近代史资料总31号》，中华书局1963年版，第74页。
③ 朱宗震、杨光辉编：《民初政争与二次革命》上册，上海人民出版社1983年版，第443页。

后来总结道："惜乎粤、湘诸省不独立于借款成立之初，李、柏诸公不发难于都督取消之际，逮借款成立，外人助袁，都督变更，北兵四布，始起而讨之，盖亦晚矣。"① 在国民党最终决定起兵反袁后，李烈钧便率先发难。11日，李烈钧在江西发表通电，指责"袁世凯违反约法，蹂躏民权，破坏共和，实行专制"，于是"回赣随同军界诸君，声罪致讨"②。1913年7月12日，李烈钧在江西湖口起兵讨袁，二次革命爆发。

2. 冯国璋率北洋军武力南征

为了铲除国民党的力量，袁世凯集结北洋派之优势兵力，对国民党自辛亥革命以来培育的军事力量全面打击。江西和江苏成为二次革命的主要战场，李纯率领北洋第六师进兵江西，而冯国璋统领的第二军与张勋所部则共同进攻南京。

为了迅速应对时局的变化，袁世凯十分倚重冯国璋，派他作为南征的主要统帅。7月17日，袁世凯召开总统府军事会议，冯国璋等北洋将领主张以武力讨伐国民党人，"冯国璋及其他各大将均抵北京，即与袁总统会议甚久，皆谓施行最严厉之办法今已其时，毋庸再为尊重反对诸人"③，而此种政策亦得到来自袁世凯治下的北方各省的支持。7月18日，袁世凯任命冯国璋为第二军军长。④ 当天，《协和报》即报道"冯国璋将于二十一日率第二军南下"⑤。翌日，袁世凯又以张勋为江北镇抚使，"所有收复地方，由镇抚使慎择良吏进管"⑥。军事会议召开完毕后，冯国璋"定于二十一日率第二军赴南"⑦。袁世凯以段芝贵统领第一军，"乃以第六、第二两师及奉天之混成旅合成"，沿京汉铁路进入湖北，进兵江西。又以冯国璋统领第二军"乃以陆军第五师全师、第四师半师、直隶、河南之混成旅各一合成"⑧，会同张勋所部定武军及第七师雷震春部，沿津浦铁路南行进军

---

① 中山大学历史系孙中山研究室等编：《孙中山全集》第6卷，中华书局1985年版，第219页。
② 徐辉琪编：《李烈钧文集》，江西人民出版社1988年版，第212页。
③ 《特约路透电》，《申报》1913年7月19日。
④ 张侠等编：《北洋陆军史料：1912—1916》，天津人民出版社1987年版，第181页。
⑤ 《冯国璋南下平乱匪》，《协和报》1913年第3卷第41期。
⑥ 张侠等编：《北洋陆军史料：1912—1916》，天津人民出版社1987年版，第552页。
⑦ 《译文汇报》，《申报》1913年7月22日。
⑧ 《北京电》，《申报》1913年7月23日。

江苏。7月23日，袁世凯命令张勋及冯国璋督师南下，并以冯国璋为南方宣抚使。25日，袁世凯发布命令"削去黄兴、陈其美、柏文蔚之爵位"，并"著冯国璋、张勋从速平乱，擒获首犯者当予重赏"[1]。而上海作为经济重镇，又是上海制造局所在地，确保北洋军对上海的控制尤为关键。于是，7月26日袁世凯派海军将领郑汝成镇守上海，并于28日任命其为上海镇守使。[2]

袁世凯的命令发布后，冯国璋即集结重兵讨伐南军。冯国璋"率往南方之精兵一部分"有"步军七千名、马兵两团、野战炮队四队、机关枪队四队、红十字会队一队、工兵若干"，于7月27日离京南征。[3] 冯国璋率兵向兖州出发，与江北镇守使张勋会同进攻南京。7月30日，冯国璋所部到达徐州，8月4日又攻陷蚌埠。"据冯宣抚使电称，第十九混成团于今晨由固镇渡河，叛军溃退，我军遂于午前占领蚌埠。"8月6日，冯国璋又组织第五师前敌司令部，"现在施丛滨已奉任命为第五师前敌司令，际兹军务紧要，自应其另行组织司令部，将该司令原部人员归入编制，以一事权。"[4] 8月7日，冯国璋致电袁世凯汇报前线军事形势：

> 我军收复蚌埠，业经电陈。当即督饬前路各营，分赴渡淮前进。叛军留驻淮关、滁州各股，初犹据险枝梧，及大兵压境，而军辄已心摧胆落，首领率先他遁，余众势如散沙，望影惊奔，溃不旋踵。据报：张团长克率第二十团之一营，于本月六日占领临淮，何旅长丰林率第十五混成团同日占领沙河集，潘团长鸿钧率第十九混成团，于本日收复滁州。所有节次溃退叛军，现均麇聚浦口，并据各地方绅商士庶迭电同表欢迎，经饬该将领等未占领收复各处，迅速安抚流亡，宣布德意。国璋部署粗毕，一俟浍水大桥工竣，即当设法渡河，移驻蚌埠，并以奉闻。[5]

---

[1] 《特约路透电》，《申报》1913年7月25日。
[2] 《国内要电：郑汝成镇守上海》，《协和报》1913年第3卷第42期。
[3] 《特约路透电》，《申报》1913年7月27日。
[4] 张侠等编：《北洋陆军史料：1912—1916》，天津人民出版社1987年版，第555页。
[5] 章伯锋、李宗一编：《北洋军阀：1912—1928》第2卷，武汉出版社1990年版，第336页。

8月8日，袁世凯回电冯国璋指示进攻南京事宜。由于南京城内革命党人激进派何海鸣已宣布第二次独立，南京局势显得非常复杂，"前两星期曾宣告独立，前星期曾取消独立。星期五日复行独立，取消两日后，今复独立"。南京的舆论认为这种反复独立的影响在于，"恐杜淮川与冯国璋代表在滁州协商之调和办法将无效矣"①。8月14日，冯国璋率北洋军抵达浦口，"北军大队现聚集浦口，扎营浦镇者约三四千名，滁州或向浦口进发之兵共有一万五千名"②，并定于两日内渡江攻城。此时，南京"城内政务全由何海鸣管理，现已预备抵御北军入境，狮子山炮台由第八师之兵占守。冯国璋已抵浦口，闻浦口北军现有一万五千人，旦夕将进攻宁城"③。在8月21日至9月2日，北军对南京城进行了持续不断的猛烈进攻。8月24日，冯国璋等人向袁世凯报告进攻南京战况：

> 国璋于三、五两师渡江后，随即委派施从滨为总司令官，节制南岸各军队。且因浦口左近三三师旅长，管辖混成支队，以一事权，而便指挥。顷据该师报告，李旅长奎元于廿二日晚率领所部夺取北固山、黄家卫、上元门各要隘，旋即分兵占领。当经拨遣第十一团在上元门至张王应一带置扼守，并饬第十二团团长丁缙率队由北固山进攻神策门。该团于廿三日侵晓出师，过观音门后遇有叛兵两连，立时开始射击。叛兵初犹竭力抵御，经我军猛扑，势渐不支，伤亡甚多，纷纷败退。我军乘胜迫逐，直过铁路，进逼城边。敌均避入城中，闭关力拒。城一不得地利，奋勇相持，兵士阵亡二名，受伤三名，遂于十一钟后暂退至射线以外驻扎。此三师攻击神策门之大概情形也。
>
> 现第五师以观音门前方为战斗区域，张师在五军左翼，专攻朝阳门、雨花台各地方，穷寇负隅势孤，必将铤而走险，拟令何旅长丰林率第四师一团、直隶混成旅一团从上游渡过南岸，与张军首尾策应，四面兜围，使彼坐困危城，自能制其死命。无如狮子山炮台尚为叛兵所据，我军对岸漠渡适在剧烈炮线之中，上游又有彼之巡弋小轮，不

---

① 《特约路透电》，《申报》1913年8月14日。
② 《特约路透电》，《申报》1913年8月15日。
③ 《警信》，《申报》1913年8月15日。

第三章 冯国璋督苏：维护北洋派在江南的统治利益 | 193

准船只行过北岸停泊。若以卸甲甸渡江之船逆流上溯，仍须由彼炮线经过，尤属危险。既无海军兵舰为我军援助，民船复无从雇觅，困难万分，实深焦灼。似此旷日持久，不但老师费饷，且恐叛军由芜湖增集援兵，攻取更为棘手。刻已电达海军汤次长，请其即派兵舰数艘，克日下驶至浦口上游北岸，掩护我军渡江。应请大总统电令该次长迅速照办，俾便进行，无任悬盼。至南京城内各国领事署，早经通饬前路军队，入城后一律实力保护，妥为接洽。①

在二次革命中，江苏战场较江西战场持续时间长，而且战事尤为激烈。在对南京城的攻击中，张勋所部较为凶残，而冯国璋则对所部进行相应约束。对此，《申报》进行了报道："外间盛传张勋之兵在城东龙潭一方面抢劫乡民，此事确否日后自知。此种消息及人民所知张勋向来之手段，令第八师兵士心志益坚，宁愿战死而不愿乞怜张勋。之前，闻冯国璋其人手段尚合人道且有军人气度。"② 南京城内国民党的军队为数有限，而北洋军之冯国璋统领的第二军及张勋率领的定武军占有绝对优势，再加之有北洋舰队在长江上的军事进攻，从而形成对南京城进行多面夹击的态势。8月31日，刘冠雄向袁世凯报告海军舰队攻击南京情形，"遂于廿五日晚，率队猛攻，派'应瑞'、'海琛'、'楚有'三舰乘机上驶，且战且进，直抵大胜关停泊。"根据刘冠雄的报告，"冯全队昨尽渡江"，而且"今日各军议决，分路合围，正在筹备一切"③。北洋军队经历了十余天的激烈战斗，才逐步占领南京城。9月1日，第二军军统冯国璋致电各省，通告北军占领南京情形，宣称"刻正督饬各军队合力搜击，一面通知雷查办使，并令饬第四师军队夹击雨花台，以期速下。大胜关一带由杨师长善德率队堵截逃匪，毋任窜逸。所有本日会师攻破宁垣情形撮要驰闻，余容续布"④。9月2日，冯国璋向袁世凯发电，"现在城外要塞仅余雨花台一处，

---

① 章伯锋、李宗一编：《北洋军阀：1912—1928》第2卷，武汉出版社1990年版，第344—345页。
② 《南京血战记》，《申报》1913年8月27日。
③ 杨志本主编：《中华民国海军史料》上，海洋出版社1987年版，第279页。
④ 《公电》，《申报》1913年9月4日。

据四师报称,准于二日拂晓会合雷军并力夹击,逆巢已失,当易得手"①。北洋军攻占了南京城,标志着袁世凯以武力解决二次革命的终结。

二　冯国璋出任江苏都督

（一）江苏都督更易

1. 张勋出任江苏都督

对于袁世凯而言,攻占南京是其军事和政治的胜利。因而,在攻占南京后袁世凯立即对各路军事将领大加奖赏。9月3日,袁世凯发表"临时大总统命令"称,江北镇抚使张勋、江淮宣抚使冯国璋、长江巡阅使刘冠雄、副使雷震春等督率部伍于"九月一号克复江宁,该使等调度有方,各将士踊跃用命,旬余之内克拔坚城,良堪嘉奖。张勋晋授勋一位,冯国璋给予一等文虎章,刘冠雄特授以勋二位,雷震春特授以勋三位陆军中将,施从滨晋授勋三位,用彰劳勋。其余出力人员,由该使等查明请奖"②。在9月3日当天,袁世凯又通过委任江苏都督等官员,建立起北洋派对江苏的统治。首先,袁世凯免去程德全的江苏都督职务。袁世凯宣称"其素性长厚,迫胁独立,但观过知仁,其劳未容尽没。该督迭请免官养疴,引咎责躬,词甚恳切","应即免去其江苏都督本官"③。其次,"任命张勋为江苏都督"。再次,"任命卢世仪督办苏省长江一带清乡事宜,宗能述会办苏松常清乡事宜,张察会办如崇海清乡事宜"。在同一天,袁世凯又"任命朱熙署江苏陆军第二师师长"④。由此,袁世凯凭借军事上的胜利,将自己的统治范围扩展到长江中下游,特别是在江苏确立北洋派的统治秩序。

2. 北洋军祸害南京

然而,北洋军在9月1日攻入南京城后即开始大肆抢掠,造成极大破坏。9月1日晚11点,张宗昌向冯国璋报告义勇队在下关抢劫情况,称"义勇队纪律太坏,该队入下关后,即放火烧房,乘机抢掠。我师入仪凤门时,犹向我射击,以为贪功,不许猛向前进。恳祈军长严饬该司令速加

---

① 章伯锋、李宗一编:《北洋军阀:1912—1928》第2卷,武汉出版社1990年版,第346页。
② 《制令:九月三日临时大总统命令》,《警务丛报》1913年第2卷第29期。
③ 《关系法令》,《宪法新闻》1913年第18期。
④ 《命令》,《政府公报》1913年9月4日。

约束，或酌调他处，以保名誉，免遗外人口实"。事实上，自北军入城之后，北洋各军多有严重违犯军纪之处，给南京百姓带来了巨大灾难。江宁公民汪岱向袁世凯呈文，控诉北洋军在南京的恶行。"自一日上午十二时起，至于二日、三日、四日，凡入城之军队，不分通衢僻巷，沿门大索。……稍有拂意者，非遭枪毙，即被刀伤。更有甚者，夜则闯入人家，搜求妇女，焚烧房屋。愁惨之象，目不忍睹，号泣之声，耳不忍闻。而主将则延至四日甫行进城，一若坐观壁上。"① 北洋军在南京抢掠，不仅严重地违犯了军纪，危害百姓的生命财产安全，而且酿成外交事件，给袁世凯政府带来巨大困扰。所以，在进入南京后，北洋政府的当务之急便是如何善后，安抚灾民，维护社会稳定。

9月6日，袁世凯致南京各军使电称："阅路透社电，南京城内商店、茅店、草屋无不被抢，妇女老少贫富，多被奸淫，其余均入外人家避难。各军皆然，而张部蓝衣兵实占多数。各官长目睹不理，所谓不伤一人，不惊一户之宣告，完全背弃。日本民居，亦多被害。有自日领署出者，被兵枪毙三人，受伤一人云云。"袁世凯要求将北洋军的违法害民行为"仰即传集各该官张，剀切告诫，并明察暗访，得有奸抢实据，立按军法严办，以期湔洗于万一。至保护外人生命财产，更属文明之通例，尤应格外留意。勿因细故，败坏大局为要"②。同时，袁世凯还要求张勋、冯国璋，"一面严捕乱党各首要，务获惩治。仍督饬各军队查剿溃匪肃清余孽，以靖地方"③。北洋军在南京的抢掠行为，造成了极其恶劣的社会影响。为此，袁世凯不得不更易江苏都督，希图改变日益恶化的社会局势。

3. 张勋被免江苏都督

张勋自9月3日被委任为江苏都督以来，并未认真履行职责，甚至放任部属违法害民，从而被袁世凯免去江苏都督一职。张勋之所以去职，内在原因复杂，综合而言，主要有以下数端。

第一，张勋只是北洋派的旁系而不属于袁世凯的嫡系势力。张、袁交往始于小站练兵。张勋作为淮军老将，曾在中法战争中立有战功。但是，

---

① 丁思泽、陈长河编：《1913年赣宁之役档案史料选》，《历史档案》1981年第4期。
② 徐有明编：《袁大总统书牍汇编》（卷七，函牍），新中国图书局1931年版，第15页。
③ 《命令》，《申报》1913年9月6日。

张勋在甲午中日战争中因战败而被冷落。小站练兵，袁世凯广募知兵将才，对于前来投奔的张勋委以重任。张勋在袁世凯的提拔下，亦步步高升，累至江南提督。然张勋的忠君思想非常浓厚，并未完全依附于袁世凯，而是有相对独立的思想。因而，张勋亦从未进入袁世凯的核心团队，而只是属于北洋集团的外围势力。而且，张勋的武卫前军特立独行，留辫蓄发与北洋军队相左，并不属于北洋六镇之列。在辛亥革命中，张勋对袁世凯的行为暗有不满，曾对人表示："袁公之知不可负，君臣之义不能忘。袁公不负朝廷，勋安敢负袁公！"[1] 当时，张勋"以江苏提督，曾督兵在南京抵抗革命军"，并反对议和，"这时段主议和，张竟抗命主战"，故而唐绍仪及段祺瑞"密电袁世凯杀张"。阮忠枢闻知此事即向袁世凯建言，"宫保不欲成大事则已，欲成大事，不能少这个人，还得重用"。同时，徐世昌往劝张勋，"宫保通权达变，与党人言和，假以时日，必败党人。若以一朝之忿而乱大谋，无以对宫保，即无以报清室"。张勋听从徐世昌的劝告，即通电表示"拥护宫保的共和民国"[2]。由于张勋完全忠诚于清廷，因而袁世凯对张勋亦是多有防范。袁世凯起用张勋为江苏都督，是为了履行谁先入南京城即为江苏都督的承诺。然而，袁世凯最属意的还是想将江苏都督一职弁以北洋集团的核心人物，以拓展北洋派统治的根基。因而，袁世凯任命张勋为江苏都督只是权宜之计，一俟时机成熟即将其撤换。

第二，张勋出任江苏都督后，纵容所部在南京城抢掠，严重地危害社会，激起民怨，有违袁世凯需要迅速安定大局的意愿。当时，有北洋政府差遣员朱伯良关于张勋部在南京抢劫、扰民及奸淫妇女等事呈报。如10月2日，"城北吉兆营巷内第二十三号门牌住户左金海家，于昨夜十一时突来八九人皆长身大汉，且有发辫，内有头戴黑帽身着蓝衣裤或黑呢衣裤者，均持刺刀，从后门撞入，有二三人守门，禁人声张及出入门庭，旋即倾箱倒柜无银钱，乃将其新买之丝（系织丝之经价值二百元之谱），悉数携之而去。现住该处之邻人及他处居户，均恐慌之至"。[3] 10月11日，朱伯良在报告中称，"今早有做白丝行女工陈张氏云：彼家住尧化门，该处

---

[1] 赵尔巽等撰：《清史稿》第42册，中华书局1977年版，第12828页。
[2] 杜春和等编：《北洋军阀史料选辑》下，中国社会科学出版社1981年版，第274页。
[3] 张侠等编：《北洋陆军史料：1912—1916》，天津人民出版社1987年版，第563—564页。

张军兵约一营驻扎,直至今日仍有奸劫之事"①。武卫前军在南京的所作所为严重地危害了百姓的生命和财产安全,亦为媒体所谴责。然而,张勋对其部所犯罪行向袁世凯连发二电辩诬,"今路透电乃以蓝衣兵独占多数为言。查勋军入城仅占东北一隅,……孰抢孰否,不难按户而稽。且前次我军夺取天保城各要隘时,匪军屡次乔扮勋军装服,希图混进。且蓝衣之说,亦难据为确证"②。张虽有自辩,然论者言之确凿。白武在致段祺瑞函中即言:"月之二十号,接到家严来电,云及南京克复后,张军一再抢掠,全家被难,嘱即返省一探。"③ 由于张部所犯恶行对南京市民的危害甚大,严重地损害了其江苏都督的权威及形象。正如时人所论:"奈何不自爱惜,甘冒天下之大不韪,而与土匪盗贼同议乎?日暮途穷,聊复快意,稍一不慎身名俱裂,是真可为长太息者矣。"④

第三,张勋在二次革命时有阴谋复辟行径,引发了袁世凯的不安。进入民国后,张勋对清帝的忠心并未改变,时有图谋复辟之念。在二次革命中,张勋即有密谋复辟之行为。1913 年 8 月 26 日,蒋雁行向段祺瑞密告张勋复辟情形。"张上将过境,各属惊扰不堪,……扬军陈某翎顶求见,一遇即许为忠臣者,再令观察徐州,……扬州宪兵司令方某,以前清行装迎接,竟派兼办厘捐,并言不意清亡尚有忠臣。密谋到南京后斟酌情形,不为大总统,即恢复故清,主宣统复位。大江南北商民闻此消息,甚形慌恐,惧其背谬,至欲以死拒其为南京都督。"⑤另据 9 月 17 日朱伯良报告张勋进入南京后的情形,称张勋驻扎之地"守卫禁严,门前靠有红旗一对,嵌有白色张勋两大字,旁嵌白色小字一行,系陆军上将武卫前军军统江北镇抚使等字,并无国旗,亦无陆军旗"。"传说有将江宁驻防旗人恢复旧制之信,然尚未见之事实。惟据旗人文轩亲口说及,今早张大帅派官长二员来我们住所,将赫大老爷之大少爷请去,系为我们安插等语。"⑥ 从张

---

① 张侠等编:《北洋陆军史料:1912—1916》,天津人民出版社 1987 年版,第 564—565 页。
② 冯仁佺:《张勋覆大总统辩诬电二则》,冯仁佺编:《民国经世论说文集》(下集 第五编),文明进行社 1914 年版,第 462 页。
③ 丁思泽编:《1913 年赣宁之役档案史料选》,《历史档案》1981 年第 4 期。
④ 冯仁佺:《论张勋》,冯仁佺编:《民国经世论说文集》,文明进行社 1914 年版,第 59 页。
⑤ 张侠等编:《北洋陆军史料:1912—1916》,天津人民出版社 1987 年版,第 561 页。
⑥ 同上书,第 563 页。

勋的言行来看，其本人虽任江苏都督，然而并不忠心于袁世凯，而是念念不忘前清旧制，时有图谋复辟之念，这无疑是袁氏推进统一、加强中央集权的一大障碍。

第四，张勋所部制造了外交事件，加速了其离任苏督的步伐。张勋入南京后，既已出任江苏都督，当务之急应该是整束队伍，严格军纪，维护社会秩序，这才符合各方的诉求。然而，张勋却对其武卫前军所部放纵，没有整顿军纪，不仅严重地伤害了南京市民的生命财产，还制造出外交事件，从而导致其江苏都督一职被撤换。据胡联瀛、周家泉报告北军焚掠南京情形，"又查日人伤毙三人，询据彼商越律五郎云称，死者三人，两系剃头，一系杂货，见官军入城，在督署旁随同彼国十余人同赴日本领事府，得以保护，内有一人执持日本国旗，被官军撕碎，致先后殒命。受伤地点，系在该领府山下"①。此事一出，即引发了中日之间的严重外交事件。

当时，日本政府对袁世凯政府施加巨大压力。日本外务大臣在致中国外交部电文中指出："张勋之处分，帝国政府视为办理南京事件重要之要点，而国民一般亦极注意。"② 张勋见事情闹大，"担心自己之地位不保，遂亲自与日驻宁领事谈判，并于9月28日到日领事馆赔礼道歉"。与此同时，西方列强对于张勋在南京之所作所为亦表达严重不满，向袁世凯政府提出："把这样一个怪物摆在江苏都督的位子上是极不相宜的，在南京的西方国家侨民的生命财产也是得不到保障的。"③ 张勋所部因伤害日本人造成了十分棘手的外交事件，亦对袁世凯带来了很大的外交压力。日本要求惩治张勋，"若不速行解决……倘长此迁延，实难容默。中国政府业已决定实行，更望尽力进行"④。于是，袁世凯既要能够满足日本的要求，又要极力安抚张勋。

4. 张勋调任长江巡阅使

袁世凯曾致张勋一封长函，对其巧言安抚："两月以来，苦心焦虑，夜不安寝。欲筹两全之策，迄无得当之方。卒于无可设法之中，勉思长

---

① 章伯锋、李宗一编：《北洋军阀：1912—1928》第2卷，武汉出版社1990年版，第351页。
② 来新夏主编：《北洋军阀》（二），上海人民出版社1993年版，第431页。
③ 陶菊隐：《北洋军阀统治时期史话》第1册，生活·读书·新知三联书店1959年版，第203—204页。
④ 来新夏主编：《北洋军阀》（二），上海人民出版社1993年版，第431页。

第三章　冯国璋督苏：维护北洋派在江南的统治利益　│　199

江巡阅一席，以为军民分治为后，都督亦不过仅治军事，切仅控制一省，而长江则幅员较广，局面较宏，况转瞬划分军区，都督尚在应裁之列，长江则可独树一帜，不相牵混，既无地方议会之謦欬，又无外人交涉之困难。重兵在握，威仪自在，劳逸苦乐，判然不同，计以为吾弟位置者，莫善于此。"张勋对江苏都督一职恋恋不舍，对于袁世凯的劝说在依违两可之间。张勋在给袁世凯的回函中言："兹既外人见逼，不克安居，勋独何心而忍贻忧军国。谨当解甲归田，以避贤路，且以不必为人设官，而产出长江巡阅一席。勋俟奉命交卸江苏都督，即乞骸骨归里。"① 袁世凯在更易江苏都督问题上，为了能够减少张勋的抵触，派与其交好的阮忠枢前往劝说。

阮忠枢在回京后，又致函张勋劝其接受袁世凯的安排，"今弟请为公一言决之曰：公之去留，亦视极峰之疑信如何耳！如果功高见嫉，极峰有疑忌之意，则我公自宜明哲保身，翩然远引，所谓君子见几，不俟终日者也。今极峰尚无疑忌之意，而且有信任眷恋不舍之情，则公又何妨曲谅其为难，而姑为之抑志以迁就哉！天下事有情所不能堪，而势出必不得已者，此类是也。然此次之委屈迁就，亦非为一身计也，仍所以为极峰，为中国而已。"阮忠枢之言，情理交融，为张勋分析各种情势，力图打消其思想上的顾虑，意在促成江苏都督易职。此后，张勋在回复阮忠枢的信函中才表明贪恋苏督之意，"然既见逼于外人，而无转圜之余地，兄又岂能贪恋高位而贻君父以无穷之忧也。已矣！兄已检点一切，一俟奉命，即行解甲归田，望以此情陈之于总统之前，并陈明俟兄卸任后，再当趋侍左右，以觇颜色而逐瞻依"②。张勋虽然贪图苏督之位，奈何形势逼人，迫于西方外交团的外交压力，不得不接受袁世凯的安排。正如《时事汇报》所言："张勋之督苏，不惟苏人恶之，即日人亦以南京事件之故，深憾张勋，誓以必去。政府一再迁延，约以十五为期，必罢张。及期不果，日政府即电驻使。日使即晚严诘外部，十六乃有是命，而以冯国璋督苏。"③ 1913年12月16日，袁世凯发布总统令，"江苏都督张勋准免本官"，同时"任

---

① 来新夏主编：《北洋军阀》（二），上海人民出版社1993年版，第429页。
② 同上书，第433、435页。
③ 《大事记：十六日以张勋为长江巡阅使》，《时事汇报》1914年第2期。

命冯国璋为江苏都督",又"任命张勋为长江巡阅使"①。对江苏都督更易之命令,有评论指出:"今张既去宁,后来者诚能反张氏所为,则民心自洽而袁总统果毅之行,当为国民所称叹也。"②

(二) 冯国璋督苏缘由

1. 冯国璋与张勋对苏督之角力

袁世凯以冯国璋取代张勋出任江苏都督,既有加强中央集权的考量,又有强化北洋集团对江南统治的需要。张勋曾在辛亥革命时在南京出任江南提督,并强烈地抵制革命,一度对江浙联军收复南京制造了巨大障碍,因此并不是为江苏人民所意愿的都督人选。同时,张勋到南京出任江苏都督后,也一度飞扬跋扈,纵容部下抢掠民财、伤害无辜,民怨沸腾。然而,张勋仗着自己镇压二次革命有功,渐有将南京营造成自己的独立王国之意。袁世凯对于张勋的跋扈自然不是充耳不闻,而是等待合适的时机将苏督调换自己属意的人选。在9月26日即有传闻,"冯国璋将于日内赴宁,外间有冯将任江苏都督之谣"③。然此时,袁世凯之所以未将张勋更调,主要原因在于"以张去后散兵万余为虑,故慎重发表"④。当时,张勋的军事力量不断膨胀,约有"旧兵万名"及"其部下之新兵二万名"⑤。因此,张勋在南京城的势力不可小觑。

张勋所部驻扎南京城内外各要地,"都督府驻马步队三营,门帘桥张勋公馆驻马步各一营,狮子山驻步兵两营,仪凤门驻步兵一营,小营地方陆军小学内驻新招兵二营,驻扎城外者天保城四营,雨花台四营,慕府山四营,石坝桥(孤树村附近)一营,淳化镇一营"。而冯国璋的军队则驻扎江北,"第三师降冯国璋得刻尚驻浦口,又冯军第五镇全镇亦驻浦口,其余尽驻蚌埠"⑥。对于早已沸沸扬扬的江苏都督即将易人的传闻,张勋虽然宣称不介意,"惟外间所窃窃私虑者,以为张勋能不介意而其军队或不

---

① 《命令》,《政府公报》1913年12月17日。
② 《江苏都督之更易》,《雅言》1913年第19期。
③ 《译电》,《申报》1913年9月26日。
④ 《专电》,《申报》1913年9月27日。
⑤ 《北京电》,《申报》1913年9月30日。
⑥ 《南京收拾记》六,《申报》1913年10月5日。

第三章　冯国璋督苏：维护北洋派在江南的统治利益　┃　201

能不介意，临时恐张勋不能约束耳"①。此时的南京战事甫经结束，亟须安定社会秩序，袁世凯不能不顾虑到张勋所部的态度。由此，袁世凯"前因张勋在苏种种失宜，而日人复一再抗议，确有更动消息。现又一变其态度，探其原因：①张氏肯到日使馆谢罪已认前非；②南京克复之日纵兵抢掠者，亦不只张军，若因此他调似欠公允；③张氏近日极知收复人心以恢复名誉；④江苏人士前反对张勋者极多，现南中各团体又有电达中央请挽留者，同是一省之人是非不明，政府亦无从解决。有此数因，政府对于张氏之位置姑仍其旧。"②于是，"冯国璋授任江苏都督之政策显已有更变，张勋似将留宁数月"③。自北洋军占领南京后，袁世凯以张勋为江苏都督，"又因张不谙吏治，以韩国钧与张有旧，任命为民政长，俾得和衷共济"。然而，"张于战事有大功"，张勋与韩国钧之间矛盾不断。④

对于袁世凯而言，要树立中央权威，在战事结束后即需要裁减军队，既可以收权，又是节减军费开支的必然要求。因而，袁世凯一面将张勋留任苏督，一面以冯国璋作为江淮宣抚使身份南下遣散江苏各地军队。⑤自二次革命以来，江苏各地军队又大有膨胀，军费开支浩大，对苏省是一项沉重的负担，裁军是所必然。"江苏陆军经费原顶算案，第一、二、三师及步兵第三十一、三十二旅共七百五十九万二千六百六十三元。现经财政部会同陆军部核定江苏陆军改为二师一旅，兵费则减为四百三十一万六千九百四十三元。"⑥10月20日，冯国璋由津浦路南下，"闻有代张勋说"⑦。对于冯国璋的到来，张勋开始显得不安，为保全自己的苏督之位，"逼勒商务总会具名电留"⑧。虽然，苏督之事尚未揭晓，但是袁世凯以冯国璋作为江淮宣抚使南下来编制江苏二师半军队，确实对张勋产生了震动作用。

冯国璋再度莅临南京，是为编遣军队而来，对张勋有非常不利之处。

---

①《杂评》二，《申报》1913年10月7日。
②《张勋果何日离苏耶》，《申报》1913年10月13日。
③《专电》，《申报》1913年10月15日。
④《韩国钧调任之京师论调》，《申报》1913年10月15日。
⑤《译电》，《申报》1913年10月18日。
⑥《南京收拾记》十七，《申报》1913年10月20日。
⑦《专电》，《申报》1913年10月21日。
⑧《南京收拾记》十九，《申报》1913年10月22日。

况且，冯国璋遣散军队有雷厉风行之感，"闻此次凭国璋来宁将遣散驻浦之第三师，全军仅发给饷银一月即行解散"。由于冯国璋来者不善，因此"张勋闻冯国璋此次来宁虽以裁遣新兵为名，究竟内容不甚明白，故日内神气颇为恼丧"。于是，张勋此时亦颇为警觉，也开始整顿军纪，"照得军人以纪律为先，交易以和平为准。本都督治兵有年，无时不申明约束，遇有兵丁不法行为即以军法从事"①。同时，为维护治安，"张勋现将城内各扼要地点设立稽查处"②。冯国璋是在"廿三日下午四时抵宁，以花牌楼之第一旅馆为行辕"③。

冯国璋到南京后，张勋不得不一改往日的跋扈，表现出对中央政府的尊重，"张勋因冯国璋来宁，已将平日各营红底白字张勋二字之旗，一律换用陆军旗或五色国旗，军衣帽已换黑色"④。冯国璋作为中央特使权重一时，张勋对其亦礼让三分。在10月25日，"阮忠枢、张勋同赴第一旅馆会晤冯国璋畅谈京事良久"⑤。此时，报纸又有"冯国璋有将任命留守江南之说"⑥。而此次冯国璋南下主要使命是裁减江苏军队，因而张勋对冯国璋忌惮三分。10月26日，"冯宣抚布告谓奉大总统令：江苏军队复杂，中央财政困难，必须认真淘汰，以节糜费而归实用，著江淮宣抚使冯国璋驰往江苏一带，察看情形，检阅精练节制之军，分配驻扎地点。其冗滥无用军队切实裁并，仍将所遣士卒资遣原籍地方各营生业，毋许逗留等因。本使现奉命南下。即日巡历江苏各属，检阅考察，分别办理"⑦。然张勋与冯国璋在裁军问题上意见不合，"张勋与冯国璋商议武卫前军久驻苏省办法，因营制饷章不同尚未议决"⑧。于是，在裁军问题上张勋与冯国璋的矛盾渐趋突出，但冯氏坚持袁世凯的裁兵之策。"冯宣抚使在宁调查张军营制饷章及新旧兵额，日内即将巡阅淮徐海各军。"⑨为推进裁军事宜，冯国璋一

---

① 《南京收拾记》二十一，《申报》1913年10月24日。
② 《专电》，《申报》1913年10月25日。
③ 《南京收拾记》二十二，《申报》1913年10月25日。
④ 《南京收拾记》二十三，《申报》1913年10月26日。
⑤ 《专电》，《申报》1913年10月26日。
⑥ 《南京收拾记》二十三，《申报》1913年10月26日。
⑦ 《专电》，《申报》1913年10月27日。
⑧ 《南京收拾记》二十四，《申报》1913年10月27日。
⑨ 《南京收拾记》二十七，《申报》1913年10月30日。

方面"委朱先志为参议襄办裁兵事,刻已着手规画",另一方面"赴浦口简阅第三师以便裁减"①。由于在裁军问题上,"冯国璋与张勋之感情并不和洽","张勋不许其实行大总统遣散军队之命令",于是冯国璋"离宁驻扎浦口",避免与张勋产生直接冲突。事实上,江苏裁军已到不可避免的时候了。

张勋此时在南京尚有较为雄厚的兵力,所以冯国璋认真执行袁世凯之裁军政策,既符合当时中央和江苏地方财政紧张的现实,又有利于打击张勋势力,为自己督苏铺平道路。于是,冯国璋在推进江苏裁军问题上不遗余力。"冯国璋连日与蒋雁行(江北护军使)、徐宾珍(第四师长)、朱熙(第一师长)及各师旅长、团长商议裁遣军队办法,并详询各军队内容。昨又派专员分赴浦口、扬镇等为实地调查驻兵状况。"从策略上而言,冯国璋裁军秉承先易后难的原则,"冯国璋裁遣兵队系先从第三师入手,对于张军亦略有裁减之意"②。对于冯国璋裁减江苏军队,袁世凯政府亦是大力支持,在裁军费用上极力满足需要。"财政部以江苏各军队欠饷业已查明,共欠九十二万八千元。现在军队既须裁撤,则此项欠饷自应国给,而恩饷遣资等项尤须旧备。预算需一百二十万九千四百八元九分,拟以善后大借款内支付现。"③

张勋对冯国璋的裁军采取以退为进的策略,以辞职作要挟。"张勋现电请辞职,力保冯国璋督苏。冯得此消息亦致电政府谓,苏督一职非张不能胜任,况乱事甫定全赖镇慑,如准张请,轻发命令,则国璋决不承认,而裁兵之事亦难着手,惟有返京云云。"冯国璋之通电并未缓解其与张勋之矛盾,然张亦在部署后续活动,于11月5日"派军队十营开赴徐海一带专办清乡"。同时,冯国璋继续裁军,"冯宣抚现简阅第三师淘汰已定,闻存留步兵一旅,炮兵两营,骑兵两连,宪兵两连改为混成旅,所裁兵士一律资遣回籍"④。而遣散军队费用已得中央支持,"财政部已解洋四十万元与冯国璋,以充解散军队经费",但是,张勋对解散军队持反对态度,

---

① 《专电》,《申报》1913年11月2日。
② 《南京收拾记》三十,《申报》1913年11月2日。
③ 《支付江苏裁兵军费》,《申报》1913年11月3日。
④ 《专电》,《申报》1913年11月6日。

"不肯担负遣散军队责任"①。11月18日，冯国璋向袁世凯报告裁减江苏军队情况，"所有解散南京军队，除张都督部下军队解散尚未实行外，其余之南京军队已一律解散，合算发放以前之欠饷及酌给恩饷共费一百二十万零九千四百元，刻拟启程赴扬州、镇江、苏州以便着手解散该三处之军队等语"。袁世凯"对于张都督部下军队解散问题"当然不满，于是"决定于日内再派阮忠枢赴南京会晤张督商酌"②。张勋对苏督一职恋恋不舍，岂能拱手让人？张勋对于冯国璋强力推行裁军，由不满而生怨。因裁兵而导致张勋与冯国璋交恶，实际上是为苏督而争。张与冯之间矛盾渐趋尖锐，以至于当时社会上盛传南京将有兵变谣言。对此，《申报》发表评论："南京何为而兵变独立？为冯张交恶也。冯张何为而交恶？为冯国璋欲裁张勋之兵。张勋不允，冯国璋不能逆政府命将强迫之，故张勋与张勋之兵变而独立也。"③

张勋对袁世凯政府一意裁撤江苏军队，打压自己的力量甚为不满，南京形势愈加紧张。英文《北京日报》称："今晚（九日）得悉黎副总统之赴京已于临行时展缓，因张勋对于中央政府之态度有变之故。闻张勋已脱离中央政府，现有北军二万名南下攻之。今夜恐不能得实在消息，惟张勋之军与冯国璋之军大起冲突似已无疑。"④ 媒体的揣测在一定程度上反映了此时张勋与冯国璋的矛盾因裁军问题已经到了白热化的程度，随时都有可能爆发冲突。张勋与冯国璋交恶一度引发了江苏政局不稳，以至于社会"各界皆信宁变"。之所以如此，"乃因张勋与冯国璋积不相能所致"。当时，"张勋与其部下勇士仍驻城内，冯军则驻扎对江之浦口"。另外，冯国璋执行袁世凯的要求，并得到中央政府的支持，"闻冯国璋近接陆军部命令，命其监视遣散张军之一部分，张勋置之不理。冯张遂因此交恶。今日又闻北京政府已发命令即派大军二万名赴宁镇乱"⑤。虽然，"张勋脱离中央政府之谣言，实系无稽之谈"。但是，"北军抵宁之说则属确实，盖冯国

---

① 《专电》，《申报》1913年11月12日。
② 《冯宣抚南下解散军队之报告》，《申报》1913年11月19日。
③ 冷：《时评：南京之谣》，《申报》1913年12月11日。
④ 《译电》，《申报》1913年12月11日。
⑤ 《要闻一：南京之谣》，《申报》1913年12月11日。

璋之兵近已增加北军三千名"①。对于袁世凯而言，改易苏督势在必行，于是一方面派兵南下增援冯国璋，以军事威慑张勋，另一方面又"特派怀宁阮忠枢斗瞻、段芝贵香岩先后来宁劝导"②。张勋虽有诸多不满，然无力对抗袁世凯政府，于是允为调任长江巡阅使。

2. 冯国璋出任江苏都督的原因

袁世凯为何以冯国璋取代张勋督苏？二次革命加剧了江苏社会危机，使得原来渐趋安定的局势遭受严重破坏。正如当时舆论所言："江苏之糜烂，始于江宁，继以上海，后以吴淞，闻镇江又开战矣。凡我江苏繁盛之区，无一处不有战，无一处不糜烂。"③二次革命后江苏社会亟待有效治理，而张勋在南京的所作所为不仅没有能够安定社会秩序，反而加剧了江苏的社会矛盾。此时，袁世凯将冯国璋从直隶都督调任江苏都督，是出于多重因素考虑的结果。

首先，江苏在全国的政治、经济地位特殊。"江苏扼江海之冲，领南部之脊"。在清末民初政局演变中，江苏局势的变化对时局产生了重大影响。"辛亥一役，武昌一呼，金陵响应而清室为虚。江苏之地位实隐有操持全国之势，癸丑倡兵，江苏为首，声势煊赫。"④与政治上险要地位相应，江苏经济地位更是执全国牛耳。江苏为东南门户，明清以降一直为全国经济重地。自辛亥革命以来，南京临时政府及北洋政府都面临财政奇缺的困窘，急需各省地方税收来支撑。在税收中，江苏历来都承担了相当的份额，其地位举足轻重。明清以来，"江苏为财赋之区，而赋额之重为天下最"⑤。清道光时期的两江总督陶澍曾言："江苏为财赋之区，钱漕繁重，甲于他省。"⑥江苏一省所贡献的钱粮在全国一直处于领先地位，是国家经济中心区域。因而，袁世凯要推行中央集权，需要整顿税收来增强中央财力，就必然倚重江苏，由此对江苏都督就必须选用可靠人选，方能助己一臂之力。而在选用合适的人选上，还必须需要有相当威望和能力的人才能

---

① 《译电》，《申报》1913年12月13日。
② 沈云龙主编：《止叟年谱·永忆录》，文海出版社1966年版，第35页。
③ 《江苏之糜烂》，《申报》1913年8月4日。
④ 《纪江苏防务》，《申报》1916年10月21日。
⑤ 朱玉泉主编：《李鸿章全书》，长春人民出版社1999年版，第5页。
⑥ 徐梁伯、蒋顺兴主编：《江苏通史·晚清卷》，凤凰出版社2012年版，第304页。

取代张勋。在北洋集团诸多将领中，冯国璋以军事起家，在二次革命中亦有军功，同时还是直隶都督兼任禁卫军统领，而且现在又是江淮宣抚使，其资历和地位完全可以和张勋比肩，因而是出任江苏都督的不二人选。

其次，冯国璋作为北洋集团的核心成员，对袁世凯忠心耿耿，是袁氏赖以倚重的可靠人选。在1912—1913年的民初政争中，冯国璋极力主张实行总统制，联合北洋派各地方都督大力支持袁世凯的强力集权政策。

第一，反对国会过度限制总统权力。在此次民初宪法之争中，参议院为限制袁世凯的权力，有意推出总统无权解散议会的条款。在宪法条文的争论中，冯国璋极力主张加强国权，实行总统制。1912年9月，参议院"于省官制一案删除大总统解散省议会权而规定省议会有弹劾省长权"，引发了"闽、粤、晋、豫等十三省都督、民政长寄参议院电"反对"理由甚富"。冯国璋等各省都督认为："方今国劳机隍，党派纷歧。若立法不得其平，则祸变将何所底止。推贵院意无非杜中央专制之萌，持伸张民权之义。不知解散议会不过待之公判，于民权毫无损害。不过此种手续由大总统执行，并非以此增加劳力。"① 此后，冯国璋又多次参与地方都督联电反对议会撤销总统解散省议会权。

第二，反对变更国会地点。在民初首届国会选举期内，上海民权报主张国会开预备会于上海，成立会于南京，以免北京军警干涉。对于国民党欲在南方成立国会的表示，袁世凯政府当然激烈反对。1913年1月10日，直隶都督冯国璋通电"反对变更国会地点"，"国璋嫉恶如仇，爱国若命，凡有敢簧鼓其僻辞邪说，冀以动摇国本，蛊惑人心者，惟有执国法以随其后，而冀巨患于无形。所望于政府及各省行政长官者，宜按照临时约法第十五条，设法限制，以维持社会之治安，使邪说不至日张，至危共和之初步"。②

第三，冯国璋发表对于宪法意见，主张加强国权，总统负完全责任。1913年6月，《国会丛报》刊载"冯国璋对于宪法上之政见"，"蔡都督阳电以巩固国权为主义，提议二事实为民国救亡关键"。冯国璋认为："临时

---

① 《要闻一：各省反对删除总统解散议会权》，《申报》1912年10月14日。
② 中华民国史事纪要编辑委员会：《中华民国史事纪要 初稿 中华民国二年（1913）正月至六月》，1971年，第63页。

约法所定立法机关之职权，对于大总统及国务员有弹劾权，对于大总统任命国务员有同意权，是以立法机关侵夺行政之权限，而大总统行政上举措转无统辖法定保障。……推极其弊，势必演成议会专横政治，破坏三权鼎立之原则矣，民国前途何堪设想。今欲矫正必先予以大总统以解散议会之权，使行政立法两剂其平，报权本之尊严，固中央之威位。斯行政权乃能独立不至为立法权侵压桎梏，而无所展其手足。至于国务员之任命，宜使大总统负完全责任，不必先得议会同意，诚以国务员者辅佐大总统负其责任者也。……是宜弁大总统以用人全权，使同负国务上之责任。"①

最后，冯国璋以江淮宣抚使身份为维护袁世凯在江苏的统治做了大量工作。二次革命结束后，江苏局势并不稳定。由于"宁乱初平，百般待理，非有军事经验练达大员不足襄赞整顿"②，于是，冯国璋向袁世凯要求将天津镇守使王廷桢调赴南京赞襄军务。自9月至12月间，冯国璋在剿匪、裁减江苏军队及镇压江阴兵变等方面，竭心尽力地为袁世凯维护江南社会秩序。

第一是冯国璋在攻克南京后即部署在苏北剿匪。1913年9月6日，冯国璋密电袁世凯报告筹办剿匪情形："又自国璋驻浦以来，迭接后方警报，如砀山、蒙城、寿州、定远、宿州等处，土匪猖獗异常，或大股围城、或抢掠村镇，文电告急，迫于星火，节经设法分拨营队驰往剿办。惟本军以全力注重宁垣，留驻后方军队，已陆续调赴前敌，其未经调用者，仅敷分扎铁路各要站为保护之用，兵力既不团聚，为数实亦无多，防路剿匪，委难兼顾。至拨往各县营队，兵少力单，尤恐未能迅予扑灭，幸江、皖云霓之望，惟有将宁浦现驻军队酌量抽调开赴后方分地剿办。"③

第二是冯国璋遣散江苏军队得力，并将袁世凯的北洋军队调驻江苏各地，有利于袁世凯控制局面。一方面，冯国璋将驻扎浦口第三师改编为混成旅，将南京驻军除张勋所部未动外，其余一律解散，并对江苏其他驻军进行改编，为袁世凯加强对江苏的统治提供了条件。另一方面，将北洋军队调防江苏各地，进一步强化了袁世凯在江苏的统治。11月19日，冯国

---

① 《直督冯国璋对于宪法上之政见》，《国会丛报》1913年第1期。
② 《直隶都督冯国璋呈》，《政府公报》1913年10月12日。
③ 张侠等编：《北洋陆军史料：1912—1916》，天津人民出版社1987年版，第560页。

璋向袁世凯密电报告关于驻苏军队调防情况,"第五师混成十旅奉拨开赴苏州、江阴、镇江等处,七十四旅开赴蚌埠、南宿州、徐州兵四营,直隶混成旅开赴盐城、阜宁一混成团,其余移驻凤阳、南宿州之禁卫军,均拟陆续开浦驻。所有调拨军队暨将七十四旅分驻,用意在减散该旅兵力,即不至生事端。浦镇军队不如从前之多,兵站之事日益减少,拟截至阳历年底,裁撤该站,余存粮秣悉交军队领用结算"①。

第三是冯国璋迅速平定江阴兵变。1913年11月15日,驻守江阴炮台的海军陆战队第二团士兵奉命开赴福建。该团士兵因不愿意赴闽,便在团长郭以廉的纵容下于次日晚发动兵变,先鸣枪数声,随后即携带武器至北关街市区放火抢劫商民。"查此次兵变,受害地方以江阴北外等处为最,武进之焦溪次之,靖江之八圩、天生港等处又次之。""总计被灾者四百二户,殒命五口,受伤四名,损失财产三十七万余元。"11月18日,北洋政府参、陆两部对江阴兵变做出军事部署,一方面"已饬冯宣抚使派兵一团往剿,务悉殄除",另一方面要求海军司令李鼎新"迅即派兵舰截守江阴上下游,相机捕治"。

冯国璋接到参、陆两部电后,于19日回复皓电:"江阴海军陆战队图乱抢劫,亟应从严惩办,现已派拨一营,由沪宁铁路至无锡换乘民船前赴江阴,并派军法处长殷鸿寿会同前往,懔尊钧令,认真严办,不稍存姑息。一面遣派一营,令团长一员督率,迳乘兵舰沿江东下,水陆会合,严行稽查,当不致再任窜扰。应请电饬海军,克日派拨兵舰一艘来浦听候调遣。并请大部急电沪宁铁路备车,俾免贻误。张督处当并派员接洽商办。"江阴兵变发生在江苏二次革命刚刚结束后不久,对时局的影响颇大,已经严重地危及袁世凯在江南的统治。"该团想即以郭以廉所部之兵,因调闽图乱抢劫,大干军纪,若不从严惩办,恐相率效尤,于东南大局关系甚重,国军名誉损害尤多。"② 江阴兵变发生后,袁世凯立即电令冯国璋将所有纵乱军官、从乱兵丁,一律正法。而对于弹压不力的附近军队官兵,全部予以革职解散。同时,袁世凯还要求冯国璋对被戕害的军官及受灾商民

---

① 张侠等编:《北洋陆军史料:1912—1916》,天津人民出版社1987年版,第560页。
② 中国第二历史档案馆编:《北洋军阀统治时期的兵变》,江苏人民出版社1982年版,第52—58页。

给予相应抚恤及妥善安置。

根据袁世凯的要求，冯国璋积极处置江阴兵变善后事宜。"查此次江阴肇事，患不在变兵而在乱党。变兵意存抢掠，乱党志在攻城。使办理未合机宜，乱党或乘隙暴动，使惩治少存姑息，军纪即无术维持。""此次变乱由于乱党张寿荣等煽惑而成，其收留乱党纵使煽惑者，则由于团长郭以廉。""张寿荣于今夏曾在南京充伪参谋，城破逃至上海，曾受黄兴函嘱运动军队，遂同郑光达先后投入郭以廉团部，先委帮带后与郑光达具充副官。""查郭以廉身充团长，任性妄为……张寿荣、郑光达系著名乱党，曾受伪职。该团长竟敢私自收留，委充团部要差，致使运动军队酿成巨变。""自应禀遵大总统凡同乱之人不分首从，一律枪毙，纵容官弁按军法惩治电令，将郭以廉、张寿荣即行正法，以镇人心。"①

冯国璋处理江阴兵变的方式主要有：其一是枪毙从乱弁兵。冯国璋"委派殷鸿寿将倡乱弁兵先期查明，于放饷后，按名单拿获，枪毙二十六名。茅山则同时委法官赵增祺等一律办理，计枪毙二十名。"其二是遣散涉乱军队。除枪毙四十六名外，"其余约八百名，尽数资遣山东本籍。电郑镇守使汝成派轮由澄运浦，换车入东"。其三是抚恤灾民。冯国璋"电报中将孔庆塘随带洋银三万五千元，查明分别给恤"②。冯国璋以铁腕手段迅速稳妥地处理了江阴兵变，为袁世凯巩固了在江苏的统治。与张勋极力在南京营造自己的小王国相比较，冯国璋出任江苏都督无疑是袁世凯更为属意的人选。

三　冯国璋督苏面临的挑战

二次革命对江苏产生了巨大冲击，江苏的政治生态发生了巨大变化，同时江苏社会秩序失范进一步加剧，尤其是乡村失序更为严重。"宁垣甫经勘定，党徒挺走，谣诼朋兴，警电纷驰，人心危惧，淮海一带则土匪枭帮遍地皆是，请兵之牍，络绎于途，被难之民流离载道。"③ 冯国璋于

---

① 《署江苏都督冯国璋呈报海军陆战团兵队在江阴等处变乱审明拟结各情形文并批》，《政府公报分类汇编》1915年第37期。
② 《（十二月）五日冯国璋电告江阴兵变善后事》，《时事汇报》1914年第2期。
③ 中国第二历史档案馆编：《北洋政府档案·江苏都督府及督军公署》，中国档案出版社2010年版，第141页。

1913年12月29日"接印任事"①，即面临重建江苏社会秩序的重任。

（一）南京市民亟待安抚

在1911年的辛亥革命和1913年的二次革命中，南京两次遭受大规模的战争创痛。特别是在二次革命中，南京是国民党与北洋派军事力量对峙最为激烈的地方。战争给南京城造成了巨大的破坏：一方面，战争直接造成巨额财产损失。根据胡联瀛、周家泉关于下关的损毁报告称："南京下关为金陵通商口岸……约计中外大小行栈商店平民有三千余户之谱，方圆有十数里之遥，洋房、民房平均约计焚毁一千八百家，财产损失甚巨，实难予计。余者虽未焚毁，半属贫民，多有损失，此乃统而言之。"② 据江苏省警察厅调查核定，南京兵燹，共有4万余户受损失，总价值1600万元。③ 二次革命的军事冲突对南京商民造成巨大损害，亟须冯国璋采取有效措施来安置。

另一方面，北洋军纪律松弛，扰民事件层出不穷。在二次革命中，张勋的武卫前军进驻南京，给宁城百姓带来了巨大灾难。"张督在任时，部下倚势横行，道路以目，莫敢声张，惟有饮泣吞声，仰天长叹而已。"1914年1月8日，张勋率领所部渡江前往浦口等处驻扎。武卫前军离开后，南京人"以为自兹以往，吾侪小民，可以安居乐业，高枕无忧"。然而，冯国璋统领的禁卫军进驻南京后，亦是军纪松弛，危害百姓。于是，南京公民袁思治致函冯国璋，痛言军纪败坏："何意驻扎军队不能仰体仁怀，以保护治安为念，往往三五成群，向各处旅馆商店及贫户人家任情搔扰，稍有拂逆，即威吓势压，甚至夜静更阑，不论何业人家，敲门叫喊，问有姑娘与否，快些开门。若以道理向之婉言，遂肆口毒骂，用木石乱打，并将刺刀抽出，势极凶猛，岗巡亦不敢干与（预）。人民一夕数惊，未获安枕。此事各军队皆然，而尤以卫队兵士为最多数。在彼抛离家室，且有恃无恐，无怪其然，而人民实不堪其蹂躏矣。嗟夫！大兵之后，创巨痛深，虽相安无事，望之犹生惊惧。矧劫之以威，临之以众，哀哀残黎，其何以堪耶！

---

① 《署江苏都督冯国璋呈大总统报明接印任事日期文》，《政府公报》1914年1月13日。

② 章伯锋、李宗一主编：《北洋军阀：1912—1928》第5卷，武汉出版社1990年版，第348页。

③ 《冯国璋、韩国钧致北京政府电》，《申报》1914年5月21日。

素仰都督整饬军纪，雷厉风行，有犯必惩，使一草一木之微，各得其所。特恐政躬勤劳，耳目难周，下情易于上壅耳。爰不揣冒昧，披沥渎呈。伏冀密饬贤员查禁，以肃军纪，而卫民生。"① 袁思治在致冯国璋的函件中指出，南京的治安情况并未因张勋部队离开后有根本好转。北洋军在南京任性妄为，引发百姓怨声载道。因此，冯国璋如何整顿驻南京各军的军纪，尽快赢得当地百姓的认可，是其上任之初首要解决的问题。

(二) 匪患之严重

二次革命后的江苏社会秩序失范状态进一步加剧，这既有城市社会秩序的紊乱，又突出表现为乡村社会呈现更加衰败的特征，其主要表现便是遍及乡村的匪患非常严重。

1. 兵匪横行

1913年底至1914年初，江苏兵匪为祸不断，特别是江北扬州地区尤为严重。如1914年1月4日《申报》报道扬州宝应县东乡村、射阳、下苗、赵家河等村庄被兵匪抢劫情形："自上月间被裁兵士土匪焚抢后，匪势日形猖獗，甚有白昼沿途被劫者，层见叠出。虽经具禀上告，乃迄今日无一案破获。近又连抢东乡鲁家庄、卢村两处，计三十二家，抢掠一空，并枪毙乡民六人，伤十二人，不知地方长官何以善其后矣。"② 兵匪用武力抢劫乡民，对乡村社会危害大。从1913年12月至1914年1月初，扬州宝应县的多处乡村被兵匪抢劫。"江北宝应县东乡赵家庄地方于前日上午十时，到有裁兵土匪三四百人，各执快枪，先抢至颜姓家，破屏而入，劫去现洋四千二百元，金镯二付，衣服二十余箱，并砍毙颜子一人。临去时将颜之房屋亦纵火焚烧一空。继至该庄东首连抢十一家，所得赃物约值万金。该匪啸掠后，放枪数排，始呼啸而去。"③ 据1914年1月9日《申报》报道："（宝应县城）附近公道桥之方家巷于初五日下午有身着军服，手持快枪之匪人多名，在该处连劫五家，呼啸而散。该处村集不大，故未能抵抗。谨于初六日入城报案。缺口外朱家庄于初五日夜亦来身着军服，手持快枪匪徒一百余名，意图行劫，幸该庄人众，当即鸣罐聚众抵御，未遭抢

---

① 吉迪整理:《大树堂来鸿集》,《近代史资料总50号》1982年第4期。
② 《江北匪患未已》,《申报》1914年1月3日。
③ 《江北又有大劫案》,《申报》1914年1月5日。

劫。然庄丁朱德华、小料子二名已为匪徒枪伤，现亦入城报案矣。"① 兵匪为祸乡村甚重，而乡民对安定的诉求只能求助于政府。因此，如何遏制兵匪猖獗之势，是冯国璋莅任江苏都督之初就必须要妥善处理的问题。

2. 盗匪猖獗

冯国璋莅任江苏都督时，江苏地区盗匪非常猖獗，亟待地方政府采取有效措施治理匪患。对于江北土匪，地方当局亦曾剿匪，但是效果不佳。如白宝山在东海剿匪，"逐日督队严密搜巡，本月十一日在新浦拿获匪犯赵全标、刘宏寿二名，当即讯明。该匪盘踞新浦多年，藉开酒馆、药肆为名，设立枭匪机关，专代各路匪徒购运枪械，久为地方之隐患，均各供认不讳"②。土匪在当地隐身于平民之中，平日为民，作案为匪，以至于地方当局防不胜防。而江北乡村盗匪猖獗，百姓无辜受害，亟须政府能够有力剿匪。1914 年初，从扬州到徐州各地接连被盗匪抢劫，乡民多被洗劫一空，防匪形势异常艰巨。1914 年 1 月 13 日，江都乡村公民急电韩省长云："江都四乡盗匪充斥，居民被害，惨不忍睹，非赶办清乡不可。业由县迭次电催，丁会办迄未来扬。人心惶恐，乞再电催，速来解决进行以救民生而免生变。"③ 同时，江北盗匪常大量出没于江南各地，于是江苏南北各属盗匪蜂起。"镇江南乡宝堰镇于昨早五号上午八时突来土匪百余人，张旗鸣号蜂拥入镇，先抢警察枪械，继而将全镇店户劫掠一空，损失甚巨。警察人员伤十数人，民人死伤甚众，抢至午后二时始各散去。"④ 盗匪抢劫钱财、冲击警所、伤及无辜，对乡村社会带来的危害巨大，民众寄望政府治理匪患。因此，对于江苏最高军政长官而言，何时以及如何根绝匪患，便成为江苏百姓殷殷望治的主要诉求。

3. 太湖匪患严重

民初太湖土匪极为猖獗，"大小各帮数十上百起，帮众成千上万人"，其为主要活动为贩卖私盐，因而在太湖地区"土匪就是盐枭，盐枭就是土匪"⑤。太湖枭匪往往又与当地土匪合流，成为苏浙各地社会治安的重大隐

---

① 《又有抢案出现》，《申报》1914 年 1 月 9 日。
② 《江北剿匪之近状》，《申报》1914 年 1 月 1 日。
③ 《南京政闻录》，《申报》1914 年 1 月 13 日。
④ 《宝堰镇之大劫案》，《申报》1914 年 1 月 8 日。
⑤ 刘平：《清末民初的太湖匪民》，《近代史研究》1992 年第 1 期。

患。1914年1月，"苏浙各属盗案迭出"，其原因就在于唐阿生、冯得胜、史家心、徐老窝子、赵老窝子等16个著名枭匪"勾串当地土匪，引领抢劫，得赃之后以船为家，往来无定"①。枭匪在河湖之间穿梭，以至于各处难以破案。因此，如何实现江浙联手共同对付太湖土匪，就成为冯国璋稳定江南社会秩序的一大难题。

（三）江苏政局不稳

1913年11月4日，袁世凯以国民党议员与李烈钧等人有勾结为由，下令解散国民党。国民党组织虽被解散，但以国民党名义从事于反对袁世凯统治的党人运动在各地不断出现。②江苏作为国民党组织在国内的重要基地，南京又曾为民国故都，再加之上海商贸转运繁盛及租界林立，有大量的国民党人在此栖身，因而国民党在江苏的组织活动能力仍然较强，不时有各种反袁世凯的活动出现。1914年1月，在南京、上海等地多有党人活动出现，引起江苏地方当局的高度警觉。第一是退伍军官反袁活动。在辛亥革命时期，王燦曾为军官，后被解除职务，并参加了反袁的活动。二次革命后，王燦在南京酝酿起事，并联络人员广泛散布反袁言论。1月5日，"（南京）警厅派警在致和街王燦（前充团长）家内搜出指挥刀六把，军衣数件及二次改革印刷品物"③。第二是党人秘密输送军火入境，为反袁军事斗争作准备。淞沪水陆警察厅长萨镇冰称："近来仍有乱党潜匿上海租界各旅馆或赁大厦，勾党煽惑，组织暴乱机关，购备械器，四处助乱，种种举动，殊属有妨治安。"④此前，江苏地方当局就曾侦查"党人购有十余万圆之军械运沪"⑤。第三是党人策动军警秘密起事。1914年1月11日《申报》报道，清江警察局长徐伟中查出"本局巡长王有奎有被党人勾结为内应之事后，立时正法"⑥。国民党人虽然面临江苏地方当局的严厉镇压，仍然在江苏秘密开展有组织的武装暴动。如国民党人在扬州组织有军事机关，并备有手枪、炸弹、符号等

---

① 《苏浙迭出盗案之原因》，《申报》1914年1月12日。
② 二次革命后的"党人"主要指称原国民党成员，而在1914年7月8日中华革命党成立后，"党人"一词则主要指中华革命党人。
③ 《南京政闻录》，《申报》1914年1月5日。
④ 《侦查党人举动》，《申报》1914年1月8日。
⑤ 《侦查私运军械之严密》，《申报》1914年1月11日。
⑥ 《南京政闻录》，《申报》1914年1月11日。

物，秘密组织国民党一百余人，"乘今日（初八）徐军统出枢时起事"。在扬州的国民党人曾计划秘密谋刺驻防扬州旅长方更生，"嗣以未能得手，复谋刺军界团长或营长一人，乘此纷乱之际，即预备起事"①。国民党人在江苏各地的反对北洋政府的各种活动，大多与军事斗争相关，成为冯国璋稳定江苏社会秩序的极大隐患。

自辛亥革命以来，江苏社会经历了政局动荡和战争的冲击，城乡社会秩序失范状态日趋严重。虽然，民国建立后江苏社会迈入新时代，但是江苏各级地方政府的治理能力处于较低水平，对于各种失范的行为往往无力应对。对于冯国璋而言，作为江苏最高军政长官，如何维护社会稳定，回应百姓的诉求和巩固北洋派在江苏的统治，就成为其督苏任内十分紧迫的任务。

第二节　冯国璋与民初江苏军政治理

二次革命后，北洋派确立了自己在江苏的统治，但是面临诸多挑战。如何有效维护北洋派的利益，巩固地方政权，特别是如何整治国民党残留的军事力量，这些都是冯国璋督苏要首先解决的重要问题。

一　民初江苏行政区划及军政机构

（一）江苏地理及行政区划

1. 江苏地理与民性

"江苏以前清之本省两首府江宁、苏州之首字得名，简称苏省。"② 江苏东滨黄海，北接山东，西邻安徽，南界浙江，"据海疆之中权，扼长江之门户，形势水陆并重，水路首重江防，吴淞当江海之会，形势冲要"③。在区域位置上，"江苏处于长江流域之最东面及沿海七省中央，南起北纬三十度三十五分，北迄北纬三十五度零七分"。江苏省地处亚热带气候范围内，冬冷夏热，四季分明。江苏各地常年降水量充沛，有利于发展农、林、牧各业。

---

① 《扬州破获党人机关》，《申报》1914 年 1 月 11 日。
② 李长传：《江苏省地志》，中华书局 1936 年版，第 11 页。
③ 赵如珩：《江苏省鉴·上》，上海大文印刷所 1935 年版，第 84 页。

江苏省总面积"根据陆军测量局五万分之一图计算，共108682.05平方公里"①，是全国面积较小的一省。其中，水域面积包括长江，太湖、洪泽湖、阳澄湖、骆马湖、高邮湖等大型水面在内的全部江、河、湖、塘等水面，合计为17200多平方公里，约占总面积的17%，低山、丘陵、岗地面积合计为15000多平方公里，约占总面积的15%，其余68%全属海拔45米以下的平原。平原面积比率之高，水面积比率之大，低山丘陵岗地面积比率之少，在全国各省、区中均居首位。这是江苏省的最大将点，有"水乡江苏"之称。②总体而言，江苏地理位置优越，气候适宜农牧各业发展，水运交通便利。长期以来江苏"因长江、太湖之利，土地膏腴，民物殷阜。蚕丝、稻米、鱼盐、木棉之类，均称物产大宗。而长江数千里商货之出入，亦皆由此。故饶富冠于全国，而形势又为江域咽喉"③。

江苏全省以长江为地理标志，划分为江南和江北两大次区域。因而在文化地理上，江苏便处于南北两大文化的过渡地带。江南属于吴越文化区，体现出"南方文化的刚柔并济、商农并重、崇教尚文、开放兼容的文化特征"，而江北则属于淮河流域文化特征，体现出"北方文化刚毅强悍、尊礼重义、质朴正统、尚武大气的文化特征"④。所以，江苏民情南北互异，各具特色，即"江南柔而淮北刚；淮南江北则介于刚柔之间"⑤。这种南北互异的民情表现在民性上便是，江南因土地融合故多"温和谨慎，重文轻武"⑥；而淮北以徐海为代表，"土地硬瘠，民性鸷悍轻飘，以武为俗，慷慨激昂，有古侠士之风度，尚气节，重农事，轻商贾，弃织巧，易发怒而重实行，短于想象力，徐州较海州尤为显著"⑦。由于苏南与江北两地间的经济发展水平相差较大，在江北被灾后，江北大量的流民不断涌入苏南各地，有的从事于匪盗，从而给当地社会秩序带来了巨大的隐患。总体而言，江苏民性"适应力强，遇事诉诸理性"，从而对江苏人参与清末民初

---

① 李长传：《江苏省地志》，中华书局1936年版，第12页。
② 单树模等编：《江苏省地理》，江苏教育出版社1986年版，第1页。
③ 阮湘编：《中国年鉴第1回》，商务印书馆1924年版，第7页。
④ 赵媛主编：《江苏地理》，北京师范大学出版社2011年版，第7页。
⑤ 王培棠：《江苏省乡土志》下，商务印书馆1938年版，第369页。
⑥ 王树槐：《近代江苏民性与革新运动》，《"中央研究院"近代史研究所集刊》第7期。
⑦ 王培棠：《江苏省乡土志》下，商务印书馆1938年版，第370页。

的政治运动产生了重要影响。他们既"对孙中山先生领导的革命运动,不甚感兴趣",又"助成袁世凯夺权,加速二次革命的失败,对整个国家命运的影响至大"。此后,"袁世凯权欲迷心,推展其帝制野心,江苏人士亦因能识大体,故而反对,自然也会影响冯国璋对袁世凯的态度"。①

2. 江苏行政区划变迁

江苏一省行政区划在清代多有演变。清改置江南省,治江宁(安徽隶焉)。顺治十八年,分治左右布政使司。康熙六年改为江苏省。乾隆三十二年以通州、崇明沙地,析置海门厅,凡领府8(江宁、苏州、松江、常州、镇江、扬州、淮安、徐州),直隶州3(即通、海、太仓),厅1(即海门)。②清代江苏省行政长官——两江总督和江宁布政使同驻江宁府,江苏巡抚及江苏布政使同驻苏州府。江苏全省有8个府、3个直隶州(通州、海州、太仓)、1个直隶厅(海门),计62县、3个府辖州、4个府辖厅,详见表3—1。

表3—1　　　　　　　　清末江苏行政区划表

府(直隶州、厅)	县	备注
江宁	江宁、上元、句容、溧水、江浦、六合、高淳	
淮安	山阳、阜宁、盐城、清河、安东、桃源	
扬州	江都、甘泉、扬子、兴化、宝应、东台	2州:高邮、泰州、
徐州	铜山、砀山、丰县、沛县、萧县、宿迁、睢宁	1州:邳州
苏州	吴县、元和、长洲、昆山、新阳、常熟、邵文、吴江、震泽	2厅:太湖、靖湖
松江	华亭、娄县、奉贤、金山、上海、南汇、青浦	1厅:川沙
常州	武进、阳湖、无锡、金匮、江阴、宜兴、荆溪、靖江	
镇江	丹徒、丹阳、金坛、溧阳	一厅:太平
通州	如皋、泰兴	
海州	赣榆、沭阳	
太仓	镇洋、崇明、金山、嘉定	
海门		

资料来源:江苏文史资料编辑部:《民国江苏权力机关史略》(江苏文史资料第67辑),1994年,第11页。

---

① 王树槐:《近代江苏民性与革新运动》,《"中央研究院"近代史研究所集刊》第7期,第92—93页。

② 赵如珩:《江苏省鉴》上,上海大文印刷所1935年版,第46页。

民初江苏"市县之设立，多沿清代旧制而来"①，然其行政区划又在清末基础上有所更易。"江苏全省定为六十县，其县名仍旧者多以厅州改称者，因行政之便利合数县为一者，有以地方辽阔难治而划分增设者。凡合并之县十一，厅州改称之县七，分析之县二，其仍旧者四十。机关组织民政长，由地方公选直接都督，其下设佐治职分科治事。"② 民初江苏行政区划部分地方有更易之处，表现为：首先将州厅改为县：通州改为南通县、海州改名为东海县，太仓州改为太仓，而海门直隶厅则直接改为海门县。其次对一些邻近县域进行合并：江宁县和上元县合并为江宁县；吴县、长洲县、元和县、太湖厅及靖湖厅合并为吴县；华亭县和娄县合并为松江县；太仓州与镇洋县合并为太仓县；江都县和甘泉县合并为江都县。再次是将面积较大的县分置设立新县，如将崇明县析分为崇明和启东两县，又在东海县的板浦一带另置灌云县。另外就是将太平厅改为扬中县。民初江苏行政区划分为5道60县，详见表3—2。

表3—2　　　　　民初江苏行政区划（1914—1927）

道	县	道治
金陵道	江宁县、六合县、溧水县、江浦县、高淳县、丹徒县、扬中县、句容县、丹阳县、金坛县、溧阳县	江宁县
苏常道	吴县、武进县、江阴县、无锡县、常熟县、昆山县、吴江县、靖江县、泰兴县、宜兴县、南通县、如皋县	吴县
淮扬道	江都县、泰县、仪征县、宝应县、高邮县、淮阴县、淮安县、盐城县、东台县、泗阳县、涟水县、阜宁县、兴化县	淮阴县
沪海道	上海县、太仓县、松江县、南汇县、青浦县、奉贤县、金山县、川沙县、嘉定县、宝山县、崇明县、海门县	上海县
徐海道	铜山县、沛县、睢宁县、丰县、邳县、萧县、砀山县、宿迁县、东海县、灌云县、赣榆县、沭阳县	铜山县

资料来源：《江苏省巡按使公署饬：制定本省所属各道区域表》，《江苏省公报》（1914年6月12日），第一百九十号；阮湘编著：《中国年鉴第1回》，商务印书馆1924年版，第7页。

（二）民初江苏都督府

民国初建，江苏必须要建立统一的军政机构，以迅速恢复社会秩序。

---

① 李长传：《江苏省地志》，中华书局1936年版，第17页。
② 江苏省长公署统计处编纂：《江苏省政治年鉴》，1924年，第2页。

1911年11月，程德全反正之后即在苏州出任江苏都督，行使军政大权。12月2日江浙联军攻克南京，因江苏都督府已设在苏州，于是在宁分设机关，苏设民政司，而宁则设内务司。"迨南京临时政府取消，苏机关合并于宁，以民政司长兼辖宁苏，仍隶属于都督府。"①12月6日，江苏省临时议会通过《中华民国江苏约法》，构建起以都督为核心的权力架构。《江苏约法》规定，江苏人民公约在"江苏省组织军政府统辖政务"，"江苏军政府由江苏人民公举都督一人，及由都督任命之政务委员并省议会构成之"。同时，《江苏约法》对都督与省议会的权限进行界定，如"都督总揽政务，代表军政府"，"都督得随时召集议会"，"都督裁可省议会所议定之法律公布之"，除了约法规定的事务外，都督还有紧急制定法律权，"有认为增进公益，维持公安之必要，或遇非常之灾患紧急必要时，得发布同法律之制令"。②而对于省议会的权限则规定有议定法律案，预算案，条约，并募集公债，征收租税，及国库有负担之契约，审理决算，质问并可弹劾政务委员等职权。两相比较之下，都督的行政权要远大于议会的职权，实际上形成了都督主导全省政权的局面。

因形势特殊，江苏自辛亥革命以来逐步确立了以都督为核心的军政治理模式。1911年12月7日，江苏省临时议会通过了《中华民国江苏军政府暂行官制总纲》，规定："江苏都督府都督统辖军政地方一切事宜"，"都督以下除立法机关属于议会，司法机关属于审判厅外，其余行政机关分二厅五司编制"③。二厅即参谋厅和总务厅。参谋厅设参谋总长、次长各一人，另设二、三等参谋官，并秘书官和录事员等。总务厅设厅长一员，参事助理员、秘书官、执事官及录事官等。五司分别为军政司、民政司、财政司、外交司及提法司等。其中各司官员设置及职责如下：军政司设司长一员，秉承都督办理军政一切事宜，分设军备、军需、军械和军法四科。民政司设长一员，秉承都督办理警务、学务、实业、交通及不属于各司职任内之一切内政事宜。财政司设司长一员，秉承都督办理凡关于隶属本军政府范围之一切财政事宜。外交司秉承都督办理对于外界一切交涉事宜。提法司禀承都督办理司法上一切行政事宜。④在江苏光复过程中，

---

① 江苏省长公署统计处编：《江苏省政治年鉴》，1924年，第2页。
② 时事新报馆编：《中国革命记》上，时事新报馆1911年版，第365—366页。
③ 中国史学会编：《辛亥革命》（七），上海人民出版社1957年版，第25页。
④ 上海自由社编：《中国革命记》第四册，上海自由社1912年版，章程第1—2页。

江苏军政府确立了高度集权的体制，将江苏军政大权集于都督一身，是一种特殊时期的制度创建，都督府暂行官制详见表3—3。

表3—3　　　　　　　　　都督府暂行官制

都督	军务总长	参谋厅长	（参谋官总务科）分目各任不必设科以资统一
		军政厅长	预备科 / 军械所
			人事科
			军需科
			军法科 / 陆军监狱
			军医科 / 红十字会
			教练科 / 速成教练将校及下士学校
	本部	秘书官	密件
			密电
			监印
			凡不属各司之事件
			核对
			译电
			收发
			录事
			支戍部
		部务长	卫戍部 / 内外稽查科　卫队
			勤事部 / 承政官　执事官　差遣官
		参事	法制处
			统计处
			叙官处
			印铸处
	政务总长	民政局	教育
			交通
			警察
			实业
		财政局	
		提法司	
		外交司	

资料来源：朱沛莲：《江苏省及六十四县市志略》，"国史馆"1987年版，第459页。

民元江苏官制，除《江苏军政府》外，还有《江苏军政分府》作为辅助。在1911年12月7日当天，江苏省临时议会制定并通过了《江苏军政分府》，共13条。都督在江苏各重要地方设置军政分府，由军政府都督特简任军政使1人，承都督之命监督、管理所辖地方，及防守事宜，军务，执行法律命令，统辖军队，及所属职员，掌其吏事。当时，江苏设有军政分府五处：苏州军政分府，管原有之苏州、常州；镇江军政分府，管原有之镇江、扬州；上海军政分府，管原有之松江、太仓；江北军政分府，管原有之淮安、海州、通州、海门；徐州军政分府，管原有之徐州。各军政分府设置职员有：秘书（荐举）、中书（荐举）、书记（荐举）、部长（荐举）、科长（咨补）、科员（咨补）、录事（录用）。①

1912年1月1日，中华民国临时政府以南京为首都，江苏都督府于1月9日回迁苏州。在南京临时政府结束后，江苏都督府又于同年6月迁回南京。民元，江苏废镇江都督府，并置江北都督府、徐州军政长，为江苏都督府的军政分府。②自1912年7月沪军都督府取消直至12月，江苏都督府为处理江苏全省军民两政各项事宜的首脑机关。12月，江苏实行军民分治，成立江苏都督府公署及江苏省行政公署。都督掌管全省军政，不另兼任民政。

1913年1月8日，袁世凯政府颁布现行都督府组织令，以都督府为全国各省最高军政机关之组织。该组织令规定，都督统辖各该地区内各军队。而都督府的组织设置有，"参谋长一人，辅佐都督，参赞一切事务"；"参谋四至六人，辅佐参谋长，分任各种计划及教育事宜"；"置副官长一人，承都督之命，执行事务；副官四至六人，辅佐副官长，分任人事及其他事务"；"书记二人，办理文牍事宜"③。同时，都督府还设置军务、军需、军法、军医各课。

1914年6月30日，袁世凯政府又裁撤各省都督，而以将军督理某省军务，为一省之最高军政长官。6月18日，袁世凯颁布将军行署编制令，以将军行署为各省最高军政机关组织。该令规定，"将军行署置参谋长一人，辅助将军参赞军务"；"置参谋四至六人，辅助参谋长，分任军事计划"；"置副官长一人，副官三至六人，掌宣达本署事务"；"置书记官二

---

① 中国人民政治协商会议江苏省委员会文史资料委员会：《江苏文史资料 第40辑 辛亥江苏光复》，《江苏文史资料》编辑部1991年版，第264页。

② 傅林祥、郑宝恒：《中国行政区划通史·中华民国卷》，复旦大学出版社2007年版，第155页。

③ 中国第二历史档案馆编：《中华民国史档案资料汇编》（第3辑 政治1），第130页。

人，掌文牍事务"。同时，将军署还设置军务课、军需、军法课、军医课等机构。① 从机构设置来看，其实将军行署与都督府之组织并无大的差别，都是襄赞军政长官处理各项军务的必要部门。

1916年7月6日，北洋政府将各省军政长官更名为督军，"至于公署之组织以及督军之职权，一如将军行署而未有变更"②。

民初江苏军政首脑的名称及其人员多有变易，详见表3—4。

表3—4　　　民初江苏军政长官简表（1912—1928年）

都督	程德全	1911.11.5—1912.1.1
	庄蕴宽	1912.1.1—4.13（代理）
	程德全	1912.4.13—1913.7.15
	章梓	1913.7.17—7.29（代理）
	陈之骥	1913.8.8—8.8*
	程德全	1913.8.20—9.3
	张勋	1913.9.3—12.16
	冯国璋	1913.12.16—1914.6.30
宣武上将军	冯国璋	1914.6.30——1916.7.6
督军	冯国璋	1916.7.6—1917.8.1
	齐耀琳	1917.7.8—1917.8.6（代理）
	李纯	1917.8.6—1920.10.12
	齐燮元	1920.10.15—1924.12.11
督办	韩国钧	1924.12.11—1925.1.16
	卢永祥	1925.1.16—8.1
	郑谦	1925.8.1—8.29
	杨宇霆	1925.8.29—11.25
	孙传芳	1925.11.25—1927.3.24

注：*1913年8月8日，何海鸣在南京宣布独立，任命陈之骥为江苏都督。陈佯装同意，派兵占领都督府，捉拿何海鸣，取消独立，任命随即失效。

资料来源：郭卿友主编：《中华民国时期军政职官志（上）》，甘肃人民出版社1990年版，第143—144页。

（三）民初江苏镇守使

民初，江苏在全省重要地方设置镇守使，肩负绥靖地方之责。1913年9月5日，陆军部向袁世凯进呈拟订镇守使署暂行条例，规定镇守使署人员设置参谋官1—3人，副官1—3人，军需官1人，军医官1人，法官1

---

① 中国第二历史档案馆编：《中华民国史档案资料汇编》（第3辑 政治1），第794页。
② 钱端升等：《民国政制史》下，上海人民出版社2008年版，第419页。

人，书记2人。① 陆军部颁布的《镇守使署条例》对镇守使的组织设置及职权都有明确规定，"镇守使为军政官员，其所辖者以陆军为限。通常镇守多系现陆军之师旅长兼任，因之其所统辖者多为其所领军队。至于非现任陆军统率而充任镇守使者，对于区内驻军，一般亦有调遣之权"②。民初，江苏各地镇守使设置先后发生一定的变化。在民二、民三两年，江苏先后设置上海镇守使、徐州镇守使、苏州镇守使、松江镇守使、江宁镇守使、镇江镇守使及通海镇守使等，此后随形势变化江苏地方的镇守使设置有所更易，详见表3—5。

表3—5　　　　　　　　　民初江苏镇守使

1912.2—1914.5		1914.5—1916.7		1916.7—1924.12	
江北护军使	刘之洁 1912.5.1 蒋雁行 1913.8.27	江北护军使	蒋雁行 1914.9.10		
松江镇守使	杨善德 1913.9.13	松江镇守使	杨善德原任	淞沪镇守使	何丰林 1920.7.2
上海镇守使	郑守成 1913.7.28	上海镇守使	郑守成原任		
徐州镇守使	张文生 1913.7.30	徐州镇守使	张文生 1914.8.10 改为徐海镇守使	徐海镇守使	陈调元 1920.9.25
江宁镇守使	王廷桢 1914.1.7	江宁镇守使	王廷桢原任	江宁镇守使	齐燮元 1917.12 宫邦铎 1920.12.19 朱熙 1924
镇江镇守使	施从滨 1914.2.6	镇江镇守使	施从滨 1915.7.20		
通海镇守使	管云臣 1914.4.22	通海镇守使	管云臣原任	通海镇守使	张仁奎 1917.8.14.
苏州镇守使	刘之洁 1913.8.27任 殷鸿寿 1914.1.7—6.10裁	苏常镇守使	殷鸿寿 1916.1.27 朱熙 1916.7.13	苏常镇守使	金寿良 1924 在任
		海州镇守使	白宝山 1916.12.28	海州镇守使	白宝山原任
		淮扬镇守使	刘洵 1914.9.10	淮扬镇守使	马玉仁 1917.8.14
		淞沪护军使	杨善德 1915.11.8	淞沪护军使	杨善德原任
		淞沪护军副使	卢永祥 1915.12.12	淞沪护军副使	卢永祥 1917.1.6裁

资料来源：郭卿友：《中华民国时期军政职官志（上）》，甘肃人民出版社1990年版，第175—177页。

---

① 中国第二历史档案馆编：《中华民国史档案资料汇编》（第3辑 军事1），江苏古籍出版社1991年版，第813页。

② 钱端升等：《民国政制史》下，上海人民出版社2011年版，第429页。

"镇守使之设置裁废权在中央。所在省份军政长官，如以某地有设置之必要时，可呈请中央行之。至中央之允准与否，则视实际需要而定。"①江苏因为政治、经济及军事等各方面地位十分重要，袁世凯政府对苏省地方军政亦有多次调整。

江苏各地镇守使设置有三种方式。第一是由中央政府行使设置裁废权。因镇守使为地方重要之军政机关，其设置裁废往往由中央政府直接行使职权。如1914年8月10日，袁世凯发布申令，"著将徐州镇守使改为徐海镇守使"。1915年1月6日，袁世凯任命王廷桢为江宁镇守使。1915年7月20日，袁世凯命令"镇江镇守使员缺，著即裁撤。"②

第二是由中央政府任命及裁撤，后由江苏军政与民政长官联名复设，如苏州镇守使。苏州为江苏重镇，为苏南之经济中心。在二次革命即将结束时，为了强化对苏州的管控，北洋政府于1913年8月27日，设置苏州镇守使署，统辖苏州、常州府境内一切事宜③。1913年9月1日，袁世凯任命江北护军使刘之杰为苏州镇守使。1914年1月17日，殷鸿寿继任苏州镇守使。1914年6月10日，袁世凯发布申令："殷鸿寿已任命为江苏苏常道尹，所有苏州镇守使缺，应即裁撤。"④苏州镇守使裁撤后，苏州、常州一带军政由江苏都督府直接负责。然而，苏州镇守使裁撤后，苏防任重，仅仅依靠朱熙的江苏陆军第二师难以防范。于是，在1916年1月27日，冯国璋、齐耀琳联名向袁世凯奏称："苏城防务重要，请复设苏常镇守使员缺，以资镇慑。"⑤

第三是江苏省请设海州镇守使。海州为徐州东边门户，常为盐枭、盗匪出没之地。为了加强缉私及防范地方治安，1915年12月25日，冯国璋与齐耀琳联名"奏请设海州镇守使员缺由"，获得袁世凯的批令："准予设置。"⑥

---

① 钱端升等：《民国政制史》下，上海人民出版社2011年版，第428页。
② 中国第二历史档案馆编：《中华民国史档案资料汇编》（第3辑 军事1），江苏古籍出版社1991年版，第841页。
③ 苏州地方志编纂委员会编：《苏州市志》（第3册），江苏人民出版社1995年版，第282页。
④ 中国第二历史档案馆编：《中华民国史档案资料汇编》（第3辑 军事1），江苏古籍出版社1991年版，第846页。
⑤ 《袁世凯准复设苏常镇守使申令》，《政府公报》第23号，1916年1月28日。
⑥ 中国第二历史档案馆编：《中华民国史档案资料汇编》（第3辑 军事1），江苏古籍出版社1991年版，第843页。

12月28日，张勋旧部白宝山出任海州镇守使。1917年8月8日，兼代江苏督军齐耀琳要求中央以第一混成旅旅长马玉仁为淮扬镇守使，以第七十六混成旅旅长张仁奎为通海镇守使。从民初江苏镇守使的设置情况来看，各地镇守使通常是由当地驻军首领兼任。

二 冯国璋与江苏都督府（督军公署）

冯国璋莅任江苏都督后，即着手组织江苏都督府，使之成为他在江苏开展军政治理的基本组织机构。江苏都督府是江苏地方最重要的军政领导机关，冯国璋充分发挥这一机构的职能，牢牢掌控了江苏军政大权，提升了北洋政府在江苏的统治效能。

（一）江苏都督府所属机关及军队

1913年12月29日，冯国璋发布上任公电，"国璋奉命移苏，仔肩益重，为国服务，勉荷艰危"①。冯国璋在就任都督后，即着手组织江苏都督府各项事宜。根据《现行都督府组织令》，江苏都督府组织有：都督、参谋长、参谋、副官长、副官、书记、课长、课员，同时设立军务、军械、军法和军医等课。1914年3月，江苏都督府所属各机关及各军队有：咨议厅、参谋厅、副官处、军政执法处、军务课、军需课、军法课、军医课、军乐队、卫队第一营、卫队第二营、卫队第三营、驻苏卫队营、军米局、粮服厂、电信练习所、将校研究所、金陵机器制造总局、陆军测量局、江苏军械总局、江苏陆军监狱、宪兵司令部、陆军第二师、陆军第十九师、陆军第七十四混成旅、第七十五混成旅、陆军第七十六混成旅、徐淮海游缉队、扬州游缉队、苏防六营事务处、吴淞要塞炮台、金陵要塞炮台、江阴要塞炮台、镇路要塞炮台、要塞司令部步一旅、上海镇守使、江宁镇守使、镇江镇守使、苏州镇守使、松江镇守使、徐州镇守使、徐州军事处及江北军事处等。② 江苏都督府作为江苏军政领导机关，是一个人数众多的庞大军事机构，详见表3—6。

---

① 《南京冯都督通告任事电》，《申报》1914年1月1日。
② 中国第二历史档案馆编：《北洋政府档案·江苏都督府及督军公署》，中国档案出版社2010年版，第100页。

表 3—6　　　　江苏都督府暨各属弁兵夫役人数统计（1914 年）

江苏都督府暨各属	弁兵夫役人数统计
都督府	马弁 57 名、护兵 120 名、夫役 200 名
军乐队	一等乐兵 8 名、二等乐兵 16 名、三等乐兵 34 名、学习乐兵 28 名、伙夫 8 名
补助教育团	马弁 5 名、护兵 11 名、夫役 12 名
军政执法处	马弁 2 名、马兵 11 名、步兵 55 名、夫役 10 名
陆军医院	马弁 2 名、护兵 14 名、夫役 10 名
宪兵司令部	马弁 5 名、护兵 7 名、伙夫 4 名
宪兵第一营	军需军士 1 名、上士 16 名、中士 18 名、下士 8 名、宪兵 128 名、看护兵 1 名、杂役 12 名、伙夫 14 名、马夫 17 名
宪兵第二营	上士 8 名、中士 16 名、下士 12 名、宪兵 111 名、
宪兵第三营	上士 4 名、中士 12 名、下士 12 名、宪兵 120 名、稽查 2 名、上等看护兵 1 名、护兵 8 名、伙夫 15 名、马夫 10 名
宪兵第四营	护兵 3 名、号兵 2 名、中士 4 名、下士 4 名、宪兵 32 名、马夫 9 名、伙夫 4 名
行营军械处	马弁 2 名、护兵 7 名、夫役 8 名
运输各舰	兵 60 名
卫队第一营	步护兵 9 名、号兵 2 名、正目 12 名、副目 12 名、正兵 48 名、副兵 72 名、伙夫 10 名、骑护兵 2 名、正目 2 名、副目 2 名、正兵 8 名、副兵 16 名、伙夫 2 名、马夫 5 名、机关枪护兵 2 名、正目 5 名、副目 5 名、正兵 34 名、枪匠 1 名、伙夫 4 名
卫队第二营	正兵 27 名、副目 27 名、正兵 324 名、护兵 13 名、伙夫 28 名
卫队第三营	正目 18 名、副目 18 名、正副兵 180 名、号兵 2 名、护兵 11 名、伙夫 13 名
卫队第四营	正目 24 名、副目 24 名、正兵 96 名、副兵 134 名、号兵 2 名、护兵 13 名、伙夫 18 名

资料来源：中国第二历史档案馆编：《北洋政府档案·江苏都督府及督军公署》，中国档案出版社 2010 年版，第 309—329 页。

1914 年 7 月 18 日，袁世凯公布《将军行署编制令》，将都督改称将军，都督府改称将军行署。[①] 袁世凯以冯国璋为宣武上将军，督理江苏军务，于是江苏都督府奉令改为将军行署。相较于 1914 年初，1915 年初的

[①]《将军行署编制令》规定，将军行署置参谋长 1 人，参谋 4—6 人，副官长 1 人，副官 3—6 人，书记官 2 人，将军行署置军务、军需、军法、军医等课。将军行署构成与都督府构成并无根本性差异。1916 年 7 月 6 日，北洋政府又申令将将军改称督军，其行署编制与之相同。具体参见张侠等编：《北洋陆军史料：1912—1916》，天津人民出版社 1987 年版，第 21—22 页。

宣武上将军行署各属机关及各军队有了一定的变化：增设了补助教育团、陆军医院、第五混成旅，以及通海镇守使、淮扬镇守使，同时撤销了将校研究所、驻苏卫队营、徐州军事处及江北军事处，将要塞司令部一旅改编为要塞掩护队。①

1916年7月6日，北洋政府更动官制，复将军行署更改为督军公署，以冯国璋为首任督理江苏军务长官，简称江苏督军。江苏督军公署内设参谋处、副官处、秘书处、机要处、军务课、军需课、军法课和军医课等机构，全署共计185人，鲜明地体现了军事功能，详见表3—7。

表3—7　　　　　　　　江苏督军公署组织机构

机构	设置职位	附设岗位
参谋处（22人）	参谋长1人，上校参谋1人，中校参谋3人，少校参谋4人，上尉参谋4人，三等秘书1人	二等书记1人，三等书1人，一等司书1人，二等司书2人，三等司书3人
副官处（27人）	副官长1人，主任副官1人，一等副官4人，二等副官4人，三等副官4人，会计1人15	一等书记1人，二等书记1人，三等书记2人，一等司书1人，二等司书3人，三等司书4人
秘书处（30人）	处长1人，主任秘书1人，一等秘书1人，二等秘书2人，三等秘书3人，正监印官1人，副监印官1人，校对官员1人，校对员1人，管卷员1人，管卷生1人	一等书记1人，二等书记2人，三等书记3人，一等司书3人，二等司书3人，三等司书4人
机要处（21人）	处长1人，主任秘书1人，一等秘书1人，二等秘书1人，译电正领班1人，译电副领班1人，译员2人，译电练习生2人，电报正领班1人，电报副领班1人，司电员2人，司电生1人	二等书记2人，三等书记1人，一等司书1人，二等司书1人，三等司书1人
军务课（18人）	课长1人，主任科长1人，一等课员1人，二等课员3人，三等课员3人	一等书记1人，二等书记1人，三等书记1人，一等司书1人，二等司书2人，三等司书3人
军需课（31人）	课长1人，主任课员1人，一等课员2人，二等课员4人，三等4人，三等秘书1人	二等书记1人，三等书3人，一等司书2人，二等司书4人，三等司书4人，司书4人

---

① 中国第二历史档案馆编：《北洋政府档案·江苏都督府及督军公署》，中国档案出版社2010年版，第393—394页。

续表

机构	设置职位	附设岗位
军医课 （18人）	课长1人，主任课员1人，一等课员1人，二等课员3人，三等课员3人，军医2人	一等书记1人，二等书记1人，二等司书2人，三等司书3人
军法课 （18人）	课长1人，主任课员1人，一等课员1人，二等课员3人，三等课员3人，三等秘书1人	一等书记1人，二等书记1人，一等司书1人，二等司书2人，三等司书3人

（二）江苏都督府直属机关

江苏都督府作为江苏全省最高军政权力机关，有着较为严密的组织体系。其核心组织有参谋厅、副官处、咨议厅、军政执法处、军需课、军务课、军医课、军械处等8处机构。1914年，江苏都督府各属职员，详见表3—8。

表3—8　　　　　　　　　　江苏都督府职员

机构	职位	等级	人员
参谋厅 参谋长：师景云	参谋	一等	刘宗纪、崔维堪
		二等	马溧斌、赵桂成、吴经礼
		三等	唐成宪、张继勋、志清
	副官	一等	陈公锦
	秘书	二等	李秉元
		三等	荣惠、海昆
副官处 副官长：何希贤	副官	一等	董济川、张拱长、苗启昆、齐长林
		二等	武毓材、李登科、吴文燦、王通、赵全城
		三等	齐长增、魏连如、张桐林、李冠儒、董国琦、陈声扬
咨议厅 厅长：胡嗣瑗	书记		陈红绪、祝万年、吴泉塘
	书记员		李文启、荣贵、武克勤、蓝心笏、左源、秦朝楷、方世龙
	咨议		陈光宪、许星璧、张季煜、黄书霖、刘体乾
	秘书		陈兆琛、长兴、王克诚
	秘电		吴守诚、王凤池、柴士庄、许万声
	监印		常镇
	书记		丁传福、孟启勋
	校对		贺式韩、单修定
	收发		关文涛、江锡龄、万鹏年
	翻译		冯锡庚、王馨兰

续表

军政执法处 处长：殷鸿寿	法官	一等	姚廷献、邱沅
		二等	王用汝、陈维贞、马晋卿
	稽查官		赵国庆、陈国柱、刘宗英、魏万钟
	书记官		黄允中
	稽查官		张占奎、李玉田、张万青
军需课 课长：张调辰	课员	一等	刘獬臣、张淑伸、张梦熊、柳保和
		二等	白水淇、张英、闫书堂、刁树堃、王有声、王奎成
		三等	胡敬修、张墨林、张芳躅、陈铭寿、李寿岩、高俊山、胡慎仪
	二等书记官		王汝霖
军务课 课长：熊炳奇	课员	一等	张树棻、徐森
		二等	冯家彦、白鹤鸣、吴镇南、吴长善
		三等	关际雯、许慎修、关福、周宗祈、蒋睿川、孙峻
军医课 课长：纪书元	课员	一等	董承恩、徐国祥
		二等	崔振军、吴维清
		三等	王桐升、张树筠、谭德仁、刘鸿恩
军械处 处长：王者化	军械官	一等	郝芗
		二等	马祚禄、杨志、陈兆荣、江澄渊
		三等	李源、赵运昌
	军械委员		王景隆
	书记官		毛凤阁

资料来源：中国第二历史档案馆编：《北洋政府档案·江苏都督府及督军公署》，中国档案出版社2010年版，第75—91页。

江苏都督府作为江苏全省最高军政机关，统筹兼顾江苏军队各项事宜。从军事机关的安排部署上而言，其组织架构基本上涵盖了军队建设各项事务，而且每个部门具有明确的分工，做到各有责成。此后，江苏都督府先后更名为宣武上将军行署、江苏督军公署，其所属组织机构及军队亦发生了一定的变化。至1924年，江苏督军公署所属各机关及其各军队情况，详见表3—9。

表3—9　　　　　　江苏全省军事机关及陆军系统（1924年）

督军公署	卫队营		军乐队		船舶股	
军事机关	陆军补助教育团 金陵机器制造局 海州镇守使署	陆军雷电练习所 军械总局 通海镇守使署	陆军测量局 淞路要塞 徐海镇守使署	陆军粮服局 澄路要塞 淮扬镇守使署	军事审判处 镇路要塞 苏常镇守使署	陆军医院 宁路要塞 江宁镇守使署
陆军	江苏陆军第二师 江苏陆军第四混成旅	江苏新编陆军第一师 江苏陆军第五混成旅	江苏新编陆军第三师 江苏陆军第七十六混成旅	江苏陆军第十九师 江苏宪兵司令部	江苏陆军第二混成旅 江苏淮扬缉水师	江苏陆军第二混成旅 江苏陆军第六师

资料来源：江苏省长公署统计处编纂：《江苏省政治年鉴》，1924年，第461—462页。

从表3—9可知，江苏督军公署所属机构并未有大的变动，而所属各军因后来的扩充遂有所增加，但是其作为苏省军政最高领导机关的性质和功能没有变化。

（三）江苏都督府（江苏督军公署）办事规则

江苏都督府各部门各司其职，相互协调，基本上具备了军政领导机关的各项功能。同时，其各部门各有专责，并制定了较为明确的办事规则，在军政治理规范化上取得了一定的进步，从而为江苏都督府提升军政治理能力奠定了基础。

1. 江苏都督府军需课暂行办事规则

军需课对本部门的工作职责进行了明细的规定，保障了军需课各项业务的有效开展。江苏都督府军需课暂行办事规则主要内容有：

第一章 总则：本课秉承都督办理江苏全省军需饷项、粮秣、服装及一切军用财政出纳事宜。

第二章 组织：课长一员、一等课员四员、二等课员七员、三等课员七员、二等书记官一员、司事六人、录事10人。

第三章 职权：第一股：管理文牍；第二股：管理收支；第三股：管理粮服；第四股：管理统计。同时，该章还规定各股办事人员的具体职责及各股护兵、夫役人数。该章第八条明确规定军需课实行科层化管理。"本课员司分隶各股，平时办事，课长有监督全体办事之权。各股主任有监督股员办事之权,股员办事有辅佐课长及该股主任办事之责。"

第四章 时间:军需课工作时间长,其一是每月休息时间少,"除指定办事各员逐日到公外,所有星期日拟定分半休息。"其二是每天工作时间长,"办公时间,冬令早八钟办事,晚十钟休息。夏令早七钟办事,晚六钟休息。"而为了查核军需课各员办公时间,特设有考勤簿,以作督促。

另外,军需课内各股又制定了本股的办事细则。如军需课文牍股暂行办事细则,有六则十二条,对文牍股的办事规程再全面细化。①

2. 江苏陆军第十九师军械库规则

该规则有二十条关于军械业务流程的详细规定,由于"军械库为极要之地,务以整肃慎密为宗旨"。该规则确定军械官的主要责任,在收发各项军械时"由军械官亲至库房督饬启用",明确要求军械官"凡于库中一切事宜均应随时检点,并有考察卫兵等责任"。同时,又要求"凡在库各人员均应受军械官指挥"②。

3. 江苏督军公署副官处分股办事规则

江苏督军公署副官处分为四股:管理、庶务、文牍和交际,每股各有责成,办事规则亦有区别。如管理股要求:管理传达命令;管理本处卫队、军乐队及弁护兵夫人等月饷发放;管理全署弁兵、夫役升迁、调补、赏罚各事;管理本署内外卫兵、差弁等军纪、风纪及传达报告口令及稽查一切事宜等。而庶务股则主要对本处各项经费支纳及分配,管理出差费,购置物品及消耗补充,以及房屋、服装、军械及车辆购置、修理等杂务事宜。文牍股则处理与文牍、机要稿件相关事宜。交际股主要经理招待内外宾事务及经理内外谍报和调查等事宜。副官处作为督军公署的核心办事机构,对值日亦有明文规定。而《江苏督军公署暂行管理马号规则清册》则反映了副官处管理中的精细化特色,对马厩的注意事项就有关于清洁度、留存气味及水、饲料配置等都有详细规定。

4. 颁发江苏督军公署增订各县支应兵差暂行章程

该章程分为第一章总则13条,第二章细则10条,合计23条。该章程

---

① 中国第二历史档案馆编:《北洋政府档案·江苏都督府及督军公署》,中国档案出版社2010年版,第67—72页。

② 同上书,第431—434页。

总则主要是对各县在承担兵差过程中,对于发放凭照的手续、内容及其监督程序等方面进行了规定。如第一条规定:"无论军官、军队因公出外暨转运一切军需品,沿途需用车马时,非持有本都督凭照者,不准给发。"第二条规定,凡是给发的凭照要经由都督本人或附近军队之高级军官核查与定章相符。第三条规定,"此项凭照由本府印就编号、铃印"。其他则主要是从凭照使用的范围及其检验办法等方面进行规定。细则是从军需、车辆的使用等方面作了详细的规定。[①]江苏督军公署增订各县支应兵差暂行章程,用制度规定的方式加强了对军队的管理,在一定程度上有利于整治各军的相关行为,不失为一种治理军政的积极方式。

(四)江苏都督府(督军公署)运作方式

江苏都督府(督军公署)作为苏省军政最高领导机关,举凡军务、军械、军法和军医等各项无不负责。各课课长秉承都督之命,总理课务。江苏都督府的运作,主要通过以下方式。

1. 节制各军

根据《现行都督府组织令》,都督统辖一省之军队,为该省之最高军政长官。而对于正规军队之外的武装力量,凡属于军队性质的都归其统率。如,江苏水警盐捕营由水师改编而来,亦归冯国璋节制。"宣武上将军饬知水警厅长及盐捕营统领云,为饬知事案准统率办事处电转奉大元帅令,查江苏水上警察原就水师改编,担任水面防务,纯系军队性质。又财政部所属之盐捕营既驻在江苏地方,且性质同为军队,际合照简章办理外,该省将军应并有节制指挥之权。已行部知照,着即会同分别饬尊等因,准此。除资行财政部巡按使查照并分饬外,合行饬到该营。"[②]

2. 发布命令

江苏都督府(督军公署)发布军政命令的载体,首先是以《江苏省公报》为主,凡是对所属各地镇守使及各军发布各项军政命令,都在公报上刊登。其次是创办《江苏政闻日报》,"以为精实言论机关,宣达政闻以悉浮言"。该报以"宣达政闻为主旨",于1914年6月1日创刊,每月一期,

---

① 中国第二历史档案馆编:《北洋政府档案·江苏都督府及督军公署》,中国档案出版社2010年版,第616—635、636页。

② 《冯上将军节制水警盐捕营》,《申报》1914年7月28日。

要求江苏省内各官署均须订阅。该报的特色在于"体例关于军民两方面及其他各官署之重要闻见,均当随时公报,以释浮言"①。而军政命令涉及的内容非常广泛:公报中央的各项命令;公布相关军事纪律或规章;转饬各属缉拿外省逃犯、违法犯纪各色人等;发布本省剿匪、缉拿违纪人员以及反袁的国民党人等通令。如,1914年2月17日,江苏都督府通令第二百三十八号,"令各军队长官、江宁、苏州、镇江、松江四镇守使、水陆各警察长官等:严缉盐城邮政船被劫案内赃匪,务获究办"②。

3. 督察军务

冯国璋在任苏督后不久,即开始对地方军队进行检查。如1914年2月6日,冯国璋"赴苏检阅军队,准备一星期返宁"③。对于军政重地,冯国璋会专门前往视察,但亦有时会组建大规模的考察队伍,检阅军队建设情况。如1915年5月,冯国璋先后对第二师、第七十五混成旅、第七十六混成旅、要塞步兵掩护队、扬州游缉队及第七十四混成旅进行了全面检阅,考核各军官兵的军事素质。在冯国璋自己不能前往的情况下,则委派亲信巡查地方军备建设情况。"宣武上将军因注重防务起见,特派参谋长师景云率同副官、录事诸员于二十九日巡赴本县(南通)检阅各军,并随时宣布府令,使各官兵有所遵循,以重军政。"④ 1915年6月3日,冯国璋从南京出发前往江阴及镇江等处炮台检察,"以长江中下游自南京至江阴各要口共有炮台十余座,现当整顿江防之际。各该炮台所设各项快炮是否布置得宜。枪械炮弹已未完备,均应亲往考察"。于是,冯国璋"通告各该炮台官,一体遵照"⑤。

4. 调拨经费、物资

军费筹措及调拨历来是十分紧要军政事务。在1913年和1914年间,江苏的财政难以应付本省庞大的军费开支。然财政部还要求江苏都督府承担长江巡阅使署及松江镇守使的军费。1914年1月23日,陆军部致函江苏都督府:"将松江镇守使署二年十、十一、十二三个月饷及三年一月分饷共计银伍千八百三十元,一并筹还,以资归垫。其自三年二月起,务请

---

① 《江苏省国税厅筹备处训令第六十二号订阅江苏政闻日报》,《江苏省公报》1914年第264期。
② 《本省省令·军政》,《江苏省公报》1914年第218期。
③ 《南京电》,《申报》1914年2月6日。
④ 《军府之专员》,《申报》1915年5月31日。
⑤ 《冯军督巡视炮台》,《申报》1915年6月4日。

即由贵省筹给,以符原案。"① 同时,江苏都督府(督军公署)对直属军队的军费要给予保障。1914年至1916年间,冯国璋与齐耀琳多次就第二师维持军费往来咨文。军费是事关军政之要务,必须要审慎处理,而冯国璋对军费事宜亦是认真对待。1915年5月31日,江苏财政厅长胡翔林为解江北陆军第十九师五月份军饷、淮扬镇守使经费及淮徐海水师游缉队经费,要分填通知书两纸备文,于是请冯国璋核收转给并批示备案。次日,冯国璋即批示:"详悉解送五月份江北十九师薪饷及淮扬镇守使署经费共银六万元,又淮徐海水师三营经费五千五百二元,分填发款通知两纸。已饬本署军需课查收转发,仰即查照备案可也。此批。"②

5. 执行中央军令

根据1913年1月9日颁布的《现行都督府组织令》规定,"都督直隶于大总统。关于军令事宜,受参谋部之指挥,关于军政事宜,受陆军部之处分。"③ 江苏都督府(督军公署)对来自中央政府的军政命令,及时向各属军事机关传达和执行。如在关于军官的任命上,陆军部于1915年再次申令,"陆军各职任命状均由本部主办,规则内第五条、第六条缴销事项应改归本部办理,期与原案相符,免生歧异"。陆军部向各省明令"凡奉策令任命之员,均一律颁发新式任命状",并要求"委任各职委任状由各官署自行制发。升任、转任或解任时亦应缴由各官署注销"④。随后,江苏都督府将新任命状规则转发给各镇守使、各师师长、各司令、游击统领、参谋厅、副官处及军法课、军务课、军医课、军需课等各属军政单位,并按照要求实施。在军官的任命及奖励出力的军功人员上,江苏都督府按照相关要求,将江苏升迁或请奖的军官名单及其缘由,向陆军部咨文,并请袁世凯批准。

在冯国璋督苏期间,江苏都督府(督军公署)的运作基本上是有序进行。首先是冯国璋重视发挥江苏都督府各属部门的功能。各属部门各司其职,相互协作,共同完成冯国璋交办的各种事务。

---

① 中国第二历史档案馆编:《北洋政府档案·江苏都督府及督军公署》,中国档案出版社2010年版,第44—45页。
② 同上书,第409页。
③ 中国第二历史档案馆编:《中华民国史档案资料汇编》(第3辑 政治1),江苏古籍出版社1991年版,第129页。
④ 《准陆军部咨送新式任命状办法规则(附图表)一体遵照》,《江苏省公报》1915年第539期。

其次是冯国璋在江苏都督府的用人上亦注重唯才是举。1914年1月20日，冯国璋在《申报》刊登《冯国璋启事》：

> 国璋奉命来宁权摄督篆，所有本府各机关人员均经量材器使派定如额。近年各省闲员日多到处营求，于吏治不无关碍。况苏省财力艰窘，中央于员额薪数限制綦严。国璋断不能有所左右，倘有亲朋推毂远道而来，既无宾席之可安，益乏程仪之可赠，相呼负负深用惶惶。①

曾任江苏都督府课员的于哲千对冯国璋的用人做法有所评价："冯不树私党，不纵容乡党故旧胡作非为营私舞弊。他待人宽厚，用人取谨饬纯朴、沉着干练者，对于青年后进，他也奖励提拔，他的参谋长师景云就是很好的例子。"②

再次是冯国璋对做出成绩的下属进行褒奖，论功行赏。在《政府公报》中，冯国璋不时向北洋政府为在苏省各军事机关出力各员请奖。1916年4月7日，冯国璋为使"斯任事者咸振一往无前之气"，向政事堂呈文要求对"尚有军用文官并中级官佐各员，前案未经列保"各员"续请奖给勋章"③。冯国璋对江苏都督府的管理上采取奖惩结合的办法，一方面对各属军事机关提出要求，进行相应约束，另一方面对做出成绩的军功人员又加以褒奖，恩威并用，使江苏都督府能够成为其治理江苏的有力帮手。

三　冯国璋与民初江苏军队治理

在二次革命前，江苏军队虽多有裁减，但是对于江苏财政负担而言，为数仍然较多。而且，国民党人在江苏军队中多有任职，对北洋政府的统治多有不满，成为民初江苏军政治理中的隐患。冯国璋为了加强对江苏军队控制，在督苏期间多次裁军。同时，冯国璋采取多项措施促进江苏军队建设，以进一步强化其对江苏军政治理。

---

① 《冯国璋启事》，《申报》1914年1月20日。
② 于哲千：《我所知道的冯国璋和齐耀琳》，江苏省政协文史委员会编：《江苏文史资料存稿选编·人物卷》上，江苏人民出版社2007年版，第130页。
③ 《宣武上将军督理江苏军务冯国璋呈查明苏省各军事机关出力人员拟请奖给勋章文》，《政府公报》1916年4月7日。

（一）民初江苏军队概况

民初江苏军队有中央陆军及江苏省属军队，在编制及装备上江苏本地军队与中央军有一定的差距。特别是，冯国璋莅任苏督后，曾多次裁军，使江苏陆军沿革多有变化。

1. 民初江苏陆军编制

第一，陆军师编制。民初的北洋陆军编制，"以师为战略单位"，因财力不足等各种原因，"旅一级如混成旅、步兵旅也作为建制单位独立存在"①。根据《陆军平时编制条令》规定："第一条：陆军每师以步兵二旅、骑炮兵各一团、工辎兵各一营编成之。""第二条：步兵每旅辖二团，每团以四连编之三营并机关枪一连组成之。""第三条：骑兵团分为甲乙两种，甲种四连编成，乙种三连编成，由部体酌各师驻地之情形规定之。""第四条：炮兵团以三连编成之三营组成之，其各连均为六尊编成。至应用野炮或山炮，则由部体酌各师驻地之情形规定之。""第五条：工兵营、辎重营均以三连编成之，但辎重大车不适用之地方，另行规定。"② 北洋陆军师编制，详见表3—10。

表3—10　　　　　　　　陆军一师编制系统

步兵第几旅	步兵第几团	第一营	第一连
			第二连
			第三连
			第四连
		第二营	第五连
			第六连
			第七连
			第八连
		第三营	第九连
			第十连
			第十一连
			第十二连
			机关枪连
	步兵第几团	营以下与前同	

---

① 《中国军事史》编写组编：《中国军事史》（第3卷 兵制），解放军出版社1987年版，第581页。
② 张侠等编：《北洋陆军史料：1912—1916》，天津人民出版社1987年版，第27页。

续表

步兵第几旅	步兵第几团	营以下与前同	
	步兵第几团	营以下与前同	

资料来源：张侠等编：《北洋陆军史料：1912—1916》，天津人民出版社1987年版，第29—30页。

第二，陆军混成旅编制。混成旅是较师小一些的合成单位，混成旅的编制并不统一，北方因地势较南方开阔，多编有1个骑兵营，而"在江南地方，骑兵无甚活动余地"①，于是大多编有1个骑兵连，详见江苏陆军第七十四混成旅全旅编制（1914年7月）。②

混成旅部编制：

旅长1名、一等参谋1名、二等参谋1名、一等副官1名、二等副官1名、三等副官1名、二等书记2名、三等书记1名、三等军需正1名、三等军医正1名、司事1名、司号长1名、司书8名、马弁长1名、马弁6名、护兵长1名、护兵12名、伙夫2名。

步兵团部编制：

团长1名、团副1名、旗官1名、三等军需正1名、三等军医正1名、二等书记1名、三等书记1名、司号长1名、司书2名、马弁长1名、马弁4名、护兵长1名、护兵4名、伙夫2名。

步队一营编制：

营长1名、营副官1名、一等军需正1名、三等书记1名、连长4名、排长12名、司务长4名、护兵长1名、护兵12名、中士24名、下士24名、一等兵96名、二等兵144名、司书6名、二等军需正1名、号长1名、号兵8名、医兵4名、枪匠2名、伙夫26名。

炮营编制：

营长1名、副官1名、连长3名、排长9名、司务长3名、一等军需正1名、二等军医1名、军械长1名、查马长1名、二等兽医1名、三等

---

① 章伯锋、李宗一主编：《北洋军阀：1912—1928》第5卷，武汉出版社1990年版，第228页。

② 中国第二历史档案馆编：《北洋政府档案·江苏都督府及督军公署》，中国档案出版社2010年版，第209—231页。

书记1名、司书5名、护兵长1名、号兵长1名、护兵10名、号兵6名、掌匠3名、中士18名、下士18名、一等兵72名、医兵3名、三等兵108名、山炮18门、炮马140匹、伙夫20名、马夫目3名、马夫18名、喂养夫3名。

混成营营部编制：

营长1名、副官1名、一等军需正1名、查马夫1名、二等军医1名、二等兽医1名、三等书记1名、司书2名、号兵长1名、护兵长1名、护兵4名、枪匠2名、医兵1名、伙夫2名、掌匠2名、战马10匹。

骑兵连编制：

连长1名、排长3名、司务长1名、司书1名、护兵2名、中士6名、下士6名、一等兵24名、二等兵36名、伙夫6名、战马82匹、医兵1名、马夫目1名、马夫15名、号兵2名、喂养夫1名。

工兵连编制：

连长1名、排长3名、司务长1名、司书1名、中士6名、下士6名、一等兵24名、二等兵36名、护兵2名、号兵2名、医兵1名、伙夫6名。

辎重连编制：

连长1名、排长3名、司务长1名、司书1名、中士6名、下士6名、一等兵24名、二等兵36名、护兵2名、号兵2名、医兵1名、伙夫6名、马夫目1名、马夫4名、骑马24匹。

机关枪连编制：

连长1名、司务长3名、司书1名、中士6名、下士6名、一等兵24名、二等兵36名、护兵2名、号兵2名、医兵1名、伙夫6名、马夫4名、骑马40匹、机关枪6支。

第三，宪兵司令部编制。宪兵是现代化军队的重要组成部分，实际上承担陆军警察的职能，对于督促军纪具有不可替代的作用。清光绪三十一年（1905）五月，时任直隶总督的袁世凯曾在大沽口创设宪兵学堂，"学制一年，毕业者被分派至各宪兵营队任职"[①]。在清末新军编练中，各省非常重视增设宪兵机构。1908年5月，广东颁布宪兵简章，规定："宪兵转

---

① 邰林涛、黄仕荣：《中国历代学校制度通考》，北岳文艺出版社2008年版，第261—262页。

掌军事警察，凡军人军属出外行为，军民交涉事件皆归其监察，至行政警察、司法警察亦有辅助之义务。"①清季各地虽设宪兵，"稽查各军风纪"，然"当时组设宪兵之各自为政，并未确定完整制度，以是组织遂无中心，编制不复统一，且法令称之为陆军警察，而实际仍用宪兵名称……遂演变为后来宪兵破碎之局势"②。民初宪兵组织建设各项事务沿袭清制，虽不统一，但是宪兵作为陆军兵种的重要组成部分之一，在整肃军纪中亦发挥了一定作用。在江苏陆军中多设有宪兵司令部，如江苏都督府宪兵司令部，此外各师均有宪兵司令部建制。关于师级宪兵司令部编制，以江苏陆军第四师宪兵司令部为例，包括宪兵司令和副司令，并设有司令部机关，稽查军纪主要是由宪兵营实施。宪兵司令部有宪兵营三连，每连有2排宪兵，详见表3—11。

表3—11　　江苏陆军第四师宪兵司令部一览（1913年9月）

宪兵司令部	司令长 方础 副司令 唐勋	副官（1名）、旗官（1名）、军需官（1名）、书记官（1名）、军医官（1名）、司号（1名）、书记生（2名）、护目（1名）、马弁（4名）、护兵（6名）、伙夫（2名）、马夫（2名）		
宪兵营第一连	连长 徐熙昌	司务长（1名）、书记生（1名）、护兵（2名）、号兵（2名）、伙夫（4名）		
	第一排排长李堃	第一班班长 盛步高	副班长 江国藩	兵士（10名）
		第二班班长 魏兆福	副班长 徐文泉	兵士（10名）
	第二排排长黄锡忠	第一班班长 周长林	副班长 徐宝书	兵士（10名）
		第二班班长 王海青	副班长 江丰	兵士（10名）
宪兵营第二连	连长 戴访	司务长（1名）、书记生（1名）、护兵（2名）、号兵（2名）、伙夫（4名）		
	第一排 排长 董兆麟	第一班班长 何鉴湖	副班长 王定国	兵士（10名）
		第二班班长 张全	副班长 刘月科	兵士（10名）
	第二排 排长 闻国政	第一班班长 王少卿	副班长 尤国庆	兵士（10名）
		第二班班长 朱宗函	副班长 王辅北	兵士（10名）

---

① 林忠佳、张添喜等编：《〈申报〉广东资料选辑》7，广东省档案馆《申报》广东资料选辑编辑组1995年版，第110页。
② 联合勤务学校教官训练班编：《长官训词》，1947年版，第268页。

宪兵营第三连	连长汪禧	司务长（1名）、书记生（1名）、护兵（2名）、号兵（2名）、伙夫（4名）		
	第一排排长黄守培	第一班班长 姚时敏	副班长 黄少堂	兵士（10名）
		第二班班长 闵相尧	副班长 赵宗汉	兵士（10名）
	第二排排长朱振祥	第一班班长 曹汉儒	副班长 秦鸿孝	兵士（10名）
		第二班班长 曹恩鸿	副班长 金佑贤	兵士（10名）

资料来源：中国第二历史档案馆编《北洋政府档案·江苏都督府及督军公署》，中国档案出版社2010年版，第1—22页。

2. 江苏军队驻地

在二次革命前，江苏军队有"苏属第一、二、三师，分驻南京、苏州、徐州，清江护军使两个旅，镇江两个独立旅。中央陆军部直属两个师：第八师驻南京，第四师驻扬州"。[①] 在二次革命时，袁世凯"以冯国璋率禁卫军、雷震春之第七师、刘洵之直隶第一混成旅及第五师之第十旅与第二十师之步兵第七十九团攻南京，以第四师之一部守上海"，"北洋势力遂侵入长江"[②]。及二次革命结束，冯国璋先后对江苏驻军进行裁并，并按照袁世凯的要求将北洋军队派驻江苏各地，即"第五师混成十旅奉拨开赴苏州、江阴、镇江等处，七十四旅开赴蚌埠、南宿州、徐州兵四营，直隶混成旅开赴盐城、阜宁一混成团，其余移驻凤阳、南宿州之禁卫军，均拟陆续开浦驻"[③]。自冯国璋督苏后，隶属于陆军部的北洋陆军各部分别驻扎在江苏境内各要地，详见表3—12。

表3—12　　　　　　　　　1914年江苏陆军驻地一览

机关	长官姓名	驻地	隶属
第四师	杨善德	松江	陆军部
陆军第一混成旅	施从滨	镇江	陆军部
陆军第五混成旅	刘洵	清江浦	陆军部

[①] 朱宗震：《革命胜利之后：民国初年政坛风云》，新华出版社2012年版，第130页。
[②] 文公直：《最近三十年中国军事史》，《民国丛书》编委会编：《最近三十年中国军事史 第2编》，上海书店出版社1989年版，第6页。
[③] 张侠等编：《北洋陆军史料：1912—1916》，天津人民出版社1987年版，第560页。

续表

机关	长官姓名	驻地	隶属
江苏第七十四混成旅	赵俊卿	南京	江苏都督府
江苏第七十五混成旅	方更生	南京	江苏都督府
江苏第七十六混成旅	张仁奎	扬州	江苏都督府
四路要塞步兵第一旅	龚青云	镇江	江苏都督府
禁卫军	冯国璋	南京、镇江	冯国璋部队
武卫前军	张勋	徐州	张勋部队
第二师	朱熙	苏州	江苏都督府
第十九师	杨春普	清江	江苏都督府

资料来源：张侠等编：《北洋陆军史料：1912—1916》，天津人民出版社1987年版，第34—35页；王树槐：《中国现代化的区域研究——江苏省（1860—1916）》，"中研院"近代史研究所专刊1984年版，第285—286页。

在冯国璋任内，江苏陆军较为混杂，除了直属于中央的北洋陆军外，还有不少是江苏省属军队，隶属于江苏都督府（宣武上将军行署），另外还有驻屯徐州的张勋定武军所部。1915年江苏陆军驻地概况，详见表3—13。

表3—13　　民国四年（1915）江苏省军队人数及驻地一览

区域	队次	人数（人）	驻在地	备考
江北	第十九师	5100余	清江浦等处	（三年杨春普）
	第五混成旅	4000余	清江浦	
	湖河水巡团	400余	湖河一带	
	第七十六混成旅	2800余	扬州等处	（二年张仁奎）
江南	第七十四混成旅	5200余	南京六合等处	（二年赵俊卿）
	第七十五混成旅	2900余	南京瓜州等处	（二年方更生）
	第一混成旅	4100余	江阴、镇江等处	
	第二师	10000余	南京、常州等处	（二年朱熙）
	第四师	10000余	松江	（一年杨善德）
	四路要塞	1400余	省城城外等处	
	扬州游缉队	1500余	苏州及高邮等处	
	禁卫军步两团及骑炮工辎各营连	5500余	南京	
徐州	武卫前军	约27000	铜山县	

资料来源：张侠等编：《北洋陆军史料：1912—1916》，天津人民出版社1987年版，第40页。

1917年8月1日，冯国璋在北京出任代理大总统，其所统帅的禁卫军及以刘洵为旅长的第五混成旅亦相继北上，随后继任江苏都督李纯统领北洋陆军第六师进入江苏填防，驻扎南京。到1918年2月，江苏兵力又大为增加。江苏新式军队有35500人，旧式军队包括新安武军、警备队、苏城警备队、督军巡缉队及陆军警备队等共有8300人，合计总数逾43800人。① 1920年10月，齐燮元接任江苏都督，并对江苏军队不断扩充，对旅团多有编补，加强了对江北各地的镇守。

3. 民初江苏陆军沿革及武器装备

民初江苏陆军主要由驻扎在江苏各要地之中央陆军及江苏省所属之陆军构成。从沿革而言，隶属于陆军部之北洋军可以追溯到清末北洋六镇新军，而江苏陆军则是在辛亥革命后相继编成的新军。在武器装备上，中央陆军的军需、军械、军饷等均由陆军部统一调配，而江苏陆军则由江苏都督府（督军公署）根据苏省的财政能力相应进行配置，因而两者之间有所不同。

陆军第四师：在1912年由北洋陆军第四镇改名为陆军第四师，师长杨善德，辖步兵第七旅，旅长李厚基；步兵第八旅，旅长何丰林。1913年6月步十三团改名海军陆战队，增兵上海，保护制造局。7月由第八旅编成一混成旅，隶于第二军，前往南京镇压革命。9月，全师移驻吴淞、淞沪一带。1917年，杨善德任浙江督军，率第四师入浙，驻杭州。② 该师职掌：以国防为法定职掌，现时兼管淞沪一带要塞。该师武器装备：兵器种类：二十九年式步枪，三十年式步枪，三十一年式步枪，七九口径步枪，二十九年式马枪，三十一年式马枪，哈乞开斯机关枪，马克沁三足式机关枪，马克沁四足式机关枪，卜郎宁手枪，六响手枪，七响手枪，机关十响手枪，自来德手枪，爱华手枪，士梯亚手枪，七生五管退山炮，日造速射野炮，日造速射山炮。弹药种类：六五步马枪弹，七九步马枪弹，七九机关枪弹，卜朗宁手枪弹，六响手枪弹，七响手枪弹，机关十响手枪弹，士梯亚手枪弹，管退山炮子母弹，管退山炮开花弹，速射山炮榴弹，速射山炮榴霰弹，速射野炮榴弹，速射野炮代用弹，七生五野炮榴霰弹。③ 陆军

---

① 《二月末全国军队之调查》，《东方杂志》1918年第5号。
② 章伯锋、李宗一主编：《北洋军阀：1912—1928》第5卷，武汉出版社1990年版，第954页。
③ 张侠等编：《北洋陆军史料：1912—1916》，天津人民出版社1987年版，第72—73页。

第四师直属于陆军部，是北洋中央政府驻屯上海地区的重要军事力量，该师兵数、驻地及武器装备，详见表3—14。

表3—14　　　　　　　陆军第四师人员兵数及驻地

机关	人数(人)	驻地	长官	装备及饷糈
近畿陆军第四师师司令部	96	松江城内	师长杨善德 参谋长夏兆麟	
步兵第七旅旅司令部	26	上海制造局	旅长臧致平	
步兵第十三团团部	26	上海制造局	团长周孝骞	
第一营营本处	16	上海制造局	营长魏清和	装备：官佐用比国造七响手枪，目兵用三十一年式步枪，口径六密里五 饷糈：按照陆军饷章，由陆军部按月领发
全营四连	553	上海制造局		
第二营营本处	15	上海制造局	营长王克悌	
全营四连	551			
第三营营本处	16	上海制造局	高全忠	
全营四连	548			
机关枪第七连	16	上海制造局		马克沁机关枪四尊、哈乞开斯二尊
步兵第十四团团部	26	上海斜桥三十七团旧址	龚声扬	
第一营营本处	16	上海斜桥三十七团旧址、上海浦东	营长梁如宝	三十八年式步枪
全营四连	547			
第二营营本处	16	海斜桥三十七团旧址、上海浦东	营长苗培善	三十八年式步枪
全营四连	550			
第三营营本处	16	松江城内	营长善俩	三十八年式步枪
全营四连	550			
步兵第八旅旅司令部	26	松江城内贡院	旅长何丰林	
机关枪第八连		军械哈乞开斯机关枪六尊，现未成立，暂由各营抽拔官兵训练		
步兵第十五团团部	26	龙华	团长吴长植	
第一营营本处	16	龙华	营长刘永胜	装备：官佐用比国造七响手枪，目兵用三十一年式步枪，口径六密里五 饷糈：按照陆军饷章，由陆军部按月领发
全营四连	549	龙华寺		
第二营营本处	16	龙华	营长王国梁	
全营四连	550			
第三营营本处	16	龙华	营长王裕经	
全营四连	549			
机关枪第九连		官兵人数不明，军械哈乞开斯机关枪六尊，饷糈均同第一营		

第三章　冯国璋督苏：维护北洋派在江南的统治利益 | 243

续表

机关	人数(人)	驻地	长官	装备及饷糈
步兵第十六团团部	26	松江西关外醉白池	团长王鸣珂	
第一营营本处	16	松江城内中军署、松江城内贡院、娄县城隍庙	营长张树德	装备：官佐用比国造七响手枪，目兵用三十一年式步枪，口径六密里五 饷糈：按照陆军饷章，由陆军部按月领发
全营四连	549			
第二营营本处	16	松江西关外西关外超果寺等处	营长王保	
全营四连	548			
第三营营本处	16	经镇义仓、枫经城隍庙、慧海寺等处	营长方先聪	
全营四连	550			
机关枪第十连	官兵人数不明，驻地松江，马匹驮马十一匹，军械马克沁机关枪四尊、哈乞开斯二尊，饷糈均同第一营。			
骑兵第四团团部	26	天津小站	团长高在田	
第一营营本处	16	天津小站	营长袁正卿	马匹战马二百二十九匹、车骡七匹，官佐用比国造七响手枪，目兵用三十一年式步枪，口径六密里五
全营四连	248	天津小站		
第二营		暂归第七师节制		
第三营				
机关枪	9	松江哈乞开斯二尊，饷糈均第一营。		
炮兵第四团团部	28	上海沪军营	团长陈正仁	
第一营营本处	17	上海炮队营	营长王锐	江南造七生五管退山炮十八尊
全营三连	412	上海炮队营		
第二营营本处	20	直隶青县马厂	营长周荫人	日本造七生五速射野炮十八尊
全营三连	420	直隶青县马厂		
第三营营本处	20	松江仓城、松江西城关帝庙、上海沪军营	营长周锦成	日本造七生五速射山炮六尊
全营三连	417			
工兵第四营营本处	16	马厂	营长田继成	官佐用比国造七响手枪，目兵用三十一年式步枪
全营四连	514	松江、马厂		
辎重营营本处	20	马厂	营长汪庆辰	官佐用比国造七响手枪，目兵用三十一年式步枪
全营四连	299	马厂、松江		
军乐连	45	松江		服装同步兵，饷糈同辎重营
探访队	20	松江		饷糈同军乐连

资料来源：张侠等编：《北洋陆军史料：1912—1916》，天津人民出版社1987年版，第73—77页。

陆军第十九旅：1914年10月，陆军第十师第十九旅调防江苏淞沪一带，次年该旅划归第四师，为步兵第七旅，而由第四师步兵第十三团及混成第三旅一团等重建第十九旅。1915年12月，该师移驻淞沪。1916年5月，再将其所属十九旅改为第十四混成旅，划归第四师之下的第十九旅仍规复旧制。

陆军第十五师：该师于1916年2月29日由四川陆军第一师及四川第一混成旅合编而成，但该师于同年7月被撤销。1917年8月，再将直隶第五混成旅改编为陆军第十五师，8月15日任命刘洵为师长。该师前身为清末直隶混成旅，后随冯国璋驻南京，为冯之卫队。1917年2月，冯进京继任总统，该部亦随之移驻北京南苑。

陆军第十六师：该师前身为清末禁卫军。光绪三十四年（1908）十二月，清廷命令编练禁卫军，归摄政王载沣统辖调遣。宣统三年（1911）六月，开始担任"宿卫宫禁"的任务，七月宣布正式成军。同年十月十九日，任命冯国璋为禁卫军总统。民国成立以后，冯国璋仍统领禁卫军，该军辖一师两旅，师长为王廷桢，第一旅旅长关忠和，第二旅旅长田献章。1913年7月南方革命党掀起二次革命，袁世凯命冯国璋为第二军军长、江淮宣抚使，率兵南下镇压。12月19日冯国璋任江苏都督，禁卫军一部随即南下驻屯江苏。1917年8月，冯国璋以副总统代理总统职务，8月1日抵京就职，禁卫军随之进京。同年11月，该军改编为陆军第十六师，师长王廷桢。并任命关忠和为三十一旅旅长，田献章为三十二旅旅长。①

江苏陆军第十九师：该师于"民国元年三月就清江北陆军十三协，及左右两路巡防队，暨盐防徐淮巡防各营改编成立。选十三协步队改为七十三团，以盐防营改为七十四团，左路巡防步队改为七十五团。右路巡防马步队改为七十六团，另组三十七、三十八两旅部以统带之。更择陆军第十三协马队编为骑兵十九团，炮兵编为炮兵十九团，另编工程一营、辎重一营、军乐队半队。是年六月以步兵七十四团仍隶盐防，以暂编第一团附入。八月将七十六团、骑兵一营及徐防东路马队一营，拨归骑兵十九团并为四连。又将徐防东路步队三营裁改，并入七十六团，合成三营。十月炮兵团两营改照骑兵团编制，并为四连。工程营各连官兵分拨骑团及铜山东

---

① 章伯锋、李宗一主编：《北洋军阀：1912—1928》第5卷，武汉出版社1990年版，第100—104页。

海清乡分局，辎重营陆路两连拨归暂编第一团，水路两连编为湖河水巡，取消工辎两营部。十一月将暂编第一团改名七十四团，二年八月七十四团第二营开赴苏州改编军署卫队，以招安官兵改补。十月复将七十四团一、三两营分别汰留，以侦缉备补各队补入。三年二月遣散七十四团第二营，四月赴直招补新兵，八月改骑兵十九团为独立营，十二月各旅团营改组一次。"① 江苏陆军第十九师隶属于江苏督军，为江苏省属军队，其主要职责为国防暨镇江等地防务，兼任澄路要塞掩护事宜。江苏陆军第十九师驻扎江北各重地，因而亦称江北陆军十九师，师长由江北护军使蒋雁行兼任。1914年江苏陆军第十九师人员兵数情况，详见表3—15。

表3—15　　　　　江苏陆军第十九师概况

机构	人数（人）	驻地	长官	装备
师司令部	由护军使署各处课兼办	清江	江北护军使兼师长、参谋长李风楼	卫队三十年式步枪126杆、小口径毛瑟步枪126杆
步兵三十七旅	20	清江	旅长石佳华	
步兵第七十三团团部	24	淮安	团长杨立言	
第一营营本部	21	淮安车桥	营长戴隽明	全团三十年式步枪1008杆
全营四连	392	淮安曹甸、张桥		
第二营营本部	21	淮安	营长王治先	
全营四连	392	清江、淮安		
第三营营本部	21	清江黄河滩	营长王振贤	
全营四连	392	阜宁、苏家嘴		
步兵第七十四团团部	24	涟水	团长张金瓯	
第一营营本部	21	涟水	营长路霖	小口径毛瑟步枪336杆
全营四连	392	清江、盐城		
第二营营本部	21	清江	营长唐纶	比国造步枪336杆
全营四连	392	清江黄河滩		

① 张侠等编：《北洋陆军史料：1912—1916》，天津人民出版社1987年版，第111页。

续表

机构	人数（人）	驻地	长官	装备
第三营营本部	21	清江	营长耿锡龄	
全营四连	392	淮安钦工、清江		
步兵第三十八旅	21	清江	旅长杨春普	
第七十五团团部	24	清江	团长张辛朔	
第一营营本部	21	清江	营长周蕴辉	
全营四连	392	清江		
第二营营本部	21	盱眙蒋坝	营长王世德	小口径毛瑟步枪2016杆
全营四连	392	盱眙蒋坝		
第三营营本部	21	清江	营长道兴隆	
全营四连	392	清江、沭阳钱家集		
步兵第七十六团团部	24	清江	团长吴士芬	
第一营营本部	21	泗阳	营长董立鸿	
全营四连	392	清江、泗阳史集		
第二营营本部	21	清江	营长马兆峰	小口径毛瑟步枪2016杆
全营四连	392	清江武家墩		
第三营营本部	21	泗阳洋河镇	营长张依洪	
全营四连	392	泗阳曹家庙		
骑兵第十九团团部	32	清江	团长张长林	三十年式马枪20杆，小口径毛瑟步枪75杆，小口径毛瑟马枪119杆，七响毛瑟马枪93杆，曼利夏马枪32杆
全团四连	416（马343匹、骡4匹）	泗阳众兴、宿迁仰范集、清江杨庄		
炮兵第十九团团部	38	清江	团长周良才	小口径毛瑟步枪157杆，小口径毛瑟马枪20杆，湖北造五生七过山炮12尊，江南造七生六过山炮12尊
全团四连	416（马74匹、骡25匹）	清江黄河滩、盐城、泗阳众兴		

资料来源：张侠等编：《北洋陆军史料：1912—1916》，天津人民出版社1987年版，第112—115页。

湖河水巡团：该团由"江北陆军十三协原有辎重水师一连，计船只十二只，巡防水师一连，计船十只。又高宝湖水师船八只，洪湖营水师船四只。因江北一带湖河港汊纷歧，陆军万难兼顾，于元年冬间，将所有船只合并改编为湖河水巡一团，计三营。第一营以长龙舢板船十七只，分防运河一带；第二营以长龙一只，师船八只，分防高宝湖一带，第三营以师船八只，分防洪泽湖一带。统计全团官佐士兵夫四百六十六员名"①。湖河水巡团团部驻清江浦，专司巡缉以及保护关捐税。民国三年（1914），裁撤第3营。民国六年（1917），湖河水巡团拨归督军直接管辖。民国十一年，改水巡团为淮扬游缉水师，统部仍驻清江浦。② 该团的武器装备是全团配备村田式连发步枪374杆。

江苏陆军第二师：该师"于民国二年（1913）三月成立。以苏州陆军第一混成旅改为步兵第三旅，辖第五、第六两团。以江防第一旅改为步兵第四旅，辖第七、第八两团。附以驻扎上海县浦东之步兵一营、闵行镇之步兵一营。而第一混成旅原有之骑兵两连、炮工辎各一营、军乐一连均改隶师部。苏州军政司旋复移交宪兵一营。此外无锡步兵二营、常州步兵一营编为一团。江阴步兵一团，苏城巡防改编之第七十九团均附属焉。民国二年第七十九团改为步兵第四团，直隶师部。江阴步兵一团改为第二团，属于第三旅，并遣散无锡步兵两营，以常州步兵一营属第六团，闵行镇步兵一营属第七团，浦东步兵一营属第八团。复将由第一混成旅挑选之督署卫兵营，改属第四旅。三年以宪兵营拨归宪兵司令管辖，遣散闵行镇步兵一营。第二团遣散一营，以驻常一营补入。第七团遣散一营，以无锡一营补入。第八团遣散一营，以浦东一营补入。四月第二、第四两团改编警备队。五六月间师及各团营均大加裁减一次。十月工程辎重各并为两连合为一营，取消辎重营部。四年四月复奉令每营暂缺一连以符预算"。

陆军第一混成旅：该旅"于清光绪三十一年（1905）四月由第二镇两营、山东先锋队四营改编为第五镇第十协，驻防济南。宣统三年九月参与湖北战役，是年十二月仍回济南。民国元年九月奉令改编为陆军第五师第十旅。二年七月编入第二军参与南京战役。是役平后，于三年二月移防镇江，八月奉令陆军第五师第十旅改为陆军第一混成旅，四年一月成立，七月调赴兖州"。

陆军第一混成旅装备：兵器种类，套筒毛瑟步枪，套筒毛瑟马枪，马

---

① 张侠等编：《北洋陆军史料：1912—1916》，天津人民出版社1987年版，第117页。
② 荀德麟主编：《淮阴市志》中、下册，上海社会科学院出版社1995年版，第1666页。

克沁机关枪，机关手枪，六响手枪，七响手枪，七生五管退山炮，七生五管退陆炮。弹药种类，套筒毛瑟步马枪弹，马克沁机关枪弹，机关手枪弹，六响手枪弹，七响手枪弹，七生五山炮子母弹，七生五山炮开花弹，七生五陆炮子母弹，七生五陆炮开花弹。①

陆军第五混成旅：该旅"由直隶陆军混成协改编成立。当清宣统间因直隶地面辽阔，军队不敷分布，乃就二四两镇退伍兵编成直隶陆军第一标并炮兵营、骑兵半营。至民国元年六月扩充为直隶陆军混成协。于是由第二镇将原有之步兵二标第一营拨还。八月复由河间等县征募新兵成步二标二营，十二月就顺直保卫队改编步二标三营。二年七月因金陵地方不靖，添练骑兵、工兵各两连，编入第二军，随征南下。迨宁乱肃清，十一月全旅驻扎浦口。因江北土匪充斥，以步二团各营及炮兵一连、工兵一大排编成混成第二团，赴江北阜宁、盐城等县剿匪，旅部及步一团各营骑炮工各营连则移驻南京。未几骑兵营分为二，以半营驻苏，半营专归直隶。三年八月奉令改为陆军第五混成旅。九月因江北淮安一带萑苻不靖，奉令办理中区剿匪事宜。旅部暨步一团各营、骑炮工各营连分驻涟水、兴化等县。旅部驻扎淮安，嗣以旅长兼任淮阳镇守使。冬间旅部及步一团各营骑炮工各营连移驻清江浦各要隘，旅将步一团各营移驻泗阳剿击巨匪。原驻阜宁等处之步二团各营及炮工各排调至清江浦，并分防江北。五年四月全旅调驻南京"。

陆军第五混成旅装备：兵器种类：七九套筒毛瑟步枪，七九套筒毛瑟马枪，七九机关枪，七七机关枪，卜郎宁手枪，自来德手枪，南部式手枪，七响手枪，六轮手枪，七生五管退山炮，五生七格鲁森山炮，五生七格鲁森陆炮。弹药种类：七九步马枪弹，七九机关枪弹，七七机关枪弹。卜郎宁手枪弹，自来德手枪弹，南部式手枪弹，七响手枪弹，六轮手枪弹，七生五山炮开花弹，七生五山炮子母弹，五生七陆山炮开花弹，五生七陆山炮子母弹。

江苏陆军第一混成旅：该旅"在民国元年时为步兵第四十七团。二年七月改编扬州混成旅，计步兵两团、骑炮工辎各一连。十一月以国库支

---

① 张侠等编：《北洋陆军史料：1912—1916》，天津人民出版社1987年版，第115、132、137—138、139页。

绌，裁并改编扬州游缉队，计步兵二营水师一营。三年七月扩充为步兵三营、水师一营。五年五月又复扩充为江苏陆军第一混成旅，计步兵两团、骑兵一连、水巡一营"。

陆军第七十六混成旅"于民国元年二月成立，时属江苏第二军为第八旅。三月改隶第十二师为二十四旅。二年七月因第二军改为江苏第四师，仍改称第八旅。十二月第四师取消乃改为陆军第七十六混成旅，附有江安轮船一支"①。

民初江苏陆军的兵种，基本只有步兵单一兵种，在师及陆军混成旅中虽编有炮、骑、工、辎等技术兵种，但是数量较少。驻扎在江苏的北洋中央陆军的武器装备及服装等方面均由陆军部配置，具备现代化军队的各项基本要素。相较于中央军而言，江苏省属陆军的武器装备要逊色不少。如江苏陆军第十九师，步枪以三十年式步枪为主，并有少量的小口径毛瑟步枪，而炮队则只是以国产的湖北造五生七过山炮及江南造七生六过山炮为主。

（二）冯国璋整顿江苏军队

1914年1月1日，冯国璋发布上任布告：

> 照得本都督奉命来宁权摄督篆下车伊始，首宜咨询民隐，保卫治安。查宁省自改革以来，屡经兵燹，疮痍满目，转徙时闻，前张都督安集抚循，秩序已渐期规。复乃近闻有匪徒暗中播弄，致民间无端惊扰，迁避载途。本署都督保乂为怀，目击颠连，良深悯恻，合亟于莅事之始明白宣布：自兹以往，我商民人等身命财产均由本署都督担任保护，所有调宁军队业经饬令严加约束，万不致扰累商民。其各安居乐业，毋事惊疑，廖遵照警章各自检守，无论居民店户均不得容留闲人等居住，以绝奸宄，而保善民。设有藏匿匪人，暗设机关等情形，应由附近邻居密报警察究办。倘敢通同徇隐，一经发觉，即一并严惩不贷，勿谓言之不预也。②

---

① 张侠等编：《北洋陆军史料：1912—1916》，天津人民出版社1987年版，第145、179页。
② 《冯都督莅任后之抚循手段》，《申报》1914年1月3日。

冯国璋的上任公告，宣示了其治理江苏的基本理念。首先是"咨询民隐，保卫治安"。其次是约束军纪，为南京市民提供安全保障，"自兹以往，我商民人等身命财产安全，均由本都督担任保护。所有调宁军队业经饬令严加约束，万不至扰累商民"。再次是严格社会管制，要求民众"遵照警章，各自检守"。冯国璋通令要求居民、店户均不得容留闲杂人等居住，"以绝奸宄，而保善民"。冯国璋在上任伊始，即采取多种措施为其逐步强化对苏治理能力奠定基础。

1. 调整军政机构

冯国璋在莅任江苏都督之初，江苏社会纷乱，各级地方政府缺乏有效的治理能力。为加强对江苏治理，从国防安全的角度出发，冯国璋首先是采取多种措施调整江苏军政，以此稳固自己的统治。

第一，调禁卫军南下。冯国璋为了增强自己对江苏军政的管治，将禁卫军调驻江苏。禁卫军作为冯国璋的嫡系军事力量，南下进驻江苏，增强了冯国璋对江苏的管治力量。1913年12月，冯国璋电令天津镇守使王廷桢将镇守使一切职位交卸给陆锦接管，而王廷桢作为禁卫军司令则于1913年12月26日早督率禁卫军全师南下，并于1月3日抵达南京。① 禁卫军进入南京后，即开始进驻南京各要地。1月5日，"附近宁城自乌龙、幕府等山及天保城各要塞守护兵，现已尽换冯军。所有驻守之张军已开出赴浦口。城内驻扎之冯军，现有一师一旅"②。同时，冯国璋又调遣第五镇骑兵团入苏，"第五镇骑兵团已奉冯督电调南下，约于月半抵宁"③。不久之后，冯国璋将殷鸿寿驻苏之镇守使卫队调赴江阴驻防，而以驻宁垣禁卫军第一、第二两营开赴苏州填扎④，既加强了苏州的防务，又有利于对苏州局势的掌控。

第二，对江苏军队进行改组及重新布防。首先对江苏驻军地点重新进行分配。"冯督现分配军队驻扎地点如下：第一、第二两混成旅骑炮工辎各营悉数屯驻宁垣。前浦口第三师改编第七十四混成旅，移驻城外江东

---

① 《天津电》，《申报》1914年1月1日。
② 《南京政闻录》，《申报》1914年1月5日。
③ 《南京电》，《申报》1914年1月6日。
④ 《禁卫军奉调驻苏》，《大同报》1914年第20卷第19期。

门。前扬州第四师改编第七十五混成旅，移驻镇江，第七十六混成旅分布江北里下河一带。"① 其次是统一江苏境内四路要塞指挥权。江苏省内有宁、镇、澄、淞四路要塞，对于国防具有极为重要的价值。但是，四路要塞自成立后就处于分散状态，各自独立，一直未有统一的协调机构。冯国璋上任江苏都督后，从军事安全和军政管治角度出发，"决计规复总司令部，以重国防，并拟以王遇甲中将充任"②。再次是成立陆军警察。1914年1月，冯国璋着手组织江苏陆军警察六营，并派员到天津招募宪兵数百名。③ 根据陆军警察章程，首先是从各营中挑选500名兵士，然后是对其进行命题考试，分为甲乙丙丁四等。甲为警士，乙丙丁为一、二、三等警兵。再就是将这些兵士进行三个月的训练。1914年3月，500名陆军警察训练完毕后，由"由陈（调元）司令详请（冯国璋）上将军，分发各县充当宪兵，以资镇压"④。

第三，改设部分军事机构。其一是设立江苏军政执法处。1914年1月3日，《申报》报道："冯督现设立江苏全省执法处于前清江宁府署。"⑤ 军政执法处作为江苏都督府的特设强力部门，具有侦探、审判及执法功能，是冯国璋用来对付党人的专门机构。其二是解散驻苏州军事处。冯国璋到任之前，都督府在苏州派设有军事处，江苏军政实际上还是处于分散状态。冯国璋到任后，为了统一全省军政，派员解散了驻苏军事处，所有军政权力归属江苏都督府。1914年1月8日，《申报》报道："江苏冯都督令饬田文彝处长将驻苏军事处及临事警备处取消，后田君即于一月五日实行。所有本处各员亦分别遣散，印信文卷亦即缴销。"⑥ 其三是设立宪兵司令部。为了整顿军纪，冯国璋在出任江苏都督之初即设立宪兵司令部。1月9日，"冯督现在宁垣设立第二军宪兵司令部，已委任陈调元为司令官，计宪兵分为五处驻扎"⑦。第二军宪兵司令部后改为江苏都督府宪兵司令

---

① 《南京电》，《申报》1914年1月11日。
② 同上。
③ 《南京电》，《申报》1914年1月31日。
④ 《陆军警察开学训练》，《警务丛报》1914年第29期。
⑤ 《南京电》，《申报》1914年1月3日。
⑥ 《军事处撤销事竣》，《申报》1914年1月8日。
⑦ 《南京政闻录》，《申报》1914年1月9日。

部，直辖于冯国璋，成为冯氏整顿江苏军纪的重要依靠力量。另外，冯国璋筹划成立陆军防务调查局。冯国璋鉴于"宁苏沪三方面为全省最关紧要之地"，于是筹划"在该三地择要设立陆军防务调查局，委员专司调查，遇有防务事宜，即可随时办理"。为了能够成立该机构，冯国璋首先是筹谋经费，然后再报中央批准。在1914年11月，冯国璋已经委派专员在苏、沪等地查勘，为成立陆军防务调查局做准备。冯国璋成立陆军防务调查局是从军事的角度出发，通过设立协调部门以加强宁、苏、沪三地间的军事防务合作。

2. 裁并江苏军队

民元，江苏虽曾裁军，但是军队数量仍然庞大，远超出财政支撑的能力。因军队饷项常常不能及时发放，以至于乱兵为匪抢掠民财，危害社会。在二次革命后，北洋政府继续对江苏裁军。在数年内，冯国璋对江苏原来的军队大力整顿和裁撤，清除国民党对江苏军队的影响，逐步确立了自己对江苏军队的管控权。冯国璋对江苏军队的裁撤和调整先后有两个时期，一是在江淮宣抚使任内对江苏军队大力裁撤；二是在督苏以后的几年中都对江苏军队有所整顿。

在二次革命前，江苏"正式陆军尚有五师两旅"[1]。其中，国民党在江苏所属兵力主要有：南京留守黄兴、中央陆军第一师师长章梓、中央陆军第三师师长冷遹、中央陆军第八师师长陈之骥、南京留守府警卫团团长林虎、上海都督陈其美、吴淞要塞司令居正、松军司令钮永建、福军司令刘福彪。[2]

在二次革命后，冯国璋以江淮宣抚使身份南下到江苏裁军，主要是裁并二次革命前驻扎在江苏各地的地方军队，清除革命党人在军队的影响。首先，委任朱先志为参议襄办裁军事宜，调查江苏各军营制饷章，对江苏"冗滥无用"军队进行裁并。[3] 其次，率先检阅驻浦口的江苏第三师并将其与第五师合并，改编为混成旅，于是第三师只"留步兵一旅，炮兵两营，

---

[1] 丁文江：《民国军事近纪》，中华书局2007年版，第99页。
[2] 姜克夫：《民国军事史》第1卷，重庆出版社2009年版，第45页。
[3] 《专电》，《申报》1913年10月27日。

骑兵两连，宪兵两连"，"所裁兵士一律资遣回籍"①。再次，除张勋所部外，所有驻扎南京各军一律遣散。总体而言，冯国璋此次裁撤江苏军队主要是第三师实裁官兵6340余人，第四师实裁官兵7820余人，以及江北第十七团实裁官兵1230余人，合支裁兵费用共计2107812元。②

冯国璋在解散江苏各军的同时，又将北洋军队分驻在江苏各地。即将第五师混成第十旅调驻苏州、江阴、镇江等处，第七十四旅分驻蚌埠、宿州、徐州等三处，而将自己所募之直隶混成旅开赴盐城，在阜宁驻有一混成团，另外将禁卫军派驻浦口。③ 另外，裁撤江苏陆军第四师。江苏陆军第四师是由程德全在1913年5月将陆军第二军改编而成。5月28日，段祺瑞致袁世凯呈报："第二军向归本部直接管辖，自经裁并以来，所余军队不过一师之谱，保障淮、扬甚形得力，拟即改编为江苏陆军第四师，仍归本部直辖。其师长一职，责任至为重要，非得威望素著之员，断难胜选。暂代第二军司令、陆军中将徐宝珍，才略经验颇称优长，向在第二军供职，群情深为翕服。兹既奉令暂代该军司令。拟请任命为该师师长，以专责成，而重职守。"④ 1913年11月，江淮宣抚使冯国璋奉令裁撤徐宝珍第四师的番号，改编为第七十五、第七十六两个混成旅，以方更生为第七十五混成旅旅长，张仁奎任第七十六混成旅旅长。

1912年江苏省属军队原有兵数为69500名，后经裁汰34700余名，除水师外，实存兵数33000余名。⑤ 1913年，江苏军队又先后经过程德全及冯国璋的多次裁并，军队规模大为减小。冯国璋莅任江苏都督后，继续对江苏军队进行裁并。冯国璋在督苏之初，为何要裁并江苏军队？

对于江苏而言，冯国璋裁军原因有以下几点。

首先是中央政府的裁军要求。1914年初，从中央到地方，财政不足是共同面临的难题。而袁世凯政府所应对的办法之一便是裁军节饷。"民国

---

① 《专电》，《申报》1913年11月6日。
② 中国第二历史档案馆编：《北洋政府档案·江苏都督府及督军公署》，中国档案出版社2010年版，第142—144页。
③ 张侠等编：《北洋陆军史料：1912—1916》，天津人民出版社1987年版，第560页。
④ 中国第二历史档案馆编：《中华民国史档案资料汇编》（第3辑 军事1），江苏人民出版社1981年版，第587页。
⑤ 张侠等编：《北洋陆军史料：1912—1916》，天津人民出版社1987年版，第32页。

自成立以来兵额骤增，糜饷病民，莫病此为甚。自裁兵之问题起，因现役兵过多，一时颇难着手。现已拟定办法，决定实行。"① 袁世凯政府要求各地对所属军队认真裁汰，以节饷需来减轻财政压力。

其次是江苏军费预算大为缩水的压力。根据中央政府的安排，江苏一省军事预算为533万元，而苏省军费"本年度约需八百三十余万元"，要比"财部复核二年度预算"减少380万元。面对中央的要求及军费预算的减少，冯国璋不得不"将可裁之军队与军事机关及可省之事项极力裁减"②。

最后是江苏军队杂乱，特别是有党人不断唆使官兵起事，亟须重新整顿。在南京、苏州及扬州等地，革命党人不断策动部分官兵密谋起事，对军队影响颇大。据1914年1月12日《申报》报道："警察厅现捕获涉乱事嫌疑军官约有五六十人。"③ 仅南京一地涉乱军官就有如此之多，对于冯国璋而言，说明江苏军队中存有为数不少的异己分子，而当务之急便是对军队进行整顿。冯国璋鉴于此前"未裁之苏省旧有之兵队为数虽多，然淘汰改编仍宜审慎"，于是其裁兵的原则为"拟分期办理，先择老弱者剔退，既择健壮者按月退伍"，以达到"使人少力单，不致为地方之患，期于六个月内裁并完结"④。由此，自1914年以来冯国璋多次对江苏省军队进行裁并。

第一是派员调查军队情况。江苏都督府所属各军事机关及各军队，涉及面较宽。为了加强对所属机关及军队的了解，1914年3月18日，冯国璋要求江苏都督府各厅、处、课、局，以及镇守各使、要塞并各军队，将所有人员编制饷章克日造表呈报，以凭查核。⑤ 同时，冯国璋又派人到军队驻地调查。"江苏冯都督现委军事稽查员姚君调查苏省军队。昨日姚稽查带同军事侦缉员二人于午时坐沪宁火车来申，至镇守使署谒郑汝成君商

---

① 《裁兵所节饷需之概数》，《盛京时报》1914年1月13日。
② 张侠等编：《北洋陆军史料：1912—1916》，天津人民出版社1987年版，第454—455页。
③ 《南京电》，《申报》1914年1月11日。
④ 中国第二历史档案馆编：《中华民国史档案资料汇编》（第3辑 军事1），江苏人民出版社1981年版，第144—145页。
⑤ 中国第二历史档案馆编：《北洋政府档案·江苏都督府及督军公署》，中国档案出版社2010年版，第124页。

议一切，拟今日即至吴淞调查。"① 冯国璋派员调查驻苏军队的实际情况，既可以掌握军队的分布，又可以巡查军队中存在的问题，为下一步的裁兵计划奠定基础。

第二是裁并江苏陆军第十九师。1914年2月，冯国璋遣散江苏陆军第十九师七十四团第二营，然后于4月派人赴直隶招补新兵。同年8月，冯国璋又将该师骑兵十九团改为独立营。② 改编后的江苏陆军第十九师编制主要为步兵两旅：第三十七旅，下辖第七十三团及第七十四团；步兵第三十八旅，下辖第七十五团及第七十六团；还包括炮兵第十九团及骑兵独立营等。

第三是裁补江苏陆军第二师。该师自1913年成立后，经冯国璋多次增补，成为维护江南社会秩序的重要力量。冯国璋在出任江苏都督时，本打算将驻扎苏州的第二师改组为两混成旅。③ 1914年1月10日，第二师师长朱熙来宁"谒冯督商裁兵事"④。但因苏州邻近上海，军事、经济地位都非常重要，巩固苏属社会秩序对维护整个江南大局具有重要意义。然而，党人在苏州军队运动频繁，为了遏制士兵参与谋乱行动，于是，冯国璋对苏州所属军队多次裁并。"三年以宪兵营拨归宪兵司令管辖，遣散闵行镇步兵一营。第二团遣散一营，以驻常一营补入。第七团遣散一营，以无锡一营补入。第八团遣散一营，以浦东一营补入。四月第二、第四两团改编警备队。五六月间师及各团营均大加裁减一次。十月工程辎重各并为两连合为一营，取消辎重营部。"⑤ 其中，1914年3月，冯国璋对苏州步兵（团）进行裁减，先后共裁800余人，所余官兵缩编为3个营，并为1个团，以王绍臣为团长，仍驻苏州。⑥ 陆军第二师是驻守苏州地区的主要军事力量，对于防范党人运动、缉拿土匪、维护社会治安具有重要作用。1916年，陆军第二师几经裁补，在军队编制上较为齐备，涵盖步兵、工程、辎重、骑兵及炮兵等各军种。1916年，陆军第二师的主要军官有：参

---

① 《冯都督派员调查军队》，《申报》1914年6月21日。
② 张侠等编：《北洋陆军史料：1912—1916》，天津人民出版社1987年版，第111页。
③ 《南京电》，《申报》1914年1月8日。
④ 《南京电》，《申报》1914年1月11日。
⑤ 张侠等编：《北洋陆军史料：1912—1916》，天津人民出版社1987年版，第132页。
⑥ 苏州地方志编纂委员会编：《苏州市志》第3册，江苏人民出版社1995年版，第281页。

谋张栋、军法官张是洵、军械官徐锺恒、军医官宗正月、步兵第五团第一营营长彭启鹏、步兵第五团第二营营长练开印、步兵第五团第三营营长颜大镛、步兵第六团第一营营长吴长胜、步兵第二营营长张中立、步兵第六团第三营营长曹吉徽、步兵第七团第二营营长杜淑章、步兵第八团第一营营长康炳猷、步兵第八团第二营营长章兆旗、第二师炮兵营营长张起龙等。①

第四是冯国璋调整江苏第三师。"冯国璋督苏后，将第三师改编为七十四、七十五两个混成旅，在改编时张宗昌这一团人数占大部分，七十四旅是以张的骑兵团为基础编成的，冯派他的副官长赵俊卿充任旅长，调张为教育团经理。"②

第五是冯国璋对禁卫军亦进行了改组。禁卫军是冯国璋的嫡系部队，在江苏裁军过程中亦有较大的调整。1915年3月7日，冯国璋致电陆军部，"窃查禁卫军司令处奉命裁撤，军队仍归国璋节制"③，"应即遵令将（禁卫）军司令部裁撤，改设节制禁卫军事宜办公处"。冯国璋提出，"被裁官佐、弁护、目兵，一律发给三个月薪饷遣散，俾示体恤"④。除了改组禁卫军外，冯国璋还对江苏其他军队进行裁并。经过多次裁并后，江苏军队的数量及编制发生了较大变化。1915年5月24日，冯国璋向陆军部发《关于苏省现有兵力驻地情形密电》，汇报江苏军队裁编情况：

> 苏省军队迭经裁并，现在存留者，为陆军第二师，计步兵四团，炮兵一营，骑工辎兵各一连，主力驻扎苏州，其余分扎南通、海门、崇明、浦东、太仓等处。第十九师，计步兵四团，共十营，骑炮兵各

---

① 《宣武上将军督理江苏军务冯国璋呈查明苏省各军事机关出力人员拟请奖给勋章文》，《政府公报》1916年4月7日。
② 于哲千：《我所知道的冯国璋和齐耀琳》，江苏省政协文史委员会编：《江苏文史资料存稿选编·人物卷》上，江苏人民出版社2007年版，第125页。
③ 1915年3月，禁卫军军司令处裁撤，冯国璋向袁世凯为军司令处主要官员请奖。这些官员有：禁卫军参谋长米材栋、秘书长恽宝惠、军法处长王金绶、军需处长铁忠、军医处长游敬森。袁世凯批示"米材栋准予存记，听候擢用"，其余四员"著交政事堂存记，并交陆军部查照履历存"。详见《宣武上将军节制禁卫军事宜冯国璋呈遵批择优保荐军司令处人员恳加录用文》，《政府公报》1915年3月11日。
④ 张侠等编：《北洋陆军史料：1912—1916》，天津人民出版社1987年版，第182页。

第三章　冯国璋督苏：维护北洋派在江南的统治利益 ┃ 257

二连，驻扎清江一带。第九（七）十四混成旅，计步兵两团，炮兵一营，骑工辎机关兵各一连，驻扎南京附近。第九（七）十五混成旅，计步兵两团，共五营，又军乐一队，驻扎江阴。第七十六混成旅，计步兵两团，共五营，附山炮六尊，驻扎扬州附近。要塞步兵掩护队，计步兵三营，驻扎镇江一带。扬州游缉队，计步兵三营，主力驻十二圩，第二营分驻盐城县。以上各军队，除第二师步兵备营及各炮兵营，系三连编制，余均系四连编制。各种兵每连均定额，士兵七十二名。合并附及。特先电闻。①

至此，江苏省属军队主要有：第二师、第十九师、第七十四混成旅、第七十五混成旅、第七十六混成旅、要塞步兵掩护队及扬州游缉队等。丁文江曾总结冯国璋的裁军情况："二次革命，黄兴据南京为冯国璋、张勋所败。张旋移驻徐州，冯为苏督，率所部禁卫军及直隶混成旅（后改称第五混成旅）驻防，苏省于是始有北军。时苏省旧军尚存第二、第四、第十九各师及四路要塞步兵第一旅。民国三年，裁减第二师人数为二千余人，改编第三师为七十四混成旅，第四师为七十五、七十六两混成旅，并扬州游缉队、要塞步兵第一旅为一团，称要塞步兵掩护队。五年夏，就扬州游缉队扩充为江苏第一混成旅，而七十五混成旅在江阴谋变解散，故终冯国璋之任，苏军共为二师三混成旅，实数不过一万三千人。"②

冯国璋对江苏军队几次裁并，旨在加强对所属军队的控制力。当冯国璋所掌控的禁卫军随其离开江苏，苏境的防务便出现较大的空缺，于是后任者不得不对江苏军队进行调整。1917年8月，冯国璋离开江苏后，江苏督军几经更易，江苏陆军亦多有裁并及增设。"六年，李纯代冯为督军，禁卫军及第五混成旅相继北去，第六师自江西来填防。军额军饷均有增加。民国九年十月，李纯自杀，齐燮元为督军，编补充旅为第二、第三、第四混成旅，复改七十四旅为第五混成旅。十三年春，任

---

① 张侠等编：《北洋陆军史料：1912—1916》，天津人民出版社1987年版，第51—52页。
② 丁文江：《民国军事近纪》，中华书局2007年版，第99—100页。1916年3月，"江苏全省驻防军队，调查军署册报陆军部总计确数四万三千五百人，现抽调二千五百名援湘，尚有四万一千，分布防务，兵力颇行单薄"。详见《申报》1916年3月27日。

白宝山为江苏第一师、马玉仁为第三师,并补充各师、旅缺额,军费遂增至七百余万。白(宝山)为张勋旧部,民国四年,被任为海州镇守使,原无师、旅之名。马(玉仁)则徐宝山旧部,原为江苏第一混成旅者也,至民国十三年夏,江、浙开战之前,齐燮元有兵五师六旅,而警备队缉私营不计焉。"①

3. 调适军警关系

为加强苏省治安治理,有效整合各地军队及警察力量,冯国璋推动成立联合军警两界之力量的组织——江宁军警会议事务所。冯国璋等人有鉴于"军警两界初衷平日彼此未尝联合,故无感情会合可言,以致遇事各执己见,遂起冲突,往往因此故而酿成巨祸"。于是为了能够"沟通两界畛域之见,以维持军政保卫治安",1914 年 3 月,冯国璋在南京成立江宁军警会议事务所。该所成立之背景在于维护地方治安:"南京自两次被兵后,民生凋敝,十室九空,富者他徙,贫者坐困。加以乱党余孽未清,谣言时有。居民识浅不能无惊惧。当此之时,惟我军警两界力任调护,使农工商贾各安其业,而元气日以渐复,然后乃为尽我军警之责任。"江宁军警会议事务所成立之宗旨在于有益地方:"所愿自今以后,两界有力所不及者则互相辅助,两界有偶尔疏忽者则互相警告,务期治人、治法尽臻美善,使本地居民爱我、戴我,知我军警同人为有益地方之人,知地方有我军警,彼等可以高枕无忧。尤愿使我此会推而广之,各军警区域皆取为模范,则我此会不独有益此地,且将有益于全国矣。"1914 年 6 月 20 日,江宁军警会议事务所第十九期在南京碑亭巷举行成立大会。是日,莅会者有江苏都督冯国璋,江苏巡按使韩国钧,军警各界代表及南京总商会代表共143 人,以王廷桢为正议长,江苏都督府参谋长师景云为副议长,及南京警察厅厅长王桂林为副议长。在当日的大会演说中,王廷桢表示:"军界以防乱御侮为要的,捍卫于临时,警界以诘奸禁暴为要的,维持于平时。要皆使商民得以安绪,无外患之欺凌而已。由外表观之,军自军,警自警,其实交相为用,不能离而二也。"②江宁军警会议事务所成立后,相继

---

① 丁文江:《民国军事近纪》,中华书局 2007 年版,第 100 页。
② 中国第二历史档案馆编:《北洋政府档案·江苏都督府及督军公署》,中国档案出版社 2010 年版,第 171—174 页。

开展了相关活动。"军警联合会,每星期聚会一次,于地方防务及侦缉稽查各事,均有联络之用。警厅长王桂林训练警士,多参用陆军操法,颇见精神。"① 江宁军警会议事务所的成立,一方面有利于冯国璋强化对军政力量的控制,又能加强对警备队的渗透;另一方面亦有助于警察队的训练,在江宁军警会议事务所成立后,南京警察则按照军队要求进行体能训练,从而在一定程度上提高了警察的素质。

(三) 冯国璋与民初江苏军队建设

江苏军队混杂,新旧队伍并存,而且常有士兵干犯军纪现象发生,对驻地百姓危害较大。1914年1月8日,张勋所部离开南京城后,宁垣社会秩序仍然相当混乱,其中军人骚扰百姓,而致南京市民不堪蹂躏,以至于袁思治致函冯国璋,呼吁"密饬贤员查禁,以肃军纪,而卫民生"②。因此,如何整肃军纪便成为冯国璋在督苏伊始,加强江苏军队建设首先要解决的一个重要难题。

1. 整肃军纪

冯国璋身为军人,当然知道士兵违犯军纪将要导致的后果。要稳定自己在江苏的统治,整肃军纪是为必然。于是,冯国璋发布《晓谕士兵训条》,剀切告知军人之规矩:"既为军人,当守军律,平时守法奉公,举动不逾规矩,临事知方有勇,国家可倚为干城。"晓谕内容有十条:第一,"不可轻听谣言,自相疑惧也";第二,"不可各分畛域,互启猜疑也";第三,"不可徒逞私愤,互相斗殴也";第四,"不可安于怠惰,自甘暴弃也";第五,"不可竞为浮华,自罹穷困也";第六,"不可不敬官长也";第七,"不可扰害地方人民也",第八,"不可不知法律也";第九,"不可不注重卫生也",第十,"不可有邀功之念也"③。冯国璋严饬军纪是治理江苏军队的必然要求。因为对于江苏驻军而言,军纪不良并非个案,造成了非常恶劣的社会影响。1914年12月16日,政事堂发文要求冯国璋确查江苏军队中不良现象,"据实呈覆,并察酌情形,妥筹办理"。随后,冯国

---

① 《江苏军政志》,《申报》1915年1月10日。
② 吉迪整理:《大树堂来鸿集》,《近代史资料》1982年第4期。
③ 中国第二历史档案馆编:《北洋政府档案·江苏都督府及督军公署》,中国档案出版社2010年版,第299—307页。

璋向袁世凯禀称："清江十九师多由隶属前清江北提督之十三协士兵改充，并参以旧巡防营。该兵士等因改革，为各营官长随意更换，分扎多处，日久时多，不无一二沾染习气。前护军使蒋雁行抵任以来，既改弦更张之未易或不无旧习之相沿，势有所牵，自效难立见。彼时该师步骑各队或稍一不慎，误被匪袭固或有之。至匪徒持有官枪，半由于前驻扬军就地招匪为兵，兵复散而为匪，未及收回所致。又前者徐淮海举办清乡，此弊亦恐难免。原呈所指该师驻防丁家嘴马队官兵及步兵惊溃枪械尽落匪手，各节详情，前已由该使电明在案。兹经复查与该使前次电陈情形，大致尚属相符。现欲杜绝匪源，首应以搜括枪械入手，迭经通饬所属，冀其实力奉行。"对于冯国璋的呈文，袁世凯批示为"仰仍悉心考核，汰劣留良，以靖地方，而纾国力"①。袁世凯要求冯国璋继续裁并军队，对于违纪士兵要给予严办。

为了能够有效整肃军纪，冯国璋通过多种方式对违纪官兵进行惩治。

第一是约束军队的整体行为，严明军纪。为此，冯国璋"在宁垣设立军警稽查团"，督促军纪。②而对于军队中存在的扰乱地方商业秩序的行为，冯国璋则直接下命令要求各属军队严厉惩处，制止此类现象的发生。1914年8月，根据江苏全省典业公会所称，盐城县典当迭遭"军官借贷，士兵压赎押当"所扰，"公恳公会将此兵累情形代呈"。据此，冯国璋向江苏各属军队颁布明令，严禁军人扰害商业。"通饬各营长官暨各县知事出示严禁，……军人再有强迫举动，准由商号随时报告查明，重加惩处。"③冯国璋的此项禁令有助于整肃军纪，既加强对军队的管治，又能维护商业秩序。冯国璋对军队的管理较为严格，对于扰民事件往往会依据规章进行惩处，而对于军民之间的一些交往，亦有较为明确的要求。如冯国璋曾对所属军事各机关规定："嗣后各该处换防军队遇有当地商民备送旗伞者，应先行正言劝止，临期一概不准收受，以明职责，而免虚矫。"④

第二是对违纪犯法士兵严加惩处。"自癸丑夏间变乱平定后，所有军

---

① 张侠等编：《北洋陆军史料：1912—1916》，天津人民出版社1987年版，第605—607页。
② 《南京电》，《申报》1914年7月29日。
③ 《严禁军人扰害商业》，《申报》1914年8月3日。
④ 《遵照部咨嗣后各该处换防军队遇有当地商民备送旗伞者应先行正言劝止临期一概不准收受以明职责》，《江苏省公报》1915年第547期。

队尽属北人。冯将军虽时时约束军律，声明不稍宽懈"①，但是违纪士兵时有出现。为此，冯国璋通过江苏宪兵营对军纪进行纠察，对干犯法纪的士兵，严厉惩处。1915年，江苏宪兵第一及第二两营全驻宁垣，第三营驻苏州。另无锡派驻一连，吴淞一连。"现因清江地方军队甚多，深恐有违犯军纪情事，淮扬镇守使刘洵特请分派宪兵。闻拟令第一营全部移扎清江，另调北洋一营来宁屯驻。"②而对于外逃官兵则向各属军事机关通报，要求缉拿惩办。如宣武上将军行署卫队第四营第四连连长炮兵上尉郑尽臣，原籍安徽宿县人，年方27岁，于1915年9月30日将该连九月饷银418元携卷潜逃，"该连长身任军职，胆敢携款潜逃，殊属大干军纪"。为了早日将此人缉拿归案，冯国璋向安徽巡按使咨文，要求"转饬宿县知事讯将该逃犯郑尽臣查缉解办，以儆效尤"③。在苏军中潜逃事件时有发生，其中既有军官亦有士兵。1915年10月2日，陆军第七十四旅步兵第一百四十七团第二营第七连二排四棚一等兵赵玉玺，年方26岁，系安徽凤台县人，因故潜逃。冯国璋咨文安徽巡按使，要求"转饬所属迅将该逃兵赵玉玺一体协缉，务获解究"④。

第三是冯国璋还允许平民向军署控告军人伤害行为。1914年6月21日，《江苏省公报》刊载本省省令称："本都督下车伊始，因恐民间遇有涉及军事案件，多有所瞻顾不敢控诉，一再晓谕商民准其来辕投递呈词，查明果有冤抑无不立予申理。讵数月以来，接据人民邮禀及收受控呈，往往情词迫切，关系重要。"冯国璋为减少军人扰民现象发生，鼓励民众告发军人的不良行径，但是后来为了杜绝诬告行为，要求"其来辕呈递核阅情节较为重大者，必须于呈内填注歇家姓名，方准收理，并将原告交该歇家具保，听候查办。如查明所控案情，全属子虚，即科以诬告反坐罪名，按律严惩，以儆刁顽而安良善"⑤。冯国璋对军纪的日常管理其实亦要求严格，如对请假逾期未归者予以除名。1914年4月29日，冯国璋通令各师旅长、各镇守使、各游缉队统领，"候差员吕联垣请假逾期，应即开除，

---

① 《外妇被击案可望和平解决》，《申报》1915年7月20日。
② 《江苏军政志》，《申报》1915年1月10日。
③ 《本省公文》，《安徽省公报》1915年第90期。
④ 《本省公文》，《安徽省公报》1915年第91期。
⑤ 《本省省令·军政》，《江苏省公报》1914年第265期。

勿予录用"①。

2. 加强军事教育

清末新政时期，江苏军事教育已经获得长足发展，并形成较为完备的体系。"吾国新式陆军之教练，江苏居先觉之地位。学校之完备，人才之丰盈，已具成效。"然而，在经历辛亥鼎革及癸丑之变，江苏原有的军事教育基础迭遭侵蚀，原来所设陆军部属之陆军中学及陆军小学先后废止。"冯将军到宁时，即有言振兴军学为请者。"二次革命甫经结束，冯国璋先后对江苏军队进行裁并，"无职将校、投效者几及千名"，一时间无法安置。作为"疏滞之法"，冯国璋创办陆军补助教育团。②冯国璋作为清末著名的军事教育家，在军事教育现代化中曾经有突出贡献，深知军事教育对于军队发展之重要。于是，在当时江苏经费极为紧张的情况下，冯国璋委任参谋长师景云、张宗昌等人想方设法筹办陆军补助教育团。该团以张宗昌为监理，以赵瑞龙为教育长，招收的对象主要是："以曾充团长以次之军官或相当官，现今解职者为限"；"前在军队具有劳绩、文理通顺或曾在陆军学校毕业，身体强健确无奢好者"。陆军教育补助团招收学员实行推荐制度，"凡具有前两项资格有志投效者，须得该管现任长官之报送，方予收考"。1914年3月，江苏陆军补助教育团经过一段时间的筹备，各项开办事宜已经就绪。3月25日，冯国璋就核准江苏陆军补助教育团召集学员办法，做出批示："查所拟各项办法，尚属可行。"于是，冯国璋令军需课"如拟报送"，此项军官津贴应按照所拟办法"查核办理可也"。陆军教育团开办后，"教员均系遴选各军队高级军官，兼任学员均多系中级及下级将校，内颇有曾充军官者，以此成绩颇为优美。定期一年毕业，为期已近。毕业后，冯上将军拟选拔学识优美者为模范师军官，以资造就。江苏陆军教育自中学废止，小学停办后，全省几无一养成将校机关，陆军教育团其凤毛麟角也"③。从江苏陆军补助教育团招收条件来看，冯国璋设立该团既能够安置部分军官，又能够再度利用一些军事人才，不仅节约了重

---

① 《本省省令·军政》，《江苏省公报》1914年第246期。
② 《纪江苏陆军教育》，《申报》1915年2月2日。
③ 中国第二历史档案馆编：《北洋政府档案·江苏都督府及督军公署》，中国档案出版社2010年版，第131—134、130—131页。

新培养军事人才的成本,而且还能在一定程度上化解离职军官对社会的不满,以避免产生对社会治理的潜在威胁力量。

此外,冯国璋还创办了其他军事教育机构,如筹建南京陆军讲武堂及雷电练习所。冯国璋委任张宗昌为陆军讲武堂堂长,并择定前清水师学堂为校址。南京陆军讲武堂是针对在职军官的培训,有利于江苏陆军军官素质提升。冯国璋在任苏督后不久即在南京开办雷电练习所,任命督署卫队马廷树为总办,"以小营陆军小学旧址为校园,教授兵士练习制造各种水旱雷模型,以及学习造药、封装、安放、布阵发电各种方法。开办数月以来,士兵收获颇多。雷电练习所在城外实地演习,施放地雷。其中,以太平门外玄武湖为演放水雷之用,朝阳门外空野地方为操演旱雷之用,每逢三、六两日,分班演放"①。南京雷电练习所"挑选目兵教授雷电学术各种",适应了江苏军队建设的需求,有利于增强对江苏四路要塞的安全保障,而且所选学生亦认真学习,因而"颇有成绩"②。

3. 编练模范师

在二次革命前后,袁世凯采取军事、政治等手段大力剪除国民党势力的威胁。此后,袁世凯不断强化中央集权,将军权集于自己之手,于是政事堂及陆海军统帅办事处相继成立。陆海军办事处"表面上汇聚陆、海、参谋三部,统筹军事,实则减削陆军部之权"。为了进一步加强自己的军事权势,袁世凯于"三年十月又有模范团之事"。而"组织模范团之动机,系本于蒋方震之条陈。蒋以北洋军队暮气太重,思另行编练,作为模范,建议在统帅办事处之下,设立模范师筹备处。先练两师,中级军官用留学生,下级参用军官生及速成生"。此时,距小站练兵几近二十年,小站旧人已羽翼丰满,恐一时难以驾驭。而袁克定"与北洋旧军队素无深切关系,尤其对于宿将不能指挥,早有步武小站练兵,建立一新势力,以对抗旧势力之意"。于是,袁世凯决定新编劲旅,意在重建自己的嫡系力量,更为重要的是"欲为其子培养新势力"。1914年10月,袁世凯决定编练模范师,首先成立的是"一类似军官教导团之模范团",在中央由自己兼任团长,并以陈光远为团副处理日常事务。同时,袁世凯以王士珍、袁克

---

① 《记载:江宁雷电练习所制造操演水雷情形》,《学生杂志》1916年第8期。
② 《南京快信》,《申报》1914年11月23日。

定、张敬尧、陈光远为模范团筹备员。①1914年10月23日，"政府拟编练模范军，以为各省之模范。其兵系向各省下级军官连长排长等挑选充任，月饷从优加给，由大元帅自任团长"②。对于地方，袁世凯则要求各省相机编练模范师。"模范师之精神，即在其标题，务发挥其高尚知识为各军队之模范也。""模范师之编练，系以最新式之教练法及最进步之武装组织成一劲旅，所练兵额视地方情形为增减。"因"江苏为南部首都，财力尚可担负"，所以冯国璋根据袁世凯的要求决定在江苏编练模范师。

从模范师的编练情况来看，冯国璋完全是按照袁世凯的要求来做。首先，筹划军费。编练模范师的经费主要来源于苏省军队缺额之兵饷。"冯上将军所部北军，为北洋第四师（一团），山东第五师（一旅），禁卫军一旅，另南军改编之第七十四、五、六三旅，兵额皆缺。苏州第二师亦照有缺不补例，现实存半额，所有余饷，仍专储作编练江苏模范师经费。"其次，招募士兵。"自去岁十月间，即从事征集编制饷需各要政。兵士多选用直隶、山东各省之体格强健者，已陆续来宁从事训练。"最后，调选军官。冯国璋在相关筹备工作业已就绪后，于1月9日致电袁世凯，"保陆军中将、将军署咨议、调查台营官地局长孔庆塘为模范师师长。自旅长以下，刻在选择中。闻宪兵司令陈调元及禁卫军关旅长有调充之说。中下级官长一律采用学生"③。

4. 规范治军

（1）统一军队用药。军队医药卫生关乎国防安全，涉及军队战斗力的建设，自然不是小事。江苏都督府专设军医课，负责全省各军事机关及各军队用药安全。以往北洋陆军用药，"概由公家筹备药品分发应用，以重卫生而免参差"。冯国璋在出任江苏都督后，制定了禁卫军、江苏都督府所属各机关及各军队用药程序。1914年3月9日，冯国璋发布训令规定："自本年三月分期，各处应用药品，着由各该长官汇具印领，迳赴该课领用。"冯国璋规定各军事机关及军队"月需药品若干，应并着于月终分别造报，以凭查核"。

---

① 吴长翼编：《八十三天皇帝梦》，文史资料出版社1983年版，第306—307页。
② 《编练模范军》，《东方杂志》1914年第6号。
③ 《江苏军政志》，《申报》1915年1月10日。

（2）规范军事用品购置。在冯国璋出任江苏都督之前，江苏军队军事用品的购置向无规范制度，一般是由军事主官开具清单购置后，再向上级军事机构按清单购置情况申请报销。1914年初，陆军第七十六混成旅旅长向江苏都督府呈请发给购置骑兵连马鞍暨运费，共1477元2角2分。冯国璋接阅后做出批示，该旅一百五十二团骑兵连，原有战马九十匹，马鞍、辔镫等项，均为应有之件。若无此项物件，当时即应呈明备查。但该旅在改编后，既没有呈明备查，又未呈请核实，而该旅长"迳行派员先行购办，事后请领款项，碍难准行"。1914年3月9日，冯国璋要求该旅长缴还已领款项，同时训令各军"嗣后如有关于购置事项，切须先行呈请到府核准再办，是为至要"①。

（3）规定检阅军队办法。冯国璋上任后不久，即赴苏、沪等地检阅军队。1914年2月10日，冯国璋"乘沪宁专车赴苏，随带第二军禁卫军四排，并秘书军官十余人。闻在苏将各军检阅完后，仍拟赴上海、吴淞等处察看炮台"②。冯国璋在江苏都督任上，多次对所属军队及沿江要塞炮台检阅察看。冯国璋检阅各军，注重检察军队的素质，并有详细的检阅办法。1915年5月12日，宣武上将军行署参谋厅制定了临时检阅军队办法，"以考察各师旅官兵学术两科及内务比较成绩，以期齐一进步为目的"。检阅办法共计14条，涉及检阅人员、时间、军队、要求、内容等。根据参谋厅制定的检阅军队办法规定，此次检阅的军队主要有第二师、第七十五混成旅、第七十六混成旅、要塞步兵掩护队、扬州游缉队及第七十四混成旅。此次检阅重在对基本业务素质考察，步兵检阅课目有：阅兵、官长学科、士兵学科、场操、连长战斗指挥、团（营）长实地指挥之讲评、器械体操、刺枪、内务，都是对陆军步兵基本业务素质进行考核。骑兵检阅课目有：阅兵、官长学科、士兵学科、场操、连长战斗指挥、侦探动作、器械体操、剑术、劈刀法及内务，对骑兵的基本战斗素质进行全面考核。而炮兵检阅课目有：阅兵、官长学科、士兵学科、套马训练、单炮教练、多炮教练、变换目标、马术、器械体操、内务等，亦是对炮兵基本业务的考

---

① 中国第二历史档案馆编：《北洋政府档案·江苏都督府及督军公署》，中国档案出版社2010年版，第102—103、110页。

② 《南京政闻录》，《申报》1914年2月11日。

核。同时，此次检阅还对工兵、辎重兵及机关枪连队的基本素质进行全面考核。① 冯国璋制定检阅军队办法，在制度上对江苏各军的建设起了督促作用，亦是其依律治军的必要步骤。

值得注意的是，冯国璋在退伍士兵的安置上亦有较为妥善的办法。"冯上将军现拟仿德国军政方法，将退伍目兵酌量程度优劣，发交铁路、邮务、税关充任事务，既省津贴饷需，又可征调便捷。闻已筹划条例，积极进行。"②

四　民初江苏军政统一与分割

（一）民元江苏军政统一

1. 江苏军政分割

清代江苏督抚分治的模式，因辛亥革命而发生重大改变。武昌起义爆发后不久，革命党人即在武昌成立军政府，宣布独立，从而掀动了各省脱离清朝统治的多米诺骨牌。在各省独立运动中，江苏走在了前列。1911年11月4日，上海光复。上海等地光复推进了江苏各地光复运动的发展，"淞、沪光复，而江苏震惊，人心思汉，土崩势成"③。11月5日，江苏巡抚程德全在革命党人的压力下，同意反正并宣布江苏独立，"以督练公所为都督府，蒋懋熙为巡警道，应德闳为财政司长，江绍烈为司法司长，陆军协统刘之杰为苏军统领"④。"即日都督府发出六言简明告示"，安抚社会各界，同时都督又颁发九条暂行军律，约束部伍。在江苏都督府成立后，程德全除了电告各属知照外，还提出"现大局尚未全定，方期实力进行，全省之事，须全省人民共担其责任"⑤。6日，上海各界推举陈其美为沪军都督。沪军都督府下设司令部、参谋部、外交部、民政部、警政部、财政部、司法部、交通部和海军部。此后，江苏南北先后光复。其中，对辛亥革命形势发展具有特别影响的就是南京光复。12月2日，徐绍桢率领江浙联军苦战七昼夜终于攻克南京，并成立江苏军政府，成为"辛亥革命

---

① 张侠等编：《北洋陆军史料：1912—1916》，天津人民出版社1987年版，第312—316页。
② 《南京快信》，《申报》1914年10月29日。
③ 中国史学会编：《辛亥革命》（七），上海书店出版社2000年版，第47页。
④ 张国淦编：《辛亥革命史料》，大东图书公司1980年版，第228页。
⑤ 中国史学会编：《辛亥革命》（七），上海书店出版社2000年版，第6—7页。

的重要转折点，也是近代中国转折关头的重要标志"①。江苏地区的光复，从1911年11月至1912年2月，经历了从江南到江北推进的过程，"结束了清王朝在江苏地区的统治，对于支持浙江、上海的独立，对于支援武汉及建立中华民国临时政府都具有极大的意义"②。然而，江苏各地在光复过程中先后成立各自的军政（分）府，如清江浦军政分府、松江军政分府、锡金军政分府、镇江都督府、嘉定军政分府、南通军政分府、扬州军政分府及徐州军政分府等。这些军政分府完全打破了清末江苏督抚分治的模式，但是亦使得江苏行政实际上出现分割的局面。因各地方的军政分府互不统属，导致江苏原来较为集中的军政碎片化，并由此形成江苏各地互争权力正统的复杂形势。这种复杂形势主要体现在对江苏都督的争夺上。而对于江苏都督人选，在江苏颇具势力的立宪派属意于程德全。1911年11月20日，张謇向江苏全省各地军政分府及江浙联军通电："江苏本为一省，宁苏分治，原属满廷弊政，今既改为共和，一省之中应只设一行政总机关，俾民政有所统一。而宁、苏相较，自以驻宁为宜。程公雪楼平昔行政，注重民事。现在金陵光复，拟即请程公移驻宁垣，绥抚保定以慰全省民望。事关人民公意，恳请同为劝驾。"在当时苏督的竞争中，程德全获得以张謇为议长的江苏省临时议会的支持，遂于12月4日被举为都督。12月6日，程德全赴南京就任都督，并选调官员组成江苏省都督府。12月9日，程德全按照《江苏都督府官制》规定，除自己以都督身份兼任参谋总长外，分别委任官员，其名单如下③：

参谋次长	顾忠琛	钮永建	陶骏保
政务厅长	宋教仁		
外务司长	马　良	次　长	杨廷栋
内务司长	张一麐	次　长	沈恩孚
财政司长	熊希龄	次　长	姚文枬

---

① 王佩良：《江苏辛亥革命研究》，国防科技大学出版社2008年版，第344页。
② 周新国、陆和健主编：《辛亥革命前后的江苏社会研究》，甘肃人民出版社2011年版，第11—12页。
③ 扬州师范学院历史系编：《辛亥革命江苏地区史料》，江苏人民出版社1961年版，第560、563页。

通埠司长	沈缦云	次　长	陶　逊
军务司长	陈懋修	次　长	张一爵
参事会长	范光启	副会长	郑芳孙

虽然，江苏都督府已经成立，但是江苏军政并未统一，各地争夺政权的斗争依然非常激烈。1912年4月16日，扬州军政分府徐宝山就曾致电袁世凯，阐明江苏正面临这种复杂的政治形势："江苏一省有军政府三，苏州、上海、清江是也。有分府二，扬州、常州是也。有留守府一，南京是也。论阶级，则以留守为至尊，然号令仅行于军队，而不及省外行政范围。论名分，即以江苏都督为最正，然权限且不能及于分府所辖之各属，遑问清江与上海。以故数月之间，统系不明，政令歧出。"① 因此，如何将江苏各地分割的权力统一于一体，就成为关系江苏政局演变的首要大事。

2. 江苏军政局部统一

在江苏政权统一过程中，江苏都督府先后接管江北都督府、南京留守府及沪军都督府，但以江苏都督与沪军都督两者之间的竞争为烈。

（1）接管江北都督府。1911年11月4日，清江发生兵变。为应对兵变后的无政府状态，11月7日，当地绅商闻漱泉等人组织警察和商团维持治安，同时又决定推举都督，成立军政府，以维大局。于是，在11月12日，清江绅、商、学、军各界代表开会，宣布成立江北都督府，公举蒋雁行为江北都督。蒋雁行自上任以来，"收拾军心，竭心尽力，以至呕血，犹复扶病操持民事，筹画军饷，半年于兹，民命赖以保全，地方赖以粗定"②。江北都督可直接控制江北各县，"但江北无论在地缘上还是在经济上都无法独立"③，因而其实际地位还是要逊于江苏都督及沪军都督。实际上，蒋雁行在出任江北都督期间，对江北很多事务亦是一筹莫展，需要依赖江苏都督的鼎力支持。北洋政府从军政统一的角度出发，将江北都督府裁撤。1912年5月7日，国务院致电蒋雁行决定撤销江北都督府，"贵都

---

① 《徐宝山致袁世凯等电》，《民立报》1912年4月18日。
② 中国第二档案馆编：《中华民国史档案资料汇编》第2辑，江苏人民出版社1981年版，第150页。
③ 周育民：《辛亥革命时期的"江苏统一"：兼论辛亥革命时期的苏沪行政关系》，《史林》2002年第5期。

督致商会及地方各团体函，大义名言，无任钦佩。江北自光复以来，赖执事剿匪安民，整军筹饷，用能闾阎安堵，商旅不惊。彼都人士既经推举于当时，更欲挽留于今日，去思之切悦服之诚，自可想见。惟是大局统一，江北军政府实有不得不裁并之势；所有军民政务，望即遵照大总统令，交江苏都督接收，仍迅速来京，以副大总统倚用之意，是历切祷"。

（2）裁撤南京留守府。1912年3月31日，袁世凯任命黄兴为南京留守。4月13日，袁世凯公布《南京留守条例》。该条例规定："南京留守直隶大总统，有维持整理南方各军及南京地面之责。"[①] 4月6日，黄兴致电唐绍仪等人表示："顾念留守一职，专为维持南方现时军队起见，原系暂设。兴此心尚存，亦诚恐遽将经手未完事件均置不顾，或于大局转致违碍，负我同胞。惟有暂羁将去之身，勉随诸公之后，藉效绵力。俟布置略定，仍当归息林泉，以遂初志。"[②] 南京留守府以李书城为总参议，以原南京临时政府陆军部人员为主，组成留守机构，其组织如下：政务厅长：马相伯，军务厅长张孝准，秘书长陈嘉会，总务处长何成浚，参谋处长耿觐文，军需处长曾绍文，军法处长陈登山，军学处长赵正平，警卫团团长林虎。[③] 南京留守府成立后，即着手整编南方各省军队，先后将苏、皖、浙、闽等省军队改编为五个军，二十六个师。南京留守府为了裁减军队做了大量的工作，先后将赣、桂、粤、浙等省军队调回本省或遣散回籍。当时，南京留守府管辖的南方军队数量庞大，对北洋政府是一大隐患。于是，袁世凯在军费及政费上对南方留守府多方掣肘，造成其运行极为困难。同时，北洋政府对南方留守府极力攻击，宣称"留守机关裁撤，民国即号称统一"[④]。面对内外交困，黄兴亦不愿久于其任。5月31日，袁世凯发布命令："所有南京留守机关，候程德全接收后，准即取消。"[⑤]

---

① 中国第二档案馆编：《中华民国史档案资料汇编》第2辑，江苏人民出版社1981年版，第149、141页。
② 黄兴：《黄兴自述》，人民日报出版社2011年版，第148页。
③ 全国政协文史资料委员会编：《辛亥革命回忆录》第1集，中国文史出版社1981年版，第202页。
④ 李新、李宗一主编：《中华民国史 第2卷 1912—1916 上》，中华书局2011年版，第111页。
⑤ 毛注青编：《黄兴年谱长编》，中华书局1991年版，第311页。

（3）江苏都督府接收沪军都督府。实际上，江苏军政统一中最为尖锐的是江苏都督与沪军都督之间的权力统一问题。在江苏都督府成立后，立宪派中的一些代表人物，如唐文治、赵凤昌、庄蕴宽等人就向沪军都督府呼吁，将军政权力归属于江苏都督府。"文治等又有言者，值兹大局尚未全定，军事计划自必特别注重，因以上海为重镇。若夫其他行政事宜，尽可统全省为一致，今苏垣恢复后，各军队及各属士民公推程都督主持一切，诚足以副全省之望。文治等深知程都督热心国事，锐意改革，旧日各督抚无可与之并立者。上海亦苏省之一部分，若行政亦经分立，殊与全省统一有碍，拟请从长计议。"① 同时，江苏省临时议会亦大力支持江苏都督，并将其作为统领苏省的领袖。"江苏都督者，统合江、徐、淮、扬、苏、松、常、镇、通、海、太，旧时八府三州六十余州县，全省同一管辖之都督也。"② 虽然，沪军都督陈其美对程德全多有不满，而且亦觊觎江苏都督一职，并试图通过"洗程会"以武力夺取江苏政权。然而程德全先发制人，用武力镇压了"洗程会"，最终挫败了陈其美的武力夺权的计划。经过大半年的较量，历经南京临时政府和北京临时政府两个阶段，江苏都督之争以程德全获胜告终。1912年7月30日，袁世凯发布命令免去陈其美的沪军都督一职，并由程德全接收沪军都督府及其所辖军队。随着沪军都督府的撤销，并被改为江苏都督上海行辕，江苏原有的沪苏两督并立的局面结束，从而实现了江苏军政统一。③

3. 冯国璋维系江苏军政局部统一

辛亥革命时期，江苏曾经出现"一省三督"的局面，即上海的沪军都督，苏州的江苏都督，另外就是江北都督。民元，程德全在袁世凯的大力支持下，逐步"统一江苏"军政。④ 实际上，江苏军政只不过是短暂的统一，之后因二次革命又出现军政分裂的态势。冯国璋在莅任苏督后，采取

---

① 上海社会科学院历史研究所编：《辛亥革命在上海史料选辑》，上海人民出版社2011年版，第324—325页。
② 《苏议会议案纪要》，《申报》1912年4月10日。
③ 吴讱：《辛亥光复后陈其美、程德全和江苏政权》，《南京师大学报》（社会科学版）1988年第2期。
④ 周育民：《辛亥革命时期的"江苏统一"——兼论辛亥革命时期的苏沪行政关系》，丁日初主编：《近代中国》第12辑，上海社会科学院出版社2002年版，第26—32页。

多种措施在一定程度上努力维系江苏军政的局部统一。

（1）在军政序列上，镇守使为都督下一级军政单位，在军事业务及军费上都受制于都督府。同时，冯国璋不时地对各镇守使所辖各军进行检阅。

（2）在军费方面，江苏都督府统筹安排各地镇守使署经费预算。江苏各地镇守使署的经费主要来自都督府的军费预算拨款。1914年，江苏都督府核定的各镇守使军费预算为：松江镇守使年支洋二万元，江宁镇守使年支洋二万元，镇江镇守使年支洋二万元，通海镇守使年支洋三万元，而上海镇守使年支洋十万元。①

（3）划清镇守使权责。冯国璋先是划分各地镇守使管辖区域，再由本地镇守使所部军队防守。如，1914年9月10日，江北护军使裁撤改而设立淮扬镇守使，驻淮阴，管辖淮（淮阴）淮（淮安）涟泗盐阜高宝江甘仪泰等县。同时，各地镇守使对所属军队具有管治权。如苏州镇守使殷鸿寿，"因闻各军兵士每逢放假之期，到处游行，毫无纪律"。殷鸿寿"查见陈有珍团长部下兵士数人，在街道旁不守规则"，于是"谕令查明该士兵等酌予惩治"。而对于使署卫兵有吸食水烟，调戏妇女的行为，查明后"立将该卫兵重责军棍数百开革"②。由于各镇守使负责本地防务，若要调整防务安排需要经江苏都督（督军）的允许。淮扬镇守使刘洵"以淮扬徐海等处陆地节节设防，惟滨江沿海之东台、东海、盐城、阜宁等县仅有水巡团在彼防御，无济于事"。于是在1916年10月5日，刘洵"特来宁谒军巡两署，拟将水巡团改编水上巡警，仍以祈以德团长接充"③。在江苏各地镇守使中，殷鸿寿、刘洵、王廷桢等人均是冯国璋的亲密部属，因而江苏军政具有局部统一性。

冯国璋在江苏都督任上，采取多种措施严厉治理军队，改变了民初以来江苏军队混乱的状况。"江苏军政去岁一载中，冯上将军所得之最大成绩，在江全省军事行政统括。而治理之最显著之表示，在宣布范围中者有

---

① 中国第二历史档案馆编：《北洋政府档案·江苏都督府及督军公署》，中国档案出版社2010年版，第331页。
② 《苏州镇守使整顿军队》，《申报》1914年2月8日。
③ 《水巡团之改编》，《申报》1914年10月6日。

数事：（一）为镇守使权责之清划；（二）为各种军队饷制之统一；（三）为军队统属阶级之严明。"其中军政统一的程序"首为苏松属、镇常属以迄淮扬属、通海属等各地，其屯扎队伍地点、人数皆由镇守使秉承上将军择要驻兵防守"①。

4. 江苏军政分立

冯国璋名义上是江苏都督（督军），但是其军政权力行使的范围受到长江巡阅使及上海镇守使等军政机构的牵制。"1914年，冯国璋继张勋为江苏都督，张勋移驻徐州，郑汝成率海军任上海镇守使，松江又驻有杨善德之第四师，各不相属。"② 张勋在徐州设置长江巡阅使，将徐州及其周边地区纳入自己的势力范围，与江苏都督府之间既有合作，亦有抗衡。而上海镇守使名义上是属于江苏都督府管辖，因为有袁世凯的特许，实际上在军政方面超越一般镇守使，俨然自成一体。

当时，江苏行政区域划分为金陵、苏常、沪海、淮扬、徐海五道，军事上则设置了长江巡阅使、江北护军使和江宁、镇江、苏州、上海、松江、通海、徐州七个镇守使（郑汝成被刺后，上海、松江并为淞沪护军使）。其中驻节徐州的长江巡阅使张勋的实力雄厚，浦口以北津浦铁路和徐海地区等，冯国璋根本无法染指。江北护军使蒋雁行是袁世凯的心腹，负有监视冯的使命。上海镇守使郑汝成和松江镇守使杨善德，一个是袁世凯的鹰爪，一个是段祺瑞的悍将，均不直接听命于冯。冯国璋势力仅限于金陵、苏常两道③。实际上，冯国璋能够直接指挥的只有江宁镇守使、苏常镇守使、淮扬镇守使及通海镇守使等。而徐海镇守使张文生为张勋旧部，属于张勋的势力范围。上海镇守使郑汝成与松江镇守使杨善德直接听命于袁世凯，具有较强的独立性。因此，江苏军政具有局部的统一性，但又呈现徐州及上海等地与江苏都督府分立而治的态势。

（二）长江巡阅使

冯国璋出任江苏都督后，江苏军政实际上是处于分割的局面，其突出

---

① 《江苏军政志》，《申报》1915年1月10日。
② 江苏省政协文史委员会编：《江苏文史资料存稿选编·人物卷》上，江苏人民出版社2007年版，第119页。
③ 孙宅巍等主编：《江苏通史·中华民国卷》，凤凰出版社2012年版，第34页。

表现便是长江巡阅使张勋以徐州作为其实际行政控制区域。

1. 巡阅使职权

巡阅使是民初由北洋政府设置的一种特殊的地方机构,"巡阅使之设置,以长江巡阅使为最早"①。1912年11月27日,袁世凯任命谭人凤为长江巡阅使。②当时,袁世凯设长江巡阅使之原因在于,民元粤汉铁路在修建过程中出现诸多矛盾,其中以借款和用人中的矛盾尤为尖锐。对此,谭人凤曾言:"袁不悉二事情形,恐积不相能,乃调予任长江巡阅使。"谭人凤曾想以此职务来加快修筑粤汉铁路,"其勉就斯职者,欲速成此路而已。数月以来,竭虑殚精,亦自信无忝厥职"③。实际上,此时长江巡阅使一职并没有实权,只不过是袁世凯因人而设的暂时性职务而已。谭人凤就任长江巡阅使后,在修筑粤汉铁路中受到多方牵制而难有作为,于是很快萌生去意。1913年1月8日,谭人凤辞去长江巡阅使一职。

1913年9月3日,袁世凯为了安置在二次革命中有突出战功的张勋,将其任命为江苏都督。然而,张勋在江苏都督任上并不利于袁世凯的统治,特别是张勋所部戕害日人而造成的外交压力,迫使袁氏撤换江苏都督。为了安置张勋,袁世凯有意将其任命为长江巡阅使。但是,张勋对长江巡阅使一职并不感兴趣。于是,袁世凯为了能够将张勋调离江苏都督职位,而又要对其进行有效安抚,遂将长江巡阅使一职设为固定性的职务。自此,长江巡阅使成为民初特殊的一种地方军政机关,但是"只有泛泛的地理概念而无具体的省界范围,并不能统辖长江流经的各省"④。为了能够平息张勋的不满,袁世凯有意提升长江巡阅使的地位,并使之成为常设军政组织。袁世凯政府为"羁縻张勋",特将长江巡阅使职权扩大:①直接向政府报事而不必由沿江各省都督代呈;②其职位与都督相埒,统带将士12000人;③长江中下游之水师炮船均归其指挥;④除了统率长江800艘炮艇外,又以巡洋舰一艘,炮船、鱼雷艇各2艘,灭鱼雷艇、运输艇各5艘,均归其指挥。在张勋就任长江巡阅使后,陆军部规定"长江巡阅使权

---

① 钱端升等:《民国政制史》下,上海人民出版社2011年版,第422页。
② 《中国大事记》,《东方杂志》1913年第7号。
③ 谭人凤:《谭人凤自述:1860—1920》,人民日报出版社2011年版,第102、103页。
④ 徐矛:《中华民国政治制度史》,上海人民出版社1992年版,第397页。

限如下：直隶大总统暨陆海军参谋总长，不受都督节制，惟因于地方工事、军队、交涉事宜则需与各地方都督及民政长会同磋商。统辖长江一带海军（旧式兵船七百九十三只，新式军舰十只），巡阅使署经费每月十余万元"①。

另外，袁世凯又对张勋所任之长江巡阅使经费给予特别优待。1914年1月29日，阮忠枢致函张勋专门谈及袁世凯要求满足张氏经费之要求，"谕此二十六万元如何开支，必须规定名称，方免贻人口实。因复议定巡阅使薪，公仍照初议，每月两万元。另支巡阅费，每年两万元，共合每年二十六万元。此系从优办法，可由军事处知照"②。张勋就任长江巡阅使后，并未将行署设置在安徽，而是以徐州为中心，将其武卫前军从浦口至徐州铁路沿线驻扎。虽然，长江巡阅使没有固定的行政区域，但是其职位与大省都督相当，一时间亦是炙手可热，为各方所追逐。1917年7月8日，北洋政府因张勋实行复辟，遂解除其长江巡阅使职务，而以安徽督军倪嗣冲兼任该职。1920年9月16日，北洋政府又以李纯兼任长江巡阅使一职。1920年10月2日，北洋政府裁撤长江巡阅使一缺。③

张勋允为长江巡阅使，在一定程度上缓解了袁世凯面对的外交压力。"张少轩巡阅使自奉到大总统命令，力辞不获，一方预备交卸，一方又预备履新。直去年腊底始将江苏都督交代清楚。冯国璋于二十九日到任视事，张则于三十日启用长江巡阅使关防。"④为了安抚张勋离任苏督的不满，袁世凯从以下几个方面拟定优待长江巡阅使的办法。

权限规定：长江巡阅使统辖稍远，责任甚重，准直接总统及参谋、海陆军部以专责成。如有与各省地方公事及军队之交涉，则会商该都督民政长，分别电达中央办理。长江巡阅使不受都督节制。

军饷担任：长江巡阅使权限仅及湘、鄂、赣、皖、苏五省，统带武官

---

① 《长江巡阅使之权限》，《盛京时报》1914年1月8日。
② 陈瑞芳编辑：《北洋军阀史料·袁世凯卷》（一），天津古籍出版社1996年版，第455—456页。
③ 中国第二历史档案馆编：《中华民国史档案资料汇编》（第3辑 军事1），江苏古籍出版社1991年版，第781—783页。
④ 《张巡阅使到任后之详情》，《盛京时报》1914年1月11日。

及兵士约一万二千名，军饷预算每月十万有奇。政府议定湖南之岳州关、湖北之汉口关、江西之湖口关、安徽之大通关、江苏之瓜州关分别担任。

军火供给：其炮船子弹预计月用甚多……今在湖境应用之军火，向汉阳兵工厂开单领取，在江境应用之军火，向上海制造局开单领取。

军舰支配：长江巡阅使对于陆地军队已无管辖权，但长江一带海军权均归职掌，责任綦重。议定除旧式战船七百七十四只，长龙船十九只，舢板船四十六只划归统带外，仍虑势力薄弱，难以控制。又议调巡洋舰一艘，炮舰二艘，水雷炮艇二艘，水雷艇五艘，运送船五艘，归长江巡阅使节制。

驻节地点：张勋致电中央政府要求以浦口为长江巡阅使驻节地，在南京建造行辕，武卫前军以2/3驻浦口及长江各要隘，1/3驻屯南京仍归节制。

袁世凯政府对于张勋的要求非常慎重，连日筹议此事，并于1月4日电复张勋"安徽之太平（即采石矶）乃长江要隘，巡阅使署宜在此处建筑。如浙江之西湖、江苏之宁浦等处，皆可定为行辕。……至请在浦口定为驻节地点一节，查浦口并非长江上下游之要区，自不若太平之为愈也"。① 此时，长江巡阅使的权限已经大为提高，其巡阅范围以湖南、湖北、江西、江苏、安徽五省为区域，所有五省之各要塞、镇守使所领各军遇有紧要事情，均可会商调动军队，并且五省之水上警察亦均归长江巡阅使节制。

袁世凯特别重视长江巡阅使的权限设置。1914年6月30日，袁世凯对内务、参谋、陆军三部会呈核议长江巡阅使权责做出批示："巡阅长江旧制，以安徽太平为本署，湖南岳州、江苏瓜州分设行署，湖北、江西两省尚无驻扎地位，应于九江添设行署，俾可派兵分驻，兼顾鄂、赣，以资控驭。余均照所拟办理，即由各该部转行知照，此批。"②

2. 长江巡阅使与江苏都督府对峙

从根本利益上考虑，张勋并不愿意离任江苏都督。虽然，张勋考虑到

---

① 《长江巡阅使就任后之新谈荟》，《申报》1914年1月5日。
② 《文牍：咨：内务、参谋、陆军三部会呈核议长江巡阅使权限责任由》，《内务公报》1914年第10期。

多重因素不得不允为长江巡阅使,但是他对苏督一席仍有恋栈之意。1913年12月16日,袁世凯撤换苏督的命令已下,而"冯于二十一日接任,时张尤在宁也"①。1913年12月29日,张勋正式接任长江巡阅使。当日,冯国璋亦接江苏都督印,开始任事。1914年1月1日,"冯都督刻已宣告接篆,张勋尚未离宁"②。张勋滞留南京,其实想要争取更多的权益,如驻军及增加军费等。

张勋1914年1月8日才正式离开南京,"所有前督任内之参谋长恽毓昌、秘书长顾赐书暨中军阎云卿与一切办事人员,均随赴江北,前驻守驻秣陵关之马队二营今日已调回,亦随之渡江"③。在1月8日当天,张勋电告袁世凯安排武卫前军驻扎地点:"武卫前军各营队,除江南之太平分驻五营外,其余各营一律渡江,自浦口以达徐州,择要分驻。勋以浦口本无衙署,暂驻徐州。""俟部署稍定,再将军队酌量移驻长江要隘,以符名实。"④张勋的军事势力虽然离开了南京,但是仍在江苏北部驻扎。"现张勋所领者仍为武卫右军四十八营,日内即撤驻宁各队,自浦口沿津浦路线屯扎至徐州为止。"⑤张勋控制了津浦铁路,形成了以徐州为中心的势力范围。特别是张勋在长江巡阅使任上恣意妄为,俨然将徐州地区变成自己的独立王国,实际上是分割了冯国璋在江苏的军政大权。

尤其是张勋在徐州密谋开展复辟活动,并组织督军团干政,引发各派政治力量的不满。1916年云南议员李燮阳在众议院提出查办张勋案。李燮阳称张勋"霸据徐州,形同强盗。……清江浦关税直由其征收,两淮盐运税款亦由其自由提拨,江北官吏悉归其支配,津浦铁路沿线亦为其蹂躏不堪,徐淮一带地方主权已成其个人势力范围,与中华民国显成分立之象,直言之,已演成中华民国内一小独立国之景象"⑥。

张勋作为长江巡阅使,其职权等同各省都督。1914年1月,张勋率所部抵达徐州后,以徐海为范围,极力经营自己的势力。

---

① 《大事记:十六日以张勋为长江巡阅使》,《时事汇报》1914年第2期。
② 《南京电》,《申报》1914年1月1日。
③ 《南京政闻录》,《申报》1914年1月9日。
④ 《南京政闻录》,《申报》1914年1月10日。
⑤ 《张巡阅使到任后之详情》,《盛京时报》1914年1月11日。
⑥ 《云南议员李燮阳查办张勋案》,《商务日报》1916年10月9日。

第一，组建长江巡阅使署。1914年1月8日，张勋离开南京时，原江苏都督府参谋长恽毓昌、秘书长顾赐书暨中军阎云卿及一切办事人员，均随赴江北，从而成为张勋长江巡阅使署之基本人员构成。1月13日，张勋又委任左枕周为巡阅使顾问官。

第二，争取长江巡阅使经费。首先，长江巡阅使经费有中央政府的拨款。"张勋任命为长江巡阅使后请拨现款一百一十万，外间早已闻之。兹闻政府已由某处先拨八十万元，其余三十万元稍缓再寄。并闻张勋此举实步湖北之后尘，因段总长赴鄂时曾携现款数十万元，故援例以请云。"① 其次，主要是由江苏都督府承担各项军费。根据北洋政府的安排，张勋长江巡阅使的军费主要安排江苏分担。1914年，江苏军费开支总额为5549031元，其中张巡阅使新招白军六营饷为323000元。1915年，江苏又新增了定武将军获匪及招兵开办费（临时）49793元。再次，张勋在辖区擅自收税。1914年2月，张勋在徐州等地加收丁漕以补充军费。"徐属丁漕本系土瘠民贫之故，每亩完正税只得七十余文，现在附加十余文。兹又附加该处团练捐款，每亩一百四十文，比正税多一倍。收回纸币捐每漕米一石加一元，清乡费，每漕米一石加六角。"②

第三，扩军和增设机构。1914年1月8日，张勋由南京启节回驻徐州，设巡阅使署于道衙内，所部已达42营，分驻于徐海、鲁南、江淮等处。3月，张勋于徐州又新招6营，共拥兵48营。③ 1914年1月，"长江巡阅使现已于上海设调查局一处，南京设稽查处一所，经费已奉大总统令，饬由江苏省长照拨"④。1915年1月，张勋向袁世凯请示要求在九江添设巡阅使行署，"俾可派兵分驻，兼顾鄂赣，以资控驭"，并得到袁世凯的批准。⑤

第四，剿匪。徐海两地盗匪猖獗，张勋所部驻扎徐州各处，曾多次出兵剿匪，以利于自己的统治。"光复以前，徐属匪患猖獗。自上年夏季张

---

① 《张勋如愿以偿》，《盛京时报》1914年2月14日。
② 《徐州归客谈》，《盛京时报》1914年2月26日。
③ 中国人民政协江苏省徐州市委员会文史资料委员会编：《徐州文史资料》第13辑，1993年，第99页。
④ 《南京政闻录》，《申报》1914年1月16日。
⑤ 《长江巡阅使行署之添设》，《申报》1915年1月10日。

勋在徐州招兵两万，徐匪日少。目前，张军虽驻徐州，额饷尚充，匪患亦轻。海属清乡四局已招卫队数百名，合同清江护军使所辖第十七师之兵，分布各县。匪势严戢，遂至日趋于南。"① 对于徐海地区剿匪出力人员，张勋亦多次为他们请奖。如1914年9月1日，张勋与督办徐、淮、海清乡督办事宜段书云联名为"清乡委员、清乡营长队官暨各市乡董人等，奋勇剿匪，拟请择优奖励"②。1915年8月28日，张勋向袁世凯呈文，要求为"丰县六里河庄剿匪案内异常出力人员，文武员弁何振江等请分别奖励"③。

第五，保荐官员。张勋拥有可以独立行使保荐官员的权利。1914年1月，"张巡阅使电保江宁县左枟周知事，……该员宽以治民，严以治盗，……拟请俯念人才难得，优予破格录用，先交内务部存记，并奖给四等嘉禾章，以示优异"④。在知事任用中，张勋曾多次向中央政府推举、保荐人员。如1915年4月，张勋呈文称：周儒彬等十五员"或曾任知事，或向办刑名，皆勋素所深知，确有政治经验"，希望袁世凯"饬内务部归入第四届（知事）审查案内办理，以收得人之效。饶荣光、李声、彭相臣、朱承略等四员，原系盐大使，拟请以县佐分省委用"⑤。

张勋在徐州等地极力经营自己的势力范围，与江苏军政、民政多有冲突，但是在防务合作上，冯张之间还是在一定程度上相互支持。"张巡阅使军队有独立性质，扎守徐泗之交，与冯上将军相为犄角，关于剿匪、训练亦多互商办理。"⑥ 1913年9月，驻扎苏湖一带的北洋军1500人开赴庐州助攻白匪后，当地人心极为惊慌。于是，根据陆军部的调度，冯国璋调集数百人到苏湖一带驻扎，而"张勋军队亦将来此剿匪"⑦。后来，随着政局的变化江苏的社会形势出现不稳定的现象，而江苏军队一时难以满足各地防务之需。1916年5月，冯国璋为了维护地方治安，向张勋要求调拨部

---

① 《江北匪患记》，《盛京时报》1914年2月6日。
② 《命令》，《政府公报》1914年9月2日。
③ 《命令》，《政府公报》1915年8月29日。
④ 《南京政闻录》，《申报》1914年1月10日。
⑤ 《长江巡阅使张勋呈保送周儒彬等十五员以知事免考归入四届审查饶荣光等四员请以县佐分省委用文》，《政府公报》1915年4月15日。
⑥ 《江苏军政志》，《申报》1915年1月10日。
⑦ 《冯张两军会剿白匪》，《盛京时报》1914年2月3日。

分军队驻防。"冯将军以时局不靖,诚恐有人在江北一带扰乱,特电商张巡阅使,除将拟调来之定武军移防靖江、南通、如皋、泰兴等处外,请再拔数营前往择要驻防。"①

(三)上海地方军政机关

1. 上海与江苏军政关系演变

上海地处东海之滨,是长江门户,为全国观瞻所系之区。自近代开埠以来,上海迅速跃升为中国最重要的对外贸易中心,在政治、经济、军事等各方面都具有极为重要意义。1911年11月5日,革命党人在上海成立沪军都督府,加速了辛亥革命的进程。但是,在1912年7月,沪军都督府被江苏都督府接收。在沪军都督府撤销前夕,上海市政厅议长陆文麓、王纳善咨呈江苏临时省议会:"查上海当长江入省之尾闾,沿海七省之中心,太平洋航海之佳点,内治外交,较天津、汉口尤烦难,市民之负担尤艰巨。当旧政府时代,常直接秉承督抚司道,今自以来,艰巨之事,又直接承苏沪都督办理者益伙。此后军务平定,而地居冲要,应与高级官厅直接,亦自然之趋势。本议会衡情酌理,本市之政权统系,应仿欧美各国自由都市之办法,直隶于省会官厅,一面仍与民政长接洽,则机关紧捷办事,尤为得宜。所有市政长莫锡纶、副长顾履桂应由此议会专案呈请民政长转呈苏都督加发委任状,以专责任。"②上海市政厅想效法西方城市管理模式,成为一个独立性的自治组织,但是并不为当局所接受。上海在行政上仍然是江苏的一个地方区域,为江苏都督府所辖。

1913年7月12日,国民党人李烈钧在江西宣布反袁独立,拉开二次革命的序幕。7月18日,陈其美在上海南市成立讨袁司令部,宣布上海独立。随之,松江、吴淞等地亦独立反袁。"沪局为制造机关,淞、台扼长江门户,东南半壁与为存亡。匪首陈其美藉南京独立余焰,在上海南市设立伪司令部,号召松镇叛兵并运动原守之六十一团、三十七团暨沪防原有各军,希图大举。视线全集于制造局一隅。"③上海形势风云突变,"袁世

---

① 《定武军移防江北》,《申报》1916年5月17日。
② 上海社会科学院历史研究所编:《辛亥革命在上海史料选辑》,上海人民出版社2011年版,第498页。
③ 冯仁佺:《郑汝成通告淞沪血战始末电》,冯仁佺编:《民国经世论说文集》下,文明进行社1914年版,第517页。

凯患之，拟遣亲信南下坐镇，而难其人"。为加强对上海的控制，1913年7月28日，袁世凯任命郑汝成为上海镇守使。郑汝成"为北方军人中之饶有才智者"①，曾任总统府高级侍卫武官、海军执法官，"其人城府深沉，天性阴鸷，喜怒得失不见于色。既奉命至沪守制造局，以重金收买海陆军附袁，革命之局，破坏殆尽。事宁，论功居首，简为上海镇守使"。② 7月31日，郑汝成发表通电，宣告"奉命镇守上海，业已视事"③。1913年8月，郑汝成得海军刘冠雄相助，击退讨袁军。8月14日，"淞口、江湾秩序已复，钮军退三十英里，大约在嘉定、罗店之间"④。在镇压国民党的二次革命中，郑汝成最为突出的表现是率军守住上海制造局，稳定了上海的局势。

2. 上海镇守使

袁世凯政府为了加强对上海的统治，对上海官制进行改革。1914年1月，袁世凯以杨晟"简任上海县设观察使兼任特派江苏交涉员"⑤。1914年5月23日，袁世凯在上海地区恢复道的官制，将观察使改称为沪海道尹，杨晟任沪海道尹兼任外交部特派江苏交涉员。沪海道所辖地方为：上海县、太仓县、松江县、南汇县、青浦县、奉贤县、金山县、川沙县、嘉定县、宝山县、崇明县、海门县。沪海道虽为管辖上海地区的行政官，但是各项大权集中于上海镇守使。上海镇守使作为袁世凯在上海管辖地方的重要支柱力量，被不断地赋予更大的权力，超越了一般镇守使的权限。8月6日，袁世凯将郑汝成任命为上海警备地域总司令。"遵照法律第九号戒严法十七条办理，在该地域内地方行政及司法事务，俱受司令官指挥。"⑥ 一般而言，镇守使是仅次于都督的地方军政长官，但亦有"因受特殊之关系而受特殊之待遇者"⑦。"上海镇守使郑汝成，与其他地方的镇守使资格不同，受有直属大总统府的特殊待遇，负责本地军政并担当镇压革

---

① 陈荣广编：《老上海》，泰东书局1924年版，第203页。
② 黄素苏编：《越风半月刊》第1—7期，文海出版社1979年版，第14页。
③ 《公电：上海郑镇守使通电》，《浙江省公报》1913年8月6日，第530册。
④ 《讨袁军退出吴淞消息》，《民立报》1913年8月14日。
⑤ 敷文社编：《最近官绅履历汇编》，文海出版社1970年版，第286页。
⑥ 《训令各分署队行政司法归警备地域总司令官指挥文》，《警务丛报》1913年第27期。
⑦ 钱端升等：《民国政制史》下，上海人民出版社2011年版，第428页。

命党之任。"① 袁世凯赋予上海镇守使以特殊待遇,使之具有相当独立的军政大权。袁世凯在任命郑汝成为上海镇守使时,便明令"上海军事、外交均由郑镇守使办理,并商明应德闳,选派上海知事,由郑使指挥一切事宜,均按戒严法办理。交通各机关如电报轮船等项,交由郑使指挥。程督、应长如在上海,务须随时接洽,和衷商办"②。由于袁世凯对上海镇守使的特别安排,"镇守使有便宜处理上海地方内务、警政之权,且直属中央指挥,不受江苏都督节制"③,从而导致江苏军政出现了实质性分割。

自成立以来,上海镇守使的职能非常特殊,主要是"掌理淞沪防务,缉捕'乱党',审理'党犯'、'盗犯',督理淞沪警务",并会同松江镇守使办理军务,会同沪海道尹办理交涉民政事宜,兼任制造局总办。④郑汝成作为上海镇守使的主要任务是,统帅所属军警力量缉拿党人,维护北洋政府在上海的统治秩序。

第一,对付党人之办法。因"党人四出勾结,防不胜防",郑汝成于1914年2月12日拟定对付党人办法:"①请中央电令各省查明隶籍该省之党人,一律召令回籍,以免逗留租界。缺乏营费者,并得资遣。如能安分,即免予追究。②党人若执迷不悟,甘心从逆,则由中央与领事团交涉,悉行引渡。③沪上华洋杂处,党徒最易潜蹿,须秘密查察,防其潜往他省,煽惑生事。④党魁逍遥海外,不知悔悟,反使无知之徒回国勾结,须设法引渡各党魁,以绝根株。"⑤郑汝成向袁世凯所陈上述四条办法,将预防与惩治相结合,在对付党人上是外交与军事并用,从而对党人在国内的运动带来了不小的威胁。此外,郑汝成为了更多地缉捕党人,广泛张贴"缉拿党人赏格告示"。该告示有六条,分为三个方面:其一是对缉拿人数多少分别行赏。如获"全案八成以上,赏银一万两,五成以上,赏银五千两,三成以上,赏银三千两"。其二是对缉拿煽惑军队者,"首犯每名赏银一千元,从犯二百元"。其三是对缉拿重要分子,依情况不同分别给奖。

---

① 俞辛焞等译:《日本外务省档案·孙中山在日活动密录(1913年8月—1916年4月)》,南开大学出版社1990年版,第652页。
② 《通现在郑汝成上将已任为上海镇守使文》,《警务丛报》1913年第27期。
③ 刘惠吾主编《上海近代史·下》,华东师范大学出版社1987年版,第2页。
④ 陈长河:《北洋政府的镇守使制与江苏各地镇守使》,《档案与史学》1996年第6期。
⑤ 《镇守使对付党人之条陈》,《申报》1914年2月12日。

如缉拿乱党、匪徒，"首犯每名五百元，从犯一百元"。而对于破获"乱党机关人犯，如案情重大者，并准择优请奖"。特别是对于缉获"乱党著名巨魁，及情罪重大各犯，特别悬赏有格"①。

第二，对付党人之机关。郑汝成用于对付党人的上海各军警力量主要有：①镇守使军事执法处；②第四师第七旅（旅长臧致平）；③第四师补充第六团；④以李鼎新为司令的海军驻上海各舰；⑤淞沪警察厅；⑥上海镇守使署侦探队。

第三，对付党人之手段。①派侦探秘密搜捕。为了对付党人在上海各处开展秘密活动，上海镇守使署设有侦探社，主要由便衣开展秘密搜捕行动，遇有形迹可疑人员即加以逮捕审问。"上海镇守使署侦探褚某等四人于十二号十时，在城内九亩地新舞台戏馆附近拘获一人，……连夜解往镇守使署，拘留候讯。"② 在旧历年关时刻，郑汝成一方面派出兵士"严加防备"，另一方面又挑选士兵"改充暗探"，在茶坊、酒肆等地详加调查，"如有党人勾通土棍，集会结社，造谣惑众，著即拘拿解办"③。②派出军警在火车站和轮船码头密集巡逻，对旅客进行严密搜查。③派军队在重点地段驻防。上海镇守使署所属各军警在重点地段巡逻执勤，而对于防守薄弱地点，则加派力量补充。"上海镇守使以制造局迤西外日晖桥，地方系西乡来沪水陆要道，尚无防兵驻扎，……亟应驻扎军队以资保护。故于前日令饬补充兵第六团龚团长拨兵一排，驰往外日晖桥驻扎。"④ ④加强社会管制。上海镇守使除了将制造局附近作为戒严区域外，在每逢时节或有重要活动时，便对各属居民严加管制。上海镇守使"以旧历年关将届，各处来申办货者势必日多，惟恐奸徒乘机混入"，特派警员在上海制造局一带"挨户调查，并定取缔办法：①不准私留匪党，如违查出重办；②不准招留亲友、往来客商，倘有借宿查出重问；③如有余屋出租，须报明警局"⑤。

第四，调遣军队巡防。郑汝成对于党人运动，在市内主要调用警察和侦探等力量进行拘捕和审问，而对于党人聚集活动或在市区外的活动，则

---

① 《上海镇守使署缉获乱党赏格告示》，《浙江警察杂志》1914 年第 13 期。
② 《侦探拘人之传说》，《申报》1914 年 2 月 14 日。
③ 《旧历年底之戒备》，《申报》1914 年 1 月 20 日。
④ 《镇守使调兵驻防》，《申报》1914 年 1 月 12 日。
⑤ 《取缔戒严区域之居民》，《申报》1914 年 1 月 11 日。

多调遣军队前往缉拿。如对于侦探社报告"叛党乘某国兵轮装运军火,欲在该处(浦东)起运,运入内地,希图谋乱",郑汝成立即责成驻浦东步兵第一营"严密巡缉,认真搜查","如拿获乱党盗匪,讯有确实口供与真凭实据者,一面报告本署,一面就地以军法从事,勿稍松懈"①。郑汝成所掌握的兵力主要是,驻上海制造局和龙华火药制造厂的一个团,及驻吴淞一个团。郑汝成广派军队缉拿党人,以至于出现了上海驻军不足应付的情况。因上海及周边各处都需重兵防守,以至于不敷调派。于是,郑汝成派人"前往天津马厂挑选新募士兵来沪,听候调派"②。又"因欧洲开战后,各党魁即纷纷回华,颇有乘间起事之谣",于是郑汝成"特呈冯上将军电呈中央请拨近畿陆军四营来沪协防"。根据冯国璋的来电,陆军部派遣陆军四营于1914年8月31日晚抵淞,并于9月1日"移至江湾镇南虬桥一带暂行驻扎,听候郑镇守使指定防地,以便移驻"③。

因上海为"乱党"发源地,特别是在二次革命中的讨袁军中下级军官大量藏匿于上海各租界,不时秘密购运军火,联络党员运动起事,对郑汝成在上海的各项防务造成巨大挑战。而郑汝成为缉捕"乱党",采取多种方式,对党人严加审讯和判决,使在上海的中华革命党遭受严重打击。"仅1914年9月份计,即杀害党人八十七名之多。所以当时谚云:'镇守使鬼门关,党人只去不再还。'"④中华革命党人的反袁活动因郑汝成与江苏军政当局联手围捕而鲜有成果,于是密谋去郑。"民国四年,筹安议起,英士先生方居沪,策应倒袁,以汝成为助桀为虐,甘心从逆,庆父不死,鲁难未已。爰集同志密商,谋狙击之,以孤袁势。"⑤陈其美等人决定刺杀上海镇守使郑汝成,并很快付诸行动,"未几(郑汝成)行贺日领事馆,为党人王晓峰等击毙之"。⑥ 11月10日,郑汝成在前往日本领事馆途中,

---

① 《责成第一营严密巡防》,《申报》1914年2月4日。
② 《上海镇守使电催新军南下》,《申报》1914年2月4日。
③ 《镇守使添调北军》,《申报》1914年9月2日。
④ 中国人民政治协商会议文史资料编辑委员会编:《文史资料选辑》(第35卷 第101辑),文史出版社2011年版,第76页。
⑤ 黄素苏编:《越风半月刊》第1—7期,文海出版社1979年版,第14页。
⑥ 沃丘仲子:《当代名人小传》,文海出版社1986年版,第60页。

至英租界外大白桥被革命党人刺杀，① 从而对时局产生了震动。在郑汝成被刺杀的次日，即1915年11月11日，袁世凯以松江镇守使杨善德兼任上海镇守使。此后，淞沪地区的军政事务便由杨善德主导。

3. 上海护军使

二次革命甫经结束，杨善德因"癸丑南下御革军有功"即被袁世凯派为松江镇守使。"时北派谓朱瑞不可恃，故以善德扼苏沪咽。"② 袁世凯以杨善德率北洋陆军第四师进驻淞沪等地，既能防浙督朱瑞，又可以制衡苏督。杨善德在松江镇守使任上一方面追查盗匪，如1914年2月26日，杨善德"命令所部步兵二连佐以机关枪，开赴闵行镇屯扎，以防枭贩"③；另一方面又以缉捕党人为要务，如1914年5月12日，杨善德捕杀前讨袁军司令钮永健部下青年学生数十人④。松江镇守使具有相对独立的军政权力，如可以自己招兵。1915年3月7日，杨善德致陆军部密电，要求补充兵力，以资防守。"松沪地方既当苏浙要冲，又系华洋杂处，党徒屡经图逞，防范常若戒严，军队内容尤宜筹备充足。职师现缺兵额，……拟往山东济南道属招募一千人，训练速成，以便补充而资运用。"⑤ 杨善德与郑汝成是袁世凯政府派驻淞沪地区的重要军政官员，松江镇守使与上海镇守使之间相互协调，极力镇压党人运动，又忠心于袁世凯，拥护洪宪帝制，因而为袁氏所重。1915年11月10日，郑汝成被党人刺杀后，北洋政府不得不对上海军政进行调整。随即，陆军部咨请袁世凯"任命杨善德为淞沪护军使，驻扎龙华。所有上海、松江两镇守使即行裁撤，改设松沪两处防守司令，派旅长王宾、何丰林兼充。应由该使随时查看情形，分别委任，呈请查核"⑥。1915年12月，杨善德组织淞沪护军使行署，以杨晟为军事参议官。

袁世凯设立淞沪护军使，意在强化北洋政府对上海地区军政的管辖，

---

① 《上海镇守使遇刺》，《善导报》1915年第38期。
② 沃丘仲子：《当代名人小传》，文海出版社1986年版，第60页。
③ 《松江镇守使取消命令》，《申报》1914年2月28日。
④ 《上海军事编年》编辑委员会编：《上海军事编年（公元132—1990年）》，上海社会科学院出版社1992年版，第82页。
⑤ 张侠等：《北洋陆军史料：1912—1916》，天津人民出版社1987年版，第208页。
⑥ 中国第二历史档案馆编：《中华民国史档案资料汇编》（第3辑 军事1），江苏古籍出版社1991年版，第841页。

进一步统一淞沪军政。而为了控制上海局势，北洋政府又不断增兵驻扎上海各地，对党人严密防范。1915年12月18—19日，北洋政府派遣卢永祥率陆军三十九团"分乘沪宁火车来沪，分驻南北各要隘，以厚兵力"①。陆军第三十九团为第十师第二十旅之步兵团，先期抵达上海，驻扎吴淞等地。随后，第二十旅"驻京城北苑之步兵第四十团三营官佐士兵，亦于昨日（22日）乘坐火车抵沪，奉饬暂在江湾一带寺庙驻扎至铁路沿线，暨浦东、奉南川三县海滩紧要地点"②。随着陆军第二十旅进驻上海，淞沪护军使的军事势力不断增强。因民元"段祺瑞总陆军部，夙契善德"③，由此杨善德与段祺瑞关系较为紧密，与冯国璋较为疏远，因而淞沪护军使的成立实际上仍是对江苏军政的分割。杨善德以淞沪护军使为基础，军政权力更为扩大，逐渐有与冯国璋比肩之势。以此为基础，1917年杨善德转任浙江督军，成为对时局具有一定影响的军政大员。

根据1914年1月袁世凯政府关于护军使之职权的规定，淞沪护军使的职权参照都督府组织，其人员则以2/3为限，并有统辖本区内军队之全权。④淞沪护军使成立后，上海地区的军政关系有了一些新变化，主要表现为以下四点。

第一是军费开支的变化。"上海、松江两镇守使署原有经费分别支配，及每月共银九千四百三十九元。"现淞沪护军使署成立后，"月支经费拟限定五千七百三十九元"，"该使月支公费拟请定为一千元，下余四千七百三十九元，拟请由该使按照该署编制人员分别支配"。根据袁世凯的批示，淞沪护军使署的各项军费开支均由江苏地方财政负担。而该项军费又由淞沪护军使杨善德按照各属机构人员组成及其职能划分。于是，各属机构纷纷要求增加费用。如"驻沪防守司令拟请月加公费一百元，交际、侦探费二百元，司令部添设人员薪津一百元"。"驻沪军事参议官杨晟拟请月支薪水四百元，交际费一千元，办公杂支暨用人薪津一切费用一千六百元。"

第二是军事防务的变化。淞沪护军使署成立后，杨善德鉴于第四师兵

---

① 《护军副使率兵抵沪》，《申报》1915年12月20日。
② 《二十二旅全部抵沪》，《申报》1915年12月23日。
③ 沃丘仲子：《当代名人小传》，文海出版社1986年版，第60页。
④ 《裁撤都督以前各使之职权》，《申报》1914年1月14日第6版。

力限制，不能完全满足原来上海、松江两镇守使时期的管辖区域防务需求。于是，杨善德在划定军事防务范围时，"确难再将松江府旧属之川沙、南汇、奉贤、金山四县包括在内"。为此，袁世凯批示"准将该四县划归江苏，由冯上将军拨队填扎。暂由该护军使管辖，俟冯上将军拨队到后，再行撤防"。

第三是江苏与上海两地间关系的变化。在淞沪护军使成立之前，上海地区分属松江镇守使及上海镇守使管辖，但是在名义上为隶属于江苏的地方军政机构，在军政事务上亦有受江苏都督（将军）指导的义务。而此后，淞沪护军使与江苏宣武上将军府之间的关系出现了变化，这从两者间的公文程式即可体现出来。关于"淞沪护军使对于江苏省上将军、巡按使之公文程式"，袁世凯的批示为"对于江苏上将军、巡按使均用咨文"。咨文是在平级或平行机构中的行文程式，由此表明淞沪护军使的军政地位已经上升到或相当于省级了。这也反映了袁世凯相当重视上海地区的军事防务，希望通过提升淞沪护军使的军政地位来达到巩固北洋派在上海的统治之目的。

第四是淞沪护军使权限的变化。相较于松江、上海两镇守使之职权管辖范围，淞沪护军使仍然具有以下权力：①监督淞沪警察厅暨上海工巡捐局之权；②兼任第四师师长；③按照上海镇守使署设置侦缉队。而上海制造局原属于上海镇守使管理，因"现护军使署移驻龙华"，杨善德要求"请另派专员管理，维持局务"。对此，袁世凯的批示为："另派专员管理制造局"①。总体而言，淞沪护军使承接了上海、松江两镇守使的管辖区域及其管理各项事务的权力，但是根据实际情况的变化，亦有部分调整。

袁世凯成立淞沪护军使的主要目的，就是要巩固北洋政府在上海的统治。为此，淞沪护军使的主要任务便是要缉捕革命党人，极力维护治安。1916年1月7日，淞沪护军使署迁至龙华新署。次日即镇压了革命党人袭击漕河泾地方警察分所的行动，15日又镇压了南汇县饥民数千人的"闹饥"风潮。同年，护军使派一个排分防徐家汇，与警察局合署。另派士兵

---

① 中国第二历史档案馆编：《北洋政府档案·江苏都督府及督军公署》，中国档案出版社2010年版，第413—414、415页。

10人驻铁路桥，10人驻谨记桥。[①]杨善德在淞沪护军使任上统摄军政与民政，缉拿党人、维护治安，努力维系北洋派在上海地区的统治。

五 民初江苏军政与民政关系

民元，江苏都督府是全省最高军政机构，因民政司为都督府下属机关，因而亦是最高的民政机构。自袁世凯倡导军民分治后，江苏成立省行政公署，民政长为最高民政长官。此后，军政与民政之长官虽多次易名，无论是都督与民政长，或将军与巡按使，或督军与省长，实际上都是两个并列的省级机构。但是，因辛亥革命中确立的都督体制形成的军政权力独大格局，并未因军民分治而发生根本性的变动。所以，在江苏军政与民政的关系中，总体上是军政为主，民政为辅。而这种关系又对冯国璋与韩国钧及齐耀琳的合作产生了重要影响。

（一）军政主导民政

1. 江苏军政与民政关系演变

民元以来，江苏政局不稳，多次罹患兵燹之灾。江苏局势的动荡与否，除了与国家大局密切相关外，还与主持军政的长官意志与能力有关。总体来看，民初江苏军政与民政之关系经历了较大变化。

第一阶段：1911年11月至1912年12月。江苏都督府下设民政司，作为全省最高民政机关，办理警务、学务、实业、交通及不属于各司职任内的一切内政事宜，是时民政从属于军政。

第二阶段：1912年12月至1914年6月。1912年12月14日，江苏省行政公署成立，应德闳为首任民政长，成为江苏民政最高行政长官，但是他的实际政治地位要低于都督。

第三阶段：1914年6月28日以后，军政与民政名义上处于平等地位。这主要由于袁世凯推行军民分治，对军民长官管辖军队权限进行限定，在制度上通过限定军政权力，同时赋予民政一定的军事权，以达到制衡作用。

袁世凯政府为了限制地方军政长官权力过大，而赋予了各省行政长官较大的职权，主要有：

[①] 萧一华主编：《徐汇区志》，上海社会科学院出版社1997年版，第345页。

首先，发布命令及制定省单行规制权。根据 1914 年 9 月 6 日修正省官制规定，巡按使为执行法律教令，或依法律教令之委任，得发布省单行章程。

其次，军事权。根据 1914 年 6 月 28 日颁布的各省军政民政长官管辖军队权限条例，省行政长官对于巡防警备等队具有管辖权，并应商承陆军部办理。

最后，监督省内官吏权。第一是任免省内行政官吏权；第二是考核奖惩省内行政官吏权；第三是撤销省内行政官非法或不当处分权。① 该条例同时规定，"因维持地方治安，需陆军、巡防各队会同办理者，应由都督省长协议行之"，而"都督对于本省巡防、警备等队遇必须调用时，得会商省长调遣"。因此，各省军政长官的权力主要在于军事方面，而对于民政方面则需要行政长官的通力配合。为了防止地方军政侵越民政，1916 年 8 月 19 日，北洋政府明令陆防军队仍由军民两署分别管辖，"陆军归督军管辖，警备巡防各营队归省长管辖，以专责成，而资整顿"②。但是，在民初军政与民政的双重体制中，军政一直都是居于支配地位。"从都督至督办，按规定，他们的职权不仅限于所辖省份的陆军，而且，他们是一省首脑，一省的行政、司法、中央直辖的铁路、税收、钱粮，都为其所把持和支配。"③ 就江苏而言，"江苏巡按使公署虽为江苏省最高行政机关，但实权却掌握在督军手中"④。冯国璋出任江苏都督后，先后与韩国钧及齐耀琳两任民政长官共事，由于冯国璋是军人出身，与袁世凯有着较为特殊的关系，加之其本身在军界有崇高威望，江苏民政从属于军政的状况亦未发生根本性的变化。

2. 江苏军政与民政之密切关系

军政虽大，但是离开民政终究难以运作，其关键在于财政一节。"江苏军事与财政有密切关系，因其财政的行政所波及各方面皆脉息相连，军费之繁重是固无论。"⑤ 军政机关需要依靠民政机关筹措的军费作保障，方可正常运行。冯国璋上任伊始，即派定其所属军队的军费来源。"冯督军队饷需，现预算江苏定为四师一旅，每月六十余万元，拟定江苏田税项下

---

① 钱端升等：《民国政制史》下，上海人民出版社 2008 年版，第 408—412 页。
② 张侠等：《北洋陆军史料：1912—1916》，天津人民出版社 1987 年版，第 23、24 页。
③ 邵德门：《中国政治制度史》，吉林人民出版社 1988 年版，第 343 页。
④ 孙宅巍等主编：《江苏通史·中华民国卷》，凤凰出版社 2012 年版，第 32 页。
⑤ 《江苏军政志》，《申报》1915 年 1 月 10 日。

支付。"① 民初，因特殊的政治军事形势而导致各省不断扩军，致使军费膨胀，以至于国家财政根本无力承担。江苏作为全国经济较为富足的地区，亦面临军费财政的巨大压力。1912年，江苏原有兵数69500人，军饷开支达780余万元。虽经大力裁汰，苏省仍有兵数34500余名，每月军饷开支仍高达60余万元，全年预计支出为730万元。② 1913年，北洋政府财政部对江苏陆军的预算为7867364元，军费开支仅次于广东，位列全国第二位。冯国璋在江淮宣抚使任上曾对苏军大加裁汰，但是北洋政府仍要求苏省裁军，以缓解财政困境。1914年，财政部将苏省军事预算削减为533万元，比上一年度大幅减少。1914年，冯国璋虽继续裁军，但是北洋政府仍需要苏省裁军，以减少军费开支。12月16日，"肃政史呈财力难支，民困已极，请淘害兵，以纾困难"③。纵观民初苏省各项开支，虽然屡有裁兵，但是军费支出不降反增，详见表3—16。

表3—16　　　　　　1913—1918年苏省军费开支　　　　（单位：元）

年度	经临别	陆军经费	中央直辖陆军饷项	海军军费	合计
1913	经常	5030222	391500		5421722
	临时	586654	17800		604454
1914	经常	5204031	345000		5549031
	临时	80362			80362
1915	经常	6206979	266545		6473524
	临时	155525	354622		510147
1916	经常	5824494	1659636	273200	7757330
	临时	514800	340723		855523
1917	经常	6758976	2529222	137600	9425798
	临时	622730			622730
1918	经常	6560021	2105114		8665135
	临时	47897	648250		696147

资料来源：江苏省财政志编辑办公室编：《江苏财政史料丛书 第2辑 第1分册》，方志出版社1999年版，第245—278页。

---

① 《南京电》，《申报》1914年1月8日。
② 章伯锋、李宗一主编：《北洋军阀：1912—1928》第1卷，武汉出版社1990年版，第118页。
③ 张侠等编：《北洋陆军史料：1912—1916》，天津人民出版社1987年版，第435、454—455、605页。

表 3—16 所示，民初江苏军费开支呈不断上升趋势，至 1919 年达到 9586586 元。民初江苏虽几经裁兵，但是军费开支项目不断增长，从而导致军费剧增。如果仅依照财政部的预算案，苏省军费缺口甚大，军队几乎难以维持。而冯国璋能够在一定程度上维系军费开支，其主要力量来自民初江苏财政的不断增长。

1913 年，袁世凯政府推行国税、地方税，在各省设立国税筹备处将税款直接收至中央。1914 年 6 月 1 日，袁世凯政府又取消国税、地税之区别，而实行各省解款制度，并制定措施对于未完成解款任务的地方官员予以惩处。随着中央政府在税制上的变化，江苏省地方当局亦不断地强化了对各种税收的征收，并开拓新的税源。

在二次革命后，随着江苏社会秩序的逐步稳定，江苏的预算及实际收入都有较大提高。1913 年江苏收入预算为 14309168 元，实际收入为 13446339 元。① 苏省收入与预算之间有近百万的赤字，这是二次革命对社会经济发展造成的影响。在二次革命后，江苏社会秩序因冯国璋等人的强力治理，社会各项事业都有了一定的发展，于是预算与收入都有了较大提高，特别是实际收入往往要高于预算。在实际财政收入中，1915 年比 1914 年增长将近 390 万元。有了较好的财政收入作支撑，冯国璋就能够勉强应付驻苏各军的开支。实际上，在这几年中，军费是江苏省各项开支中最大的项目，但是在总体上呈下降趋势。"民国元年占百分之五十九。次年，仅陆军一项即占百分之五十九，但实际的数目已大量裁减。三年降低为百分之五十，五年再降低为百分之三十九。"②

江苏军政费用中常包括承担直属于陆军部各军的费用。民初，隶属于陆军部的驻苏军队之军费，实际上都是由江苏来负担。如"直隶混成旅自奉改以来，由苏省发给薪饷，每月官佐、兵夫应支薪饷及马骡乾银，已达四万两之谱。其医药、衣履及一切临时各费均无款可支"。于是，陆军部要求旅长刘洵"分析查明，以凭核办"。直隶混成旅军费加上杂费各项，总数合计"洋九十二万两二千五百四十五元"，"除苏省军费预算，已奉核

---

① 江苏省财政志编辑办公室编：《江苏财政史料丛书》（第 2 辑 第 1 分册），方志出版社 1999 年版，第 189 页。
② 王树槐：《清末民初江苏省的财政》，《"中央研究院"近代史研究所集刊》1982 年第 11 期。

准年支洋六十七万两千元外，尚不敷洋二十五万零五百四十元"。对于该旅军政费用缺额，陆军部向袁世凯提出建议，"自本年（1914）三月份，追加苏省军费预算，俾便支领"。对此，袁世凯的批复为"可自设法腾挪"。对此，冯国璋亦只能在苏省军费预算中将直隶混成旅所有军事费用全部承担下来。苏省能够承担直隶混成旅的军事各费，其基础还是在于江苏税收能够逐年增加，从而为各项军政费用的开支奠定了基础。

实际上，江苏军政大小各项开支都需要民政部门支撑。1914年10月6日，江苏巡按使署向宣武上将军行署咨文称："苏常道道尹殷鸿寿以苏属裁撤镇守使后，地方情形与他处不同，迭经声叙理由，请在该道署内附设军事一科，月需津贴六百元等情。当经韩前巡按使准如所请，并饬财政厅照发暨咨会贵上将军查照陈明。"军政费用的各项支出均需要民政首长的批示或咨文，而至于较大数目则需要报请总统核准后，再给予拨发款项。1914年12月日，江苏巡按使公署咨文称，"宣武上将军行署咨请查核前案，转饬财政厅迅将第二师维持费，由六月至十月，每月应拨万元，计共七万元，设法筹拨给，以济急需"。但因此项费用及苏省军警各费金额颇大，时任巡按使韩国钧向袁世凯请示。随即，袁世凯要求"新任齐巡按使查酌情形，呈候核办"①。从财政运转及军费拨付方式来看，袁世凯政府为力推军民分治，并在军费支出中设计一定的运作程序，避免军政首长直接管控财政，冀图通过民政来规制军政，以达到在一定程度上约束地方军政权力急速扩充的目的。

（二）冯国璋与江苏民政长之关系

1. 冯国璋与韩国钧的纠葛

韩国钧（1857—1942），字紫石，晚号止叟，江苏泰县人。"二十三，乡试中式举人。屡赴会试不售，乃应大挑，得知县，分发河南。是为先生入仕之始，年三十有三也。"1902年，韩国钧"奉委河北矿务局总办、交涉局会办"。1909年，韩国钧任奉天劝业道，后简任奉天交涉使。"宣统三年，调任吉林民政司。""而武昌革命起，遂辞职南归。"②自1913年

---

① 中国第二历史档案馆编：《北洋政府档案·江苏都督府及督军公署》，中国档案出版社2010年版，第234—240、250、259—260页。

② 卞孝萱、唐文权编：《辛亥人物碑传集》，团结出版社1991年版，第485页。

起，韩国钧先后出任江苏民政长、巡按使、安徽巡按使、江苏督办及江苏省长等要职。韩国钧在任职江苏、安徽两省期间，先后与张勋、冯国璋、倪嗣冲、齐燮元及卢永祥等军政要人共事。在民初地方军政官员中，韩国钧颇有政声，为乡人所拥戴。"吾省民国以来，名公巨卿不可悉数，而最负重望者则二人，一为紫公，一为张公季直。"① 特别是其晚年，淡泊荣辱，保持晚节，不惧日寇的各种威胁，尤为后世称颂。

在1913—1914年间，韩国钧先后与张勋及冯国璋共同治理江苏。其间，江苏军政与民政既有合作亦有冲突，对江苏社会产生了重要影响。

韩国钧于"民二八月六日奉简为江苏民政长。八月二十一日在苏接篆，二十四日即赴宁垣"②。韩国钧在正式履职之前，要求中央政府明确民政长的职责。对此，张謇在日记中记载："（八月十一日）候韩子石来，子石电政府，请示民政财政界限。"③ 时江苏都督张勋视"民长与藩司相若"，而韩国钧"即请中央划分军民权限，令饬遵官制条例办理"，坚持履行民政长职责，用民政限制军政的扩展。在韩国钧上任之初，江苏全省六十县知事，张勋"已委任五十四，四十八税所已委任四十五"。韩国钧向张勋声明"知事而贤，余方褒奖之。不暇，否则即余所委派，亦复不能故容。若税所，则以额为标准。张督无以难，余即依此实行"④。同时，韩国钧对于张勋任意扩充军政的做法进行了抵制。1913年12月16日，张勋被任命为长江巡阅使，"部下几哗变，公百计消弭"⑤。对于张勋临行前夕的索款，"韩国钧挪甲补乙，千方百计加以应付，付于十之八九"⑥。在与张勋共事期间，韩国钧认真履职，谨慎处理民政与军政的关系，避免江苏政局出现重大波动。

1914年1月8日，冯国璋继张勋为江苏都督，至7月15日韩国钧调

---

① 南通市政协学习文史委员会编：《张謇的交往世界》，中国文史出版社2010年版，第173页。
② 沈云龙主编：《止叟年谱·永忆录》，文海出版社1966年版，第56页。
③ 张謇：《张謇日记》，江苏人民出版社1962年版，第682页。
④ 沈云龙主编：《止叟年谱·永忆录》，文海出版社1966年版，第57页。
⑤ 唐文治：《韩国钧先生神道碑铭》，胡健国主编：《"国史馆"现藏民国人物传记史料汇编》（第24辑），"国史馆"2001年版，第609页。
⑥ 中国人民政治协商会议江苏省委员会文史资料委员会编：《民国江苏的督军和省长》，《江苏文史资料》编辑部出版1993年版，第56页。

任安徽巡按使,冯韩二人在江苏共事约半年有余。在此期间,韩国钧与冯国璋密切合作,在社会治理方面相互支持,从而为安定江苏社会秩序,维护北洋派在江苏的统治发挥了重要作用。然而,在双方合作的同时,亦存在军政与民政的对立。

在就任苏督之前,冯国璋是直隶都督兼任江淮宣抚使。冯国璋在直隶任上以都督兼任民政长,把持军民两政,权倾一省。冯国璋任苏督后,江苏都督与民政长分任,而且财政大权为民政长所控制。冯韩之间虽有合作之处,但冯觊觎江苏财权,对于军民两政之间的权力分割多有不满。根据官制及军民分治的相关安排,民政长主地方行政,其中财政权及地方警察、警备队均为其管辖范围。冯国璋入苏督后,韩国钧亦对警务事宜高度重视,并加强管理。"韩省长以各县警务亟应切实整顿,所有各县警务长一律归省行政公署直接委任,以一事权。"① 对于韩国钧加强警政,扩充警务,冯国璋心存芥蒂。1914 年 7 月 7 日,冯国璋北上,在京津持续约半月之久。在北上期间,冯国璋向袁世凯提出撤换江苏巡按使的要求。7 月 15 日,袁世凯将韩国钧调任安徽巡按使。冯国璋为何要排挤韩国钧?其原因有三。其一为冯国璋希望掌握江苏军政与民政,特别是想要控制江苏财权。韩国钧认为:"冯为余素然,以财权属民政,终为军署所不满。"② 其二为韩国钧个性刚强,为人耿直,遂不为冯国璋所容。袁世凯在召见韩国钧时,嘱咐韩"作事不可急,且不可事事更张",而应"审择一二要事,力行之"。其三为韩国钧主张"军民分治","苏人治苏",各部门的官员都掌握在江苏官员手中,而北洋派的候补官吏绝大多数得不到任用,因而引起冯国璋的不满。③ 韩国钧之所以去职,转而改任安徽巡按使,并非其能力不足,反而是其能力强,对冯国璋掌控江苏不利。对于袁世凯而言,冯国璋是其心腹要员,而韩国钧只是一介名流而已。因而,袁世凯为北洋计,接受了冯国璋撤换江苏巡按使的建议。

2. 冯国璋与齐耀琳的合作

齐耀琳(1863—?),字震岩,吉林伊通县人。在清末,"起甲科,入

---

① 《南京政闻录》,《申报》1914 年 1 月 19 日。
② 沈云龙主编:《止叟年谱·永忆录》,文海出版社1966 年版,第 58 页。
③ 杨颖奇、经盛鸿、孙宅巍等编:《南京通史·民国卷》,南京出版社2011 年版,第 84 页。

翰林"。"宣统末,琳擢至直隶藩司。"① 在袁世凯任职直隶总督期间,齐耀琳为袁所重,并逐渐得到提拔,成为北洋集团一员。1914年,韩国钧任江苏民政长,"冯不满韩扩充地方警备队之举,适袁为实行军民分治,各省该将军巡按使制,冯即入京谒袁,述及韩扩充警队事,袁答:'我派做过巡抚又是北洋的人齐耀琳去任巡按使。'冯只有唯唯,不敢再言"②。1914年9月4日,齐耀琳抵达南京,并于次日接任巡按使职务。③ 9月10日,齐耀琳委任江苏巡按使署职务,以俞纪琦为政务长,沈佺为代理政务厅兼营务,王萃林、厉宗涛、沈尔昌为秘书长,于贵琛为监印,朱兴汾为总务科长,庶务有连德英、黄家伟等17人,传达有黎民堂、王嘉安、陈恩普及贾敬堂等4人。④ 齐耀琳上任伊始,"拟将各厅办事人员重行组织,惟财政蒋懋熙已由齐使电达中央留任赞助"⑤。齐耀琳在苏任省级行政长官长达6年,为民初江苏军民两政长官之最。之所以如此,首先在于齐耀琳与冯国璋等军政人物关系较为紧密,做到民政从属于军政。其次是齐耀琳在用人问题上态度灵活,不得罪人。"琳用人先请托,而后私谊。苏省差缺优者,恒有京朝官及重要政客之援引。次者则以处年家故旧。"⑥ 齐耀琳在官场善于观察,易左右逢源,不轻易与人产生重大冲突。齐耀琳在与冯国璋的关系上,首先做到"自己的薪俸、办公费用均公开,做到公私分清,以身作则。冯虽好利,齐亦绝不沾染分润,因此冯对齐极为敬服"。齐耀琳对冯国璋"竭诚相处,遇事协商",而冯氏对他亦"决不干涉用人行政"⑦。再次是在关键问题上齐耀琳与冯国璋的态度一致。1915年,袁世凯准备称帝,"初亦随众劝进,已而西南浙陕川皆叛袁,知事不可为,则附冯国璋持中立态度,故袁死仍得居省长"⑧。在洪宪帝制后期,齐耀琳

---

① 沃丘仲子:《当代名人小传》,文海出版社1986年版,第75页。
② 于哲千:《我所知道的冯国璋和齐耀琳》,江苏省政协文史委员会编:《江苏文史资料存稿选编·人物卷》上,江苏人民出版社2007年版,第119页。
③ 《南京快信》,《申报》1914年9月6日。
④ 《齐使之政影》,《申报》1914年9月10日。
⑤ 《南京快信》,《申报》1914年9月11日。
⑥ 沃丘仲子:《当代名人小传》,文海出版社1986年版,第76页。
⑦ 于哲千:《我所知道的冯国璋和齐耀琳》,江苏省政协文史委员会编:《江苏文史资料存稿选编·人物卷》上,第119—120页。
⑧ 沃丘仲子:《当代名人小传》,文海出版社1986年版,第76页。

与冯国璋保持一致，共同反袁。1916年4月17日，齐耀琳追随冯国璋在南京联名提出八条调停时局办法，要求各省将军、巡按使照旧供职。

在与冯国璋共同任职江苏期间，齐耀琳身为巡按使，尽力辅佐冯国璋，在共同治理江苏方面做了一些事务。如冯国璋与齐耀琳曾明令驻军撤离南京高等师范学校校园，为教育界做了一件很实在的事。1916年2月15日，江苏巡按使江苏巡按使公署第689号饬文称：

> 为饬知事。接准宣武上将咨开：现准咨开，以本城两江师范学堂旧址，改办南京高等师范学校。咨请将该校内现驻军队迁让，以便该校长从事规划，早日观成等因。到本上将军准此，查现驻该校军队，为雷电练习所及步兵第七十四团团部，暨第一营，已饬另觅驻所，早日迁移，以维教育。惟将来迁驻之所，不外本城内各旧营房，勘定后稍加修理，亦需时日。该校长于此筹备期内，如需用房屋，尽可酌量校内余房选用，庶免军队迁移期内，致碍筹备进行。除另觅营房，迅速修理，饬行迁驻外，准咨前因，相应咨覆请烦查照为荷等因，合饬该校长知照。①

江苏巡按使公文传达的是冯国璋对军队搬迁校园的命令，在某种程度上反映了军政与民政相互协作，合力推进南京高等师范学校校园建设。

总体而言，齐耀琳在江苏巡按使任上，一方面履行江苏民政长官的职权，另一方面又与军政长官联合发文，在剿匪、通缉党人、禁烟、赈灾及促进社会经济发展等多方面进行通力合作，为推进民初江苏治理发挥了一定的作用。

第三节　冯国璋与民初江苏社会治理

1913年以后，江苏实行"军民分治"。冯国璋在督苏期间，先后与江苏民政长官韩国钧及齐耀琳合作。在民初的省级政权运作中，往往是军政

---

① 《南大百年实录》编辑组编：《南大百年实录·中央大学史料选》上卷，南京大学出版社2002年版，第44页。

要重于民政。冯国璋作为北洋派系的都督,除了军政治理外,还襄赞江苏民政长官推进多项社会事务的治理。

一　严厉剿匪

在冯国璋督苏伊始,江苏城乡社会秩序失范,江苏地方政府治理能力不足以应对社会的混乱局面。因此,对于江苏而言,实现稳定是头等大事。也只有社会稳定了,江苏社会经济才能发展,民生才有可能得到逐步改善,否则整个社会就难以发展。袁世凯任命冯国璋督苏,就是希望冯国璋能够增强对江苏社会的控制力,防范革命党以江苏为基地来反对政府的各种图谋,从而稳固北洋派在江苏的统治。为此,冯国璋在督苏之后,采取多种措施来加强对江苏社会的管控。冯国璋在剿匪、通缉党人、赈灾等多方面来维护社会稳定,从而为江苏社会经济发展提供了基本保障。

何为土匪?英国学者霍布斯鲍姆认为,土匪是专门"以暴力从事抢劫和袭击活动的人",他们又被称为社会土匪。[①] 土匪的活动主要是抢掠钱财、绑票贴票、杀人放火、强奸妇女、卖毒贩毒、甚至包围城镇,极大地危害到社会的稳定和发展。蔡少卿认为,土匪具有四个显著特点:其一是他们来自农业社会;其二是他们的存在和活动不为国家法律所允许;其三是他们的行为虽对抗社会,但又缺乏明确的政治目的;其四是他们脱离生产,暴力抢劫和勒赎是他们主要生活来源。[②] 土匪的滋生是一个社会病态的突出表现,是各级政府对社会管控能力弱化的必然结果。民初以来,土匪遍及全国各省,"中国几乎都可以说成了一个盗匪的世界。遍中国无一省没有盗匪;一省之中,又无一县没有盗匪的;一县之中,又无一乡没有盗匪的"[③]。在民初的社会转型期,从中央到地方各级政府的国家治理能力仍然基本上遵循传统的管制模式,在治理乡村的政策及手段上没有多少创新。特别是在辛亥革命后,传统的威权政治瓦解,但是新成立的政府却未能确立足够的权威,对乡村社会的治理能力还是极为不足,根本无法应对民初乡村社会的变动。乡村经济的贫弱以及农民在社会变动中日益被边缘

[①] [英]霍布斯鲍姆:《匪徒》,李立玮、谷晓静译,中国友谊出版社2001年版,第38页。
[②] 蔡少卿主编:《民国时期的土匪》,中国人民大学出版社1993年版,第3页。
[③] 周谷城:《中国社会之结构》,上海书店出版社1989年版,第31页。

化，导致民国盗匪猖獗，成为各地政府在社会治理中必须要面对的难题。

（一）民初江苏匪患

1. 匪患严重

民初江苏地区的土匪十分猖獗，成为北洋政府治理江苏的一大心腹之患。历来，江苏一向是多匪的，尤其是徐州淮海一带，向为盗匪的渊薮。民初江苏匪患以江北匪患为甚，而江北匪患又以徐州、淮海等地为重。长期以来，徐州境内土匪肆虐。徐州"环围皆山，地势险要，人性强悍，扼津浦之要冲，为南北之屏障。称四战之地，界三省之边。本地土匪易于出没，邻省客匪亦视徐州为良好藏匿之地点。数十年来，民匪杂处，桀黠者均习而为匪，即善良者亦渐入而俱化。素称匪薮，良不诬也"①。徐州土匪往往是匪与民的结合，而且地处苏省与山东、河南及安徽等省的交界地带，匪徒容易逃匿。如萧县"地居江苏西北边境，界连皖豫诸省，山径崎岖，素为匪窟"。1913年8月，新知事到任后招募壮丁，编练民团，联络防军，曾先后平定了三边土匪，"是以匪党远飏，地方安堵。讵交界之河南永城、安徽宿县等处股匪，近又狡焉思逞，窜入萧县"。虽经县知事缉拿，但是仍有杆首石圭等12人在逃。② 江北土匪除了是由于"穷民、失业之徒，均以劫掠为谋生之路"而成匪外，还有由退伍士兵劣变成匪者。"当客岁光复前后，所有叛兵及遣散各军无所归著，暨桀黠不训之徒，携枪带械，大半聚匿于此。与原有著名土匪相勾结，焚烧抢掠，无所不至。"③ 江北土匪以悍匪居多，对社会危害极大。

自辛亥以来，江苏先后有多次治匪行动，但是均没有取得多少效果。1912年5—6月间，南京留守黄兴曾多次致电江北主要军政人物蒋雁行、徐宝山等人，要求派兵剿匪。5月11日，黄兴致电蒋雁行要求派兵剿匪，"江北蒋都督鉴：据沭阳绅士纪树溶等电称：沭阳土匪甚炽，危在旦夕，乞派队速剿等语。除电达徐军长酌派十一师米旅长即率一旅前往沭阳，海州一带驻扎，藉资镇抚外，特此奉闻。"5月17日，黄兴又电请徐宝山调派扬州驻军剿匪，"徐军长鉴：据淮安府各议会电称：桃源北乡土匪聚众

---

① 《调查徐州土匪情形暨善后筹计事宜》，《政府公报分类汇编》1915年第37期。
② 《协缉萧县杆首石圭等》，《江苏省公报》1915年第516期。
③ 《调查徐州土匪情形暨善后筹计事宜》，《政府公报分类汇编》1915年第37期。

千余，结连散兵焚杀抢掳，乞急派队剿抚。等语。希令章师长转饬方旅长，察看该处情形，酌派兵力前往，相机剿抚为盼。"① 由于江苏处于民初政争的旋涡中，政治局势先后发生巨大变化，因而黄兴等人的治匪并未延续，以至于江苏匪患日趋恶化，成为危害江苏社会发展的巨大毒瘤。

至1915年时，江苏匪患已经到了极为严重的地步。第一是江北土匪已经与民众合流，以至于民与匪只是不同身份的转换而已。第二是土匪对乡村社会的控制加深，已经渗透到基层社会秩序当中。第三是江北盗匪向江南蔓延，导致江南土匪蜂起。江南多地土匪经常作案，残害百姓，严重地影响了社会稳定。"江苏高淳县境东北隅距县署五十余里之柳溪港镇，于元月二十三号上午七时突来匪盗五六十名，身带军火将该镇大小铺户及京杂货店连劫二十二家，并伤毙多人……其被劫之店豫昌、泰昌、广泰、沙和四家除货物外，计英洋约共三千四百余元。"② 江北土匪进入江南，对社会发展产生了极为不利的结果，亦表明江苏南北各地匪患已经到了非治理不可的程度了。

2. 江苏匪患形成原因

民初江苏匪患的形成既有土匪形成的共性，又有江苏本省的特殊原因。

第一是政治腐败。民初的中国处于从君主专制向民主共和转换过渡期，政治体制尚未完全成熟，政局变动不居。民初社会的威权体制尚未建立，出现了严重的政治衰败现象。"民国初期，军阀专政，政潮迭起，政局动荡不安，吏治窳败不堪，国家政治权威丧失，整个社会处于急剧动荡之中，为土匪的滋生提供了温床；而地方官员多畏匪如虎，始而讳盗，继而纵盗，相习成风，致使当地匪势蔓延。"③

第二是经济贫困是促成贫民成匪的重要原因。民初，江苏社会局势不稳定，农村经济发展未有根本性的变化，有的地方甚至更加恶化，农民生活更加贫困。特别是江苏区域社会经济发展不平衡，江北与江南发展悬

---

① 中国第二历史档案馆编：《中华民国史档案资料汇编》第2辑，江苏人民出版社1981年版，第145页。
② 《高淳大劫案》，《申报》1914年2月3日。
③ 辛业：《民初直隶边界匪患问题论析》，《河北大学学报》2006年第2期。

殊。江北农村经济长期处于凋敝状态，农民及退伍士兵没有出路，为谋生计不惜铤而走险抢劫成匪。"徐州穷民、失业之徒，均以劫掠为谋生之路。"① 对于民初兵匪猖獗的原因，马君武认为："今中国因遍地皆匪，遍地皆兵矣。人民何以乐于为匪为兵？因贫困矣。何以贫困？因失业矣。何以失业？因百年生产事业起大变迁也。"② 长期以来，江北农村生产因自然条件、社会政策及地方官治理不力等诸多因素的制约而难以发展。江北地区多因天灾而导致农村经济进一步破产，以至于天灾与人祸相互激荡，导致江北农民大量入匪。特别是徐州自古为兵家必争之地，进入民国以后常有战争，社会秩序不宁。江北大量的农民，在农闲时分啸聚山林、出没河湖成匪，农忙时又兼顾生产。由于农村经济发展水平非常低，仅仅从事农业生产难以安家立命，加入土匪就成为延续生命的不二之选。

第三是江苏多次裁军，散兵成匪。在辛亥革命中，江苏各地相继光复，各地方军政分府为扩充力量，不断招兵买马，江苏陆军数量急剧膨胀。特别是大量的外省军队为支援北伐而汇集南京，军费开支浩大，迫使临时政府不得不裁撤和遣送外省军队。在裁军过程中，大量的士兵并未返回原籍，而是流入社会或为匪或为盗，从而对江苏社会产生了巨大的危害。兵匪的产生是由于军纪废弛，士兵沾染江湖习气而流变为匪。蔡锷认为："自军兴以来，各省多增募兵卒，市井无赖，溷厕军籍，呼朋引类，歃血联盟，甚至军队变为山堂，将领称为哥弟，拔剑击柱，军纪荡然。"③由于兵匪不分，"兵即匪，匪即兵"，以至于"今天的匪帮就是昨日的军队，也有可能再度成为明天的军队"④。在辛亥革命时期，江苏就曾经多次出现在营士兵哗变，抢劫财物、戕害商民。如1912年3月27日，苏州发生兵变，阊门商铺"突遭兵匪大队逐铺搜劫，一抢再抢，通宵达旦，十铺九空，同归于尽，种种苦情，实为从来未有之奇惨"⑤。不仅如此，南京亦曾发生外省驻军的兵变，百姓苦不堪言。针对兵匪造成的危害，南京临时

---

① 《调查徐州土匪情形暨善后筹计事宜》，《政府公报分类汇编》1915年第37期。
② 《何以兵匪猖獗》，《国闻周报》1924年第1卷第13期。
③ 曾业英编：《蔡松坡集》，上海人民出版社1984年版，第462页。
④ 徐有威、[英]贝思飞主编：《洋票与绑匪——外国人眼中的民国社会》，上海古籍出版社1998年版，第6页。
⑤ 扬州师范学院历史系编：《辛亥革命江苏地区史料》，大东图书公司1980年版，第111页。

政府及南京留守府都曾极力裁军。为此，黄兴还曾制订了详细的裁军计划。至 1914 年初，江苏军队先后经过程德全、黄兴等人的裁并，大量的军人被裁撤后无处安置，其中又有相当一部分人不愿意返乡务农，遂聚啸山林，浪迹江湖，流变为匪，从而对江苏社会秩序带来巨大的冲击。"查苏省地方近年军队屡裁，灾祲叠告。游民散勇往往流为匪盗，且长江、太湖一带，素称匪徒出没之区。江北各属，伏莽尤多。抢掠掳赎横行无忌，甚有结队成群劫焚杀拒敌官兵之事。地方受其蹂躏，商民至为痛苦。"① 大量退伍士兵归乡后，无以安置，导致兵匪合流，成为土匪猖獗的重要原因。

（二）冯国璋治理匪患措施

1. 治理匪患策略

民初匪患猖獗，不仅危害到人民的生命、财产安全，而且也严重地损害了北洋政府的统治。为此，袁世凯政府十分重视剿匪，多次明令地方政府要承担起剿匪重任，并要求各省军政长官切实督促进行，并对剿匪不力之官员进行弹劾追责。"著各将军通饬分防军队地方，遇有盗匪务须严拿惩治，如该管知事缉捕不力，纵盗殃民，准由各该将军胪列事实，分别弹劾，呈候核办。其未驻将军省份，由该管护军使行其职权，藉资纠察，此令。"② 民初匪患治理，端赖于地方政府之决心及能力。袁世凯对匪患治理十分关注，多次督促地方官吏认真剿匪，按照中央的办法依律实行。1914 年 12 月 6 日，袁世凯又将参政院议决之《惩治盗匪施行法》公布，明令要求"此项施行法公布以后，所有施行区域原以地方情形为衡，各省地方应否按照惩治盗匪施行法施行于该管区域之处，应责成各该将军、巡按使暨各该高级军官体察现办盗匪情形，切实呈报听候命令遵行"③。

根据袁世凯政府的要求，冯国璋很快就如何治理江苏匪患的总体策略向袁世凯进行了汇报：

长江下游总稽查米占元条陈剿办江苏土匪办法，略谓江苏土匪大

---

① 《苏省地方准照惩治盗匪法施行法定区域为施行区域》，《江苏省公报》1915 年第 397 期。
② 《大总统令》，《政府公报》1914 年 7 月 21 日。
③ 《苏省地方准照惩治盗匪法施行法定区域为施行区域》，《江苏省公报》1915 年第 397 期。

半皆系盐枭，以太湖及徐淮海为窟穴，防不胜防。各地董事、地甲之徒，往往与匪通气，举办清乡有名无实。派兵搜捕，则客军深入，地势人情均非所谙，颇难奏效。宜将太湖水警、内河水警、两淮缉私营、清江浦军痛加整顿，统以熟悉地方情形之将领，江淮匪患庶有已时等语。总统以所陈颇有见地，奉谕封寄江苏冯将军核议办理。兹据该将军会同齐巡按使、姚盐运使核复。略以伏查江苏原有长江、内河、太湖飞划各水师，前经呈明裁改水上警察两厅。第一厅驻防沿江，第二厅驻防内河，另编淮扬游缉水师驻扬镇运河一带。此外，复有盐捕各营分巡长江下游各属。缉私各营驻扎两淮南北一带地方，现驻清江浦之第十九师系属陆军，自护军使蒋雁行移交国璋接管以来，正在设法整顿。该军警等分防要塞，各有责成。而每遇警报，无论土匪盐枭，向均协力缉拿，不分畛域。自上年国璋到任以后，江北匪氛正炽，迭经派拨军队分投剿捕著名股匪。惩创已多，其报获抢劫盗犯案牍累累，尤案缕计。近复调拨陆军第五旅暨责成第十九师各军队，分任淮属一带地方，大举搜剿。体察目前情形，似不难渐就肃清。惟水陆地段绵长，兵力不敷分布，又值徐淮海扬通各属清乡甫经停办，江北各县警备队尚未能一律编成，是以零星抢劫之案，仍有所闻。已迭由国璋、耀琳严饬军警及地方官竭力巡防，互相策应。一面分饬江北各县将警备队克期成立，当不致虚糜公帑，徒托空言。业经煜督同缉私各营，筹划分巡仍注重于淮北地方，藉资震慑。原呈节略办法，无论军警编制不同，缉私向隶属盐务，统以一人控制为难。且水陆千余里之遥，亦恐鞭长莫及。应请毋庸置议云云。十二月七日，已奉批令呈悉，交内务、陆军、财政三部查照矣。①

民初江苏匪患形成有复杂的原因，江苏地方政府几经治理都成效不彰。如何有效治理土匪，向来就是江苏各级地方官所要面临的重大挑战。米占元曾向袁世凯条陈治理江苏土匪办法，主要是整顿军队，督促军官切实剿匪。对于如何治理江苏匪患，冯国璋的基本思路是：首先整顿军队；

---

① 《米占元剿匪条陈之核覆》，《申报》1914 年 12 月 15 日。

其次，办理清乡；再次成立警备队。总的来看，冯国璋在江苏剿匪主要是以武力为主，用军事高压手段对付土匪，显示出鲜明的军人作风。

冯国璋在督苏期间，积极打击盗匪，虽是为了维护自身统治的需要，但其客观的效果就能给百姓减少匪患的危害。冯国璋自任苏督以来，"察酌地势，派队驻防，合力剿捕，并饬各县筹办警备队及保卫团，认真巡缉，以期有犯必获，获必重惩"①。

2. 冯国璋治理江苏匪患办法

（1）严厉清剿土匪。土匪危害乡村社会，对民众生命及财产带来巨大威胁，并动摇北洋政府的统治。冯国璋对江苏土匪的基本政策就是按照中央的部署要求，根据《惩治盗匪施行法》的相关规定，严厉清剿土匪。

第一是明令要求各属剿灭土匪。面对日益严峻的匪情，冯国璋派用军警严厉对付。如1914年1月16日，《申报》报道："宜兴匪势甚炽，匪魁徐镇芳现纠集大帮匪徒将抢掠张渚市，已由都督省长电军警严密缉拿。"②冯国璋对于剿匪出力的军队及各县知事、警察等分别给赏，以示鼓励。1914年6月，冯国璋向袁世凯呈请奖励剿匪出力人员，"数月以来，破获机关，拿获党盗各匪甚众。此次所保六十二员，均系最为出力"。其中，冯国璋特别提出对砀山县知事谢宗夏"拟请以观察使存记，并给予四等嘉禾章"③。冯国璋要求地方官按照《惩治盗匪施行法》对涉案的土匪实行高压政策，于是在地方上对缉拿的土匪多实行枪决。如"丹徒县知事前派捕役拿获抢劫西乡高资镇农民之盗匪三名，经研讯属实，禀准省吏，即于二十四号午后由张知事带同警卫队，将该盗三名押赴北门外校场一律枪毙"④。对于江北土匪较多地区，冯国璋一则不断调兵前往镇压。"冯上将军以江北清淮一带土匪党人蠢蠢欲动而应调兵前往驻扎，以资镇慑。"于是，从1914年9月1日至5日，冯国璋"已共调十营，其中马队居多，陆续由宁抵镇，饬镇守使、刘县知事预备转驻地点，代雇民船装载，先后均由小火轮□带送往清江"⑤。

---

① 《苏省地方准照惩治盗匪法施行法定区域为施行区域》，《江苏省公报》1915年第397期。
② 《南京政闻录》，《申报》1914年1月16日。
③ 《江苏都督冯国璋呈请奖励山阳都督谢宗夏》，《政府公报》1914年6月26日。
④ 《枪毙盗匪》，《申报》1914年11月27日。
⑤ 《军队纷纷过镇》，《申报》1914年9月5日。

第三章　冯国璋督苏：维护北洋派在江南的统治利益　303

为有效清剿土匪，冯国璋广发布告，要求所属地方百姓遵章守纪，"务宜自保身家，各安生业，如敢容留匪人及与贼沟通，一律从严惩办，绝不宽贷。倘能诱擒首逆或拿获余匪解送附近军队，或密报匪踪在所，因而缉获者，均应分别酌予奖励。惟不准挟私仇，藉编诬告良善，一经查出，亦即分别严惩，以彰公道"①。冯国璋督饬各属严格执行《惩治盗匪条例》等相关法规，并于1914年11月27日，要求各属就适用死刑范围各条张榜公布，广为告示民众，同时告诫"凡尔人民须知惩治盗匪定例甚严，倘敢违犯一经获案审实，即应枪决，决不宽贷，务宜各谋生业，勉为良善，务以身试法，后悔莫及"②。1914年12月6日，冯国璋奉大总统申令，将江苏定为惩治盗匪法施行区域。此后，冯国璋一再督促江苏各级官员认真办理剿匪事宜。1915年1月26日，冯国璋还转发大总统电"令文武官绅须一体协力捕盗"，要求各属遵照办理。③ 此外，冯国璋对于秘密会社亦要求各属认真查缉。"驻宁宣武上将军冯国璋君以近来长江各埠又有哥老会潜立泰华山、同心堂等名目，勾结土匪运动军警，现欲重立粮台于各大埠希冀消息灵通，并举定刘某为山主，除通饬所属军警各机关密查侦缉外，昨特电饬驻沪侦缉员在租界内秘密调查，有无若辈踪迹以凭核办。"④

第二是通缉在逃土匪。冯国璋积极督促各镇守使、道尹、县知事、警备队及警察厅等各属力量通力剿匪，对负案在逃的土匪悬赏缉拿，务必严惩。在《江苏省公报》中，江苏军政与民政长官经常联合发文，饬所属各军警、道尹及县知事缉拿在逃土匪。如1915年1月26日，冯国璋与齐耀琳联合通饬各属缉拿泗阳匪首丁明斯。丁明斯等人为泗阳巨匪，在当地作案多件，该匪等被泗阳县知事暨保卫团重创后潜逃。于是，冯国璋、齐耀琳根据泗阳县知事的要求，联合发文命令各属查拿丁明斯等人，"查核该匪首丁明斯、丁三花在逃未获，隐患堪虞，应各悬赏一千元，以示鼓励，除电复责成该知事会营督警勒缉外，合亟通饬该军队、厅长、道尹、知

---

① 《搜剿江北盗匪之布告》，《申报》1914年9月21日。
② 《惩治盗匪条例应处死刑各款通饬各属出示布告》，《江苏省公报》1914年第355期。
③ 《奉大总统电令文武官绅须一体协力捕盗》，《江苏省公报》1914年第355期。
④ 《冯上将军饬查哥老会匪》，《申报》1914年10月1日。

事、统带仰即一体协缉,务获究办"①。江苏土匪犯案后,往往潜逃至上海,于是冯国璋又要求上海地方军警协助缉拿。1914年8月,"江宁宣武上将军冯国璋因南通县土匪谋乱运动清乡团兵起事未成,业经该县军警拿获土匪二十六名,押解来宁讯办"。为了能够查缉逃亡上海的余匪,冯国璋致电淞沪警察厅长徐国梁,"特饬严行查缉,毋任漏网"。徐国梁接电后,"当派侦缉队士四名,分别前往南市大达公司等码头,凡有自南通开驶来沪各轮船一律严加搜查,不得稍涉疏忽"②。

第三是联合缉匪。冯国璋任江苏都督府后,曾为联合四省剿匪做过努力,后因军事倥偬,军费无从筹划,最终未能成行。③ 苏皖省交界之处多为政权力量统治薄弱地带,成为土匪活动的主要区域。1914年2月,倪嗣冲在《咨江苏都督、民政长联络剿匪》电文中,要求苏省不分省界,认真联络协缉,"应咨请贵都督、民政长令饬宜兴、溧阳、高淳等县驻县附近军队与敝省驻军以量毗连敝省之广德、建平等县,遇有盗匪随时函商联络缉捕办法,务期不分畛域合力严缉,以绝匪迹而保公安"④。1914年2月16日,冯国璋应倪嗣冲之邀请,"派滁县第一百二十八团团长丁缙带领四营来皖,驻扎五里庙营房",以填补倪嗣冲"将皖城原有兵队多调赴皖北一带剿匪"而形成的防务空虚。⑤ 为了能够进一步促进苏皖省界处的防匪问题得到有效解决,1915年1月16日,倪嗣冲到南京拜会冯国璋,商谈防务问题。3月14日,倪嗣冲电报中央,要求合力清剿苏北土匪,"以探闻泗阳北乡匪乱情形电请冯上将军,饬营就近严剿,于公于私,均深铭感"。10月5日,倪嗣冲到南京会见冯国璋,告知皖省拟派高振善率部到江苏剿匪,请苏省派员联络、配合。10月6日,倪嗣冲致电中央报告与江苏督军冯国璋剿匪事情。⑥ 凡此种种说明冯国璋与倪嗣冲在民初治理匪患的问题上有过多次合作,而且还联手采取过军事行动防范白狼深入皖苏

---

① 《通饬各属悬赏缉拿泗阳匪首丁明斯》,《江苏省公报》1915年第411期。
② 《南通土匪扰事续记》,《申报》1914年8月22日。
③ 郝天豪、岑红:《论民国时期北京政府对省际匪患的治理》,《河北师范大学学报》(社会科学版) 2014年第3期。
④ 《咨江苏都督、民政长联络剿匪》,《安徽公报》1914年第82期。
⑤ 《剿抚声中之皖北飞鸿》,《申报》1914年2月17日。
⑥ 李良玉等编:《倪嗣冲年谱》,黄山书社2010年版,第102、107页。

境内。

除了与倪嗣冲合作防匪，在治理江北土匪时，冯国璋与张勋亦曾联合剿匪。"冯将军以时局不靖，诚恐有人至江北一带扰乱，特电商张巡阅使除将拟调来之定武军移驻靖江、南通、如皋、泰兴等处外，请再拨数营前往则要设防。"① 而对于上海的土匪，冯国璋要求上海镇守使协助进行清剿。"上海镇守使郑汝成君接宣武上将军电开，近来迭接探报沿江一带红帮会匪，自经上将军会同长江巡阅使饬令水陆军警严行搜捕后，该匪帮等不能驻足，纷纷逃窜，群趋于上海一隅，现与太湖枭匪勾结，在浦东张家浜及闸北某地点均设有总机关。若辈称为粮台，大开香堂，广收同党。下流社会被诱入帮者，颇不乏人。闻其数已达数万之多，每晚辄借阔大客栈秘密开会，有图谋扰乱情事。近来上海华租各界地方抢劫之案，屡见迭出，难保非该帮匪等所为。若不即实力搜捕，则愈众，愈众势必为患地方。仰即督饬所属军警，认真查缉，务获惩办，以消隐患而保治安云云。昨郑镇守使特派本署稽查员高某等协同淞沪警察厅侦缉队，分投沪南北、沪东西各客栈、茶馆、酒肆等处日夜严加查缉矣。"② 上海华洋杂处，匪患较为严重。

冯国璋对上海的社会治安亦是高度关注，不时电饬上海军警严密查缉。如《申报》报道："江苏冯上将军近闻报纸，得悉沪城王克记、陈维州等家连出杀人越货巨案二起，即于昨日电饬淞沪警察厅徐厅长迅速将该管区署员、警长从严惩处，以为办事疏忽者戒。并勒限三日内，务将二案一并破获，从严惩办，以弭盗患。"③ 此外，在江浙两省交界地带，盗案频发，为了对付横行于太湖及各港汊的枭匪，冯国璋多次电请浙江都督饬所属军警严密协缉，同时又要求淞沪警察厅水陆督办督促所领水陆巡警一体严拿，务获究办。而对于白狼在上海购买军械，冯国璋则与张勋分电"上海镇守使暨淞沪警察厅萨督办等一体派探密访，以免潜运滋祸，一面分饬驻沪侦探会同上海军事侦探……日夜在各码头守候严查，毋任偷漏"。④

---

① 《定武军移驻江北》，《申报》1916 年 5 月 17 日。
② 《长江会匪与太湖枭匪联络》，《申报》1914 年 11 月 29 日。
③ 《地方通信》，《申报》1915 年 3 月 14 日。
④ 《白狼潜购军械》，《申报》1914 年 2 月 5 日。

（2）继续推行清乡政策。二次革命后，江苏地方当局实行清乡政策，试图通过肃清乡村的反叛力量，以重塑乡村社会秩序，来实现对乡村社会的再度掌控。从1913年9月开始，江苏在苏松常、通如崇海及徐淮海等地区全面实行为期6个月的清乡政策。经过为期6个月的清乡后，江苏地方政府对乡村社会的秩序掌控较以前有所提高，部分地方取得了不错的成绩。卢世仪等人认为"大乱初平，匪踪遍地，清乡之首要自宜先从缉捕入手，冀苏民困，一面编查户口，区别良莠以清内奸"。卢世仪督办江苏长江下游清乡事宜，针对"地邻皖浙，水陆交通"的实际情况，实施水陆两军剿防并举的方针。于是，卢世仪"责成水警分任剿防，终以不敷分布"，又向陆军第二师要求十六连军士择要分驻。卢世仪先后在苏州城内外"破获乱党机关二处，拿获乱党梁保山、罗寿田、朱七、张洪轩、臧炳南五名。……又在无锡石塘湾探获乱党周老九、张宝清二名。并由嘉定清乡长拿获前在吴淞焚烧广艇之乱党刘元俊一名"。"此外，盗贼帮枭各项匪类先后共获顾小和尚、季三元等二百数十名，或解由各县清乡长归案讯办，或由公所讯明，拟议呈请严惩。"① 江苏各地清乡组织先后拿获盗匪，为维护基层社会秩序发挥了作用。

对于苏省清乡，冯国璋上任后既积极支持已经实施的清乡各项政策，又对清乡过程中容易出现权力泛滥，地方官执法太酷而有所警觉。如淮阴县知事在处理相关案件中曾发生多次失职现象。1914年3月26日，淮阴县知事办理陈家集西乡杨建廷一家被劫掠案件，捕获费正祥等五人，认为"核与军法强盗应行科罪之律相符"，但在孙平山是否与此案有关尚未厘清的情况下，就将此五人按军法惩办。对此，冯国璋对淮阴县知事在关于呈报案件的呈文中批示："盗案人犯归入军事范围，历办成案均系讯明后录供按拟呈候核示，抑或电请覆准方得遵照执行。诚以大辟，非可擅专，即军律亦自有主者，岂容意为出入，稍滋冤滥。"于是，在1914年4月22日，冯国璋通令各属，要求"军事范围内案件须先呈请核准，方得执行"②。但是，县知事在处理土匪时，常有将查获的土匪轻易地用军法处置

---

① 《大总统准江苏都督民政长咨报苏松各属清乡事竣苏州公所照章裁撤沥陈办理结束情形理合据情转呈文》，《内务公报》1914年第10期。
② 《军事范围内案件须先呈请核准》，《江苏省公报》1914年第238期。

第三章　冯国璋督苏：维护北洋派在江南的统治利益 ┃ 307

的现象发生。如宿迁县知事严型祥所办案件，"各犯供词不甚明确，又不将案情详细声明，疑误滋多"，冯国璋曾批示"咨商巡按使会衔另檄饬遵"，然而"该知事不候另檄，率将该犯朱三拱、唐学敏、韩守珍等三名处以死刑办理，殊属荒谬"。于是，冯国璋对宿迁县知事予以惩罚，"故念朱三拱等三犯罪应处死，从宽将该知事减俸三个月，每月减去三分之一，以示薄惩"①。在苏属清乡公所推行 6 个月后，当地清乡事务于 1914 年 3 月底停止。但是，当清乡停止后，苏属因盗匪猖獗及党人运动不断，又在部分地区继续开展清乡运动。1915 年 3 月 13 日，冯国璋与齐耀琳又电饬上海镇守使、沪海杨道尹"即磋议举办苏属各县清乡事宜，以弥盗患"。此前，冯国璋已电内务部、陆军部协商清乡办法，其大纲如下："①编查户口；②收缴枪械；③搜捕匪类；④参照各该地方警务划分区域；⑤委任清乡专员，合同各县警办理清乡事宜；⑥各县市乡村镇已设团防地方，拟仍照保卫团条例办理。"② 此时，冯国璋与齐耀琳选择在苏属地带清乡，是为了进一步加强对上海周边地区的治安管理，通过实施清乡来加强对乡村社会的控制。

在徐淮海一带，清乡活动没有因 6 个月期满而停止。冯国璋沿袭之前的清乡政策，继续在徐淮海一带以清乡的方式来治理盗匪。1914 年 5 月 10 日，冯国璋通令各属，要求徐淮海各县知事会同清乡局所派人员共同治匪，"通令各县嗣后遇有情节较重，讯无确供之犯即呈由清乡总办派员会同审讯，仍应由该知事查照该知事查照前令，一律拟议呈候本都督核示执行"③。苏省在清乡过程中实行较为严厉的政策，而且在各县用军法惩治盗匪时，"均令录供拟罪呈候核示"。而对于清乡总局"所呈由局核定办结，再行知照"的做法，冯国璋坚持"应照原定办法，以昭审慎"，并"通令各该使、县一体遵照"④。而对于在清乡中表现较为突出的人员，冯国璋则与齐耀琳联合向中央呈请褒奖，其中有的人是多次授奖。如游毅之，在 1914 年 9 月 15 日就曾被冯国璋请奖，"以县知事留苏补用，并免

---

① 《宿迁县知事严型详未奉批示先行决匪谨录复讯供词据实检举请示处分》，《江苏省公报》1914 年 12 月第 360 期。
② 《苏属拟办清乡》，《申报》1915 年 3 月 14 日。
③ 《清乡局派员会讯系专指徐淮海三属令》，《江苏省公报》1914 年第 252 期。
④ 《准政事堂咨徐淮海清乡治匪应照原定办法》，《江苏省公报》1914 年第 256 期。

于考试"①。游毅之在苏省清乡中表现较为突出，以至于在次年6月又受到褒奖。1915年6月29日，《申报》刊载有关新闻："宣武上将军冯国璋、江苏巡按使齐耀琳呈保清乡出力人员游毅之、王以骧、李辅中、高梅仙。"② 冯国璋继续在徐淮海地区实行清乡政策，有利于惩治苏北地区的盗匪，亦在一定程度上加强了对乡村社会的控制。

（3）缉捕太湖枭匪。江苏地势低平，江河湖泊众多，且各水系间有港汊相互衔接，土匪经常出没于水陆之间，其中太湖土匪及盐枭经常作案，对地方治安扰乱颇大。为了能够提高缉捕土匪及盐枭的效率，江苏成立了水警及盐捕营等队伍作为维护治安的重要组成力量。"水上警察厅负维护水上治安之责，其具体责任为：水面巡逻；检查过往船只及船上人员；指挥水上交通；维持水域卫生；处理水上冲突事件；预防及侦缉海盗。"③ 根据军民分治的权力划分，水警及盐捕营由巡按使负责指挥。但是，为了能够提高水警及盐捕营的缉捕能力，北洋政府将其指挥权逐渐转移给地方军政长官，给予各省将军节制之权。

1914年7月，袁世凯发布大元帅训令，同意冯国璋具有节制水警和盐捕营的权力。"查江苏水上警察原就该省水师各营改编，责令防范水面，纯系军队性质。又财政部所属之盐捕营，既经驻扎江苏地方，且性质亦同为军队，除各照向章办理外，该省将军应亦得有节制指挥之权。"④ 在获得江苏水警及盐捕营节制指挥权后，冯国璋曾多次命令水警缉拿在逃巨盗，以维治安。如无锡县知事曾向冯国璋请求命令各地军警力量严缉在逃巨匪。"案据无锡县知事邓昶呈称，锡邑大墙门保滋典被劫案内首盗顾廷魁、从盗刘耀林等由沪提到，供出同党董海清⋯⋯，均为在逃巨盗，⋯⋯该匪等平日往往潜居太湖及苏申镇租界，行踪诡秘，党羽众多，侦查不易。值此盗窃频闻，若不广拿严办，恐为□伊于何底？苏属富户将无安枕之日。除会飞划游巡，不分畛域，购线侦缉外，理合具文"，请冯国璋通饬水警厅"一律认真协缉，务获惩办"。冯国璋接报后，立即饬江苏水警厅"一

---

① 《大总统批令》，《政府公报》1914年9月15日。
② 《要闻二》，《申报》1915年6月29日。
③ 万川主编：《中国警政史》，中华书局2006年版，第392页。
④ 《韩巡按使饬江苏水警第一厅温厅长文》，《谈盐公报》1914年第17期。

体协缉,务获解究"①。冯国璋注重调动水警及盐捕营与陆地警察相互协调,共同缉拿匪盗,以靖地方秩序。其中,水警是缉拿盐枭的一种重要的军警力量。"水警第一专署长沈葆仪近以沪上谣言蠢起,恐有盐枭乘机肆扰,在内地各乡劫掠富户资财,或掳抢税卡捐款。业于昨日分饬各分署长督饬各营官等加意防缉,并派巡船保护税卡。所有浦江往来船只,遇有形迹可疑者,均须盘诘,以保治安云。"② 为了调动水警及盐捕营缉私的积极性,冯国璋还制定奖励缉私的办法。"江苏宣武上将军冯国璋君因苏省上南川奉各县,沿江各处素为枭匪出没之区,贩私聚赌无所不为,甚至通同党人藉贩私为名乘间拒敌官军,抢劫军械,实与盐务、治安两有关系。苏省虽设有盐捕等营专司缉私,而定章缉获私盐仅予记功并无奖赏,致各营兵丁大都奉行故事不肯实力巡缉。兹特拟定办法通知各该营,嗣后缉获私盐准提三成充赏以资鼓励。"③

同时,为了加强对水上薄弱地方的防缉,冯国璋支持淮扬镇守使刘洵将水警改编为水巡团。"淮扬刘镇守使以淮扬徐海等处陆警节节设防,惟滨江沿海之东台东海盐城阜宁等县谨有水巡团在彼防御,无济于事。昨特来宁禀谒军巡两署,拟将水巡团改编水上巡警,仍以祈以德团长接充,以资熟手。冯齐两公均以刘使所禀为颇有见地,谕令从速改编,并饬认真办理。"④

(4) 夯实基层警政力量。在经历了辛亥革命、二次革命等时局变换后,江苏社会治安形势日趋恶化。冯国璋在莅任苏督后,与江苏民政长(巡按使)合作加强江苏保安行政工作。从整顿地方警察、编练警备队到创设保卫团,江苏各项保安工作开始陆续展开,于是有媒体评论:"盖江苏今日始有保安之一项,不能不深感执政之勇于卫民也。"⑤ 冯国璋在剿匪中除了动用军队严厉缉捕外,还借助地方警备力量。而为了能够提高缉捕的效率,冯国璋曾加强江苏地方警政力量的建设。

第一是整顿地方警察。冯国璋入苏后,对江苏军队进行裁并,于是

---

① 《协缉在逃巨盗董海清等务获究办》,《江苏省公报》1914 年第 261 期。
② 《防范盐枭之布置》,《申报》1915 年 11 月 4 日。
③ 《奖励缉私之办法》,《申报》1914 年 9 月 18 日。
④ 《水巡团之改编》,《申报》1915 年 10 月 6 日。
⑤ 《记江苏保安行政(一)》,《申报》1914 年 11 月 26 日。

为了维护治安而大力整顿警察。1914年，袁世凯发布命令要求冯国璋与韩国钧着力筹划警政。"苏省现在裁遣军队，必须警察得力，始足绥靖地方。著该督会同该民政长，将苏省警察妥为筹画，切实整顿，以期得力。"内务部要求淞沪警察厅令南北分厅"将编制饷章及现时员名，历来沿革，造具清册，详细说明"，"呈送江苏都督府考核"①。在考核警务的过程中，冯国璋注重奖励有功人员，以督促各项警务有序开展。1914年7月1日，袁世凯发布大总统令，"据宣武上将军督理江苏军务冯国璋、巡按使韩国钧呈称：警官勋绩卓著，特加懋赏，分别补充陆军实官，以资鼓励等语。……尤宜特加懋赏石人俊、徐国梁著授陆军少将，崔凤舞著授陆军步兵上校，以彰劳绩而励有功，交内务、陆军两部查照，此令"②。根据中央的命令，冯国璋积极加强对江苏警务的整顿，如改组江苏省城警察厅，以之作为维护南京治安的主要力量。

民元，南京建立巡警总局。民国二年（1913）2月，该局改名为江苏省城警察厅，负责南京治安事宜。当时，江苏全省警务由民政长（巡按使）管理，辖有省城警察厅、苏州警察厅、淞沪警察厅和各县警察事务所。冯国璋到江苏后，为安定南京社会秩序，与江苏民政长（巡按使）合作，对江苏警察进行了整顿。二次革命后，南京为北洋军控制，随即冯国璋对江苏省城警察厅继续改组。其中，关键之处便是以王桂林取代游泽寰为江苏省城警察厅厅长。王桂林原为天津巡署东区署长，在南下任职时带领警官4人、长警10人来宁，随后又从天津调警官32人、长警990人、书记15人、夫役29人，先后共1082人到南京重组江苏警察厅。③ 冯国璋对重组江苏警察厅一事十分重视，于1914年2月"督饬警察厅长王桂林将该厅各职员籍贯履历造具清册呈送以备查核"④。江苏省城警察厅在经历此番更动后，便完全为北洋派所控制。为了进一步加强对南京警察的掌控，江苏警察厅随后便"取消土著三百名巡士"，但随即出现了"警岗不敷支配"的困难。于是，在1914年1月18日，王桂林"向天津续调六百

---

① 《令南北厅将编制饷章及现时员名历来沿革造具清册呈送江苏都督府考核文》，《警务丛报》1914年第11期。
② 《大总统策令》，《内务公报》1914年第11期。
③ 江苏省地方志编纂委员会编：《江苏省志 公安志》，群众出版社2000年版，第20、25页。
④ 《南京政闻录》，《申报》1914年2月11日。

第三章　冯国璋督苏：维护北洋派在江南的统治利益 ▎311

名来宁"①。冯国璋在上任后即对江苏军警进行了整顿，在相当程度上改善了南京的治安。②

第二是编练警备队。民元以来，江苏各县警政办理成效不彰，难以维护地方秩序。于是，江苏在"狼匪猖獗之时，警备队之议乃起，以警察行政属于内务，本无军事能力，遂另组织警备队，专当缉捕剿匪之责"③。1914年3月，江苏都督冯国璋裁编江苏陆军第二师，将"编余之第二、第四两团，并附骑兵、山炮、机关枪各排"改为"江苏警备第一、第二团"。因经费一时间难以筹足，于是冯国璋向韩国钧咨文要求警备队由省发饷。冯、韩二人商议后，"乃将各县补助警费五十八万余元中，提去三十五万元，为省警备队饷项"④。显然，此系解决警备队经费的临时手段，要促成警备队正常编练就必须解决经费的来源。"齐使到任闻于警备队事宜，与冯将军商酌多次，仍决提各县警察费专款存储，不得转移挪用。"在地方警备队相继编成后，冯国璋又赋予警备队更大的职责，"拟将各处驻防军队调省教练，地方防务均归警备队担任"⑤。而为了促进长江流域之治安，冯国璋又建议北洋政府在长江流经各省成立警备队。"中央政府将撤回驻沪之侦探，苏督冯国璋建议在沪召集会议，由苏浙皖赣湘鄂六省各派文武委员两人到会筹商维持扬子江流域治安之长久办法，且将由六省组织警备队专任此责，以便彼此扶助，互通声气。另在九江设立侦探总局，而于汉口重庆、上海等处设立分局。"⑥

第三是创设地方保卫团。1914年8月29日，北洋政府颁发《县警察所官制》规定："县警察所管理县区域内之警察事务，但县无设所之必要时，得以保卫团代之。"⑦江苏各地原以附加税作为县警察费，而实际上各县"格于财力及劳力，县警察之意义乃变为县城警察之狭义，人民所受警察之保卫者，仍有偏枯。江苏除江宁、吴县、上海三县为有国家警察之

---

① 《南京政闻录》，《申报》1914年1月19日。
② 杨颖奇、经盛鸿、孙宅巍等编：《南京通史·民国卷》，南京出版社2011年版，第83页。
③ 岐逸：《纪江苏保安行政》（一），《申报》1914年11月26日。
④ 赵如珩：《江苏省鉴》上，上海大文印刷所1935年版，第80页。
⑤ 《扩充警备队月饷》，《申报》1915年4月22日。
⑥ 《北京电》，《申报》1914年5月24日。
⑦ 戴鸿映编：《旧中国治安法规选编》，群众出版社1985年版，第65页。

故，各乡镇均受县警察之支配。其余五十七县均局于一隅，未能普遍"①。针对县警察的现状，要推进乡村治安的管理，江苏地方当局就不得不创办保卫团。"保卫团即乡镇之团练，其性质为人互相助，连环守卫，于稽查户口，驱逐莠民，尤为利便。"②冯国璋与齐耀琳曾多次通饬各县知事筹办保卫团，但一时间各地却对此事较为懈怠，以至于"近来省县盗匪充斥，抢劫烧杀，动成巨案"。其原因就在于，"知事平时防范未周公正，士绅不肯出而任事"。

当时，危害乡村社会秩序的既有大股匪徒，亦有零星盗贼。地方政府对付大股匪徒就必须与驻军合作，通力剿办，而对付零星盗贼则需要借助地方团练武装来剿办。1914年8月，袁世凯曾申令各省筹办民团及商团，并通饬各就地方情形妥速筹办，以提高地方自我保卫能力。1914年11月，"当此荒歉贫仍之际，防缉盗匪最为紧要"。冯国璋与齐耀琳再次通饬各县，"除大股匪徒会同各驻防军队剿办外，其余零星劫案由各地方官会商公正绅富，就地筹款，遵章筹办保卫团，以辅兵力所不足"。冯国璋在通饬中明令各县知事要注重筹款，"此次筹办保卫团重在得人，尤重在筹款，非空言所能施行。但苟得实心任事之正绅，则筹款亦未始无良法"。同时，冯国璋还告诫各县知事，对于此次创办保卫团将实行奖惩结合的办法督促各地尽速开展。"嗣后各县知事如能尽心民事，集款而不扰地方安谧，卓有成效者自当从优褒奖，以励贤能。倘若仍听□藐视，虚应故事，甚至纵盗殃民，则是有意尝试不愿考成，定即分别撤参，以为贻误地方者诫。"③

11月底，冯国璋与齐耀琳又饬令江苏各道尹"迅速派委查办所属各县是否筹办，分别详复，以慎冬防"④。1915年1月，冯国璋与齐耀琳通饬各道尹和各县知事，遵照申令迅办保卫团。"诚以萑苻不靖，非从速设立国防不足以收守望之效。查地方有司对于此项保卫事宜，认真筹办者固不乏人，而观望因循虚因故事者亦在所难免。本上将军、巡按使会同察核情形，自应明定各属办理保卫团功过章程，以示劝惩而资遵守。兹经会同拟

---

① 岐逸：《纪江苏保安行政》（二），《申报》1914年11月30日。
② 岐逸：《纪江苏保安行政》（一），《申报》1914年11月26日。
③ 《筹办保卫团之必要》，《申报》1914年11月5日。
④ 《委员会办保卫团》，《申报》1914年11月23日。

第三章　冯国璋督苏：维护北洋派在江南的统治利益 | 313

定功过章程六条，合亟饬行该道尹、知事，仰即转饬一体遵照，此饬。"①对于江苏创办保卫团事宜，冯国璋持续进行关注，并制定相关章程来督促各县知事早日施行。1915年1月9日，冯国璋与齐耀琳联合发文，颁发《苏省各县知事办理保卫团功过章程》，限各县知事在两个月内成立保卫团，否则按照相关条例予以惩处，详见该章程六条：

第1条 本省各县保卫团应限各该管县知事于此项章程颁到后二个月内一律筹备成立。

第2条 各县办理保卫团如未至限期能先期成立者，得由该管道尹将该县知事援照县知事奖励条例第十二条，详由本巡按使酌予记功。

第3条 各县知事办理保卫团如有成绩卓著者，得由该管道尹将该县知事详由本巡按使照保卫团条例咨部核奖。

第4条 各县知事办理保卫团如有逾限未经成立或办理不力者，得由该管道尹将该县知事援照县知事惩戒条例第九条第一、第六各项，详请本巡按使酌予记过。

第5条 各县知事如因前条事项惩戒后，逾期二月仍未将各该县保卫团筹办成立者，得由该管道尹将该县知事援照县知事惩戒条例第十二条，详请本巡按使并记两过。

第6条 本章程自文到日施行②。

为加强治安防护，打击盗匪，冯国璋与齐耀琳联名通饬各县知事"筹办收回民间枪械"事宜。江苏经历多次战乱，有不少枪械遗留民间。江苏地方当局鉴于"地面辽阔，军警防卫难周，藉为守望相互之资，以示预备不虞之意。"然而，大量枪械存在民间，对社会治安埋下了巨大隐患。特别是枪械一旦落入盗匪之手，对乡民危害更大。对此，水上警察厅第二厅厅长赵会鹏向冯国璋、齐耀琳呈文称："本为防患保安转以藉寇资盗，若不亟图补救，不独非慎重军械之道，恐愈生盗贼觊觎之心，地方安危关系甚巨。"据此，冯国璋批示："现查各县保卫团将次成立，

① 《遵照申令迅办保卫团并颁功过章程一体遵照》，《江苏省公报》1915年第395期。
② 《本省各县知事办理保卫团并颁功过章程》，《江苏省公报》1915年第395期。

应由各该县知事体察情形，饬令编入团局，藉为守望之资，自无仓促委敌之患。至私藏枪械本干例禁，并应出示勒限送县编烙以杜流。除会饬各属办理外，仰即转饬知照，此批等因印发外，为此通饬各属仰即遵照妥筹办理具报，此饬。"① 冯国璋作为军人，深知枪械遗留民间对社会秩序的破坏力，因而通饬各县知事大力收缴民间枪械，是为防范盗匪戕害百姓必要之举。

二 通缉党人

（一）国民党的反袁斗争

1913 年 11 月，国民党被解散后内部出现巨大分化，"而党员在国内，贤者死事，不肖者变节"②。孙中山等人为继续反袁，坚持革命主义，遂于 1914 年 7 月 8 日在日本成立中华革命党，采取严密的入党程序及严格的组织纪律。孙中山之所以这样做，在于他"将国民党的失败完全归咎于党员不服从党的领袖，而且纠正的办法就是要全体党员无条件地服从他一个人"，其后果导致国民党走向分裂，"甚至改变了同盟会时期民主选举的组织原则，退回到 1905 年以前的革命活动传统上去，借用旧式会党秘密结社的落后组织手段，使中华革命党染上了宗派主义的色彩"③。

1. 中华革命党的反袁活动

以孙中山为代表的国民党人"乃以'宋案'、借款之故，促起二次革命"④。及二次革命失败，国民党政治力量在国内遭受重大打击，不得不亡命东瀛三岛。为了能够夺回政权，孙中山等人组织的中华革命党遂以军事反袁为基本手段。根据《中华革命党党章》第四条规定，军政时期"以积极武力，扫除一切障碍，而奠定民国基础"⑤。中华革命党成立后，即组织党员秘密潜回国内，在各省酝酿各种反对袁世凯统治的斗争。

1914 年 7 月 28 日，第一次世界大战全面爆发，对中国的内外形势产

---

① 《通饬六十县知事筹办收回民间枪械》，《江苏省公报》1915 年第 393 期。
② 邹鲁：《中国国民党史稿》第 1 册，商务印书馆 1938 年版，第 163 页。
③ 刘景泉：《北京民国政府议会政治研究》，天津教育出版社 2006 年版，第 353 页。
④ 中国社会科学院近代史研究所编：《孙中山全集：1913—1916》第 3 卷，中华书局 1982 年版，第 112 页。
⑤ 罗福惠、萧怡编：《居正文集》，华中师范大学出版社 1989 年版，第 209 页。

第三章　冯国璋督苏：维护北洋派在江南的统治利益 | 315

生重大影响。在外交方面，日本对中国步步紧逼，甚至派兵在青岛登陆，逐步将山东变为其殖民地。特别是在1915年1月18日，日本驻华公使日置益向袁世凯提出"二十一条"，要将中国变为日本的附属，极大地损害了中国的主权。在国内方面，党人的反袁活动进入活跃期，各地由党人策划的秘密起事层出不穷。中华革命党人戴天仇认为："我等革命党人刻下已大体完成第三次革命之作战计划，约百名在京同志返回国内，何时举兵唯欧洲形势如何而定。余等党员目前正在观望形势，如德国势成败局，即为我中国各省革命起义之时。"① 中华革命党人利用第一次世界大战带来的形势变化，积极策划各种军事活动，希图以暴力手段推翻袁世凯的统治。大体而言，中华革命党反袁的方式主要是以策划起事为主，以策划暗杀为辅，国内反袁的地域主要在东北、山东、江浙（包括上海）以及广东等省，而其他省份亦有相当人数的革命党人在酝酿反袁活动。

中华革命党人还广泛联络国内外反袁势力，主要有：

第一是联络宗社党反袁。在中华革命党成立前，原国民党人即在各地秘密开展反袁活动。据日本驻华公使山座园次郎在1914年1月14日的报告称，"戴天仇、陈其美也来到大连，企图和肃亲王派宗社党取得联系"。

第二是利用日本浪人在华组织军队。据参谋本部、陆军部密电称，"孙黄等人令许多日本浪人，借调查游历为名，蛊惑军队，进行暗杀活动，且以日本军人一名，中国军人一名，组织军队，欲图占领奉天，更在上海组建'黄社'，将机构分设在各省。"

第三是广交帮会，甚至结交土匪加入反袁。1914年9月，日本驻广东总领事向日本外务大臣报告中华革命党在广东活动近况，"而革命党方面则与土匪、盗贼取得联系，同时策动李福林、陆兰清等旧绿林之兵"。

第四是联合日本的政治势力反袁。1914年8月13日，孙中山就革命问题征求犬养毅意见。孙中山认为，欧战爆发给中国革命带来绝好机会，"此时若在中国内地发生动乱，必给日本外交带来极大好处。为此日本政府务必支援中国革命。此点请阁下予以关照"。不仅如此，孙中山还向犬养毅提出无条件借款要求，"若此次仍不能筹足所需资金，即使附加任何

---

① 《中国革命党员戴天仇之谈话》，俞辛焞等译：《日本外务省档案·孙中山在日活动密录（1913年8月—1916年4月）》，南开大学出版社1990年版，第687页。

条件，也靠阁下在日筹款"①。中华革命党为了能够推翻袁世凯的统治，不惜借重各种社会力量，在国内开展多种活动，对袁世凯当局的统治制造了巨大困难。

对此，如何看待中华革命党人的反袁活动？我们既要看到孙中山等人采取军事手段反袁，是为了追求能够实现五权宪法的民国，致力于实现民权民生主义，具有积极的历史意义。但是，我们还要分析在当时的中国，采取这种方式是否恰当？在欧洲爆发后，中国的外交局势空前恶化，日本对华虎视眈眈，大有亡我之心不死。对于中国而言，如果能够有相对安稳的国内秩序，各种政治力量能够妥协，共同对外，为维护国家利益而共同努力，则是符合广大中国人民的利益。

当时，袁世凯一意集权，甚至在1914年2月取消地方自治，在很大程度上亦损害了人民利益。因而，中华革命党人反袁有争民主的一面，但是为了实现推翻袁世凯的统治而与土匪、宗社党、日本浪人联合，甚至为了得到日本的援助，不惜牺牲一切，则值得反思。革命党人与其中任何一种势力合作都要付出不小的代价。仅以宗社党为例，《申报》曾引用《大陆报》1914年11月5日的报道称，"侨日党魁私与刻在旅顺之肃清王接洽，拟与宗社党提携行事，先在东三省作乱。东三省为外人势力膨胀之地，较诸内地他省更易起事。若革命告成，则中国割满洲全境以酬满人，俾成独立满洲国以奉天为都城"②。从国家整体利益的角度看，袁世凯是得到各国承认的合法中央政府，是当时中国能够更好地维护国家利益的主要政治力量。1912—1915年，袁世凯政府采取了一系列维护国家统一的政策和措施，以及发展经济的政策和法规，而且取得了不错的成绩。③ 特别是在欧洲爆发后，袁世凯针对日本政府提出的"二十一条"据理力争，在当时条件下已尽了最大努力来更多地保全中国国家利益，尽量让日本更少地攫取中国利益，为后世史家所肯定。如陈恭禄曾评价到："就国际形势而言，中日强弱悬殊，和战均不利中国，衡其轻重利害，决定大计，终乃迫而忍

---

① 《犬养毅与孙文会见之事》，俞辛焞等译：《日本外务省档案·孙中山在日活动密录（1913年8月—1916年4月）》，南开大学出版社1990年版，第638、644、655、688页。

② 《政府严防党人之别报》，《申报》1914年11月10日。

③ 张华腾：《多角视野下的北京政府：1912—1915年北京政府述评》，《史学月刊》2008年第2期。

辱签订条约，何可厚非！"①在强敌面前，维护国家利益的最重要的方式之一应该是国内各种政治力量能够暂时搁置政治矛盾，携手应对外来的侵略。而其中重要的一环便是，各派政治力量要共同维护好大局，为安定社会秩序，稳定国内政局做出努力。正当中日紧张交涉之际，刘师培向中华革命党人呼吁停止反袁，"诸君之意，或在于促进政治改良，但当此国外有难之际，自应一致进行，同谋捍御。盖国若不存，党于何有？师培之于诸君，昔曾同撄艰险……区区之忱，实未能忘情于左右；事关利害，未忍缄默弗言。凡诸君迹涉嫌疑者，于四年元日赦令，自可遵照办理。一经反（返）国，必无危险之虞"②。刘师培认为在国家有难的情况下，一意坚持党争对国家不利。从实际情况看，中华革命党人的反袁活动③，并不利于国家政局稳定，反而加剧了国内政局及社会秩序的混乱，特别是联合日本政治势力共同反袁，在客观上有利于日本对付袁世凯政府，进而损害中国国家利益。而中华革命党人的反袁活动，在实际上亦不为民众所接受。日本外务部的秘密报告指出："一般国民虽固不信赖现政府，但厌乱心切，尚未达到同情革命党的地步。"④由于人心厌乱，加之中华革命党人与秘密会社及盗匪相互联络，客观上脱离群众，因此各种反袁的活动基本上很难奏效。胡绳就曾指出中华革命党的弱点在于"组织形式及活动方式都成了脱离群众的秘密团体，它不能在国内政治生活中起较大的影响"⑤。

2. 中华革命党江苏支部的反袁活动

中华革命党人以"协力同心，共图三次革命"⑥相号召，并在国内各省设立支部，秘密从事反袁宣传及军事斗争。中华革命党江苏支部长吴藻华由孙中山委任，并以周应时为江苏省司令长官，张维为秘书长，茅祖权为支部总务科长，施承谟、张锦堂为支部参议。同时，江苏支部按照《中

---

① 陈恭禄：《中国近代史》，商务印书馆1935年版，第52页。
② 陈奇编：《刘师培年谱长编》，贵州人民出版社2007年版，第327页。
③ 1915年底，当国内外局势相对稳定后，袁世凯策划洪宪帝制，妄图改变国体，背弃民主共和道路，从而极大地危害了国家利益，遂为民众所反对。1916年版，孙中山等人加入护国运动，就不仅仅是反对袁凯的个人统治，而是为中华民族争尊严，维护国家走民主共和道路的努力。
④ 《各派关系及对不久将来的观测》，俞辛焞等译：《日本外务省档案·孙中山在日活动密录（1913年8月—1916年4月）》，南开大学出版社1990年版，第651页。
⑤ 胡绳：《从鸦片战争到五四运动》，红旗出版社1982年版，第654页。
⑥ 邹鲁：《中国国民党史稿》第1册，商务印书馆1938年版，第165页。

华革命党总章》制定了《中华革命党江苏支部章程》，规定："支部本中华革命党本部之宗旨，为江苏全省革命机关，以铲除恶政府，建设真共和为唯一之目的。"而为"实施革命手段起见，依本部总章之规定，于本省要处，酌设分部，并统辖之"。于是，江苏支部在苏州、南京、江阴、铜山、睢宁等处设立中华革命党分部。① 江苏支部作为中华革命党在国内的重要力量，秘密开展以推翻袁世凯统治为目的的军事斗争。

第一是策划武装活动。革命党人开展武装活动，一方面在各处秘密设立联络机关，另一方面又秘密购运军械，组织武装反袁。如《申报》1914年1月11日报道，上海党人购有十余万元之军械将由某公司轮船运沪。② 党人在上海及江苏其他地区均有活动，而且常有较为完整的组织形式，采取秘密行动，开展军事活动。据《申报》1914年1月13日报道，"党人在苏谋乱，约期举事"，"总部机关设在上海，朱卓文系孙文代表，张四杰为黄兴代表。韩兴、张小川、刘天猛、李文辉等从而主持一切"。"此次约期图乱，先于上年十二月三十日在虹口□□旅馆会议，举定符节为总司令，……口号国民军，约定十二月三十一日晚在苏放火举事，并由□□运来炸弹、手枪等物藏储□□家内。"③ 因为革命党人在国内的力量有限，难以开展大规模的武装活动，于是他们将活动的重点转移到秘密策划军警上来，开展武装起事。1914年9月21日，《申报》报道："据探报谓，匿迹东洋之党徒，现潜派党羽韩恢，带领党徒朱醒东、孙景元、赵灿章等，由沪赴苏运动军警两界，密谋起事。"④ 1914—1916年，党人先后在南通、江阴、吴江、苏州、宿迁等江苏南北各地策动过武装反袁活动，其中影响颇大的便是策动江阴驻军起事。1915年初，"中日交涉事件起，孙中山召集会议，商讨政策"。中华革命党决定发动武装反袁，并于3月10日发布第八号通告，"号召党员积极反袁。孙中山派遣军事指挥人员分批赴各省组织力量，策动武装起义"。随即，"陈其美、钮永建、孙洪伊、邹永成等纷纷派遣部下，先后秘密前往江阴，与代理第七十五混成旅旅长肖光礼、

---

① 江苏省地方志委员会编：《江苏省志·国民党志》，江苏人民出版社2006年版，第15页。
② 《侦查私运军械之严密》，《申报》1914年1月11日。
③ 《党人谋苏之布置》，《申报》1914年1月13日。
④ 《防范党人运动军警》，《申报》1914年9月21日。

第七十五旅军乐连连长吕玉亭、步兵连长张永森及镇江炮台官龚青云联络。他们计划先夺取炮台，控制长江咽喉"①。1915年4月15日，中华革命党人成功策动了驻江阴守军武装反袁，对江苏局势带来了极大的震动。除了策划军警起事外，革命党人还曾成功策动海军"肇和舰"独立反袁，动摇了北洋政府在海军的根基。

第二是联合秘密会社及土匪武装反袁。中华革命党在江北联合会党及土匪的事务主要是由韩恢等人负责。1914年6月26日，张勋致电袁世凯称："探报沪上乱党运动各路土匪同时发难，韩恢担任江苏江北一带，并派阜宁人丁三花子（即丁明俊——作者注）等赴江北，勾结土匪起事。"不久，丁明思、丁明乱、丁明俊等人在沭阳"以江北总司令暨第一、第二师名义"张贴告示，进行反袁宣传，并在苇塘与官军发生武装冲突。同年8月，党人韩恢等在苏北泗县、桃源、宿迁等县开展反袁活动。"各该县素为会匪渊薮，乱党韩恢、仲八等巢穴。"8月23日，韩恢等人在该地三县交界之丁家嘴、严家集一带，"竖立白旗，书大元帅韩字样，张贴伪示，妄称三次革命，四处抢劫"。同时，韩恢又在上海法租界秘密派遣江北陆军讨袁炸弹队总司令王波等人，在清江"潜约党众及各处土匪"，定于9月20日起事用武力攻占清江。②而陈其美等人负责发动长江流域的会匪参与反袁武装活动。1916年4月22日，《民国日报》报道："据江宁将军行署驻沪巡缉员侦探，现有太湖枭首马二胖子，受革命党魁陈其美委任，拟自沪出发，率领枭党前赴宜兴交界之太湖一带起事，以为牵制之计，俾陈得在他处乘间发难云云。"③党人在江苏各地联络会党，甚至是土匪加入反袁武装活动，虽然能在一定程度上壮大声势，但是亦导致党人与群众更加疏远，不仅没有多大的建设性，反而具有较大的社会破坏性。

第三是从事暗杀活动。中华革命党人开展的武装反袁活动有的虽然一时得手，但是在北洋政府的镇压下，先后都以失败告终。与北洋政府的军事力量相比，中华党人所掌握的军事力量非常有限，加之脱离群众，而且

---

① 中国革命博物馆编：《近代中国报道 1839—1919》，首都师范大学出版社2000年版，第754页。
② 中国第二历史档案馆编：《中华民国史档案资料汇编》（第3辑 政治2），江苏古籍出版社1991年版，第976、983、979、982页。
③ 《太湖枭首》，《民国日报》1916年4月22日。

得不到群众的认可，因此反袁活动的成效不大。于是，中华革命党人在军事活动之外，采取暗杀方式来增强反对袁世凯政府的效果。其实，在中华革命党成立前，国民党人即已开展多种暗杀活动，其暗杀目标多为军政人员，特别是军官。1914 年 1 月，在扬州的国民党人一百余人，计划在徐宝山出枢时起事，"该党人前本谋刺方旅长更生，嗣以未能得手，复谋刺军届团长或营长一人，承此纷乱之际，即预备起事"①。国民党人在组织暗杀活动时，多有联合，组成一个暗杀团，对军政官员秘密处死。党人的暗杀活动，在南京、苏州、上海及苏北等地多有出现。"南京军事侦探总队队长马云龙侦知，暗杀党田子亭、胡秉柯、曹松泉、娄企乔、何恒公、李书诚等十余人，近拟由湖北、九江等处，潜至沪上，希图暗杀军政各界重要人物，已乘日本公司某轮船来申。"② 中华革命党成立后，亦以暗杀为重要的反袁方式，对军政官员实施定点清除，对北洋政府的统治造成了巨大威慑。中华革命党在国内各地开展的暗杀活动中，以刺杀郑汝成影响为大。陈其美于 1915 年 2 月 28 日回沪，负责长江流域的各项反袁活动。当时，"革命在沪之运动，已一年有余。然所以不能遽起者，一则由于袁世凯屡次调动抽换，运动方有头绪，已被他调，易以新者，又须重新着手；一则由于经济之不允，人心之不一"③。陈其美到上海后，努力经营大半年，但反袁活动亦难有起色。时任上海镇守使郑汝成，为"拼命报答主知"④，严密缉拿党人，采取多种方式镇压党人运动。郑汝成是袁世凯"赖之以东南保障"，成为党人在上海开展反袁活动的最主要障碍。陈其美等人认为："欲取控制长江，必先取得上海，欲取得上海，又必先除去郑氏。"⑤ 不然，"则上海难下；上海不下，则东南难图"，特别是对于策动海军"亦不能急图也"⑥。1915 年 11 月，袁世凯加快称帝步伐，导致政局空前恶化，于是

---

① 《扬州破获党人机关》，《申报》1914 年 1 月 11 日。
② 《侦探守拿暗杀党》，《申报》1914 年 1 月 12 日。
③ 云南省社会科学院编：《护国文献》上册，贵州人民出版社 1985 年版，第 63 页。
④ 刘成禺：《洪宪纪事诗本事簿注》第 2 卷《洪宪纪事诗三种》，上海古籍出版社 1983 年版，第 166 页。
⑤ 张难先：《湖北革命知之录》，商务印书馆 2011 年版，第 247 页。
⑥ 蒋介石：《陈英士先生癸丑后之革命计划及事略》，转引自陈梅龙《陈其美传论》，天津教育出版社 1996 年版，第 311 页。

"革命之机,因而大熟。党中乃决定进行程序,先刺死袁党中坚健将郑汝成,以寒海陆各军之胆,使输诚于我"①。在 11 月 11 日,革命党人王小峰、王铭山等人在上海英租界外白渡桥刺杀了郑汝成,成为民初轰动一时的暗杀事件。

(二)冯国璋缉拿革命党人

1. 袁世凯政府通缉革命党人

欧战爆发后,革命党人在国内运动异常活跃,各种秘密起事层出不穷。1914 年 10 月 31 日,袁世凯以广东、浙江、四川、广西、上海等地,连续破坏中华革命党人秘密机关,案情均有"孙文主谋,构乱遣党"事,通命各省"严密防缉"党人活动。② 党人的反袁运动成为袁世凯政府及各级地方政府面临的颇为棘手问题。一时间,党人反袁事件屡禁不绝,而地方政府防范党人的效果亦不明显。党人在各地秘密起事,对北洋政府统治带来巨大威胁。袁世凯一再通过统率办事处向各处军警密电,要求严厉查缉党人。但是,各地侦缉"党人图谋扰乱之事,类皆摭拾浮言,捕风捉影。虽有一二破获,一经到案研讯,非证据不甚充分,即事实多有未符,甚至挟告密为诬陷者,所在皆是"。为此,袁世凯政府严定侦探奖惩章程,要求各省军政各机关,"嗣后无论军队、警察、侦探,捕获乱党五名以上,有炸弹等危险品物证确实者,应赏银五千元"。该章程规定了根据侦探捕获党人的人数及物品,分别给予五千、三千、一千及五百等奖励。③ 当时,各地反袁活动虽多,但其中参与者并非都是革命党人。在上海,革命党或与革命党有关系的,约有五万人以上。而其中有革命色彩而潜伏于此地的有五千人左右。④ 其实,潜伏于上海的被称为革命党的人中,大部分只是与革命党有牵连,而并不都是真正的革命党人。为了能够削弱反政府的力量,并分化革命党人,袁世凯政府在 1915 年元旦颁发《附乱自首特赦令》,"凡在民国三年十二月以前,所有附乱人等,或被胁,或盲从,均得

---

① 云南省社会科学院编:《护国文献》上册,贵州人民出版社 1985 年版,第 63 页。
② 中国社会科学院近代史研究所中华民国史研究室编:《中华民国史资料丛稿大事记》第 3 辑,中华书局 1975 年版,第 32 页。
③ 《严定侦探奖励章程》,《申报》1914 年 1 月 4 日。
④ 《各派关系及对不久将来的观测》,俞辛焞等译:《日本外务省档案·孙中山在日活动密录(1913 年 8 月—1916 年 4 月)》,南开大学出版社 1990 年版,第 651 页。

向地方行政官署，悔罪自首，由当地行政官呈请大总统特赦，给予免罪证书，回籍营业"①。袁世凯意图通过对此前参与反政府的党人进行特赦，减免处罚，以挽回一部分人心的支持，但对之后仍矢志于反袁的党人则严密缉拿，审讯究办。袁世凯政府对党人既严密缉拿，又给予自首者特赦，在一定程度上化解非革命党人的反袁斗志，对党人软硬兼施，以维护北洋政府统治。

2. 冯国璋缉拿革命党人

1914年1月，冯国璋任江苏都督伊始，就面临党人在江北、苏南及上海等地秘密开展反袁活动的各种挑战。由于江苏省历来为革命党人荟萃之地，特别是上海，交通和通信便利，"毗连租界，匪徒遁迹，防缉綦难"②。冯国璋作为江苏都督，是北洋集团的一员，维护北洋政府的统治及袁世凯的大总统职位，符合其自身利益。江苏都督（上将军）作为地方军政大员，代表政府镇守一方，肩负守土安民之责。在袁世凯称帝之前，冯国璋采取多种措施，严密缉拿党人，严重地打击了中华革命党的势力，维护了北洋政府在江苏的正常统治。从地方与中央的关系而言，袁世凯政府厉行中央集权政策，对地方军政大权进行了一定限制，约束地方军政膨胀，以避免出现尾大不掉之势。而袁世凯的集权政策亦收到一定效果，地方军政逐步为中央集中，北洋派将领对袁世凯大都恭敬服从。江苏因其特殊的政治、经济、军事地位，向来为中央政府所重。冯国璋作为江苏军政负责人，首先要服从袁世凯政府的各项军政命令，这是地方政府服从中央政府的基本要求所然。同时，地方政府根据中央政府的政策，采取因地制宜的措施解决本地的问题，亦是基本的行政惯例。从社会治理的角度来看，冯国璋作为江苏地方最高军政领导人，维护社会治安、安定民众生活秩序是其职责所在。因此，冯国璋在江苏缉拿党人的措施及其行为具有必然性及合理性的一面。

自1914年以来，随着党人在江苏各地广泛开展反袁运动，如何缉捕党人，安定社会就成为冯国璋必须要面对的一个重大问题。冯国璋在镇压

---

① 《附乱自首特赦令》，《兵事杂志》1915年第12期。
② 中国第二历史档案馆编：《中华民国史档案资料汇编》（第3辑 军事2），江苏古籍出版社1991年版，第339页。

党人反袁运动中的措施主要有以下几条。

（1）严查缉拿。冯国璋对国民党人的政治态度素来不睦，二次革命后各种秘密反袁武装活动屡见不鲜，更是引发冯氏对党人的不满。为了缉拿党人，冯国璋多管齐下，实施多重手段，对党人运动予以不小的打击。

第一是成立缉拿党人机构。

①军事执法处。在江苏都督府，冯国璋专门成立了江苏省军事执法处，主要负责涉及党人的各种案件侦缉、审讯及处置。如1916年3月25日，《申报》报道："省城连日在评事街卢妃巷、下关永宁街等处破获党人机关数处，捕获党人共二十七名，现均解送军事执法处审讯。"①

②侦探社。为了有效缉拿党人，冯国璋还设立侦探社总队，及在军队中亦设有专门从事于缉拿党人的军事稽查员，开展秘密的侦缉党人活动，侦探情报，缉拿党人。如据1914年2月2日《申报》报道："江苏都督冯国璋君访闻近有大帮党人潜至沪上，意图转赴浙省举事，特即备文开列花名，并派军事稽查员于凤海带同暗探李桢邦等八名，于昨午乘坐沪宁火车来申，即投镇守使署请速照会驻沪交涉员杨君，知照外交团转饬各捕房一体派探协拿，以免窜逃。"②

③陆军防务调查局。鉴于"宁、苏、沪三方面为全省最关紧要之地"，冯国璋"筹画在该三处择要设立陆军防务调查局，委员专司调查。遇有防务事宜，即可随时办理。"③

④督饬各地设立稽查机关。1916年6月6日，袁世凯去世，使局势发生重大变化。此时，社会秩序亦相当不稳，冯国璋极力维持江苏政局的稳定。6月7日，冯国璋分饬苏常沪海各道尹，"现值地方不靖，防务吃紧，匪徒到处煽惑，图谋不轨，益利用休战军官及闲散学生托同胞研习之谊，为勾结军警之媒介……际兹胥动浮言乱谋思逞，亟应严密侦查，防范未然。苏省为水陆通衢，东南重镇，匪徒匿迹较易，注意尤切。除省垣、上海二处，轮船、火车、埠头暨旅馆往来客商、旅行军官、学生，业经加派军警缜密稽查，并咨行杨护军使参酌地方情形办理外，特随法稽查试行办

---

① 《南京快信》，《申报》1916年3月25日。
② 《冯都督指拿党人》，《申报》1914年2月2日。
③ 《地方通信》，《申报》1914年11月12日。

法一份。惟各属地方情形不同，应由各该长官酌量变通办法，拟具条例并此项稽查机关，限文到三日内一律成立，备文具报"。冯国璋督饬各地方根据实际情况，赶紧成立稽查机关，防范党人运动军队以免造成社会局势的更大动荡。冯国璋在要求地方遵照设立稽查机关的同时，"并抄发稽查试行办法九条，讯即试办"①。

第二是督促各地军警防范党人运动。

1914年2月，党人在江苏各地秘密活动，"据各处探报，又有乱党潜赴苏州、镇江一带阴图起事之说，当即分电上海萨督办、郑使，苏州殷使、米师长，镇江龚旅长、张团长等严密防缉，以遏乱萌"。同时，冯国璋要求将"楚有"兵舰"暂行留泊镇江，借资镇慑"②。9月17日，冯国璋为了进一步维护南京社会秩序，强化对党人的防范，"已饬各军警加意严防"，又"特加委金陵道尹王舍棠兼理军政执法，以便遇有扰害地方之事，迅速办理"③。在冯国璋的督饬下，江苏各地方当局对被党人策动的军警及各级官员都采取严厉镇压行动。如"淮关监督徐锡麒因涉嫌疑被逮，已奉大总统令交冯都督讯办"④。而清江警察局"巡长王有奎有被党人勾结为内应之事讯实后，立时正法"⑤。

第三是调动地方警备力量防范党人。

首先，冯国璋明确赋予警察厅搜捕党人责任。"冯督通令搜捕党人机关，以后又由警厅担负完全责任。"⑥ 其次，冯国璋又动用水警查缉党人。1914年8月，冯国璋根据探报得知"党人祝某在崇明狮子墩地方聚有党羽千余人并有军械，约期起事"，于是命令江苏水警第二厅"速往密拿"。水警第二厅接电后，"于十七号饬派驻防闵行之安靖浅水兵舰与将军署探员袁某，会同驰往该处严密查缉"⑦。最后，冯国璋对于党人开展的暗杀活动，主张要严厉对待。1914年2月初，冯国璋向袁世凯上条陈，指出上海

---

① 《冯军督饬设稽查机关》，《盛京时报》1916年6月9日。
② 杨志本主编：《中华民国海军史料》，海洋出版社1987年版，第281—282页。
③ 《道尹兼理执法》，《申报》1914年9月18日。
④ 《南京政闻录》，《申报》1914年1月10日。
⑤ 《南京政闻录》，《申报》1914年1月11日。
⑥ 《南京电》，《申报》1914年1月6日。
⑦ 《探报狮子墩党人之举动》，《申报》1914年8月19日。

暗杀之案层出不穷，而且蔓延到各地，其原因就在于：①恃租界为捕逃薮；②恃国事犯之美名；③恃刑法之改轻。冯国璋认为："为今之计亟宜一面与各领事磋商，凡遇暗杀之犯，概归中国审讯，无论与政治有无关系，一律处以极刑；一面察究主使，尽法惩办，庶几此等凶顽有所顾忌。"① 冯国璋的建言对于北洋政府开拓外交渠道防范党人的反袁运动，具有积极意义，并在一定程度上对党人以上海为基地的各种活动具有遏制作用。

（2）成立陆军遣抚调查所。"由于上海是革命党人的避难地，所有中国政府各机构都向这里派遣大量侦探，从事乱党的逮捕。北京中央政府派遣的高级侦探数名，上海镇守使侦探二十余名，淞沪警察厅侦探三十余名，长江巡阅使侦探十余名，江苏都督及巡按使侦探约十名，及其他各省都督随时派遣的侦探十数名。这些侦探一方面在中国人居住区设有机关，另外，在各个租界也设有秘密机关。每个侦探都雇用许多盯梢和报告人。"由于"上海是众多革命党员避难集合之地，但他们当中，多因一时受上级之命或本地情势影响而加入乱党，自己并无意革命。现已有不少军人幡然悔悟，但仍有乱党嫌疑而潜伏于此"。于是，冯国璋与韩国钧商议委任江苏都督府军事咨议官杜淮川、朱光志、章驾时等三人成立陆军遣抚调查所。1914年6月，陆军遣抚调查所在上海正式成立，并发布公告："凡参加过第二次革命的陆军将校以上的军人，确已悔悟前非、欲求正业者，提出正式委任状及其他证据，并有适当保证人者，经本所调查后给相当旅费送还原籍。"冯国璋等人设立陆军遣抚调查所是针对上海党人实际情况而做出的一项具有创新性的治理模式，实际上是通过党人的自首而给予出路，以送回原籍作为党人的慰抚政策。陆军遣抚调查所设立之初，"提出者络绎不绝，每天达上百人，这些申请者中，也颇有一些可疑人物在详细调查之后办理遣返手续。"当然，"真正的革命党员，恐有后患，响应这一慰抚政策者现已不多"②。虽然，冯国璋等人设立陆军遣抚调查所，实际上取得效果并不明显，却成为1915年1月1日袁世凯颁发《附乱自首特赦

---

① 《冯都督惩治暗杀犯之主张》，《申报》1914年2月6日。
② 《陆军遣抚调查所的设置》，俞辛焞等译，《日本外务省档案·孙中山在日活动密录（1913年8月—1916年4月）》，南开大学出版社1990年版，第652页。

令》之蓝本。

（3）联合缉拿党人。欧战爆发后，党人反袁运动勃兴。党人在东南地区以上海为中心，在江浙之间穿梭运动，准备秘密起事。冯国璋与浙江军政长官朱瑞及上海镇守使郑汝成就联合防范党人，开展联合行动进行合作。1914年8月，有探报称："党人近在苏垣设立秘密机关，闻现由沪上私购军械偷运往苏，希图约期暴动。"冯国璋接报后，立饬江苏水警第二厅"速派兵队驻扎由沪至苏之扼要地方，严密防缉"①。在党人的各项反袁运动中，往往策划会党参与其事。1914年8月，根据浙江兴武将军朱瑞的电讯，"青洪帮首领范福安等人在江浙两省开堂收徒，其手下党羽已达七八千名至多，散布各处，派刘杰在上海设立粮台，为之接济，现受党人运动，有勾结枭匪图谋起事情事"。朱瑞"以事情重大，特派军事稽查员"贲文来沪，投请镇守使饬令军警一体查缉"②。党人在江苏多地秘密开展活动，有的在上海设立机关"，在苏南、苏北等地起事，于是便需要江苏地方当局与上海镇守协作行动。1914年10月22日《申报》报道，"江宁冯上将军近据军政执法处秉称党人李桂祥等人在上海西门外设有秘密机关"，"并有党魁谭彭寿等六七人在彼筹划"。冯国璋接报后，"立时电饬上海镇守使派员先往捕拿，一面派令军事稽查官焦君率领干练探员四名乘沪宁夜班快车，至沪提解谭等来宁，归案办理"③。1914年11月11日，江苏将军冯国璋以崇明有党人聚众千余人之多，并有军械利器，密电郑汝成速派军队前往"严密剿拿"④。

（4）严厉处置革命党人。第一是冯国璋对于党人的处置非常严厉，对于一经审讯的党人，分别惩处，首犯处死，从犯根据情节究办。1915年5月3日，《江苏省公报》刊登有冯国璋对各地军事机关破获的党人处置意见。扬州第七十六旅旅长张更生等人报告称，"拿获乱党贺广等七名。讯据贺广供认受韩恢指使携带巨款来扬运动军队，图谋独立"。驻镇江宪兵司令部陈调元等人称："拿获乱匪陆广涛等八名，并搜出炸弹、旗帜、空

---

① 《欧战声中之防备党人》，《申报》1914年8月13日。
② 《朱将军之请缉》，《申报》1914年8月13日。
③ 《党人所供之秘密机关》，《申报》1914年10月22日。
④ 《上海军事编年》，编纂委员会编：《上海军事编年（公元132—1990年）》，上海社会科学院出版社1992年版，第82页。

白委任状、枪支。刻已分别严讯，供认来镇谋乱不讳，应请法办。"另据省会警察厅王桂林称："拿获乱匪韩子明等及嫌犯共十二名，即经发交军政执法处严讯。据该犯供认，由上海机关派赴来宁运动军警，煽惑谋乱不讳。"对此，如何处置，冯国璋分别批示："覆令张旅长等将贺广等五名即处死刑，余犯交县监禁。覆令陈司令等将陆广涛等四名即处死刑，余犯交县监禁。并令军政执法处将韩子明等四名即处死刑，余犯再行研讯。"①

第二是通过江苏全省军政执法处查办和审理涉及谋乱军官。1914年9月以姚廷献为审判长，江苏全省军政执法处将李自维、姚炳垣、龙锡卿等三名军官，以"图谋不轨，与未获之瞿子受等彼此往来，屡谋三次革命进行方法"为由进行审批，"察核情形，该犯等不但甘心从逆，且系叛党中之重要分子，所担职务匪（非）轻。此种谋乱重犯未便姑容，应照以上证明事实，援据法律理由判决"。"应援暂行新律内乱罪第一百零一条第二项执重要事务者死刑，各依军法枪毙，以昭炯戒。"②冯国璋对于涉及参与党人起事的军警官兵一律严惩。如1916年发生的江阴兵变，据陆军第十九师师长杨春普称："团长张金瓯详报率队攻克江阴，入城后调查肇事首魁，实由于警务长梁思义串通党人运动军队，并出有伪示可证。"根据军政执法处侦讯的结果，"梁思义供认附乱运动独立，身受伪军政执法官职任"。对此，冯国璋做出批示处理结果，"将该犯梁思义批饬处以死刑，以昭炯戒"③。

第三是对缉拿党人出力人员向中央政府请奖。1916年4月，冯国璋向政事堂呈文，要求中央奖励苏省各军事机关出力人员。"查本行署暨各镇守使署、各旅部尚有军用文官，并中级官佐各员，前案未经列保。该员等或分司庶务，启处不遑，或赞襄戎机，指挥能事，或承办引渡案件，为国家尊重主权，或缉获逆党盗魁，为地方驱除巨害。论考核之责，则在公实各具勤劳，论操驭之方，则尽职宜同邀荣典。"冯国璋向袁世凯要求"准将各该员等分别给予勋章，以劝有功而昭信赏"④。冯国璋此次请奖人员众

---

① 《宣武上将军行署饬第七百八十六号》，《江苏省公报》1915年第507期。
② 中国第二历史档案馆编：《北洋政府档案·江苏都督府及督军公署》，中国档案出版社2010年版，第245页。
③ 《宣武上将军行署·江苏巡按使行署会饬》，《江苏省公报》1916年第873期。
④ 《冯国璋呈查明苏省各军事机关出力人员续请奖给勋章文》，《政府公报》1916年4月7日。

多，包括江苏宪兵司令部及宪兵一、二营、陆军第一混成旅、陆军第二师旅及各营、第七十四混成旅及各营、要塞掩护队、长江下游稽查各员、扬州游缉队，以及军署各处办事人员等近百人。

（5）镇压革命党人的反袁行动。革命党人在江苏各地先后制造了重大的军事行动，对北洋政府在江苏的统治造成了巨大威胁。冯国璋在缉拿革命党人的过程中，调动军警力量，既加以防范，又对党人制造的武装事件直接镇压。

第一是镇压革命党在南通制造的武装起事。1914年8月，革命党人策动离职士兵，计划外攻内应，以武力夺取南通。"李公序、黄斌本清乡团兵士，前数月以事斥革。七月间有党人程毅生、李桂培、季荣生等来通运动军队住西门外周复盛客栈。李等与之联络掠任，此事又得清乡营已革兵士陆顺奇等数人。陆等即设法联络本营旧友某甲某乙，使入党分任职务。由陆顺奇、李公序介绍认识程毅生等，许授伪职。而不知甲乙具系暗探员。李公序为伪总司令，陆顺奇为伪旅长，其余团长营长交际员等均派定多名。拟破坏秩序后招足一师以南通为江北根据地。计划已定，程毅生、李桂培、季荣生三人回沪报告领凭转给程等未及来通。而甲乙两暗探已于七月二十五日夜间密告营部，即由营长王已劲君面禀镇守使，派兵会同警局星夜兜拿，仅获李公序一名。由镇守使所讯实详办。于是城内外谣言纷起。"①8月18日晨，韩、程率80多人从上海乘船至南通，被任港警备队发觉。接火后，将警备队歼灭，继而向城里进发。镇守使管云臣已得信息，亲率清乡营、工商团、城区警察近千人严密布防。程等赶到西门，不见内应李公序接应（李已被捕），只见守军众多，火力凶猛，便绕道东门进攻，忽遭两路伏兵夹击，苦战多时，27人被俘。1915年底，韩恢奉孙中山之命，回到上海任讨袁军第三军军长，军部设在上海。韩恢派师长伏龙，先赴南通，与驻南通军队中的一些士兵里应外合，准备再次举行武装起事。冯国章闻听信息，连忙调集重兵，到南通防御，并将伏龙等14人枪决，再一次镇压了革命党人在南通的武装反袁运动。②

第二是平定肇和舰起事。1915年12月5日，以陈其美为代表的中

---

① 《南通土匪扰事续记》，《申报》1914年8月22日。
② 通州市地方志编纂委员会编：《南通县志》，江苏人民出版社1996年版，第860页。

华革命党人在上海成功策划了肇和舰起事,成为震惊东南的反袁重大事件。在郑汝成被刺之后,上海的局势发生重大变化。一时间社会上传闻"孙文、胡汉民、李烈钧等革党领袖,刻已齐集上海,其徒分为铁血团、讨袁团、共和维持会三派,在十三处设立本部开始活动,以暗杀赞成帝制之文武大员为目的。是以上海物情近时益形汹汹,蜚语纷传"。针对如此特别形势,上海地方当局采取了特别措施。一方面,"周交涉使电告中央政府及电饬守备队长叶将军,对于上海机器局严加守备"。另一方面,"江苏冯上将军亦特派幕僚二名来沪,使其与周交涉使及李海中将会同磋商防务事宜"。于是,上海实行全面戒严,"街路每十步设岗驻兵,各要处均架机关炮"①。由于新任淞沪护军使杨善德一时间难以控制局势,革命党人加速密谋新的反袁活动。"会长江及江浙各方面同志也报告时机已成熟,催促上海首先发难,各省必可陆续响应。"② 此时,革命党人对驻沪海军多有运动,"海军各舰中,肇和、应瑞与本党最有关系,其他亦多允相机而动"。然而,在十二月初三日海军部电调肇和舰限于初六日开赴广东。因革命党人对肇和舰的工作已经成熟,"故急速准备,于初五晚起事"③。革命党人虽仓促举事,但得日本帮助④,"乘海军人员星期放假,袭据肇和兵舰,施放大炮,轰击制造局"。同时,又有党人"一由十六铺桥猛扑南市一区署,一由闸北直攻四区派出所,意在同时并举",使上海地方当局猝不及防。事件发生后,杨善德"先期闻报,即经整厉军佐,一体戒严"。冯国璋得到肇和舰起事消息后,命令驻守在上海浦东的陆军"分布防堵,复经协同警察截击",先后抓捕多名党人,其中就有策动此次事件之陈可均。同时,冯国璋电令浦东各军警及地方官员,"严加戒备"。冯国璋一再督促地方官及各军警对其余党人"购线缉拿",并将捕获的党人"送交淞沪护军使署讯明正法"⑤。

---

① 《郑镇守使被炸后之沪上景象》,《盛京时报》1915年11月14日。
② 张难先:《湖北革命知之录》,商务印书馆2011年版,第247页。
③ 云南省社会科学院编:《护国文献》上册,贵州人民出版社1985年版,第63页。
④ 贵州政协文史与学习委员会编:《贵州文史资料选粹》(政治军事篇 上),贵州人民出版社2010年版,第141页。
⑤ 中国第二历史档案馆编:《中华民国史档案资料汇编》(第3辑 军事2),江苏古籍出版社1991年版,第339页。

冯国璋与杨善德将肇和舰起事镇压下去后，不久便为参与镇压的各军警请奖，其中有沪海道尹周晋濂，淞沪警察厅长徐国梁，第四旅旅长苏谦，上海县知事沈宝昌，以及其他各军警机关人员。

第三是镇压革命党人在江阴起事。肇和舰事件之后，以陈其美为首的革命党人在江苏各地继续策划各种反袁活动，其中影响最大的便是在江阴独立。1916年4月16日，由革命党人杨闇公、杨虎等人促成驻江阴第七十五混成旅武装反袁。"江阴已于十六日晨八时，由中华革命党占领，宣布独立，司令为杨虎，伪司令方更生逃。"① 江阴独立不仅对江苏政局造成极大的震动，而且对社会秩序带来严重的影响，"城乡市民闻警恐慌万分，立时四门紧闭"②。

在江阴独立的影响下，苏州、无锡、常州、镇江、扬州、南通各地在革命党人的策动下，纷纷宣布独立。江阴独立后，冯国璋一方面在宁、镇、扬、通、苏、锡等地缉捕党人嫌疑犯，并令全省各军警机关官兵及警署署长以下警员都要具结连保；另一方面又立即调兵遣将对付江阴护国军。"先饬江阴逃出之旅长方更生率领未变步兵两营屯扎小茅山，与锡军遥应成掎角之势。一面电调上海卢永祥所统北军第十师，挑选混成一营，机关枪队、骑、炮、工、辎各一连，攻打江阴之任。"③ 江苏各地的独立运动引发了乡绅对局势的担忧。4月18日，革命党人联络浙军攻占吴县后，当地乡民便致电冯国璋："吴江毗连浙境，二十二日战祸剧烈，城市业已糜烂。若再延长，势必殃及全县，敬请顾全民命，俯赐维持，筹一善全之策，俾人民生命财产不致全沦于炮火之中。"④ 对于各地的独立事件，冯国璋采取坚决镇压措施。吴江独立后，冯国璋即调集军事力量进行镇压。"二十二号，由苏省军巡二使会衔命令驻苏之第二师朱师长，调拨步炮兵各一营，骑兵一连，速带军械及机关枪四尊，飞驰往击。"⑤ 苏军收复吴江之兵力有："陆军第二师、禁卫军及七十六团各派步兵二百名"，同时会同"水警署三公署署长仇冀南亲率浅水兵轮六艘，枪船三十条，于二十二号

---

① 徐咏平：《民国陈英士先生其美年谱》，台湾商务印书馆1980年版，第528页。
② 《江阴独立之前后情形》，《盛京时报》1914年4月25日。
③ 《北澄两军第一次战纪》，《申报》1916年4月26日。
④ 《吴江市乡民公电》，《申报》1916年4月25日。
⑤ 《苏军收复吴江之电》，《申报》1916年4月25日。

四时半出发进攻吴江"①。

二十三日，在苏军优势兵力进攻下，以吴嘉禄为首的吴江护国军兵力单薄，不得不退出吴江。冯国璋以优势兵力强行镇压了革命党人组织的江苏护国军反袁运动，维系了北洋派在江苏的统治。除了镇压兵变外，冯国璋还即将苏常镇守使殷鸿寿调离岗位，而以驻苏第二师师长代理其职权。4月21日，"第二师朱师长会同水警二厅赵云生厅长，发表告示，其文如下：案奉宣武上将军冯、江苏巡按使齐晋电内开：现有要公（务），须与殷镇守使面商，已另电饬即日来宁，所有地方事务由该师长、厅长暂行担任"②。而对于江阴独立取消后尚有为数不少的散兵流窜的问题，冯国璋又要求当地政府妥善处理。5月3日"冯上将军复有电来锡，著玉知事率领巡警，会同军队从严查防此次散兵到境以免骚扰地方，并令出示晓谕居民，遇有散兵到境即赴县报告，以便招抚或遣送回籍矣"③。冯国璋以优势的北洋军力平定了革命党人在江阴等地的起事，继续巩固了北洋政府在江苏的统治。

三　厉行禁烟

民国初建，北洋政府承继了清末禁烟政策并有所发展，而且在禁烟问题上亦取得了较为明显的成效。"上一个10年期终了时，正值清政府大力禁止鸦片买卖之际，出乎意料，辛亥革命不但并未中断，反而更为有力地推进了这一活动。鸦片贸易虽同其他贸易一样都遭受革命所引起的政治、军事动乱的冲击，但并没有像一般商业那样恢复过来。"④ 这主要在于无论是南京临时政府还是北洋政府，对于禁烟都具有明确的态度和决心。特别是袁世凯政府不断地加强中央集权，逐步强化中央政府的权威，并督促各级地方政府遵循已制定的一系列关于禁烟的政策和法令。

根据1911年签订的《中英禁烟条约》相关规定，只有当中国境内种植和贩运土烟禁绝后，英国便即行停止向中国输入鸦片。为此，政府

---

① 《苏军收复吴江情形》，《申报》1916年4月25日。
② 《殷鸿寿突然离苏纪》，《盛京时报》1914年4月28日。
③ 《无锡之军事消息》，《申报》1916年5月4日。
④ 徐雪筠等编译：《上海近代社会经济发展概况（1882—1931）》（《海关十年报告》编译），上海社会科学院出版社1985年版，第183页。

能否早日禁绝国内的土烟，就成为民初禁烟的关键。在民初禁烟的历程中，江苏地方当局坚决禁烟，实行禁种、禁运、禁售、禁吸，四禁并举。

江苏军政及民政长官多次联合通饬各县知事，要求严厉禁种烟苗。1914年5月5日，江苏省发布教令第五十九号《禁种罂粟条例》，详细规定了江苏禁种罂粟办法。1914年12月，正值烟苗下种时节，冯国璋与齐耀琳联合发布通告，以简洁语言宣告禁种烟苗之必要：

查得烟苗发生　已到萌芽时节
谕尔居民人等　其各留心察悉
遇有此项毒根　立报官吏铲绝
须知禁烟前途　关于国家交涉
现委专员密巡　分投肃清余孽
慎勿观望迟疑　噬脐之悔莫及①

江苏省政府明令要求各县知事"遍历搜查，倘有烟苗发现即应强制铲除，并将私种之人拘案治罪……来春商请英人会勘事在必行，……倘届时尚有一枝一叶，定将各该知事即照第七、第八两条分别从严惩办，绝不姑宽"②。此番通饬，显示出江苏禁绝土烟之决心，并确立了各县知事为禁烟的主要责任人，督促各地认真禁烟，以免出现怠慢情况，从而影响全国禁烟大局。在全国禁烟中，江苏的禁烟形势一直较为严峻。"查苏省向为产烟之区，淮扬徐海一带私种尤多，亟应严申禁令，以期净绝根株。现在各省多已会勘停运，苏省尤应急起直追。"于是，江苏"分饬各属严厉进行，一面选派妥员前往各属会同各县知事，周历四乡，切实查禁"③。1914年，江苏地方当局曾规定"限三月十日前一律禁绝"，到期后又派调查委员复查，"以期周密"④。江苏地方各属根据省令部署，分别派员到各县检查禁

---

① 《冯上将军齐巡按使会衔简示》，《申报》1914年12月29日。
② 《禁种烟苗之通饬》，《申报》1914年12月29日。
③ 《又一禁种烟苗之通饬》，《申报》1914年9月20日。
④ 《饬知调委各员复查该县私种烟苗》，《江苏省公报》1915年第473期。

种情况。而禁烟检查员的素质如何关系到禁种能否落实，于是各处对检查员提出了详细要求。禁烟委员有序地开展禁种工作，为苏省有效地推进禁烟提供了基本的保障。

因烟土利润极高，总有不逞之徒不惜铤而走险干犯法纪。在民初江苏禁烟中，禁运烟土是江苏地方当局禁绝鸦片的重要环节。上海作为烟毒的重灾区，其中重要的一点便是在于上海的交通便捷，既能够迅速进口，又能快捷运往内地。因而，在江苏要有效开展禁烟，就必须在禁运方面切实整顿。其实，江苏禁烟之关键在上海，"鸦片禁种、禁吸、禁运而后烟毒可望肃清，江苏开化之地成效固大可观。然禁种、禁吸虽力而一般商人私运之法则百出不穷，故一就内地稍加观察，则禁烟问题之关键全在沪地土商之消长以为衡，可无疑也"①。1914年3月29日，冯国璋与韩国钧联合发布命令，除要求各属禁种外，还要严厉禁运，"现当严厉禁烟之时，未便任听奸商私行夹带贩销内地，流毒地方，亟应由该观察使转饬各该知事督同警务长，该厅长督饬所属警区，凡于舟车来往随时严密认真稽查，以绝来源而免贻害，合行训令遵照，切实办理，毋稍玩忽，此令"②。而对于租界内的土膏店，江苏当局与租界工部局合作，"分别以抽签逐次禁闭的方法，全数关闭了租界内的烟膏土店，租界内的鸦片贸易从表面上亦被禁止"③。

江苏地方当局动员了各属部门参与禁烟，因而江苏禁烟取得了较大成果。1914年7月，冯国璋与韩国钧联名致电万国禁烟会会长丁义华，要求派员查勘江苏禁烟成效。④

> 奉电悉，仰见热心公德，举国同感，江苏种烟禁绝，现请外部转商英使派员会堪，并请提前禁止上海印药入口。知念奉闻。冯国璋、韩国钧敬谢并复支印。

在二次革命后的一二年内，江苏地方当局采取措施，督促各属严厉进

---

① 岐逸：《江苏之私土》，《申报》1914年7月13日。
② 《本省省令·民政》，《江苏省公报》1914年第235期。
③ 苏智良等：《上海禁毒史》，上海三联书店2009年版，第128页。
④ 《苏省禁烟之现状》，《申报》1914年7月13日。

行，由此禁烟取得了不错的成绩。沪海道尹采取了"禁种、禁运、禁吸、禁售"的办法，使得烟土"多年流毒，行将扫除"①。在江苏禁烟成绩中，禁种烟苗尤为显著。1915年，外交部曾派查烟委员在江苏27个县查勘烟苗禁种情形。在查烟委员给外交部的报告书中称，查烟委员每到一县，"分途赴乡反复查勘，均无烟苗发现。查苏省今年禁烟严厉，各县均派有初查委员、复查委员及密查委员，且今各员驻乡搜查，如有寻得烟苗一株者，赏洋20元或40元或60元，最后则增值至百元。各县知事除亲自下乡外，并召集乡董认定地段插签分查办法。凡各户盆内玩品罂粟，查出亦照私种烟苗情形惩罚。军队沿途帮助，故事半功倍"②。

四　赈济灾民

（一）民初江苏灾害

1. 民初江苏灾害概况

近代江苏灾荒频发，既有自然灾害，又有兵燹之灾，但仍以自然灾害多见。"江苏主要灾害性天气有：旱涝、连阴雨、暴雨、台风、冰雹、寒潮及霜冻等。"③ 因江苏地势低平，气候对江苏南北地区自然灾害的影响颇大。"据竺可桢之分类，（江苏）淮河以北属北部区，淮河以南属长江流域区。总之，南部与长江流域相似，而北方属黄河流域之气候。"④ 于是，近代江苏自然灾害，江南以洪涝为主，而江北则水灾、旱灾及蝗灾兼有。在民初的江苏自然灾害中，以水灾、旱灾及虫灾等三大灾害为主。从1912—1919年江苏受灾县数统计表来看，水灾的高发期为1912年及1916年，受灾县都达20余个县；旱灾的高发期是1914年，有36个县受灾；而虫灾在1914年及1915年为高发期，特别是1914年有36个县遭受蝗虫侵害。在1912—1919年的八年间，以1914年被灾最重，既有水旱灾害，更有蝗虫成灾，详见表3—17。

---

① 《沪海道属之禁烟成绩》，《申报》1915年4月9日。
② 马模贞主编：《中国禁毒史资料：1729—1949年》，天津人民出版社1998年版，第657页。
③ 江苏气象局：《江苏气候》，气象出版社1991年版，第113页。
④ 李长传：《江苏省地志》，中华书局1936年版，第70页。

表 3—17　　　　　1912—1919 年江苏受灾县数统计表　　　　（单位：个）

时间	1912	1913	1914	1915	1916	1917	1918	1919	小计
水灾	24		7		20			10	61
旱灾			36			7			43
虫灾	5		36	16		3			60
风灾				6				2	8
雹灾						2		3	5
地震		5							5
疫灾							1		1
合计	29	5	79	22	20	12	1	15	183

资料来源：根据夏明方《民国时期自然灾害与乡村社会》附表Ⅰ：1912—1948 年间各省区历年受灾县数统计表整理，中华书局 2000 年版，第 371—373 页。

在民初江苏的自然灾荒中，除水灾、旱灾和虫灾外，还有风灾、雹灾、地震及疫灾等多种灾害，但是对社会危害较大仍是以水、旱、虫三灾为主。

第一是水灾对百姓的生命及财产危害性极大。1916 年，苏北遭受水灾，人民流离失所，哀鸿遍野。特别是 1916 年江苏有 20 县被灾，洪水造成了极为严重的社会破坏。据《申报》报道："溯自江淮一带，上而豫之固始、光息，皖之阜阳、颍上、霍邱、凤台、怀远，以迄于临淮、五河、盱眙等县，汪洋千里，一望无际。而沿村庐舍大地禾黍悉浸入洪涛骇浪之中，累累浮尸，触目皆是……江苏之江浦等县，亦皆圩堤破溃，田舍淹没，巨万哀鸿，宛转沟壑，浩浩沉灾，实为近五十年来所未有。"① 1916 年 8 月间的水灾涉及颇广，河南、安徽及江苏三省交界之地域均遭受洪水的严重侵袭。八九月间，江北地区正是雨水季节，因降雨超过平常年份导致洪水泛滥。"江苏江浦、阜宁等县皆滨淮河，今岁入夏后霪蛟并作，水势奇涨，以致数百里尽成泽国，而该县等地处下流，受害尤烈。沿村庐舍，大地禾黍，悉浸入洪涛骇浪之中，巨万哀鸿，流离失所，惨酷情形，不忍屡述。"② 处于水灾泽国中的广大灾民，亟待各方力量救援。

第二是旱灾。江苏旱灾主要发生在江北地区。1917 年 5 月，"苏省江

---

① 《中国红十字会敬募江皖水灾急赈》，《申报》1916 年 8 月 17 日。
② 《中国红十字会兼收江赈》，《申报》1916 年 9 月 22 日。

北各县，因天久亢旱，二麦无收，纷告荒灾"。东海、灌云、沭阳、赣榆及涟水等县接连电告："自冬徂夏七月之久，雨泽全无，麦秋两熟无望收成，迫切呼号设法救济。"因"本年灾区之广，几于赤地千里"，于是，有省议会议员提出救荒议案，"请求大会公决，咨行省长酌办"①。

第三是虫灾。江苏往往是先旱后蝗，持续的干旱极易导致蝗虫大面积滋生，从而形成虫害。1914 年，江苏全省大旱，蝗灾蔓延，至 8 月间，"高邮、宝应、泰县等地颗粒无收，淮安、宁、镇各属枯禾满野，苏松属田……十稻九空，徐海各属匪盗遍地"，人民"多弃田里，携儿擎女为逃荒之业"②。就江苏而言，江北是虫灾的高发地区。1914 年，"江北地方，因雨水稀少，五六月间，各属蝻子，先后发生，近已成蝗，遍食禾稻，而江北各属为甚。江南及安徽、山东，亦被波及"③。

第四是兵燹灾害。民初江苏兵燹对江苏社会破坏较大，以 1913 年张勋辫子军祸宁为著。就南京而言，有论者谓："南京最大之兵祸不是辛亥年，而是民国二年二次革命后，张勋辫子兵再来南京。"④ 张勋所部的抢掠行径对南京危害甚大，9 月 9 日，兖州镇守使田中玉向陆军总长段祺瑞报告称，南京"经此兵燹之后，生灵涂炭，满目疮痍，十室九空，财产如洗，下关劫火损失尤巨"⑤。南京遭受兵燹之后，中国红十字会及时救灾，发现南京市民遭此劫难而困顿不堪，"南京兵燹之余，全城遭劫，家室荡然，御寒无术"⑥。兵燹之灾，需要政府多方救援，既要维护社会秩序，赈济灾民，还要为灾民开展自救及恢复商业经营及生产活动提供必要支持。

2. 民初江苏灾害成因

关于近代灾荒发生之原因，邓拓概括为："灾荒之爆发，虽导端于自然之变异，但必须通过一定之社会条件而实现。过去数十年间，由于政治之不良，封建剥削之残酷，不仅水利组织破坏而无建设；即森林亦多毁

---

① 李文海等：《近代中国灾荒纪年》，湖南教育出版社 1990 年版，第 859 页。
② 《江苏旱灾纪》，《申报》1914 年 8 月 2 日。
③ 《苏皖等省飞蝗为灾》，《东方杂志》1914 年第 2 号。
④ 王树槐：《清末民初江苏省的灾害》，《"中央研究院"近代史研究所集刊》1981 年第 10 期。
⑤ 中国第二历史档案馆编：《中华民国史档案资料汇编》（第 3 辑 军事 2），江苏古籍出版社 1991 年版，第 211 页。
⑥ 池子华等主编：《〈申报〉上的红十字》第 1 卷，安徽人民出版社 2011 年版，第 484 页。

第三章　冯国璋督苏：维护北洋派在江南的统治利益 | 337

灭，加以整个农村经济之破产，农业恐慌之侵袭，遂使灾荒连年爆发而不可收拾。"① 民初，江苏自然灾害多发，其形成原因既有自然因素，亦有近代社会变动的因素。其中，自然因素主要表现在气候及地理两方面。在气候上，江苏全省为暖温带—亚热带、湿润—半湿润季风气候，其显著特点为季风显著，四季分明，雨量集中，6—9月为雨季，易形成洪涝灾害。② 而苏南地处长江下游地区，梅雨期后又常被副热带高压控制，从而形成伏旱天气，易形成旱灾。

从地理因素看，黄河、长江、淮河对江苏近代灾荒的影响最大。另外，从社会因素看，战争、内乱、苛政、生态环境恶化以及人口的变化等诸多因素，都可能引发或加重灾害。③ 自明清以来，江北淮河为患日增，极大地破坏了该地区的民生及社会发展。特别是农村经济，对土地、气候、雨量的依赖性至大，风雨不调，可以摧毁数万人甚至数十万人的生命财产。④ 在民初江苏灾荒中，除了自然因素致灾外，还有因社会动荡而导致的兵燹之灾。1913年的南京兵灾即由张勋所部入城后，因缺乏约束，军纪败坏，士兵抢劫所致。民初江苏有几次大规模的战事，兵燹之灾极大地危害了社会秩序及平民生命和财产的安全。灾荒频发，不仅严重地危及下层民众的生活，而且成为社会秩序不稳定的引火线。广大穷黎在灾荒中无所依靠，往往铤而走险以暴力手段获取维持生命的各种有限资源。"兵燹与天灾反复席卷农村，使大量流离失所无家可归的农民投奔绿林。"⑤ 于是，灾荒频发之年便是土匪滋生之时，从而对社会秩序产生了巨大破坏。因而，民初江苏地方当局在地方治理中，不但要应对自然灾害的威胁，还要赈济罹患兵燹之苦的灾民。

（二）冯国璋在江苏赈灾

1. 赈济南京灾民

在二次革命中，"南京被兵祸最久且烈，兼遭到兵匪抢劫，全城居民

---

① 邓云特：《中国灾荒史》，商务印书馆1937年版，第82页。
② 江苏气象局：《江苏气候》，气象出版社1991年版，第2页。
③ 周新国、陆和健：《辛亥革命前后江苏社会研究》，甘肃人民出版社2011年版，第23页。
④ 王树槐：《中国现代化区域研究·江苏（1860—1916）》，《"中央研究院"近代史研究所专刊》1984年第48辑。
⑤ 蔡少卿：《民国时期的土匪》，中国人民大学出版社1993年版，第21页。

无一幸免，流离困饿，惨不可言"①。二次革命甫经结束，以华洋救济会为代表的民间力量即开始赈济灾民。与此同时，南京灾民展开自救，如南京绅商金鼎等"以江宁某税款抵押"向上海某银行借款600万元，"作抚恤商民之用"，"惟该银行须要政府签字，始能成事"②。冯国璋莅任苏督后，将赈济南京灾民作为十分紧要的任务对待。于是，在战后的南京救济中，有官方、民间及南京市民三种力量在开展赈济活动，但其中最为重要，影响最大的还是江苏都督府与民政长联合开展的救灾活动。

第一是调查灾情。江苏地方当局派员调查灾情，对受灾情况进行摸底，为下一步有效开展赈济活动奠定基础。当时，无论中央抑或江苏，财政极为短绌。在经费有限的情况下，赈济灾民亦只能区别对待。"省公署复查被灾户口，现已完竣。定十六、七两日由警察按照红、黄票发给。红票给洋四元、米四斗；黄票给洋三元、米三斗；白票确无赈。"③1914年1月17日，冯国璋、韩国钧又"令警厅调查全城被劫商民户口，迅速造册，预备借款成立，酌量抚恤"④。

第二是成立赈济机构。1914年2月，冯国璋与韩国钧"现筹洋六万元，仿因利局章程，设立待济处，转借小商，使之营业，已委卢吉人为处长"⑤。待济处的设立，对于帮助小商贩恢复营业活动，增强自救能力具有积极意义。同时，冯国璋、韩国钧还成立江宁赈抚局，负责南京受灾商民的大规模赈济工作。1913年旧历年底，江宁赈抚局"赈济现洋二十余万元，被灾商民赖以度岁"⑥。

第三是向中央请款赈济灾民。南京商民代表曾多次晋京，要求北京政府赈恤灾民，但均未果。冯国璋督苏后，即和韩国钧一起召集商绅开会，商议赈济办法，并商请财政部代借外债600万元，以江苏省印花税作抵押，但是，该项贷款因外国银行拒绝放贷而未能如愿。在此情况下，北京政府又决定调拨民国元年6厘公债票200万元作为救济金，以抚恤灾民，

---

① 《中外合组南京救济会》，《大同报》1913年第19卷第31期。
② 《南京电》，《申报》1914年1月8日。
③ 《南京电》，《申报》1914年1月13日。
④ 《南京电》，《申报》1914年1月17日。
⑤ 《南京电》，《申报》1914年2月6日。
⑥ 《南京电》，《申报》1914年1月29日。

"但息扣太重,期限太促,每百万仅押现三四十万"。北京政府以灾民损失100元以下者发现洋,100元以上者发给公债票的办法,一律按照实际损失的1/10来进行赔偿。这种做法被人讥讽为"二百万元之公债票,徒拥画饼,难以充饥,可望而不可即"①。虽然,赈济总量有限且因人而异,有较多不足之处,但是对于罹患战祸损失的商民而言,能得到政府一定的赔偿,反映了袁世凯政府在冯国璋、韩国钧的多方督促之下对战争多少承担了一些责任,因而具有积极意义。对于此次赈济南京受灾商民,韩国钧曾言:"宁垣劫掠,委托士绅详细调查,都计损失一千五百余万元。余为力请中央发款一百八十万元。按其所查成数,分别赏恤。所失愈少者,所赏较多。此虽区区,较汉口以及津保之变一无赏恤之为优矣。"②

2. 赈济江北灾害

冯国璋与齐耀琳对自然灾害的危害性高度重视,一旦出现灾情严重的趋势即发布救灾命令,通令各属要认真应对自然灾害,想方设法赈济灾民。"冯上将军、齐巡按使据海邑十八镇绅董李象履等电,以该境今秋淫雨兼旬,山水暴发,市乡村落尽成泽国。现水势稍退,奇灾已成。恳请派员查勘等情,昨特饬金陵道王道尹速即派员前往履堪灾情若何,分别给赈以救灾黎。"③

在冯国璋督苏时期,江苏灾荒的破坏以1914年为最。"去岁江苏巨灾,旱蝗遍省,以江北尤甚。"而江北各属灾情又有不同,其中邳县、宿迁"因滨河湖,旱蝗之后续以大水者",旱灾、蝗灾及水灾接连而至,所受之破坏极大。赣榆、东海、沭阳三县"滨海亦兼水灾",盐城、阜宁、兴化、东台四县因海水倒灌而成洼地,"此九县为灾情最重之区,其中以盐阜兴邳东台五县为尤甚"。1914年江北灾荒发生后,江苏地方当局进行了初步赈灾。

第一,"韩国钧在任曾奉总统捐一万元,复令在验契项下拨二十万元充赈"。但是,当时苏省财政奇缺,难以满足赈务需求。

第二,以许鼎霖为筹赈督办,专理江北赈务。为了解决赈灾款项,许

---

① 《冯国璋、韩国钧致北京政府电》,《申报》1914年5月21日。
② 沈云龙主编:《止叟年谱·永忆录》,文海出版社1966年版,第58页。
③ 《派员履堪灾情》,《申报》1914年10月14日。

鼎霖"会同齐巡按使、冯上将军电述灾民困苦状况，请将验契费二十万元另就别款，先行照拨，昨奉覆电已准"。

第三，赈务机关开放平粜，在4个月间"已支八万余元"。由于赈灾款奇绌，虽有上海义赈会拨款相助，但是仍面临巨大困难，"棉衣之施送，药草米粮各项仍不敷用"。因此，江北赈灾亟须拓展其他办法来解决。由于江北灾荒发生正值7、8月份间，此时江苏巡按使正处于交替期间，"长官更迭，官僚职务之重要者多半停顿"，导致"款项之提拨，散放之手续，迄今仍未定夺"。入冬后，灾民一时间没有得到有效安置，"小民流为盗匪，乞食他处者，已不知凡几矣"①。

面临严峻的救灾形势，江苏地方当局又采取多种办法来扩充赈灾款。

第一是向中央要求"请拨江皖赈款"。冯国璋与齐耀琳联合安徽之倪嗣冲及韩国钧向袁世凯呈文，指出江皖灾情严重恶化，"地广灾重，需款浩繁"，要求"指拨的款若干万"，分发江皖两省散放急赈。

第二是筹拟盐运赈捐，即将运到省外的盐斤加收新税作为赈捐。②

第三是筹赈奖励券。肃政史因其"类似彩票"，"应请禁止"。复经财政部核复，"拟请仿照外国慈善会办法，设工赈总机关，将各种筹款方法，分别拟议"，并得到批准。③

第四是蠲缓钱粮。冯国璋与齐耀琳在江北赈务中，除了想方设法筹款外，还向中央请求"江皖灾区缓免钱粮"。江苏"入夏以来，先旱后蝗，续以大水，……民力实有未逮者，……盐城灾情较重，拟将本年上忙、地丁照常征收，下忙、丁漕一律停缓。阜宁收成灾熟不一，拟将被灾田亩分别蠲缓，其余有灾各县亦均批饬"④。于是，内务部在给袁世凯的呈文中称："所有被灾各县，本年钱粮应行蠲缓。查照定例，地方遇有灾伤通详禀厅道暨巡按使，由道委员会县堪明分数造具图册详道加结送厅，详由巡按使核定，各按被灾分数分别应蠲应缓呈咨办理。"⑤ 政府能够减免钱粮，

---

① 《纪江北赈务》，《申报》1915年1月17日。
② 《筹赈江皖灾黎之种种办法》，《申报》1915年1月12日。
③ 《财政部呈准江皖筹赈办法》，《东方杂志》1914年第2号。
④ 《江皖灾区缓征钱粮》，《申报》1915年1月13日。
⑤ 《呈大总统遵批核议江皖灾区缓免钱粮行催该省堪报文》，《税务公报》1914年第2卷第14号。

无疑是减轻灾民负重之一方法，但是要给灾民自立的机会，无疑"以工代赈"是一种上佳选择。治理江北水患的根本在于治河，即疏浚河道。江北地处江淮之间，历来受淮河之患。因此，江苏地方当局以导淮为赈济江北的重要方略。而推动导淮计划的则是全国水利局总裁张謇，他主张第一步是测量，之后便是疏浚河道。1914年冬，江淮水利测量局长沈秉璜由清江来宁，与齐耀琳商量"以工代赈"事宜。当时，"徐淮海等处被灾饥民麇集于扬属瓜洲、六合、浦口各处，人颇不少"。齐耀琳要求"财政厅蒋厅长迅筹赈款，派专员前往择其年力强壮者，留充工人，其老弱之辈，遣送回籍"[①]。1916年水灾发生后，北洋政府对阜宁、睢宁、江都、宝应、泰县、盐城、兴化、萧县、砀山、泰兴等10县蠲免银564706两。[②]

3. 民初江苏赈灾措施

民初江苏赈灾，各地赈济手段多样，除了在赈济江北灾荒中所见方法外，还有以下多种手段。

第一，捕捉蝗蝻。江苏地方当局对于蝗灾，多是要求各县极力捕捉蝗蝻，以减轻灾害。1915年8月间，"江北盐城、阜宁等县各乡村，前者发现跳蝻，经各该县知事带同警备队极力搜捕并设局收买，计一月内共收跳蝻十余万斛，现已一律肃清矣"[③]。

第二，散放急赈。1915年秋，上海各地遭受风灾，其中川沙尤为严重。川沙县知事立即将灾情向省里汇报，齐耀琳接报后即电饬沪海道尹"就近调查，相机办理"。沪海道杨道尹与上海镇守使联合开展调查灾情，随即"赶备食物两万磅，铜元数百千，由海关商借小轮运赴灾区，赶忙急赈"[④]。

第三，平粜粮食，稳定市场。灾情发生后，首要任务是安置灾民，其重点便是要保障粮食的供应，以维持灾民的生命。1914年江皖水灾发生后，饥民大量南下就食，对江南社会造成巨大影响。江苏虽是产粮之区，但是大规模灾荒发生后，江苏地方当局立即下达粮食禁运命令。上海为贸

---

① 《浚河代赈之实行》，《申报》1914年11月20日。
② 江苏省地方志编纂委员会编：《江苏省志·民政志》，方志出版社2002年版，第461页。
③ 《江北蝻孽肃清》，《申报》1915年8月4日。
④ 《沪滨大风记》十，《申报》1915年8月6日。

易重镇，平时有大量的粮食在此买卖。1915年，江苏地方当局严行查禁粮食出口的行为，上海县知事奉江苏巡按使命令，发布禁米出口公告，要求上海各商会及米商"以后如有采办米石意图出口者，不得售给外，合行出示晓谕"①。

第四，截留难民。当江北灾荒发生后，即有灾民麇集在江南一些地方乞食，当地政府又一时间难以周全，从而带来社会安定的隐患。对此，北洋政府要求各省通饬地方阻止灾民出境，或对过境的灾民予以截留。"上海镇守使、杨道尹奉宣武上将军通饬，现时届冬令，每月江北饥民结队南下。本署前电统帅办事处，"各省青红帮匪连联为一体，利用饥民以吃大户为名，混迹其中，以彼等为先驱，希图劫掠滋扰，因头目尚未推定，故未南来。……饬行沿路军队暨各原籍县知事，如遇饥民，应分别阻止出境，……如原饥民过境即便截留，押送回籍"②。

第五，向直隶求援。在赈灾中，冯国璋曾向直隶地方当局求助，协助募集赈灾款项。1916年10月19日，直隶省长公署发布"筹募淮扬义赈之省令"：

> 江苏省入夏以来淫雨连绵，淮扬各属地势低洼尽成泽国。八月间迭经骤雨，河水盛涨，沿运一带及毗连皖北之江都甘泉田禾庐舍漂没无算，灾情甚重，焦灼殊深。现经电请中央准拨赈款，无如灾情较广，势难遍及，唯有举办义赈，俾资协济用。特呼吁台端借助将伯伏愿锡类公裹义举，广为劝募，源源接济，以恤灾黎，无任祈祷并盼赐复等因，准此查苏省淫雨为灾，殊深悯恻，救灾恤邻古有明训，自应广为募集共裹义举，除分行外，合□训令该各行政司法机关即便查照，务望量力输捐，并广为劝募，一俟集有成数即行汇解本公署，以便汇寄苏省用济灾黎是为切要。③

---

① 《重申私运米粮之禁令》，《申报》1915年8月1日。
② 《截留江北难民之通饬》，《申报》1914年11月17日。
③ 天津图书馆编：《〈益世报〉天津资料点校汇编》1，天津社会科学院出版社1999年版，第1322页。

冯国璋向直隶请求援助，既说明了江苏灾荒非常严重，亦反映了苏省地方当局肯借助外力来赈济灾民。

第六，借助民间力量救援。在官方的救济之外，冯国璋还重视民间力量的救灾功能。民初江苏赈灾，民间组织发挥了巨大作用，如中国红十字会及华洋义赈会就在江皖赈灾中承担了重要角色。1916年，江皖水灾大爆发，豫、皖、苏三省交界地区"汪洋千里，一望无际。而沿村庐舍大地禾粟悉浸入洪涛骇浪之中，累累浮尸，触目皆是"。中国红十字会接到各县灾情报告，即"派员星夜驰赴各灾区详细调查以备核放急赈外"，同时沈敦和会长登报募捐，恳请海内外善心人士，"宏施救济，相与慨解仁囊，源源相助"①。此外，还有不属于非政府组织的个人亦积极赈灾。如1916年1月《申报》报道，镇江"徒邑灾民待赈孔殷，日前由吴泽民、杨振声、曹介之等赴沪募捐"②。冯国璋对于赈济灾民的有功人员，积极给予褒奖。如对于无锡乡绅唐锡晋曾在赈灾中积极有为，冯国璋请示中央要求为其立传褒扬。"江苏冯上将军、齐巡按使，以吾邑故绅唐锡晋君赈灾恤难，功德在民，特胪举事实，呈请宣付清史馆立传，准在本籍及受灾各省分，建设专祠，并请颁赐祭文，藉示优崇。兹奉总统批令云：据称唐锡晋，历办赈恤，功德在民，应准宣付清史馆立传，并准其自建专祠，仍候颁给祭文，以示优异，交内务部转知照云。"③ 冯国璋与齐耀琳在江苏救灾中，多管齐下，既发挥政府在赈灾中的主体作用，又能够借重民间力量，拓宽了救灾的渠道，从而在一定程度上有利于缓解灾荒对社会造成的危害。

五　维护经济秩序

明清以降，江苏经济便在全国处于领先地位。民元政治鼎革，无论是南京临时政府还是北洋政府，都注重发展经济，颁发了一系列有利于发展经济的政策法规。在新的制度环境下，民初江苏经济在工、农、商、金融

---

① 《中国红十字会敬募江皖水灾急赈》，《申报》1916年8月17日。
② 《募赈难集巨款》，《申报》1916年1月26日。
③ 《故绅荣典（唐锡晋建专祠）》，龚近贤主编：《锡山旧闻·民国邑报博采》，上海辞书出版社2011年版，第10页。

等各业都获得了长足发展。① 民初江苏经济发展的原因，既有宏观环境的改善，又与江苏执政者治理社会民生的措施有关。就 1914—1917 年间而言，冯国璋作为江苏最高军政长官，除了致力于安定社会秩序外，还积极支持江苏民政长官发展经济，做了一些有益于苏省民生发展的事，为推动江苏社会进步做出了一定的努力。

（一）与民政长官共同筹划旗民生计

辛亥鼎革之际，南北双方在和谈中对于八旗生计虽有筹划，但是解决旗民生计问题根本之途还是在于八旗民众要自谋生路，而不能只靠政府救济。然而，进入民国后长期养尊处优的八旗民众自谋出路的能力较低，主要靠政府救济。因而，对于中央政府及各地方政府而言，如何筹划八旗生计不仅是解决民生的重要事务，还攸关社会稳定和政局安定。

江苏各地皆有旗民会集，其中以南京及镇江的旗民为多。进入民国后，为接济旗民生计，多数地方以变卖旗民产业为应急之法。1912 年 3 月，吉涌等人曾经向大总统请示要求变卖八卦洲产业，以作旗民生计。② 然江苏都督程德全并未变卖八卦洲产业，而是"委员专管洲务，另行筹款办理旗民生计"。然而，"二年度江苏预算曾将八卦洲列入地方收入，经财政部提归国家收入"。于是，旗民代表要求发还。对于江宁旗产如何处理，冯国璋与韩国钧将拟定的善后办法向袁世凯呈文鉴核，"国璋等复核此项宁旗私产既经查明属实，自应分别发还，以安旗族。该厅长所拟善后办法亦属允当，惟八卦洲产岁入预算，前经财政部提过国家收入，应由部分将册列此项洲租提出，以符名实"③。冯国璋等人筹划旗民生计的思路之一是将旗民产业开发，并以租金来作为接济旗民的重要经济来源。然而仅靠八卦洲租金难以应付南京及镇江两地旗民生活所需，于是江苏要求安徽将原来属于旗民公产的万顷湖地租分割，以作接济之款。"齐巡按使查万顷湖地向系八旗公产，现归江皖两省官有，特会商冯将军咨请皖巡按划分此项

---

① 民初江苏经济发展概况，详见孙宅巍等主编《江苏通史·中华民国卷》，凤凰出版社 2012 年版，第 38—65 页。
② 《令示》，《临时政府公报》1912 年 3 月 15 日第 39 期。
③ 《宣武上将军督理江苏军务冯国璋江苏巡按使韩国钧会呈大总统拟将宁旗私产善后办法请查核公布施行文》，《政府公报》1914 年 7 月 30 日。

地租，维持旗民生计。"① 1916 年，江苏省向安徽省咨文，"将万顷湖去岁所收之租匀分一半，拨归苏省以备扩充旗民之生计"②。冯国璋与江苏民政长官通力合作，设立旗民生计处，开发原属于旗民的产业并以其租金来维系旗民生活，从而有助于旗民社区的稳定。

（二）扶植江苏交通和商贸发展

南京不仅是江苏的政治中心，亦是长江下游商贸重镇。而南京的下关和浦口隔江相望，长江水运极为便利，下关为沪宁铁路终点，浦口为津浦铁路起点，两者皆为客货两用码头，对于江苏经济发展具有重要作用。冯国璋督苏后，采取了一些措施，对下关、浦口商埠发展及改善南京交通多有襄助。

1. 整顿浦口驳运

冯国璋在督苏之初，即对已经出现的浦口驳运公司械斗问题进行处理。"浦口为津浦路南段终点，货物之由铁路运载者，均于此起卸及运载过江，故驳运事业，甚为发达。"③ 然而，各驳运公司竞相争揽货运，以至于械斗不断，严重制约浦口商务发展。由于各驳运公司均有各种势力作为靠山，军界、官界及各种社会势力掺杂其间，使得驳运公司对江宁知事及江苏省城警察厅处理械斗的管治有恃无恐。驳运公司肆无忌惮，"惟以强横为能，而有挟持航民，动辄聚众鱼肉苦力，听其指挥，其势日张，其胆益大"，甚至"德商瑞记洋行运货，为公司强行扣留费项，并殴伤行伙"。案发后，冯国璋决定对浦口驳运事务进行根本解决，其办法即将驳运"改为官督商办"，并委任专员经理。冯国璋饬令江宁县知事暨江苏省城警察厅制订"官督商办章程"。但是，冯国璋对江宁县知事所拟五条办法并不满意，其批示为："惟核阅另折所拟五条，词意极为简单，……于厘定驳运官督商办章程并未悉心核议，甚非本都督原饬之意。查因驳运屡次滋事，不独妨碍客货转运，抑且扰乱地方治安，若不于此次规定详细章程，则后来为日方长……该厅县即遵照前令批事理，赶将下关、浦口驳运官督

---

① 《南京快信》，《申报》1915 年 11 月 4 日。
② 《咨拨万顷湖田租》，《申报》1916 年 4 月 9 日。
③ 《中国大事记》，《东方杂志》1914 年第 9 号。

商办章程，体察情形，分议条款，务以保护客货交通，顾全贫民生计为宗旨。"①冯国璋以严厉手段处置驳运公司的违法行为，并整顿驳运无序现象，采取官督商办的办法，"勒令旧有公司，一律停业"，并于 1914 年 3 月 12 日颁布联单及旗帜，"发给各公司之船户及搬夫，令其统归新公司管辖"②。冯国璋以官督商办来解决驳运问题之法，有效遏制了以前各驳运公司之间争运械斗的现象发生，而且以保卫客货交通及顾全贫民生计为宗旨，对于促进商务发展有积极意义。

在拓展南京交通方面，冯国璋曾积极向北洋政府请求拆去南京城墙。冯国璋给中央的电文中称，"城郭之制在昔实有关国防，在今转以资寇乱，拆去城垣，实为今日地方上根本之计划，庶几觊觎可杜，繁盛可期"③。此时，冯国璋能够摒弃城墙的防守思维，积极拆除屏障，修建马路，有利于南京城市建设发展。此外，针对商路运输的问题，冯国璋还与韩国钧联合发文，训令江苏全省六十县知事及各厘局、各税所，对乡民贩运鱼花"所有船只经过地方，应亟一体保护，毋任痞棍人等留难索扰，以维渔业"④。

2. 筹划下关商埠

早在清末新政时期，江苏地方当局就曾在下关积极办理商埠事宜，以推动江苏经济发展。1899 年，下关商埠局设立。1905 年，时任两江总督周馥"欲振兴下关商埠，札委现署盐道兼金陵关监督潘观察为总办，并委金陵关税务司柯尔乐君帮同办理，已于八月初二日在新关之侧设局开办"。同时，周馥饬令各员赶速划分出下关商埠范围，"拟自新关之左开通道路以达于北河口，再由新关之右广修马路接至神策门外，以与宁地铁路相连，迤逶十数里而遥，以其间地方作为金陵商埠之疆界"⑤。

1913 年二次革命发生后，南京城遭受兵燹之灾，其中以下关受灾为重，商民损失极为惨重。1914 年，冯国璋督苏后与韩国钧对下关受灾商民进行了抚恤，但是往昔较为繁荣的商贸盛况不复再现。为了重振下关商埠，江苏地方当局便着手筹划扶植下关商贸发展的事宜。虽然"下关地方不满五方里，

---

① 《江苏都督府指令》，《江苏省公报》1914 年第 222 期。
② 《中国大事记》，《东方杂志》1914 年第 9 号。
③ 《文牍》，《内务公报》1914 年第 7 期。
④ 《本省省令·民政》，《江苏省公报》1914 年第 238 期。
⑤ 《拟划下关商埠界地》，《申报》光绪三十一年九月初五日。

人口不满五万人",但是江苏地方当局非常重视下关商埠局在恢复商务中的作用。1914年,江苏地方当局"以无为为治,难期得力之考语"将原下关帮办善后傅春官去职,而以金鼎继任该职。① 一年后,金鼎亦主动要求辞职,于是冯国璋等人将下关商埠改由金陵道尹办理。1914年8月,冯国璋与韩国钧在向内务部的咨文称,"国璋等察核来详,情词肫切,未便固留",并提出解决办法,"准将金鼎帮办金陵下关商埠善后事宜免去本职,其下关商务局事务,拟援照前清江南盐巡道兼管成案,改归金陵道尹总办,并设坐办一员"。对于冯国璋等人的应对办法,袁世凯的批示为"应一并照准"②。

3. 督办浦口商埠

"浦口属江浦县,南滨大江,北接浦镇。"浦口地理位置优越,然长期未得到有效开发,商务困顿。1914年,钱萧秋曾对浦口商埠进行实地调查,发现浦口还是"寂寞商城",除了"津浦总车站附近人烟稍密"外,其他地方人口稀疏。当时,浦口人数有25万余人,"多系苦力、平民及农户,其小本商店不过百分之一"③。1915年,北洋政府开始重视浦口商务发展。6月1日,袁世凯发布大总统申令,以浦口为自开商埠,"江苏浦口地方绾水陆之冲要,在长江位置与汉口相似,比之下关运输尤为便利,亟应自行开作商埠,并先设立分关。此项自开商埠与约开商埠不同,著由内务部、交通部、税务处商同浦口商务督办,迅即布置一切,次第扩充,以兴商务,此令"④。随即,江苏地方当局着手办理浦口商埠,将永生洲、九洑洲、柳洲划入浦口商埠范围。

当时,浦口商务督办刘恩源面对因土地划分而导致的地亩之争无能为力,办理商务不见起色。于是,1916年10月13日,北洋政府特派冯国璋督办浦口商务事宜,并以温宗尧会办浦口商务事宜。⑤ 冯国璋在兼任督办浦口商务事宜职务之后,便立即整顿浦口商务。

第一,"局中原有人物一律更换"。冯国璋重新组织浦口商务局办事机构,"以前瓯海道尹陈光宪为提调,副总统府咨议谢小圃为秘书,陈嘉湘

---

① 《下关商埠局之动摇》,《申报》1914年7月3日。
② 《内务部呈文》,《政府公报》1914年8月25日。
③ 钱萧秋:《浦口商埠最近之调查》,《地学杂志》1914年第5期。
④ 《中央电令》,《江苏省公报》1915年第539期。
⑤ 《中国大事记》,《东方杂志》1916年第11号。

为文牍",同时又将地方上的一些头目人物纳入进来委任为股长,如王德楷、陆仲彝等人不仅富有商埠经验,而且还是"地皮股东,与商埠有密切关系",于是浦口商务办理"直有事半功倍之效"。

第二,募集资金。"拟向华侨召集股本,约在六七百万元,提出二百四十万归还中法银行",其余之数则全部作为推广商埠之用。

第三,派员测量浦口商埠周边土地。浦口分为永生洲、柳洲和九洑洲等三洲,其中永生洲为铁路所用,其余二州为绅士所有。此外,"更有田埠周围二十余里遥,其中农户甚多,易于滋生纠纷"。于是,冯国璋便多派调查员、测量员实地勘测,"以清手续而分界限"①。冯国璋采取上述措施,缓解了当时存在的颇为棘手的资金及土地权益纠纷,从而为浦口商务的后续发展奠定了基础。

4. 维护江苏金融秩序

袁世凯执政后,曾经采取措施整顿金融秩序,以促进经济发展。然而,1914年欧战爆发对中国带来多重影响,北洋政府内务部、财政部紧急致电各省地方长官,要求"内外一气同心协力,以维治安为第一要着。故维持治安必赖有经济能力为之后盾……,目前治标之策以维持国内金融为全国上下共负之责务,宜同心一致互相扶济,对于银钱庄号彼此协力护持"。就江苏而言,苏省是中国对外贸易的重要省份,因而欧战爆发对江苏经济影响较大,"工商各业非常困难"。之所以如此,其重要原因在于"金融停滞,周转不灵"。面对经济发展出现困局,冯国璋与韩国钧拟定金融文告称:"地方官吏责有攸归,士庶绅商身家俱在,均应急起直追,共扶危局。"于是,除了中国、交通两行"以余力接济市面"外,江苏还要求"商民均当持以毅力,设法疏通或投资以提倡土货或集款以救济市面"。为了能够提升商民救市的信心,冯国璋向社会大众郑重表态,"本上将军、本巡按使亦督率所属,竭力所能维护商业,以图于世界兵祸最剧之时,在商场上得无形之战胜。国家兴亡,人民祸福,胥由于此。愿与我素号识时之绅商士庶共图之"②。冯国璋与韩国钧联合饬令各属一体遵照,对于维护江苏金融稳定起到了一定作用。

---

① 《经营浦口商埠之进行》,《民国日报》1917年2月7日。
② 《维持国内金融之责务》,《申报》1914年8月30日。

本章小结

冯国璋督苏时间约为三年半有余，在军政治理方面首先是组建江苏都督府来统领江苏军务，其次是加强整肃军纪，解除地方百姓对北洋军的恐惧，再次是采取多方面的措施来促进江苏军队建设。冯国璋从严治军，注重军队建设和发展，提升了对江苏军队的控制能力。另外，冯国璋先后与韩国钧及齐耀琳两任江苏民政长合作，在民政治理方面努力维护社会治安，解决当地群众最迫切的诉求，从而在江苏赢得政声。总的来看，冯国璋督苏以安定社会秩序、维护北洋派在江苏的统治为出发点，他对江苏的军政及民政治理措施，在一定程度上提高了江苏地方政府的治理能力，因而在这三年间大体维护了江苏社会的稳定，亦进一步巩固了北洋政府的统治。

第四章　冯国璋督直及督苏的历史评价

1912—1916 年北京政府统治时期，是清末民初社会转型期一个非常重要的历史阶段。以袁世凯为代表的北洋集团成为民初的统治集团，其统治范围扩展到全国大多数地区。袁世凯为了维护北洋派的统治利益，将北洋集团的重要成员派驻各省出任都督、民政长等要职。在民初政治格局中，直隶及江苏两省具有特别地位，袁世凯选派了自己的心腹将领冯国璋先后履任直隶都督及江苏都督。而冯国璋在直隶及江苏两地任职期间，坚决支持袁世凯的集权政策，通过提升地方政府的治理能力，强化了北洋派在直隶及江苏的统治地位。

第一节　袁世凯加强中央集权

1912 年 1 月 1 日，孙中山在南京就任中华民国临时大总统，开启民主共和历史时期。以同盟会为代表的革命党人在政治制度上仿照西方的民主共和制度，组建南京临时政府，以全面建设一个现代政府。然而，南京临时政府甫经成立便陷入内外交困的境地。第一是中央政府权威式微。在南京临时政府成立后，各省都督各自为政，对中央政府的命令置若罔闻，以至于国权短时期内难以统一。第二是面临严重的财政困境。"它没有固定的财政来源，也不能控制其治下各省的财政。事实上各省自行其是，也不希望有什么中央政府，特别是关于财政。"[①] 严重的财政危机已经直接威胁

[①] ［澳］骆惠敏编：《清末民初政情内幕——（泰晤士报）驻北京记者袁世凯政治顾问乔·厄·莫理循书信集》上，刘桂梁等译，知识出版社 1986 年版，第 864 页。

到南京临时政府的生存。第三是临时政府得不到西方承认。南京临时政府成立后立即采取了积极的外交行动，履行自己的外交职责，与多国开展外交谈判，希望能够建立外交关系。然而，西方列强对于南京临时政府都不予以承认，使其陷于外交孤立的困境。这些问题表明，南京临时政府的国家治理能力非常弱，在建设现代政府的道路上任重道远。由于南京临时政府存续时间较短，未能有效地提升国家治理能力，这些无法处理的一系列重大问题便遗留给袁世凯的北洋政府来解决。

一 袁世凯政府面临的困境

袁世凯上任之后，即面临严峻的时局考验，"今南北政府已经成立，而统一政策尚待实行。主体尤虚，强邻环伺，如鱼肉之登刀俎，劣马之蹶悬崖。吾国之危险未有甚于此时者也"①。袁世凯政府成立之时，需要妥善处理政治、财政、外交以及中央与地方关系等重大问题。

（一）袁世凯加强中央集权的挑战

1. 政治纷争加剧

进入民国后，中国的政治争斗非常激烈。民初政争主要是在北洋集团、国民党及进步党等三大派系之间展开。"今国中出没于政界人士，可略分为三派：一曰旧官僚派，二曰立宪派，三曰革命派。"② 三大政治势力既合作又斗争，对清末民初政局产生了重大影响。辛亥革命能够推翻清政府，建立民主共和，是三派政治力量通力合作的结果。然而，进入民国后，革命派以国民党为代表，立宪派以进步党为代表，北洋官僚派则主要以北洋集团为代表，围绕国家政权及国会席位又展开了激烈的政治争斗。对于三派之间的政争，李剑农总结为："自推翻清帝以来，中国政治上的斗争，常常是革命派与军阀官僚派对抗的斗争，而立宪派则处于因势乘便的地位。民初政治情势，大致如此。"③ 在民初政争中，北洋集团没有组织公开的政党，但是梁启超建议袁世凯依靠"健全之大党，则必求之旧立宪

---

① 佚名辑：《民国史料文编》，文海出版社1987年版，第63页。
② 丁文江、赵丰田编：《梁任公先生年谱长编初稿》，中华书局2010年版，第381页。
③ 李剑农：《中国近百年政治史》，复旦大学出版社2002年版，第320页。

派与旧革命党中之有政治思想者矣"①。于是，在民初政争中，袁世凯通过支持进步党来与国民党在国会抗衡。

然而，各党没有遵循西方政党政治的竞争规则，而是"聚党徒，广声气，恃党援，行倾轧排挤之惯技，以冀家为孤注"②。民初党争中存在的负面因素加剧了民初政争的复杂性，正如时人的评论指出："若今日之政府，国是未定，政见不一，用人则各私其人，行政则各私其部。枢建以议而枢把持之；部出一策而部反对之；疆行一政而疆矛盾之。其结果，则枢与枢漓；疆与疆漓，疆对枢、部并漓焉！虽有善策，执行者睡欤？局部之见既不足语，远图迂远之谋又未能失情势。"③

民初激烈政争突出表现为国民党与北洋派之间的矛盾。双方心存芥蒂，明来暗往，在国家政体是采取总统制还是内阁制问题上进行了多次较量。北洋政府成立后出现的政党纷乱与庞杂现象，"乃是社会分歧与不统一的表征"④。

2. 财政危机加剧

袁世凯的北洋政府成立后，财政危机亦成为制约国家治理能力的重大要素。辛亥革命时期，各省对中央政府的解款中断，在北洋政府成立后，各地仍然截留地方税收，以至于国家财政在一定时间内难以统一。北洋政府无法获得地方解款，而各项支出数目繁多，导致财政入不敷出。1912年的财政收入预算为445440000元，而财政支出预算为572025000元，财政亏空为126585000元。⑤ 面对严重的财政困难，袁世凯在3月30日任命熊希龄为财政总长，想方设法应对财政困局。然而，熊希龄认为民初财政难以治理，"名为财政，一钱不名。不问何等财政大家，亦无从着手"⑥。袁世凯政府虽然采取多项措施来解决财政问题，但是1913年的财政亏空仍然高达85205640元。⑦ 如何解决财政危机，始终是摆在袁世凯政府面前必

---

① 梁启超：《梁启超文集》，北京燕山出版社1997年版，第722页。
② 邹鲁：《中国国民党史稿》，上海书店出版社1989年版，第357页。
③ 丁守和编：《辛亥革命时期期刊介绍》第3册，人民出版社1990年版，第218页。
④ 张玉法：《民国初年的政党》，岳麓书社2004年版，第39页。
⑤ 陆仰渊、方庆秋主编：《民国社会经济史》，中国经济出版社1991年版，第84页。
⑥ 周秋光编：《熊希龄集》，湖南出版社1996年版，第301页。
⑦ 陆仰渊、方庆秋主编：《民国社会经济史》，中国经济出版社1991年版，第84页。

须要应对的难题。

3. 外交困局加剧

袁世凯的北洋政府成立后，在外交上面临重大挑战。第一是如何争取西方列强的外交承认。西方列强借助北洋政府急欲获得国际承认的心理，利用承认问题对中国进行勒索。日本、俄国、德国、美国等国先后利用承认问题，压迫中国满足其提出的各种要求。① 第二是如何维护国家统一和领土完整。辛亥革命发生后，由于西方外部势力的介入，中国西部和北部出现严重的边疆危机。袁世凯政府一方面反对边疆独立，如坚决抵制俄国策动哲布尊丹巴宣布自行独立的行为，"至库伦独立，前清并未允行，中华民国亦断无允准之理"②。另一方面，在中央设立蒙藏事务处，专门处理少数民族事务。1912年4月22日，袁世凯发布大总统令，宣布"五族共和"，"凡蒙、藏、回疆各地方，同为我中华民国领土，则蒙、藏、回疆各民族，即同为我中华民国国民"③。袁世凯政府虽然努力维系国家主权和领土完整，但是在列强的支持下，外蒙要分离的趋势还是难以遏制。

（二）中央与地方关系异常尖锐

"中央和地方的政治关系，因为辛亥革命而发生了重大变化。"④ 在辛亥革命中确立的都督体制，独揽地方军政和民政大权，"官僚政治的、财政的、立法的甚至军事的自治，被大多数省政府广泛采用"⑤，对民初政治格局及地方政治运作带来了极大影响。在辛亥革命后，各省相继建立了以都督为核心的地方政府架构，"俨然具有一独立国家之形象，以军事而论，则参谋部、军务部，无所不备；以行政机关而论，则外交、会计、检察院，无所不有"⑥。地方各省"豪疆大猾，连峙为奸"⑦，地方政府权力过大严重地削弱了中央政府的治理能力。

---

① 宗成康主编：《百年中国对外关系：1840—1949》，南京大学出版社1993年版，第173页。
② 徐有明编：《袁大总统书牍汇编》，新中国图书局1931年版，第205页。
③ 《中国大事记》，《东方杂志》1912年第12号。
④ ［加］陈志让：《军绅政权——近代中国的军阀时期》，杨品泉等译，生活·读书·新知三联书店1980年版，第16页。
⑤ ［美］费正清编：《剑桥中华民国史》上卷，杨品泉等译，中国社会科学出版社1994年版，第253页。
⑥ 北京亚细亚报：《裁汰冗员论》，《民国丛报》1913年第2期。
⑦ 黄远庸：《我意今非高谈建设之时》，《远生遗著》卷一，商务印书馆1924年版，第26页。

当时，各省都督不仅各自为政，甚至抵制中央政府的命令。由此，"中央与地方之纠葛"，被视为新成立之民国政府所面临的第一大问题。①一方面都督在地方拥有巨大权势，另一方面中央政府权威却日趋式微。"政府虽号称中央，南省无殊独立；大约除外交一事以外，他如用人权、财政权、军政权皆南省各都督自操之，袁（世凯）固不得过问，袁亦不敢过问，其向来解中央之饷项，财政部无术催交。其近来驻地方之兵额，陆军部无从编置，至于各省用人，则稍循谨之都督，朝来荐任之电，总统即夕下委命之文；若极隆重之总统，朝下任官之令，都督即夕来反抗之争，如斯局面，均属实情。"②《华字日报》的评论一针见血地指出了中央与地方之间的紧张关系。袁世凯虽贵为大总统，但是其权力既受国务院的牵制，又遭到地方都督的分割。在民国建立之初形成的都督体制，将各省军政、民政大权高度集中于都督一人，从而赋予了地方都督与中央政府相抗衡的能力。袁世凯虽有心在治理国家上付出更大的努力，然而其命令却被地方都督当作无弹之炮。"更为重要的是，袁世凯执掌的中央政府，对南方各省并无实际控制力；而因革命产生的南京临时政府又是被迫将权力转移，故国民党议员和都督对袁世凯政府缺乏信任。"③ 国民党在南方各省的都督常常挑战北洋政府的权威，进一步加剧了中央与地方之间的尖锐矛盾。当时，袁世凯北洋政府的中央权威式微，政令不畅的现象非常普遍。

二　袁世凯加强中央集权的必然性

民初社会危机四伏，亟待国家实施有效治理。"迩来兵事扰攘，四民失业，公私交困，已达极点，而士卒多昧服从之谊，人民鲜知公共之益，空谈者偏于理想，营私者多牟权利。循此不变，必将纪纲废坠，法度荡然，欲保障人民生命财产而不可得。"④ 面对如此混乱的局面，袁世凯主张以中央集权的方式治理国家，"夫国家处于开创之时，当多难之际，与其以挽救之责，委之于人民，委之于议会，其收效缓而难，不如得一强有力

---

① 伧父：《中华民国之前途》，《东方杂志》1915年第4号。
② 转引自胡春惠《民初地方主义与联省自治》，中国社会科学出版社2011年版，第33—34页。
③ 关晓红：《辛亥革命时期的省制纠结》，《近代史研究》2012年第1期。
④ 凤岗及门弟子编：《三水梁燕孙先生年谱》上，上海书店出版社1990年版，第117页。

之政府以挽回合资，其收效速而易"①。袁世凯建立强大中央政府的主张，是解决民初混乱局面的必要之道。因为，"各国之间最重要的政治分野，不在于它们政府的形式，而在于它们政府的有效程度"②。民初新的民主共和制度是在清朝王纲解纽的形势下从西方借鉴而来的，导致中央政府在传统权威坠落后无力应对新旧制度过渡时期出现的社会失范现象。

从民初复杂严峻的形势而论，袁世凯实行中央集权有一种历史的必然性。由于"民初的中国社会就暂时陷入了一种旧的制度被打乱、而新的民主制度又一时无法建立起来的严重失范状态，因此，对于中国社会在由封建专制向民主过渡的过程中必然需要一个既具有现代性导向又具有传统权威特点的过渡性政府"③。邓亦武认为，袁世凯在政治、经济、教育及思想等方面采取的措施，具有典型的过渡性强权统治特点，具有一定的合理性。

近年来学界对袁世凯政府的统治研究进一步深化。张华腾教授认为"1912—1915年北京政府的性质是资产阶级政府"，"北京政府成立以后，在南京临时政府政策的基础上，制定了一系列的政策和法规。这些政策和法规，不仅奠定了民国初年的基础，而且对后世尤其是整个北洋政府时期的中国社会均产生了重要影响"④。在一定程度上讲，袁世凯政府的统治具有合法性及合理性，在民初社会治理上亦取得一定的成就，并非一个完全反动的政权。袁世凯的集权措施及建立强权政府的追求具有一定的历史必然性，而且从民初的实际表现来看，袁世凯统治时期是民初社会发展较为明显的历史阶段，应该给予全面审视，而不能一味地以反动统治来全盘否定。

民初中国所处的内外环境日趋险恶，"列强环伺、边事孔殷"⑤，必须要有一个强大的中央政府，才能应对如此危局。自袁世凯上台以来，"东

---

① 白蕉编：《袁世凯与中华民国》，中华书局2007年版，第110页。
② [美]塞缪尔·亨廷顿：《变革社会中的政治秩序》，王冠华等译，上海世纪出版集团2008年版，第1页。
③ 邓亦武：《1912—1916年北京政府统治研究》，湖北人民出版社2006年版，第57页。
④ 张华腾：《多角视野下的北京政府——1912～1915年北京政府述评》，《史学月刊》2008年第2期。
⑤ 朱宗震、杨光辉编：《民初政争与二次革命》，上海人民出版社1983年版，第406页。

南之伏莽尚多，西北之边事孔棘，内讧外患，险象环生"①，北洋政府在政治、经济、军事和外交等各方面采取一系列措施，对内稳定局势，对外努力维护国家利益，就平实而论，其治理措施中存在着有利于民初社会稳定和发展的积极意义。

在袁世凯就任临时大总统之初，各省都督权力高度集中，甚至自成一体，中央政府的财政依赖于各省接济，可以说国家治理能力还相当脆弱。要实现社会的稳定发展和应对外来殖民势力的侵扰，袁世凯政府采取措施来加强中央集权就是必然的选择。当时，著名军事将领蔡锷就主张实行中央集权，并支持袁世凯实行强权政治。"查我国情势，非筹建强有力之政府不能统一内政。"蔡锷拥护袁世凯是从国家发展的大局出发，并不是要从北洋政府谋取一官半职而有意袒护袁世凯，因此他支持袁世凯建立强权政府而反对国民党开展二次革命。蔡锷认为："总统当国家行政中枢，负人民负托之重任，使因少数人之党见，减削其行使政策之权，恐一事不能为，必陷国家于不振之地。"②"在'二次革命'前后，蔡锷是一个地道的拥袁派，他真心实意地在政治、财政、舆论、组织和军事等各方面，为巩固袁世凯的统治尽了最大努力。"③ 在袁世凯称帝之前，蔡锷对袁世凯的态度在相当程度上代表了当时社会民众对时局殷殷望治的心理。在民初特殊的形势下，中国只有建立一个强大的中央政府才能够应对各种挑战，维护国家统一和促进社会发展。因而，袁世凯加强中央集权具有一定的历史合理性和必然性。

三 袁世凯加强中央集权的措施

袁世凯是民初少有的政治强人，具有丰富的政治经验和较高的政治声望。"袁总统当前清北洋时代，威望隆然。海内之有新思想者，无不以非常之事相期望。"④ 袁世凯上台后，不愿意循规蹈矩地接受国民党人的政治安排，而是通过政争方式不断地突破《临时约法》的限制，逐步推行专制集权统治的措施，以建立一个强大的中央政府。

---

① 来新夏主编：《北洋军阀》（二），上海人民出版社1993年版，第427页。
② 曾业英编：《蔡松坡集》，上海人民出版社1984年版，第646、627页。
③ 曾业英：《蔡锷与二次革命》，《历史研究》1983年第1期。
④ 黄远庸：《远生遗著》上，文海出版社1968年版，第1页。

（一）扩大总统权力

在组织南京临时政府之初，革命党人曾想单独组织政府，但是如果这样做"既有可能招致旧官僚及缙绅等之不满，又可能难于收服民心"[①]。于是，南京临时政府的组织系统中便包含了三派政治力量的代表，组成一个混合政府。当南京临时政府行将结束时，革命党人对袁世凯"获享革命成果，究非激烈党人心所甘愿"[②]，便通过制定《临时约法》来限制袁世凯的行政权力。袁世凯上台后便被《临时约法》所困扰，一直难以有效地推动强权政府建设。对于袁世凯而言，《临时约法》是制约其扩展总统权力的最大障碍。实际上，《临时约法》对民初政治发展具有巨大的消极影响，成为引发民初政争的根源。有学者谓："因立法仓促，约法未能就总统与国务总理、中央与地方之间的权限做出明确规定，结果造成在中央同时存在两个行政中枢的二元政体格局，埋下日后'府院之争'的种子。在地方，则造成中央与各省都督、省议会之间发生矛盾冲突或意见分歧时，无章可循、无法可依，以致难以处理。"[③] 袁世凯作为政治强人，不甘愿大总统权力受到各种掣肘，于是便通过各种政争手段，逐步突破《临时约法》的限制，乃至于将其废除而自定《中华民国约法》。

1913年10月16日，袁世凯向国会提出增修约法案咨文，要将《临时约法》相关条文进行修改，赋予"大总统制定官制、官规""大总统任免文武职员""大总统宣战、媾和及缔结条约"等多项权力，并就《临时约法》第四十条增加"于国会闭会时得制定与法律同等效力之教令"。及"有紧急之需用，而不及召集国会时，得以教令为临时财政处分"之特权。袁世凯所提增修约法案，意在扩充总统权力，"完全未为国会所容纳，而增修约法之事遂无从实现"[④]。此后，袁世凯又想派员出席宪法会议，陈述对宪法的意见，但为国会所却。1913年11月，袁世凯采取强力手段解散国民党及收缴国民党籍议员证书，使国会停顿。袁世凯没有国会的掣肘，一意扩大总统权力。1913年12月15日，袁世凯召开政治会议并以之取代

[①] 邹念之编：《日本外交文书选译》，中国社会科学出版社1980年版，第191页。
[②] 沈云龙：《徐世昌评传》上，中国大百科全书出版社2013年版，第223页。
[③] 张睿丽：《议会政治与近代中国政治变迁》，中国社会科学出版社2009年版，第260页。
[④] 杨幼炯：《近代中国立法史》，上海书店出版社1989年版，第155—162页。

已经解散的国会。政治会议作为政府的咨询机关，在袁世凯的授意下于1914年1月24日通过《约法会议组织条例草案》。据此，袁世凯组织成立约法会议并着手起草《中华民国约法》。袁世凯的《中华民国约法》"以中央集权为宗旨，限制普遍民权，扩大行政权，而在行政权中又将总统权扩大到极致，使总统拥有了几乎不受限制的权力"[1]。此后，袁世凯进一步收束权力。1914年6月8日，袁世凯撤销总统府军事办事处，改而设立"陆海军大元帅统帅办事处"，将军事权收归于己。1914年12月28日，袁世凯指使约法会议通过《大总统选举法》，使自己能成为终身大总统。在1915年5月，袁世凯撤销国务院及秘书处等行政机构，在总统府内设立政事堂，又将行政权揽入怀中。由此，袁世凯完成了专制集权过程，最后集军、政大权于一身，成为民初最具权势的总统。[2]

（二）推行军民分治

推行地方军民分治，防止各省军政首长权力过大。在辛亥革命中，各省相继确立都督体制，其权力至大。袁世凯为了加强中央集权，采取限制都督权力的措施。1913年1月9日，袁世凯公布《现行都督府组织令》，规定都督为一省之最高行政长官，直隶于大总统，并统辖该省各军队。都督于地方治安之关系上，依地方长官或其他地方官之请求需用兵力时，得酌量情形派兵协助。但遇紧急事故，得径行处置，同时亦须呈报大总统，并通报参谋、陆军两部。都督之设置、废止，或兼任地方行政长官，由国务会议定之。[3] 虽然《现行都督府组织令》从制度设计上想要依靠地方行政长官对都督的军事权力进行一定的限制，但是效果不彰。

为此，在1914年6月28日，袁世凯又推行军民分治，对军民长官管辖军队权限进行限定。第一条规定："凡陆军节制之统系、办事之权限，

---

[1] 汪朝光：《中国近代通史·民国的初建（1912—1923）》，江苏人民出版社2007年版，第65页。

[2] 袁世凯上台后，采取多种措施逐步集权，建立强权政治。袁世凯在推行专制集权统治的同时，亦采取了一些有利于民初国家和社会发展的具有现代化导向的行政改革，在一定程度上改变了清末以来中央政府统治弱化的状态，提高了国家能力。相关研究参见邓亦武《1912—1916年北京政府统治研究》（湖北人民出版社2006年），第76—135页。

[3] 中国第二历史档案馆编：《中华民国史档案资料汇编》（第3辑 政治1），江苏古籍出版社1991年版，第129页。

均依现行办法,由主管部、署及各都督随时呈咨,分别办理,其未设都督之省份,以管辖全省之护军使或镇守使,行使职权。"第二条规定:"巡防、警备等队,除因特别情形应遵批令另案办理外,均归巡按使管辖。凡各该队之支用军费、任用军官、裁改编练等事,均由巡按使咨陈陆军部核办。但支用民政经费编设之警备队,不在此限。"第三条规定:"因维持地方治安需陆军、巡防各队会同办理者,应由都督、巡按使协议行之,随时呈报大总统暨报明陆军部、参谋本部。"第四条规定:"都督对于本省巡防、警备等队遇必需调用时,得会商巡按使调遣。"第五条规定:"巡按使遇有紧急事故时,亦得商调陆军,都督对于此项商调事项,一应呈报大总统并报明陆军部、参谋本部。"①袁世凯制定《各省军政民政长官管辖军队权限条例》,意在削减都督军政大权,并赋予各省巡按使一定的军事权限,希冀在一定程度上改变各省都督军政权限独大的局面。

1914年6月30日,袁世凯为增强掌控全国军事之能力,又"将各省都督一律裁撤,于京师建将军府,并设将军诸名号"②。袁世凯在限制地方军权的同时,为了削弱地方行政权力,又推行废省存道计划,将各省行政权力进一步分解,使之无力对抗中央。更甚至以"妨碍地方行政为名",袁世凯于1914年2月3日,停止地方自治,继于2月28日,以"统一国家不应有此等庞大地方会议"为由,解散各省议会。袁世凯在地方推行的一系列军政措施取得了一定的积极效果,北洋政府对地方政府的控制力得到增强,初步改变了辛亥以来中央政府脆弱的行政能力状态。

(三)增强中央政府的财政能力

自清代以来,中央政府的财政来源于各省解款。清末,地方主义兴起,各省往往截留解往中央之款项。而中央政府因财政支绌,对许多军政、民政大事都不得不仰赖于地方督抚,从而导致"中央政府对于地方政治与财经关系,几乎全盘丧失了其权威的控制力量"③。民国肇建之初,中央与地方关系并未得到根本改观。中央政府的国家能力仍然异常脆弱,在

---

① 《各省军政民政长官管辖军队权限条例》,《政府公报》1914年6月29日。
② 中国第二历史档案馆编:《中华民国档案史资料汇编》(第3辑 军事1),江苏古籍出版社1991年版,第792页。
③ 胡春惠:《民初地方主义与联省自治》,中国社会科学出版社2011年版,第72、24页。

财政上必须要得到各省的解款支持。但是，在辛亥革命后，各省地方秩序失范，地方政府的治理手段亦极为有限，一时间难以筹足款项接济中央政府。因而，地方政府财政能力的薄弱导致中央政府的施政能力不足。"光复以后，中央无涓滴之收入，各省均自顾之不遑，举凡从前军饷、协饷、洋款、赔款均已停解。"①1912—1913年，中央政府的收入，不过二千万元左右，远不能满足军政各费的需要，迫使中央财政主要依靠举借外债来支撑。②袁世凯出任临时大总统后，中央财政常为地方截留，"县款不解于省，省款不解于中央"③。在袁世凯当国的最初三年中，"各项政务，无一不与外债为缘；中央收入，几恃此为最主要来源"④。民初，中央政府严重地依赖外债，导致中国处处受制于列强之手，国家难以实现真正独立自主。民初财政困难的根源在于："一曰紊乱，二曰枯竭。"⑤要改变如此局面，应该从整合国家经济财政能力出发，从整顿税收着手，发展经济，提高财政自给能力。这就要求袁世凯能够打破地方各自为政的惯性，整合地方政治以集权于中央，通过建立统一的财政体制，保障中央政府有充足的财政来源。为此，袁世凯采取措施实行财政集权，整理国家税收，提高中央政府对社会资源的提取能力。

1. 划分税源，增强中央财政能力

1912年12月，北京政府将国家税收分为国税与地方税。1913年1月，中央政府成立国税厅筹备处，简放人员，办理国税征收事宜。同年9月，北京政府推出《国家税与地方税草案》，在各省推行国家财政一元化的措施。与此同时，北京政府为维系中央权威，又禁止各省对外借款。⑥

2. 统一财政体制，强化中央财权

从1913年底，袁世凯开始直接控制财政事务。1914年2月，袁世凯

---

① 周淑贞：《周止庵先生别传》，周小娟主编：《周学熙传记汇编》，甘肃文化出版社1997年版，第201页。
② 李新、李宗一主编：《中华民国史 第2卷 1912—1916 上》，中华书局2011年版，第392页。
③ 来新夏主编：《北洋军阀》（二），上海人民出版社1993年版，第459页。
④ 杨荫溥：《民国财政史》，中国财政经济出版社1985年版，第2页。
⑤ 周淑贞：《周止庵先生别传》，周小娟主编：《周学熙传记汇编》，甘肃文化出版社1997年版，第154页。
⑥ 胡春惠：《民初地方主义与联省自治》，中国社会科学出版社2011年版，第62—63页。

召开财政工作会议，确定支出概算方针，削减各省原开支预算。5月，袁世凯在政事堂下设立主计局，负责筹议财政及稽核预算事宜。6月1日，袁世凯下令取消国税、地方税名目，采取地方解款中央的税收体制。11日，又公布财政厅办事权限条例，规定各省财政厅长由大总统任命，直隶财政部。至此，袁世凯统一财政体制宣告完成。①

3. 整理税收

通过整理旧税，施行新税，开辟新税源，增加中央收入。对此，杨汝梅曾指出："民国三四年，中央威信，渐足以控驭各省，三年核定各省岁入概算，将各省出入相抵，所有盈余之数，责令解部，恢复前清解款制度，是为中央旧有财源之一种。四年又将验契税、印花税、烟酒税、研究牌照税、牙税五项，定为中央收入，名为五项专款。五年扩展范围，加入屠宰税、牲畜税、田赋税、厘金增加等项，改名中央专款。"② 与此同时，袁世凯先后任用熊希龄、刘揆一、周学熙、张謇等人出任财政、工商、农林总长，颁布了一系列发展经济的法规，为经济发展奠定了基础。③ 而随着民初中国社会经济的发展，袁世凯政府的税收亦大有起色。1915年，袁世凯政府共计"收入银元一亿三千六十七万八千一百二十七元一角八分九厘"，而共计"付出银元一亿三千九百三万六千四百五十四元六角八分九厘"④。此时，北京政府的财政收入与支出相比，虽有亏欠，但相较于前几年已有大幅度的改善，反映了国家财政状况在往好的方向发展。而国家财政状况又是国家能力强弱的重要表征。"财政是各种政治力量较量的特殊战场。国家能力是强是弱，看看它的财政活动，应能看出端倪来。"⑤ 1915年，袁世凯政府的财税能力已经获得大幅度提高，表明国家对社会资源的提取能力亦有较大提升，从而为国家能力的发展奠定了基础。

---

① 李新、李宗一主编：《中华民国史 第2卷 1912—1916 上》，中华书局2011年版，第390页。
② 杨汝梅：《民国财政论》，商务印书馆1927年版，第26页。
③ 张华腾：《多角视野下的北京政府——1912~1915年北京政府述评》，《史学月刊》2008年第2期。
④ 贾士毅：《民国财政史》，商务印书馆1917年版，第61—66页。
⑤ 王绍光：《安邦之道——国家转型的目标与途径》，生活·读书·新知三联书店2007年版，第6页。

1914—1915年，袁世凯不断地加强中央集权，增强了在政治、经济、军事、思想文化等各方面的控制。袁世凯在强化中央权力的同时，还进行了一定的制度建构，在国家治理上取得一定的进展，国家治理能力有了较大提升。

第二节　冯国璋督直及督苏成效和评价

长期以来，"北洋"及"北洋派"是被污名化的历史名词[①]。冯国璋因其北洋身份，特别还曾经是直系军阀首领，在民初的历史作用及历史地位被全盘否定。冯国璋是清末民初社会转型时期的一个复杂人物，他不仅是北洋派的军事将领，还是民初地方实力派的重要代表人物。冯国璋在直隶、江苏两省出任都督，作为两地的最高军政长官几近五年，而后来他主政中央及作为直系军阀的首领不到三年。因此，我们在对冯国璋进行历史评判时，应该将冯国璋督直及督苏的实践活动纳入进来，方有可能对这位复杂人物做出较为公允的评价。

一　袁世凯与冯国璋督直及督苏

（一）袁世凯政府面临的困境

袁世凯政府建立初期的主要矛盾是南方和北方的斗争、中央和地方的矛盾。在双重矛盾的交织中，袁世凯推行中央集权面临诸多困境，"其中，最突出的问题，就是各省尤其是南方各省与袁世凯政权依然处在激烈的对抗状态"[②]。袁世凯政府虽号称南北统一政府，但是仅掌控直隶、山东及河南三省。1912年3月，全国各省都督分布如下：直隶：张锡銮，奉天：赵尔巽，吉林：陈绍棠，黑龙江：宋小濂，山东：张广建，河南：齐耀琳，山西：阎锡山，江苏：程德全，江西：李烈钧，福建：孙道仁，浙江：蒋

[①] 王先明指出："因民国时期北洋军阀之一段时局变乱，以及革命史观下建构和书写的历史之影响，及至当代，北洋语义而常涉讳忌，竟至于有一闻'北洋'而色变之慨。"见氏著《"北洋"正义》，《历史教学》2014年第4期。

[②] 张宪文：《试论袁世凯的集权政治与省区的地方主义》，中国历史上的分与合学术研讨会筹备委员会编：《中国历史上的分与合学术研讨会论文集》，联合报系文化基金会1995年版，第306页。

尊篆，湖北：黎元洪，湖南：谭延闿，陕西：张凤翙，甘肃：赵惟熙，新疆：袁大化。1912年4月，唐继尧任贵州都督，柏文蔚任安徽都督。1912年7月西南各省亦设立都督职务，四川为尹昌衡、广西为陆荣廷、云南为蔡锷、广东为胡汉民。① 从全国各省都督分布可以看出，属于北洋派系的都督仅限于直、鲁、豫三省，国民党势力集中在江西、安徽和广东三省，而立宪派和旧官僚势力则在地方上有较广的分布。从此时的中央与地方关系来看，袁世凯政府可谓是一个弱势政府。"在先前闹革命的各省中，多数省都有凝聚力，足以防止北京在当地插进其权势人物。仅在北方三省，即直隶、河南、山东，以及可以勉强算上的满洲，袁才能单方面的任命重要官员。"② 在此情况下，袁世凯要想有所作为，就必须将地方各省都督大权收归于中央。

1912年4月，袁世凯通过黎元洪发表通电，指陈都督专权，危害社稷，"强藩坐缙，阃外自尊，厚集党援，广招朋类，上不承于总统，下不谋诸庶民，……阳居谦让之名，阴示把持之实，虽有中央政府，亦若于张弧不弦，长鞭莫及"③，以黎元洪通电号召实行"军民分治"为契机，袁世凯政府曾采取措施来极力削弱地方都督权力，但是遭到来自非北洋派的地方各省都督激烈反对，其中尤以李烈钧和胡汉民为甚。4月18日，江西都督李烈钧发表巧电，表示"军政时期秩序未宁之际，反对变更都督职掌"④。地方都督对中央政府公开抗命，而中央政府却无能为力，这足以表明此时袁世凯政府作为弱势政权的国家治理能力严重不足。

面对当时国内外的各种艰巨挑战，若是仅靠这样一个脆弱的中央政府，北洋派就很难维系长期执政的局面。袁世凯作为政治强人，又不愿意安享表面上的尊荣，而是需要实际权势。当时以袁世凯为首的北洋派虽然已经成为统治集团，但是其势力范围过小，不足以安置北洋派内部各军事政治力量。无论是从袁世凯自身扩大总统权力的角度着想，还是从北洋派长远发展的角度考虑，袁世凯加强中央集权，拓展其统治范围都是非常迫

---

① 郭卿友主编：《中华民国时期军政职官志》，甘肃人民出版社1990年版，第139—152页。
② ［美］费正清编：《剑桥中华民国史》上卷，杨品泉等译，中国社会科学出版社1994年版，第238—239页。
③ 《内外时报》，《东方杂志》1912年第12号。
④ 胡春惠：《民初地方主义与联省自治》，中国社会科学出版社2011年版，第50页。

切的需要。在当时都督体制的制度环境中，谁掌控一省都督，即意味着巨大的政治利益。各种政治力量为了维系自己的政治利益，对于袁世凯的集权政策多有反对。因此，袁世凯要有力地推进中央集权，不仅要拓展北洋派的势力范围，还要在对时局具有重要影响的省份安置忠诚于自己的人出任都督，以扩充地方对中央政府的支持力量。

（二）冯国璋出任地方军政要职的机遇

1. 袁世凯倚重冯国璋的缘由

从1912—1915年，袁世凯在政治、军事、经济及文化等多方面采取措施，逐渐将一个弱势的中央政府打造成强势的中央政府。在此过程中，袁世凯非常注重发挥冯国璋的历史作用，先后将冯国璋任命为直隶都督及江苏都督。1912年9月至1917年7月间，冯国璋先后在直隶及江苏出任军政要职，任直隶都督一年有余，在江苏都督（督军）任上三年半有余，由一名军人发展成为在民初具有重要影响力的政治人物。如果说冯国璋在清末军事现代化中取得的成绩为他成为北洋集团核心成员奠定了基础，那么冯国璋在民初督直及督苏的地方治理实践则是他发展成为民初地方实力派代表人物的历史机遇。这种历史机遇是由多重因素促成的。

第一是袁世凯参与民初政争的需要。以袁世凯为首的北洋派与以孙中山为代表的革命党人之间在政治上的互不信任以及围绕政权展开激烈的政治较量，迫使袁世凯需要发挥北洋集团重要人物的作用。冯国璋作为北洋集团的核心成员，在实现政治利益上与袁世凯保持一致，多番通电反对革命党人的政治诉求，成为袁世凯参与政争的重要力量。

第二是袁世凯加强中央集权的必然要求。袁世凯在强化中央政府权力的过程中，经常遭到国民党的地方都督激烈的对抗。袁世凯迫切需要有自己的核心幕僚及势力走向政治斗争的前台，为自己分忧。袁世凯在集权过程中需要更多的地方都督能够支持中央政府，更需要稳固北洋的传统势力范围。冯国璋作为直隶本土人士，在革命党人与北洋派争夺直督的过程中具有籍贯优势，自然是袁世凯选任都督的优先对象。

第三是冯国璋在政治上效忠袁世凯，又具有较强的工作能力。在辛亥和谈中，冯国璋能够做到抛弃清政府转而支持袁世凯的南北和谈，说明冯国璋能够效忠袁世凯。冯国璋作为一名军人，在关键时刻能够为袁世凯排忧解难。在清帝退位的前夕，冯国璋机智地化解了禁卫军风波，为袁世凯鼎定北方局势起了非常重要的作用。冯国璋做事机敏，又不乏练达和果敢。袁世凯非常看重冯国璋的能力，并在民初政争中注重发挥冯国璋的作用。

2. 冯国璋帮助袁世凯加强中央集权

1912年9月，袁世凯以冯国璋督直，是为了防范革命党人觊觎直督的位置，阻止南方军事力量进入北京周边地区，以免对北京政府造成直接威胁。在北洋派与革命党人进行政治较量的关键时刻，冯国璋接受袁世凯的任命，并迅即赴天津就任直隶都督，打破了革命党人以王芝祥督直的梦想。冯国璋莅任直隶都督后，迅速转换角色，加强对直隶军政及民政的治理，在改革军警、努力减轻天津兵变造成的损失，以及在赈灾、禁烟和剿匪等诸多方面都有不俗的表现。总的来看，冯国璋在直隶都督任上一年有余，既贯彻袁世凯的方针、政策，又在提升直隶地方政府治理能力上有所作为，在直隶的治理成效有目共睹、可圈可点，进一步巩固了北洋派在直隶的统治，从而为袁世凯加强中央集权奠定了基础。

在袁世凯加强中央集权的过程中，国民党与北洋派的矛盾因"宋案"全面激化，最终走向以战争解决政治冲突的境地。冯国璋作为北洋派的军事将领在政治上坚定地支持袁世凯中央集权政策，在军事上贯彻袁世凯的武力征讨方针，从而成为袁世凯平定二次革命的重要人物。从冯国璋督直的治理实践及平定二次革命的军事活动表明，冯国璋是袁世凯加强中央集权、扩展北洋派统治利益的重要力量。袁世凯对冯国璋具有高度的信任感，并注重发挥冯国璋的影响力。

二次革命后，北洋派如何巩固在江苏的统治，成为袁世凯颇为关注的问题。9月3日，袁世凯虽不愿意但还是任命张勋为江苏都督。然而，张勋在督苏后，不仅有违袁世凯的初衷，而且纵兵抢掠，极大地损害了北洋派的形象和利益。正如论者所言："当江西乱事初起，袁氏之声望颇为国民所仰。及南京既下，名誉顿落，则以张勋之故也。"[①] 如何收拾张勋在江苏造成的烂摊子，怎样取得江苏人民的信任，是一项非常棘手的难题，这

---

① 《国内纪事：江苏都督之更易》，《雅言》（上海）1914年第2期。

不仅影响袁世凯本人的政治声誉，还关涉北洋派在江苏的统治能否巩固。由于江苏为东南各省之首，其政治、经济、军事地位都非常重要，袁世凯要实现强权政府的目标，就必须牢牢地把握江苏的统治权。在此特殊情形下，袁世凯以冯国璋调任江苏都督，既是对冯国璋的信任，亦是赋予了冯国璋更大的责任。袁世凯委任冯国璋督苏，不仅是要求冯氏稳定江苏社会秩序，还希望他能够加强对江苏社会经济的汲取能力，在经济上为中央政府提供有力支持。在冯国璋督苏的前两年中，冯国璋遵循中央的各种制度安排，按照袁世凯的部署，在政治、军事、经济等各方面稳固北洋派在江苏的统治，同时亦从江苏实际出发推行了一些治理措施，从而对江苏社会发展和时局走向都产生了重要影响。

二　冯国璋督直及督苏成效

1912—1917年，冯国璋先后在直隶、江苏两地出任都督（督军），成为掌控两省地方政权的最重要人物。直隶为畿辅重地，具有举足轻重的政治地位。而"江苏财赋甲天下"[1]，为东南重镇。冯国璋能够先后督直及督苏，是袁世凯对冯国璋的高度信任并寄予厚望的结果。冯国璋督直之时，正值南方革命党人与袁世凯争夺直隶都督，欲动摇袁世凯政府统治根基的关键时刻。1912年4月9日，袁世凯发表通电，坚决维护北洋派在直、鲁、豫三省的统治权。"北方三省都督，业由本总统委定，绝无更改之理。若参议院必欲迫令取消已发之命令，则先请取消本总统之职任。"[2] 因直隶都督张锡銮为直隶各界所反对，为维护北洋派在直隶的统治权，袁世凯以直隶人士冯国璋督直，杜绝了革命党人更改直隶都督的口实。

冯国璋莅任直隶都督后，与直隶社会各界合作，在军政及民政等方面进行了初步治理，维护了北洋派在直隶的统治。次年，袁世凯与国民党的政治矛盾激化，并以武力击溃国民党的武装反抗。"袁既消灭国民党在各省之武力，以冯国璋驻南京，段祺瑞驻湖北，龙济光驻广东，监视各省，长江流域诸省，尽为北洋军人所有，势成统于一尊。"[3] 袁世凯以北洋重要

---

[1] 扬州师范学院历史系编：《辛亥革命江苏地区史料》，江苏人民出版社1961年版，第54页。
[2] 《大总统力争北方都督》，《大公报》1912年4月9日。
[3] 白蕉编：《袁世凯与中华民国》，中华书局2007年版，第39页。

人物分驻各要地，为推行中央集权政策奠定了基础。从 1914—1917 年，冯国璋在江苏先后出任都督、宣武上将军及督军等职，牢牢地控制了江苏军政大权，并在军政及民政等方面采取了一系列措施，增强了江苏省的地方治理能力，从而稳固了北洋派在江苏的统治。

1. 冯国璋在督直及督苏期间地方治理特点

综观冯国璋督直及督苏实践，冯国璋在直隶、江苏两省的地方治理具有以下特点。

第一是建章立制，发挥地方行政组织职能。冯国璋在直隶、江苏两地开展地方治理，并非全凭个人的意志行事，而是通过建立地方行政组织，依靠领导机构来开展各项事务。如 1912 年 9 月冯国璋接任直隶都督后，针对直隶行政混乱的局面，立即着手谋划直隶行政统一，在直隶都督府设置全省政务公署，使之成为开展直隶地方治理的领导机关。同样，冯国璋莅任苏督伊始，即根据《现行都督府组织令》成立江苏都督府，使之成为江苏军政治理的最高领导机构。民初国家各项制度建设粗略而不完备，特别是在地方上因缺乏相关的法律、规章或政策依据，往往导致地方官行事任性妄为。值得注意的是，冯国璋在开展地方治理时比较重视制度建设，制定一些办事规则来规范地方官的行为。如冯国璋在直隶都督任内曾经向议会提交地方官惩治土匪办法，还有各道行政公署员薪经费暂行办法。冯国璋在地方治理中，一方面遵循中央的法令和政策；另一方面又根据地方实际将中央的法令加以细化，如针对中央政府要求地方兴办保卫团的命令，冯国璋颁发《苏省各县知事办理保卫团功过章程》，督促各县知事积极开办保卫团的工作。

第二是治理活动范围较广。冯国璋在直隶都督期间兼任直隶民政长，是直隶全省军务及政务的主要负责人。冯国璋在督苏期间，因苏省"军民分治"而主要负责军政。然而，从冯国璋在江苏开展地方治理实践来看，除了改革军政、整肃军纪及加强军队建设等事务，维护社会治安外，还积极开展禁烟、剿匪和赈灾等各项事务。同时，冯国璋能够"咨询民隐"，重视士绅参与社会治理，在一定程度上发挥了民间组织及社会各阶层人士在其中的襄赞作用，这在直隶及江苏赈灾中都有较为明显的体现。

第三是冯国璋在地方治理中较多地表现出军人专断的作风。冯国璋在督直期间，作为直隶行政机关领导人与顺直省议会围绕人事权及财政权多有冲突。特别是在与司法机关的交往中，虽然声称尊重司法独立，但是在行动上却不断地介入司法领域，甚至直接干预司法审判。在督苏期间，冯国璋负责的军政往往压制民政，占据主导地位。冯国璋不满于江苏民政长韩国钧加强民政权力，想方设法排挤韩国钧。接替韩国钧出任江苏民政长的齐耀琳在与冯国璋相处时，努力维系民政从属于军政的状况，从而与冯国璋构建良好的关系。

2. 冯国璋督直及督苏的治理成效

冯国璋在督直期间地方治理成效如何，我们可以从冯国璋离开直隶时社会各界的反应略知一二。1913年10月20日，直隶红十字会、商学会、四乡自治公会等十余个团体通电挽留冯国璋留任直隶都督，"前以南省叛党，扰害大局，直隶冯都督奉大总统令督师南下，现南省乱事既平，秩序恢复，则无再行南下之必要，且冯军统自督直以来，办理地方一切事宜，均称完善，爱戴极深，拟即挽留，仍回直隶都督原位"①。天津商会的公启对冯国璋督直评价颇高，虽有奉承之词，但也在一定程度上反映了冯国璋督直期间在地方治理上取得了不错的成效。冯国璋在处理天津兵变中，积极回应天津商会的诉求，与前任张锡銮在救济商民的态度和措施上有很大不同，赢得了天津商会的拥戴。冯国璋在直隶都督任上仅一年有余，直隶社会秩序渐次恢复，为北洋派赢得良好的政治声誉。

二次革命后，袁世凯的统治范围拓展至长江流域，急需有能力的北洋派人物出任各省都督，以维大局。1913年12月29日，冯国璋肩负袁世凯的重托，走马上任江苏都督。冯国璋莅任苏督伊始，即面临各种严峻的挑战，经过近半年的治理，即取得初步成效。1914年7月7日，冯国璋在北京觐见袁世凯，汇报督苏工作。对此，《申报》于7月11日有报道："闻冯上将军对人云江苏事已有头绪，再悉心办理一年，即可望其成功。"② 冯国璋在江苏治理前后三年半有余，不仅强化军政治理，还襄赞江苏民政长开展各项民政治理，为江苏社会的稳定和发展做出了努力。1917年初，"南京商民以冯国璋督苏有功，自发募资为冯立碑。未几，江苏军界联合

---

① 《天津商会联合各界挽留冯督之公启》，《申报》1913年10月26日。
② 《北京电》，《申报》1914年7月11日。

会闻知,亦愿加入,改为建立冯公生祠,取名'华园',并拟铸造铜像"①。南京商民自发为冯国璋立碑,在一定程度上反映了冯国璋督苏所取得的成效。

从国家治理的角度来看,冯国璋督直及督苏有助于加强北洋政府的国家能力建设,对于提升江苏地方政府治理能力具有积极作用。王绍光认为国家能力表现在三个方面:一是国家对社会各阶级的文化渗透问题;二是国家对社会控制能力问题;三是国家实施其社会经济政策的有效程度问题。② 从这三个方面的表现来看,冯国璋督直特别是督苏成效是有目共睹的。

第一,在国家对社会各阶级的文化渗透上,冯国璋遵循袁世凯弘扬传统儒家文化思想的政策。袁世凯上台后,为加强中央集权,采用传统儒家伦理来重新整合人们的思想。为此,袁世凯极力倡导复古尊孔,并逐步恢复祭天等祭祀仪式。其中,袁世凯政府特别重视关岳庙的祭祀,专门制有程序规整的"祭关岳庙礼节",要求各地遵照执行。冯国璋接到内务部的相关咨文后,立即将"各地方祭祀关岳庙礼节"抄发各属机构,通饬"一体遵照"③。袁世凯政府之所以重视关岳庙祭祀,就在于它有助于培养人们的忠诚和爱国心理,从而在隆重的祭祀仪式中潜移默化地对社会思想文化进行渗透。

第二,在国家对社会控制能力上,冯国璋在督苏期间,严密控制江苏局势,避免了江苏出现大规模的战事发生。江苏原是革命党人主要集聚地,1914 年后又成为中华革命党策动反袁暴动的主要地区,社会局势一度不能平静。冯国璋严厉通缉革命党人,通过剿匪和赈灾来积极安抚民众殷殷望治的心理。在冯国璋的严密控制下,江苏在 1914—1917 年间没有大的战事发生。正如时论所言:"冯国璋氏坐镇南京,为南部屏障。"④ 同时,在 1914 年欧战爆发后,冯国璋在江防、海防及国防等方面加强防范,坚守"中立"政策,以避免出现较大的社会变动。

第三,在国家实施社会经济政策的有效程度上,江苏对社会的提取能

---

① 杨潜编:《北洋将军轶事》,山东画报出版社 2011 年版,第 81 页。
② 王绍光:《安邦之道——国家转型的目标与途径》,生活·读书·新知三联书店 2007 年版,第 5 页。
③ 《饬发祭关岳庙礼节一体遵照》,《江苏省公报》1915 年第 486 期。
④ 《纪江苏防务》,《申报》1916 年 10 月 26 日。

力显著增强。民元、民二江苏财政因兵事扰攘而难以获得充实。冯国璋督苏之后,一方面裁减军队,整肃军纪,严厉剿匪和通缉党人,逐步安定社会秩序,另一方面安顿民生,发展经济,并加强税收征收,江苏财政收入逐渐有了较大提高。1914 年江苏收入预算为 13390599 元,实际收入为 14094199 元。1915 年的苏省收入预算为 15076529 元,实收为 17908514 元。1916 年,苏省收入预算为 14934202 元,实际收入为 19285246 元。1917 年,苏省收入预算为 15458415 元,实收数为 20201192 元。① 在 1915 年、1916 年和 1917 年的三个年度,苏省财政收入有了较大提高。江苏省财政收入能够逐年提高,一方面由于社会秩序相对稳定,没有出现兵燹纷起的情况,另一方面在于江苏地方当局加强了对税收的征收。如江苏加强了验契税及盐税的征收。1915 年,全国盐款总额为 55882745 元,而江苏盐款为 4869899 元,排在全国第一位。② 在冯国璋督苏期间,江苏财政收入总额连年超出预算总额,说明江苏在提取经济能力上有了较大发展。

三 冯国璋督直及督苏的历史影响和评价

(一) 冯国璋督直及督苏的历史影响

1912—1917 年,冯国璋先后在直隶和江苏两个具有重要地位的省份出任都督(督军),这在民初是非常罕见的。冯国璋的督直及督苏实践既有利于袁世凯加强中央集权,亦提高了冯国璋在民初的历史地位,扩大了他的历史影响。

1. 冯国璋成为袁世凯加强中央集权的主要支持力量

袁世凯建立强大中央政府的诉求建立在以冯国璋为代表的北洋派系各省都督拥护和支持的基础上。冯国璋在直隶及江苏两省执政期间,在政治、经济及军事等各方面都大力支持袁世凯政府的统治。首先,在政治上主张国家权力应该集中于总统,支持袁世凯的中央集权政策。如冯国璋对《临时约法》过度限制总统权力极为不满,"乃临时约法所定立法机关之职权对于大总统及国务员有弹劾权,对于大总统任免国务员有同意权,是以

---

① 江苏省财政志编辑办公室编:《江苏财政史料丛书》(第 2 辑 第 1 分册),方志出版社 1999 年版,第 200—216 页。

② 《各省盐款之厘订》,《盛京时报》1915 年 2 月 14 日。

立法之机关侵夺行政之权限"。为此，冯国璋主张："今余矫正必先予大总统以解散议会之权，使行政、立法两济其平，保政本之尊严，固中央之威位。"① 其次，在经济上鼎力支持中央经济政策。袁世凯政府为了筹措资金，缓解财政紧张，曾发行公债。冯国璋极力推动在江苏发行国内公债。因冯国璋在募集国内公债中成绩突出，内务部特向袁世凯请求表彰冯国璋，"特颁明令，赐以匾额，以昭荣典"②。再次，在外交上执行中立政策，为袁世凯政府减轻外交压力。欧战爆发后，袁世凯政府实行中立政策，但是为了不引发外交争端，要求"各省土匪亟宜肃清，外商教堂尤须慎重保护"③。冯国璋在接到袁世凯的谕令后，立即通饬各属遵照，既加强剿匪，又要求各属保护教堂。冯国璋所采取的这些做法，旨在维护江苏社会的稳定，以减轻中央政府的压力。从冯国璋在直隶及江苏的治理效果来看，冯国璋在莅任直隶都督及江苏都督后，都十分注重整顿社会秩序，维护中央政策在地方的执行，成为袁世凯加强中央集权的重要支柱。我们应该认识到：袁世凯加强中央集权既为了满足自己的利益，也有为国家发展考量的因素。在民初特殊的国内外环境中，袁世凯加强中央集权具有一定的必然性及合理性。袁世凯加强中央集权的政策只有地方政府认真执行，才可能取得一定的效果。而地方大吏只有与中央保持一致，方能执行中央的相关政策。所以，袁世凯先后以冯国璋督直及督苏，是希望冯国璋在艰难时刻能够为中央政府分忧解难，稳定北洋派在地方的统治，从而为加强中央集权提供有力支撑。

2. 冯国璋巩固北洋派在地方的统治权益

冯国璋在督苏期间，采取多种措施防范党人运动，严厉镇压党人起事活动，维护了北洋派在江苏的统治利益。从中央与地方的关系而言，地方维护中央权威，安定社会秩序是地方政府的职责所在。冯国璋作为北洋派系的军人，其根本利益与袁世凯是一致的，因此，冯国璋极力镇压党人的各种武装活动，先后将党人策划制造的大规模武装起事镇压下去，成为党

---

① 中国社会科学院近代史研究所图书馆藏未刊资料：《冯国璋督直时函电稿》（一），编号：甲204—1，第1页。

② 《各省募集公债出力大员冯国璋等可否援案特颁明令赐以匾额缮单请示文》，《税务公报》1915年第2卷。

③ 《本埠新闻》，《申报》1914年8月28日。

人在江苏开展反袁活动的主要障碍。从冯国璋对党人的态度及采取的措施来看，无论在直隶抑或在江苏，党人的反袁运动都受到压制。冯国璋在执掌直隶及江苏军政大权时，忠实地执行中央精神，采取严厉措施缉拿党人，在一定程度上有利于维护地方社会稳定。从国家至上和民族利益的角度而言，冯国璋通缉党人是维护社会稳定的必要举措。当时，袁世凯的北京政府是合法的中央政府，地方政府应该要维护中央权威。如果没有一个稳定的社会秩序和有足够权威的中央政府，中国就会出现一盘散沙的局面。这种局面并不利于中国人民而是有利于外国列强侵略中国。在当时中国国家实力尚处于羸弱的状态下，只有建立一个强有力的中央政府，才有可能采取相应的措施来推动社会发展，才有希望改善民生。对于民初的中国社会而言，稳定是头等大事。稳定是发展的前提，只有稳定才可能获得发展。因此，冯国璋在江苏通缉党人的行为既是执行中央政策的举措，也是维护江苏社会稳定的需要。

3. 冯国璋发展成为民初著名的地方实力派

冯国璋以财赋汇聚的江苏为基地，加强对江苏的军政控制，不断地增强自身的政治军事势力，发展"为东南砥柱"①。特别是"冯久驻南京，俨然藩镇，渐渐不如当年之绝对服从"②。冯国璋在袁世凯帝制活动公开后，曾致电中央历数中央集权之失，"冯虽不满于袁，尚未至公然反对"③。冯国璋以第三种势力自居，既反对袁世凯称帝，亦不愿意参与武力反袁运动，而是以维护江苏稳定为主。1916 年 3 月 20 日，冯国璋举行军事会议并发表演说，"吾侪军人，首重服从；他省虽有意外之举，江苏仍以不入漩涡为宗旨，然而果至，万不得已之时，则以保全治安，不生战祸为止"④。冯国璋不参与武装反袁的宗旨契合了江苏绅商求稳的心理诉求，从而赢得了江苏社会的广泛支持。在督直及督苏期间，冯国璋完成了从一名军人到地方大吏的转变，而这种转变为他培植自己的势力奠定了基础。冯国璋能够公开反对洪宪帝制，其底气在于他在江苏的统治较为稳固，隐然

---

① 《南京快信》，《申报》1916 年 3 月 6 日。
② 吴长翼编：《八十三天皇帝梦》，文史资料出版社 1983 年版，第 299 页。
③ 曹汝霖：《一生之回忆》，春秋杂志社 1966 年版，第 154 页。
④ 《南京消息》，《申报》1916 年 4 月 8 日。

成为"东南霸主"。冯国璋在江苏的三年多时间中，一方面既执行中央的政策，另一方面又发展了自己的势力。冯国璋执掌江苏的军政大权，通过安置自己的亲信在各个要职岗位上，掌控江苏大局。冯国璋以江苏为基地参与民初政争，公开反对袁世凯称帝，发表"五将军通电"，组织南京会议，政治影响力大增。1916年10月，冯国璋又参与副总统选举并成功当选，进一步扩大了他对全国政局的影响力。由此，冯国璋开始由地方走向中央，并积极参与民初政争，如反对张勋复辟，参与"府院之争"等。冯国璋在江苏督军任内，与湖北督军王占元、江西督军李纯，在民初政争中相互呼应，相互支持，成为影响时局发展的"长江三督"。冯国璋作为"长江三督"之首，在其周围逐渐形成一股政治军事力量，进而在与段祺瑞的皖系竞争中逐步演变为直系军阀。

（二）冯国璋督直及督苏的历史评价

在清末民初社会转型时期，冯国璋表现出了非常复杂的人生经历。冯国璋由一名普通军官，发展成为清末著名的"北洋三杰"之一。进入民国，作为统治集团的重要成员，冯国璋坚定地支持袁世凯集权，被袁世凯委以重任，先后在直隶、江苏两省主持军政，并在社会治理中积极而为，在维护社会稳定、促进民生发展等方面取得了一定的成绩。同时，冯国璋广泛地参与民初政争，对国民党及中华革命党的反袁运动极力打压，还反对袁世凯称帝，后来又与段祺瑞展开"府院之争"，一度成为直系军阀的首领。

如何评价冯国璋这样一个复杂的历史人物，郭沫若关于历史人物评价的基本原则为我们提供了指导，他认为："我们评定一个历史人物，应该以他所处的历史时代为背景，以他对历史发展所起的作用为标准，来加以全面分析。这样就比较易于正确地看清他们在历史上所应处的地位。"[1]

就冯国璋督直及督苏而言，冯国璋因时际会，由一名北洋将军转变为主政直隶、江苏等要地的地方大员，成为一时具有较大影响力的政治人物。冯国璋在督直及督苏期间，积极改革军政，加强社会治理，维护中央统治的权威，巩固了北洋派在直隶及江苏两地的统治。冯国璋在督直及督

---

[1] 郭沫若：《关于目前历史研究中的几个问题》，《郭沫若全集·历史篇》第3卷，人民出版社1985年版，第486页。

苏前期，坚决拥护中央，成为袁世凯加强中央集权的重要支柱。

袁世凯以冯国璋督直及督苏目的就是要加强北洋政府在直隶及江苏的统治。当时，以袁世凯为首的北洋政府是合法的中央政府，维护中央权威，是地方政府应有的责任。同时，地方政府忠实地贯彻中央精神，稳定社会秩序、发展经济、提高地方政府的治理能力，都是在当时条件下的必要之举。

从冯国璋督直及督苏的实践来看，他在军政治理和民政治理中所实施的一些措施，客观上有利于社会稳定，也有利于社会事业的发展。在冯国璋主政时期，直隶、江苏两省的状况都较前有了较大的改观，军政体制、行政体制、社会经济发展及交通等诸多方面都有进步，这既有民初国人建设现代政府带来的影响，亦是冯国璋作为主政者顺应时势而为的结果。

参考文献

一 未刊档案

天津档案馆编藏未刊资料：《照抄财政部来电》，档案号：J0128-2-000783-016.

天津档案馆藏未刊资料：《为拨给商团枪弹事致天津商务总会指令》，档案号：J0128-2-001025-033。

天津档案馆藏未刊资料：《为请援案整顿市政合同核议事给天津商会的指令》，档案号：J0128-2-000804-048。

天津档案馆藏未刊资料：《直隶都督冯国璋为水患灾民倡捐的函》，档案号：J0128-2-002795-016。

天津档案馆藏未刊资料：《直隶都督府为改定商团制服事致天津总商会指令》，档案号：J0128-2-001025-032。

天津档案馆藏未刊资料：《直隶都督府为商团请领枪支事致天津商务总会批》，档案号：J0128-2-001025-082。

天津档案馆藏未刊资料：《直隶都督兼署民政长指令》，档案号：J0128-2-000783-037。

天津档案馆藏未刊资料：《直隶都督兼署民政长指令》，档案号：J0128-2-000783-015。

中国社会科学院近代史研究所图书馆藏未刊资料：《冯国璋督直时函电稿》（一、二、三），编号：甲204—1。

二 政府公报

《江苏省公报》（1914—1916年）

《临时政府公报》（1912 年）
《政府公报分类汇编》（1915 年第 37 期）
《政府公报》（1912—1916 年）

三 档案资料及文献资料汇编

（清）甘厚慈辑：《北洋公牍类纂》，文海出版社 1967 年版。
卞孝萱、唐文权编：《辛亥人物碑传集》，团结出版社 1991 年版。
陈奇：《刘师培年谱长编》，贵州人民出版社 2007 年版。
陈瑞芳编辑：《北洋军阀史料·袁世凯卷》，天津古籍出版社 1996 年版。
陈夏红选编：《辛亥革命实绩史料汇编·建制卷》，中国大百科全书出版社 2011 年版。
存萃学社编：《辛亥革命资料汇辑》，大东图书公司 1980 年版。
戴鸿映：《旧中国治安法规选编》，群众出版社 1985 年版。
第二历史档案馆编：《中华民国史档案资料汇编·辛亥革命·第 1 辑》，江苏古籍出版社 1991 年版。
丁文江、赵丰田编：《梁任公先生年谱长编初稿》，中华书局 2010 年版。
杜春和等编：《北洋军阀史料选辑》，中国社会科学出版社 1981 年版。
杜春和等编：《荣禄存札》，齐鲁书社 1986 年版。
冯仁佺：《民国经世论说文集》下集，第五编，文明进行社 1914 年版。
敷文社编：《最近官绅履历汇编》，文海出版社 1970 年版。
高平叔：《蔡元培年谱》，中华书局 1980 年版。
郭凤岐、陆行素主编：《〈益世报〉天津资料点校汇编》二，天津社会科学院出版社 1999 年版。
郭卿友主编：《中华民国时期军政职官志》，甘肃人民出版社 1990 年版。
国家档案局明清档案馆编：《义和团档案史料》上册，中华书局 1959 年版。
胡滨译：《英国蓝皮书有关辛亥革命资料选译》，中华书局 1984 年版。
江苏省财政志编辑办公室：《江苏财政史料丛书》第 2 辑 第 1 分册，方志出版社 1999 年版。
来新夏编：《北洋军阀》，上海人民出版社 1988 年版。

李家璘编辑：《北洋军阀史料·吴景濂卷》，天津古籍出版社1996年版。

辽宁省档案馆编：《中国近代社会生活档案·东北卷一》，广西师范大学出版社2005年版。

廖一中、罗真容编：《袁世凯奏议》，天津古籍出版社1987年版。

林开明编辑：《北洋军阀史料·徐世昌卷》，天津古籍出版社1996年版。

林忠佳、张添喜编：《〈申报〉广东资料选辑》7，广东省档案馆1995年版。

刘锦藻编：《清朝续文献通考》，浙江古籍出版社1988年版。

陆保璿编辑：《满清稗史》，新中国图书局1913年版。

陆允昌编：《苏州洋关史料：1896—1945》，南京大学出版社1991年版。

毛注青编：《黄兴年谱长编》，中华书局1991年版。

《南大百年实录》编辑组编：《南大百年实录·中央大学史料选》上卷，南京大学出版社2002年版。

钱实甫编：《北洋政府职官年表》，华东师范大学出版社1991年版。

商务印书馆编译所：《大清新法令1901—1911》第1卷，商务印书馆2010年版。

上海社会科学院历史研究所编：《辛亥革命在上海史料选辑》，上海人民出版社2011年版。

沈云龙：《止叟年谱·永忆录》，文海出版社1966年版。

沈祖宪辑：《养寿园奏议辑要》，文海出版社1966年版。

汤志钧编：《康有为政论集》上册，中华书局1981年版。

天津档案馆编：《北洋军阀天津档案史料选编》，天津古籍出版社1990年版。

天津档案馆编：《天津商会档案汇编（1903—1911）》，天津人民出版社1989年版。

天津档案馆编：《天津商会档案汇编（1912—1928）》，天津人民出版社1992年版。

吴汝伦编：《李文忠公全集·奏稿》，文海出版社1966年版。

徐辉琪编：《李烈钧文集》，江西人民出版社1988年版。

徐汝芳主编：《百年家族：项城袁氏家族资料汇辑》，河南大学出版社

2012年版。

徐雪筠等译编：《上海近代社会经济发展概况（1882—1931）（海关十年报告编译）》，上海社会科学院出版社1985年版。

徐有明编：《袁大总统书牍汇编》，新中国图书局1931年版。

严昌洪主编：《辛亥革命史事长编·第九册1912.1—1912.3》，武汉出版社2011年版。

扬州师范学院历史系编：《辛亥革命江苏地区史料》，江苏人民出版1961年版。

杨志本编：《中华民国海军史料》，海洋出版社1987年版。

俞辛焞编：《日本外务省档案·孙中山在日活动密录（1913年8月—1916年4月）》，南开大学出版社1990年版。

苑书义等主编：《张之洞全集》，河北人民出版社1998年版。

云南省社会科学院编：《护国文献》，贵州人民出版社1985年版。

曾业英编：《蔡松坡集》，上海人民出版社1984年版。

张国淦编：《辛亥革命史料》，大东图书公司1980年版。

张侠等编：《北洋陆军史料：1912—1916》，天津人民出版社1987年版。

章伯锋、李宗一主编：《北洋军阀：1912—1928》，武汉出版社1990年版。

章开沅、罗福慧、严昌洪主编：《辛亥革命史资料新编》，湖北人民出版2006年版。

中国蔡元培研究会编：《蔡元培全集》，浙江教育出版社1997年版。

中国第二历史档案馆编：《北洋军阀统治时期的兵变》，江苏人民出版社1982年版。

中国第二历史档案馆编：《北洋军阀统治时期的党派》，档案出版社1994年版。

中国第二历史档案馆编：《北洋政府档案》，中国档案出版社2010年版。

中国第二历史档案馆编：《国民党政府政治制度档案史料选编》，安徽教育出版社1994年版。

中国第二历史档案馆编：《中国无政府主义和中国社会党》，江苏人民出版社1981年版。

中国第二历史档案馆编：《中华民国史档案资料汇编》，江苏古籍出版社

1991年版。

中国第一历史档案馆编：《光绪朝朱批奏折·军务第53辑》，中华书局1995年版。

中国第一历史档案馆编：《宣统朝上谕档》第37册，广西师范大学出版社1996年版。

中国科学院近代史研究所编：《辛亥革命资料》，中华书局1961年版。

中国社会科学院近代史研究所编：《清末新军编练沿革》，中华书局1978年版。

中国社会科学院近代史研究所编：《孙中山全集》，中华书局1982年版。

中国社会科学院近代史研究所编：《辛亥革命资料类编》，中国社会科学出版社1981年版。

中国社会科学院近代史研究所编：《中华民国史资料丛稿大事记 第三辑》，中华书局1975年版。

中国史学会编：《戊戌变法》，上海人民出版社1957年版。

中国史学会编：《辛亥革命》，上海人民出版社2000年版。

中国史学会编：《中日战争》，上海人民出版社1957年版。

周秋光编：《熊希龄集》，湖南人民出版社2008年版。

周小娟编：《周学熙传记汇编》，甘肃文化出版社1997年版。

邹念之编译：《日本外交文书选译——关于辛亥革命》，中国社会科学出版社1980年版。

四 中文著作

（清）王之春：《椒生随笔》，岳麓书社1983年版。

（清）朱彭寿：《安乐康平室随笔》，中华书局1982年版。

安树芬、彭诗琅：《中华教育通史》第九卷，京华出版社2010年版。

白蕉：《袁世凯与中华民国》，中华书局2007年版。

半粟：《中山出世后·中国六十年大事记》，太平洋书店1917年版。

蔡少卿：《民国时期的土匪》，中国人民大学出版社1993年版。

曹汝霖：《一生之回忆》，春秋杂志社1966年版。

曹亚伯：《武昌革命真史》，上海书店出版社1982年版。

陈灜一：《睇向斋秘录》，中华书局2007年版。

陈灜一：《甘簃随笔》，中共中央党校出版社1998年版。

陈功甫：《中国最近三十年史》，商务印书馆1928年版。

陈恭禄：《中国近代史》，商务印书馆1935年版。

陈梅龙：《陈其美传论》，天津教育出版社1996年版。

池子华：《近代河北灾荒研究》，合肥工业大学出版社2011年版。

池子华：《申报上的红十字》，安徽人民出版社2011年版。

池子华：《中国近代社会史论》，合肥工业大学出版社2013年版。

楚双志：《变革中的危机：袁世凯集团与清末新政》，九州出版社2008年版。

单树模：《江苏省地理》，江苏教育出版社1986年版。

邓亦武：《1912—1916年北京政府统治研究》，湖北人民出版社2006年版。

邓云特：《中国灾荒史》，商务印书馆1937年版。

刁田丁：《中国地方国家机构概要》，法律出版社1989年版。

丁达：《中国农村经济的崩溃》，上海联合书店1930年版。

丁守和：《辛亥革命时期期刊介绍》，人民出版社1990年版。

丁文江：《民国军事近纪》，中华书局2007年版。

窦坤：《泰晤士报驻华首席记者莫理循直击辛亥革命》，福建教育出版社2011年版。

冯自由：《革命逸史》上，新星出版社2009年版。

傅德华：《民国军政要人归宿》，上海书店出版社1995年版。

傅林祥：《中国行政区划通史·中华民国卷》，复旦大学出版社2007年版。

郭沫若著作编辑委员会：《郭沫若全集·历史篇》，人民出版社1985年版。

何仲萧：《陈英士先生纪念全集》，文海出版社1970年版。

洪银兴、陈骏：《大学之魂：南京大学精神传统文存》，南京大学出版社2012年版。

胡绳：《从鸦片战争到五四运动》，红旗出版社1982年版。

胡绳武、金冲及：《辛亥革命史稿》，上海人民出版社1991年版。

胡适：《胡适文集》，北京燕山出版社2009年版。

黄兴：《黄兴自述》，人民日报出版社2011年版。
贾士毅：《民国财政史》，商务印书馆1917年版。
姜克夫：《民国军事史略稿》，中华书局1987年版。
蒋秋明：《中国禁毒历程》，天津教育出版社1996年版。
来新夏：《北洋军阀史》，南开大学出版社2000年版。
李长传：《江苏省地志》，中华书局1936年版。
李剑农：《中国近百年政治史》，武汉大学出版社2006年版。
李良玉：《倪嗣冲年谱》，黄山书社2010年版。
李文海：《近代中国灾荒纪年》，湖南教育出版社1990年版。
李新、李宗一：《中华民国史》，中华书局2011年版。
梁启超：《梁启超文集》，北京燕山出版社1997年版。
刘炳荣：《新编民国史》卷一，太平洋书店1927年版。
刘成禺：《洪宪纪事诗本事簿注》，上海古籍出版社1983年版。
刘成禺：《世载堂杂忆》，中华书局1960年版。
刘虹：《清代直隶科举研究》，科学出版社2012年版。
刘惠吾：《上海近代史》，华东师范大学出版社1987年版。
刘建军：《你所不识的民国面相——直隶地方议会政治（1912—1928）》，广西师范大学出版社2009年版。
刘景泉：《北京民国政府议会政治研究》，天津教育出版社2006年版。
刘以芬：《民国政史拾遗》，上海书店出版社1998年版。
陆仰渊、方庆秋：《民国社会经济史》，中国经济出版社1991年版。
吕伟俊、王德刚：《冯国璋和直系军阀》，河南人民出版社1993年版。
罗尔纲：《晚清兵志》，中华书局1997年版。
罗福惠：《居正文集》，华中师范大学出版社1989年版。
骆宝善：《骆宝善评点袁世凯函牍》，岳麓书社2005年版。
马小泉：《国家与社会：清末地方自治与宪政改革》，河南大学出版社2001年版。
钱端升：《民国政制史》，上海人民出版社2011年版。
钱实甫：《北洋政府时期的政治制度》，中华书局1984年版。
秦晖：《传统十论——本土社会的制度、文化与其变革》，复旦大学出版社

2003 年版。

任进：《比较地方政府与制度》，北京大学出版社 2008 年版。

邵德门：《中国政治制度史》，吉林人民出版社 1988 年版。

沈祖宪、吴闿生：《容庵弟子记》，文海出版社 1966 年版。

苏智良：《上海禁毒史》，上海三联书店 2009 年版。

孙宅巍：《江苏通史（中华民国卷）》，凤凰出版社 2012 年版。

谭人凤：《谭人凤自述（1860—1920）》，人民日报出版社 2011 年版。

万川：《中国警政史》，中华书局 2006 年版。

汪朝光：《中国近代通史·民国的初建（1912—1923）》，江苏人民出版社 2007 年版。

王培棠：《江苏省乡土志》，商务印书馆 1938 年版。

王佩良：《江苏辛亥革命研究》，国防科技大学出版社 2008 年版。

王绍光：《安邦之道——国家转型的目标与途径》，生活·读书·新知三联书店 2007 年版。

文公直：《最近三十年中国军事史》，上海书店出版社 1989 年版。

沃丘仲子：《当代名人小传》，文海出版社 1986 年版。

沃丘仲子：《徐世昌》，崇文书局 1918 年版。

吴长翼：《八十三天皇帝梦》，文史资料出版社 1983 年版。

吴景濂：《吴景濂自述年谱》，中国社会科学出版社 2003 年版。

吴虬：《北洋派之起源及其崩溃》，中华书局 2007 年版。

夏明方：《民国时期自然灾害与乡村社会》，中华书局 2000 年版。

肖红松：《近代河北烟毒与治理研究》，人民出版社 2008 年版。

徐建平：《清末直隶宪政改革研究》，中国社会科学出版社 2008 年版。

徐梁伯、蒋顺兴：《江苏通史·晚清卷》，凤凰出版社 2012 年版。

徐矛：《中华民国政治制度史》，上海人民出版社 1992 年版。

徐勇：《近代中国军政关系与"军阀"话语研究》，中华书局 2009 年版。

徐有威、[英] 贝思飞：《洋票与绑匪——外国人眼中的民国社会》，上海古籍出版社 1998 年版。

严兰绅：《河北通史·民国卷》，河北人民出版社 2000 年版。

杨荫溥：《民国财政史》，中国财政经济出版社 1985 年版。

杨颖奇、经盛鸿、孙宅巍：《南京通史·民国卷》，南京出版社 2011 年版。

杨幼炯：《近代中国立法史》，上海书店出版社 1989 年版。

于恩德：《中国禁烟法令变迁史》，中华书局 1934 年版。

袁克文：《辛丙秘苑·寒云日记》，山西古籍出版社 1999 年版。

张国淦：《北洋述闻》，上海书店出版社 1998 年版。

张华腾：《北洋集团崛起研究》，中华书局 2009 年版。

张謇：《张謇日记》，江苏人民出版社 1962 年版。

张静如、刘志强：《北洋军阀统治时期中国社会之变迁》，中国人民大学出版社 1992 年版。

张难先：《湖北革命知之录》，商务印书馆 2011 年版。

张睿丽：《议会政治与近代中国政治变迁》，中国社会科学出版社 2009 年版。

张一麐：《古红梅阁日记》，上海书店出版社 1998 年版。

张一麐：《心太平室》，上海书店出版社 1991 年版。

张一麐：《直皖秘史》，中华书局 2007 年版。

张玉法：《民国初年的政党》，岳麓书社 2004 年版。

赵如珩：《江苏省鉴》，上海大文印刷所 1935 年版。

赵艳玲：《清末民初的代议制：从顺直咨议局到直隶省议会的案例考察》，社会科学文献出版社 2012 年版。

周谷城：《中国社会之结构》，上海书店出版社 1989 年版。

周新国、陆和健：《辛亥革命前后的江苏社会研究》，甘肃人民出版社 2011 年版。

朱宗震：《民国初年政坛风云》，新华出版社 2012 年版。

朱宗震、杨光辉：《民初政争与二次革命》，上海人民出版社 1983 年版。

竺可桢：《竺可桢文集》，科学出版社 1979 年版。

宗美成康：《百年中国对外关系（1840—1949）》，南京大学出版社 1993 年版。

邹鲁：《中国国民党史稿》第 1 册，商务印书馆 1938 年版。

［加］陈志让：《军绅政权——近代中国的军阀时期》，生活·读书·新知三联书店 1980 年版。

五 译著

［澳］冯兆基：《军事近代化与中国革命》，郭太风译，上海人民出版社1994年版。

［澳］骆慧敏：《清末民初政情内幕——〈泰晤士报〉驻北京记者袁世凯政治顾问乔·厄·莫理循书信集》，刘桂梁译，知识出版社1986年版。

［美］费正清、肖赖尔：《中国：传统与变革》，陈仲丹等译，江苏人民出版社1992年版。

［美］拉尔夫·尔·鲍威尔：《中国军事力量的兴起（1895—1912）》，陈泽宪、陈霞飞译，中国社会科学出版社1979年版。

［美］塞缪尔·亨廷顿：《变革社会中的政治秩序》，王冠华、刘为等译，上海世纪出版集团2008年版。

［日］佐藤铁治郎：《一个日本记者笔下的袁世凯》，孔祥吉等整理，天津古籍出版社2005年版。

［英］贝思飞：《民国时期的土匪》，徐有威等译，上海人民出版社2010年版。

［英］霍布斯鲍姆：《匪徒》，李立玮、谷晓静译，中国友谊出版社2001年版。

六 文史资料

北京文史资料编辑委员会：《北京文史资料》第64辑，北京出版社2001年版。

北京政协文史和学习委员会：《辛亥革命与北京》，北京出版社2011年版。

戴仁：《重修沭阳县志》，江苏古籍出版社1991年版。

贵州政协文史与学习委员会：《贵州文史资料选粹·政治军事篇》，贵州人民出版社2010年版。

河北省地方志编纂委员会：《河北省志·军事志》，军事科学出版社2000年版。

河北省地方志编纂委员会：《河北省志·审判志》，河北人民出版社1994年版。

江苏省地方志编纂委员会：《江苏省志·公安志》，群众出版社2000年版。

江苏省地方志编纂委员会：《江苏省志·民政志》，方志出版社2002年版。

江苏省地方志委员会：《江苏省志·国民党志》，江苏人民出版社2006年版。

江苏省政协文史委员会：《江苏文史资料存稿选编·人物卷（上）》，江苏人民出版社2007年版。

江苏文史资料编辑部：《民国江苏权力机关史略》，江苏文史资料第67辑，1994年版。

焦忠祖、庞友兰：《民国阜宁县新志》，江苏古籍出版社1991年版。

刘云鹤：《江苏省地方志 宿迁市志》，江苏人民出版社1996年版。

南通市政协学习文史委员会：《张謇的交往世界》，中国文史出版社2010年版。

全国政协文史和学习委员会：《亲历辛亥革命·见证者的讲述》，中国文史出版社2010年版。

全国政协文史资料委员会：《文史资料存稿选编》1，中国文史资料出版社2002年版。

全国政协文史资料委员会：《辛亥革命回忆录》第1集，中国文史出版1981年版。

苏州地方志编纂委员会：《苏州市志》第3册，江苏人民出版社1995年版。

天津社会科学院历史研究所：《天津历史资料》第9期，天津社会科学院历史研究所1980年版。

通州市地方志编纂委员会：《南通县志》，江苏人民出版社1996年版。

萧一华：《徐汇区志》，上海社会科学院出版社1997年版。

荀德麟：《淮阴市志》，上海社会科学院出版社1995年版。

张宗平、吕永和：《清末北京志资料》，北京燕山出版社1994年版。

中国人民政协江苏省徐州市委员会文史资料委员会：《徐州文史资料》第13辑，1993年。

中国人民政治协商会议河间县委员会：《河间文史资料》第3辑，1988年。

七 论文及论文集

陈长河：《北洋政府的镇守使制与江苏各地镇守使》，《档案与史学》1996年第6期。

丁健：《武昌起义爆发后民众视野里的袁世凯》，《史学月刊》2012 年第 4 期。

公孙訇：《冯国璋与近代中国军事教育》，《军事历史研究》1989 年第 2 期。

关晓红：《辛亥革命时期的省制纠结》，《近代史研究》2012 年第 1 期。

郝天豪、岑红：《论民国时期北京政府对省际匪患的治理》，《河北师范大学学报》（哲学社会科学版）2014 年第 5 期。

胡光明：《论早期天津商会的性质与作用》，《近代史研究》1986 年第 4 期。

焦静宜：《迁都之争与京津保兵变》，《福建论坛》（人文社会科学版）2005 年第 2 期。

刘平：《清末民初的太湖匪民》，《近代史研究》1992 年第 1 期。

任云兰：《民国时期天津慈善组织变迁论略》，《民国研究》2009 年第 1 期。

尚秉和：《德威上将军正定王公行状》，《国史馆馆刊》1948 年第 2 期。

尚小明：《论袁世凯策划民元"北京兵变"之说不能成立》，《史学集刊》2012 年第 1 期。

孙宏年：《论民初江苏社会风气的变迁》，《江海学刊》1999 年第 4 期。

王先明、杜慧：《"北洋"正义》，《历史教学》2014 年第 4 期。

吴䜣：《辛亥光复后陈其美、程德全和江苏政权》，《南京师大学报》（社会科学版）1988 年第 2 期。

辛业：《民初直隶边界匪患问题论析》，《河北大学学报》2006 年第 2 期。

严泉：《民国初年王芝祥"督直改委"事件考》，《民国档案》2013 年第 5 期。

张爱华：《略论民初南京留守府》，《上海师范大学学报》（哲学社会科学版）2003 年第 2 期。

张长东：《国家治理能力现代化研究——基于国家能力理论视角》，《法学评论》2014 年第 3 期。

张华腾：《对立中的统一：辛亥革命前后同盟会、北洋集团关系述论》，《江海学刊》2006 年第 1 期。

张华腾：《多角视野下的北京政府——1912～1915 年北京政府述评》，《史学月刊》2008 年第 2 期。

张华腾:《河间、彰德会操及其影响》,《近代史研究》1998年第6期。

张华腾:《全国首届袁世凯与北洋人物研究学术讨论会综述》,苏智良、张华腾、邵雍主编:《袁世凯与北洋军阀》,上海人民出版社2006年版。

张华腾、苏全有:《清末练兵处述略》,《光明日报》1997年5月7日。

张华腾:《武昌起义后清廷组编新军三军考略》,《南开学报》2014年第1期。

中国第一历史档案馆:《北洋武备学堂学规续订章程五条》,《历史档案》1990年第5期。

中国第一历史档案馆:《冯国璋早期履历》,《历史档案》1995年第1期。

中国第一历史档案馆:《1913年赣宁之役档案史料选》,《历史档案》1981年第4期。

中国第一历史档案馆:《清政府镇压武昌起义档案》,《历史档案》2011年第3期。

中国第一历史档案馆:《清政府镇压武昌起义电文一组》,《历史档案》1981年第3期。

周育民:《辛亥革命时期的"江苏统一"——兼论辛亥革命时期的苏沪行政关系》,丁日初:《近代中国》第12辑,上海社会科学出版社2002年版。

周育民:《辛亥革命时期的"江苏统一"——兼论辛亥革命时期的苏沪行政关系》,《史林》2002年第5期。

朱宗震:《程德全与民初政潮》,《历史研究》1991年第6期。

[美]路康乐:《清政府对武昌起义的反应——最初的三周》,中华书局编辑部:《纪念辛亥革命七十周年学术讨论会论文集》下,中华书局1983年版。

后　　记

博士论文《冯国璋督直及督苏研究》倾注了我的大量心力，在诸多师友的帮助下，即将由中国社会科学出版社出版，回顾过往，感慨万千。

习近平总书记在十九届四中全会上指出："坚持和完善中国特色社会主义制度、推进国家治理体系和治理能力现代化，是关系党和国家事业兴旺发达、国家长治久安、人民幸福安康的重大问题。"国家治理体系和治理能力现代化是实现社会主义现代化的题中应有之义。从历史的角度来考察100年前的国家治理实践，通过比较不同历史时期的国家治理能力及其成效，可以进一步使我们坚定中国特色社会主义道路自信、理论自信、制度自信和文化自信。

中华文明延续数千年不断，在历史上经历了无数坎坷，特别是近代以来，面临西方文明的挑战，在逆境中的中国人民进行了一次次的抗争和对国家前途的探索。在近代百年的社会变革中，清末民初是一段特别的社会转型时期，大破大立，辛亥革命结束了统治中国2000余年的封建专制制度，引进了西方的民主制度，国家发展进入了一个新的历史时期。然而，民初政争不断，军阀混战不已，民不聊生。如何审视这段历史，客观地分析当时的统治者是如何应对国家和民族危机，对国家进行治理的，从而获得历史的借鉴，以丰富北洋史研究，这是我选择以冯国璋督直及督苏为研究对象的初衷。

论文的写作和出版，我首先要感谢的是我的导师张华腾教授。张老师是北洋史研究领域的知名学者，著作等身，在袁世凯研究、北洋集团研究及中华民国早期历史研究等领域取得了丰硕成果。张老师不仅是一位术业有专攻的学者，还是善于传道、授业、解惑的良师。至今记忆犹新的是张老师的授课情景。张老师采取研读—讨论的授课方式，令我受益匪浅。每次授课前，老师都会布置大量的阅读书目，要求泛读与精读相结合，并撰写读书心得，在上课时师生聚焦专题，进行深入讨论，在老师的引导和教育下，我们的知识大增视野大开，每次都有增益。在每周的专业授课一结束，我们立即赶赴图书馆借阅相关书目，有时候书籍数量有限或已借出，同学之间就相互传阅或在网络上查找。在阅读之余，撰写数千字的读书笔记或心得，并思考相关的问题，以备上课时向老师请教。在博士论文的选题上，张老师鼓励我以冯国璋作为研究对象，重点对其在地方的统治进行考察，看看他在地方上到底做了哪些事情，做得如何？冯国璋是清末民初社会转型时期的一位重要历史人物，在清末是北洋新军著名的军事将领，在民初是北洋政府的重要成员，曾为民初的五位大总统之一，对民初政局产生过重要影响。但是，学界对冯国璋的研究较为薄弱。如何在现有的研究基础上有所创新和拓展，就需要在史料和理论上有突破。论文从史料的收集、整理以及理论的运用都得到了张老师的精心指导，论文写作的思路和框架都是按照老师的要求去布局谋篇，在写作过程中时时得到老师的鼓励和指点。当论文的初稿尚不成型时，张老师即对文章细致地审阅，特别在是文句的修改，章节和观点的把握等方面都提出了诸多的指导意见。正是张老师的宽容和鼓励，让我有信心完成博士论文的写作，这篇论文凝聚着老师的一片心血。在论文即将出版之际，张老师又欣然作序，为本书增辉。对于张老师的崇敬和感激之情，仅用感谢难以称道，唯有不断地进步和成长，在工作岗位上做出新的业绩来报答师恩。

在论文的写作过程中，碰到的最大挑战还是史料的搜集问题。历史学博士论文的写作必须要以扎实的史料为基础开展相关研究。事实上，冯国璋的相关研究之所以没有较大进展，也是因为资料的缺乏。怎么办？为了收集更多的资料，我数次北上京津等地，在国家图书馆、中国社会科学院近代史研究所图书馆及天津图书馆等多地尽可能的搜寻到有关资料。在找资料的过程中，得到诸多好心人的帮助，既有相关图书馆工作人员的细心指点，也有师友的关怀和爱护。

论文的写作得到了陕西师范大学王玉华教授、黄正林教授的精心指导，两位老师提出了精辟的修改意见。在论文评审和答辩过程中，中国社会科学院近代史研究所汪朝光研究员、西北大学付建成教授、西北工业大学樊明方教授，对论文提出了宝贵的意见，赐教良多。诸位老师是儒雅的学者，学识渊博，对后进多有嘉勉。在此对各位老师的指导和帮助一并表示感谢。

特别感谢许效正师兄和王爱云师姐给予的大力支持。2014年暑假我在京城查阅资料，因为经济原因不得不暂住青年旅社。时值许师兄在中国社会科学院近代史研究所做访问学者，当知道我的情况后，立即帮助我解决了住宿问题，使我无后顾之忧得以从容收集和整理相关资料。王爱云师姐在论文写作中不断地给予鼓励，在论文送审阶段又不辞辛劳帮我做了很多事情。同时还要感谢马建华、杨涛、丁健、汪永平等师兄、师姐给予的多种帮助。正是各位同门的支持和鼓励使我的博士阶段的学习和生活充满阳光。

在读博的四年中，我经常往返于南京至西安之间。在此期间，我一方面承受着工作和家庭的压力，负重前行，另一方面有幸能够跟随张老师学习和研究北洋社会，得良师和益友。跟随张老师的学习时光是快乐而又充实的，尤为可贵的是张门师生关系非常融洽，老师对自己的弟子给予了诸多的关爱和帮助，助力弟子们的成长和成才。我庆幸自己能够觅得良师，张门弟子又相互帮衬，我时时感受到这个集体的温馨和快乐。

感谢浙江音乐学院学术委员会、科研处、公共基础教学部（马克思主义学院）领导和老师，正是他们的支持和帮助，论文获得浙江音乐学院出版基金资助，解决了论文出版问题。

论文的顺利出版，要感谢中国社会科学出版社责任编辑耿晓明老师。耿老师是一位工作细致、善于沟通和高效率的编辑，对论文修改做了大量的烦琐工作，为论文如期出版不辞辛劳！中国社会科学出版社始终坚持专业化和精品化，在社会科学领域出版了大量的高水平学术著作，嘉惠学林。

最后，我还要感谢我的妻儿。妻子在我博士学习期间，承担了所有的家务和养育儿子的重任，当时的工资收入有限，她精细谋划，一部分用来居家之用，一部分用来还房贷及其他不时之需，对于平淡的生活，她从无怨言，有时还能够安贫乐道，对我是一种莫大慰藉。在博士学习和论文写作阶段，儿子由幼儿园升入小学，而我陪伴他的时间非常有限，以至于错过了他成长中的许多美好时刻。攻读博士学位是对人生的一次历练，既已选择，就无怨无悔，只有砥砺前行。

蓦然回首，自己的求学之路充满了荆棘，艰难而曲折。一直以来自己的学业没有一气呵成，而是时断时续。大学毕业工作五年后才读硕，硕士毕业工作六年后才读博。然我始终坚信有志者，事竟成。正是有了这份坚持和努力，在诸多师友的帮助下，我得以完成论文的写作。我深知论文还有许多不足之处，于是没有马上出版，而是用几年的沉淀，来做进一步的思考。同时，也希望随着新的研究资料不断挖掘，来更好地充实论文。拙作是对北洋史研究的一种新探索，但是囿于本人的见识和能力，书中多有不尽人意之处，敬请专家和读者给予批评和指正。

熊群荣
2020 年 2 月 4 日